식민의 역사와 탈식민의 좌절된 기획들

스캔들과
반공국가주의

스캔들과
반공국가주의

공임순 지음

앨피
book

지역적 국민국가 대한민국/남한의 탄생과 전개

『식민지의 적자들』을 출간하고 5년 만에 그간 고민하고 연구한 결실들을 모아 또 한 권의 책을 펴내게 되었다. 그 사이에 참 많은 일들이 벌어졌다. 그것을 일일이 꼽는 일이 무의미하다 싶을 만큼, 굵직한 사건들의 연속이었다. 무엇보다 노무현 전 대통령의 죽음과 민주적 공공성에 대한 심각한 회의를 불러일으킨 용산 참사에 이르기까지, 지금 대한민국은 첨예한 대립과 갈등의 선상에 있다.

죽은 자는 말이 없다. 죽은 자를 대신해 말한다는 것의 의미와 책임에 대하여 나는 『식민지의 적자들』에서 문부식 논쟁과 관련하여 언급한 바 있다. 이 글에서 나는 "죽은 자는 말하지 않는다. 아니 말할 수 없다. '말할 수 없음'의 이런 재현불가능성이 살아남은 자들에게 대신 말할 수 있는 숱한 공란들을 남겨 놓는다. 그러나 대신 말하는 순간, 그 말이 지닌 정치성은 어느 누구도 피할 수 없다. 그리고 이 재현의 정치성에 반드시 뒤따라야 할 살아 있는 우리 모두의 끝나지 않은 책임과 의무"를 지적하고 환기했다. 그런데 5년이 지난 지금, 이 말이 지니는 무게는 줄어들기는커녕 더욱 커진 느낌이다. 이 파국적 사건들을 기억하고 서술하는 몫은 그래서 온전히 살아남은 우리의 몫이 되었다. 그리고 이 사건들을 말할 때 죽은 자를 대신해 말한다는 것의 끝없는 책임과 의무까지도 짊어진 사람은 다름 아닌 살아남은 자, 죽은 자를 대신해 말하는 우리(나) 자신이다.

◆　　◆　　◆

이러한 뜻하지 않은 살아남은 자의 책임과 의무감을 곱씹으며, 나는 이 책에서 '지역적 국민국가 대한민국/남한'의 사회역사적 형성과 전개 과정을 다각도로 분석하고 규명하고자 했다. 지역적 국민국가 대한민국/남한은 38선을 경계로 대륙 아시아와 해양 아시아의 이분법을 구축해 왔다. 대륙 아시아는 적색 국가들(이른바 공산국가들)의 한 축을 담당했고, 이 대륙 아시아의 적색 국가화를 기반으로 대한민국/남한은 자유반공 진영의 성지이자 전초기지로 자리매김할 수 있었다. 대한민국/남한의 초대 대통령이자 국가 원수인 이승만은 투철한 자유반공 진영의 결사체로서 태평양 동맹을 주장했으며, 비록 성공하지는 못했다 할지라도 반공국가로서 대한민국/남한의 정체성을 확고히 했다. 하지만 이 반공국가 대한민국/남한의 초상이야말로 내부의 적대를 외부로 치환·대체한 대표적인 권력 기제였음을 이승만의 재현/대표성을 구성했던 주변부적 존재인 빨치산과 월남인을 통해 독파해 보았다.

빨치산은 근대 국민국가의 정초적 원리인 '인민주권人民主權'을 문자 그대로 주장함으로써 체제의 이방인=외부인으로 밀려났다. 빨치산은 근대 국민국가 간 승인 체제인 유럽 공법公法의 정당성을 그 근저에서 심문함으로써, 유럽 공법의 정초적 원리를 폭력적으로 대리 상연했다.

6

국민국가 간 승인과 체제 인정의 유럽 공법은 그 국민국가가 '인민주권'의 원리에 정초해 있을 때만 정당화될 수 있다는 주장이 1946년 10월 인민항쟁 과정에서 폭발적으로 분출되었고, 이들의 요구가 당시 38선 이남을 실질적으로 지배하고 있던 미군정에 의해 받아들여지지 않는 순간 이들은 폭도와 반란군이 되어 좌파에서 '빨치산'으로 변모·물화되었다. 그리고 이 '빨치산'들은 '빨갱이'로 일원화되어 빨치산들이 갈구하고 희망했던 '인민주권'의 '인민-되기' 사건은 그렇게 우리 역사에서 지워지고 망각되어 버렸다.

나는 이 해방 직후의 유일무이한 '인민-되기'의 사건이 지녔던 혁명적 파괴와 균열의 다른 시간성을 다시 기억하고 소환함으로써, 이 시대에 대의제 민주주의의 한계와 대표성의 문제를 지적하고 싶었다. 대통령으로서 이승만의 권위와 대한민국/남한의 국민국가성은 이 지역적 국민국가성의 한계를 지적하고 문제시했던 빨치산에 대한 폭력적 배제·축출과 무관한 것이 아니라, 이들을 절단하고 잘라 낸 바탕 위에서 건립·구축될 수 있었다. 이 빨치산의 배제와 절멸의 대극對極점에 월남인들의 과잉 충성과 그들과 대한민국/남한과의 일체화가 존재한다. 이를 대표적인 월남 작가 최태응을 통해 고찰해 보았는데, 최태응은 38선 이북의 김일성에 대한 '진위' 논란을 처음 남한에서 공식화했던 인물이라는 점에서도 중요한 의미를 띠고 있다.

김일성 '진위' 논란은 남북한의 체제 정당성과 정통성 구축에서 상당히 상징적인 사건이다. 너무 '젊은' 김일성의 등장은 식민지기 김일성의 영웅적 형상화와 맞물려 소련=김일성의 부도덕성과 비정통성을 증명하는 압축적인 징표였기 때문이다. 최태응이 처음 촉발하고 오영진과 한재덕이 이를 반복 서술함으로써 기정사실화된 김일성 '진위' 논란은 남북한의 경화된 냉전 구도와 상대방을 적대하여 서로 자기 체제를 정당화하는 남북한의 사회역사적 전개 양상을 보여 주는 매듭점으로 삼을 만하다. 김일성과 이승만의 이러한 적대적 연루와 착종은 결국 대한민국/남한과 북한에서 모두 단일 민족국가성을 주장하고 염원해 왔던 한반도 주민들의 요구를 일면 제압하고 일면 추동하는 불안정성과 불확실성에 끊임없이 시달릴 수밖에 없었음을 말해 준다.

◆   ◆   ◆

대한민국/남한의 건립이 미군정과 식민지기 친일 인사들의 정치적 결합체인 한민당과의 밀월 관계의 산물이었음을, 친교의 젠더 정치에 입각하여 모윤숙과 메논의 '스캔들'로 불거진 밀실 정치의 한 단면을 검토함으로써 확인해 보았다. 친교는 개인적인 친분과 관계의 연장이라는 점에서, 지극히 사적인 영역이지만 이 사적 친분의 배타적 구획화와 타자화는 이 사적 친교의 장에 속하지 않는 대다수 사람들을 밀어내고 자신들만의 공동체성을 확대 · 강화하는 부정적 역할을 수행하게 된다. 따라서 이 사적 친교의 장에서 배제된 사람들에게 사적 친교의 불투명한 관계는 그것이 권력과 자본, 성이 결착된 특권화의 장이 될 때, 소문과 '스캔들'의 형태로만 간접화되어 유통되는 특정 사회의 모습을 만들어 낸다. 이 '스캔들'화된 사회의 불투명한 의사소통과 관권화된 특혜 시비야말로 대한민국/남한의 불안정한 권력 기반과 강압적 국가기구의 팽창을 견인하고 주도하는 힘이었던 것이다.

이 책의 제목을 '스캔들과 반공국가주의'라고 명명한 이유가 바로 여기에 있다. '스캔들'은 언제나 성적인 함의를 띨 수밖에 없는데, 이 성적 경제의 불평등하고 비대칭적인 관계는 미군정과 이승만 그리고 한민당간의 밀월 관계가 형성될 때부터 이미 예견된 것이었다. 친일 청산에 대한 한반도 주민들의 요구를 강제로 진압·해산하고, '인민주권'에 대한 실체적 실현을 요구했던 대항 세력을 국가보안법이라는 초법적형태로 불법화하고 이들을 배제/절멸해 갔던 대한민국/남한의 필연적귀결은 섹슈얼한 위계적 권력관계를 창출했다. 따라서 친일 청산과 탁치(신탁통치) 파동을 계기로 친일 청산의 의제는 묻히고 반공을 대표성의 유일무이한 의제로 삼게 되는 1945년과 1946년의 정세는 현재 이루어지는 정책의 불투명한 결정과 과대 경찰국가의 부활 및 아프간 파병의 전도된 성적 위세와 과시의 현재적 과거를 보여 준다. 한반도를 분할·점령했던 미국과 대한민국/남한은 굳건한 동맹 관계를 자부하지만, 미국의 하위 군사력으로 미국의 남성성을 보조하고 떠받치는 대한민국/남한의 위기에 처한 부권적 남근주의가 탈출구로 삼는 곳은 고요한자연 풍경으로서의 제3세계가 아니라 테러와 폭력으로 얼룩진 시끄러운 이슬람 국가들이다.

제3세계가 고요한 원시적 자연 풍경처럼 출현하는 곳에서 미국으로대변되는 남성성이 위협에 처하게 되는 일은 없다. 그곳은 원시적인 여성화의 장소이며, 이 고귀한 야만의 여성적 장소는 강인한 남성의 손길을 기다리는 풍족하고 안온한 모성적 공간으로 드러날 뿐이다. 반면에이 제3세계'다움'을 망각한 배은망덕의 장소인 이슬람 국가들과 제 테러세력들은 공공연히 미국의 초국가적 남성성에 도전함으로써 제3세계'다움'의 본분과 위치를 망각한다. 전 세계적인 치안 경찰로서 미국이 이본분과 위치를 망각한 이슬람의 제 테러 세력들을 완전히 없애고 평화를 확립하고자 출동한다. 하지만 테러는 테러를 규정하고 명명하는 상대와의 관계 속에서만 존재하는 것이기에, 테러는 테러를 없애고자 하는 미국이 존재하는 한 결코 사라지지 않는다. 이 하위 군사력으로서 대한민국/남한은 자위와 방어를 명분으로 미국의 초국가적 군사력을 대행하는 전도된 남성성의 스펙터클한 과시를 선보인다. 이 미국적 남성성과의 부분적인 동일화가 자기와 같은 혹은 자기보다 못한 집단들을 향한 남성적 폭력의 현시로 나타나고, 이러한 하위 군사력의 동맹체로서 대한민국/남한은 군사 전력 면에서 북한에 비교 우위를 점할 수 있게 된다는 기이한 도착적 자기 정당화가 이루어진다.

이러한 제3세계 '다움'의 이데올로기적 표상과 감금과 자유의 21세기판 인문학의 역설이 갖는 의미와 관련하여, 나는 최원식과 백낙청의 '회통'과 작품으로의 '회귀'에 내재한 신실증주의의 도래에 대해 비판적으로 고찰했다. 신실증주의는 자본주의가 보편적인 자연 세계이자 불변하는 생활 방식으로 출현하는 현재의 신자유주의와 긴밀하게 연관되어 있다. 세계가 무한 경쟁의 장소이자 이윤 획득의 도전과 모험의 특정한 의미망을 띠게 되는 것은 이 때문이다. 그래서 세계는 도전과 모험 정신을 지닌 바람직한(?) 청춘들에게 무한히 넓은 곳(비와 박진영의 미국 시장에 대한 추종과 맹신, 그리고 김연아의 선전이 국민적 쾌거이자 승리로 인식되는 지금의 현실을 떠올려 보면 쉽게 이해할 수 있다.)이지만, 내전과 환경 재앙과 다국적 자본으로 삶의 터전을 잃은 난민들에게는 어디에도 없는 장소(대한민국/남한은 난민을 인정하지 않는 드문 나라 가운데 하나다.)가 된다.

이 책의 10, 11장 및 12장에서 현재 유행하는 역사물과 대중 환상물을 검토하며, 내가 일관되게 의식한 주제도 이것이다. 환상이 어째서 '중간계Middle Earth'라는 인공화된 자연을 필요로 하는지 그리고 어째서 신성하게 정화된 육체만이 중간계에서 살아남으며, 유색(황인종 및 흑인종)과 여성의 감각적 육체성은 소멸되고 마는지를 역사소설 『미실』과 『검은 꽃』 그리고 언제나 언급할 때마다 마음 한구석이 불편해지는 김훈의 역사소설들과 MBC 역사 드라마〈선덕여왕〉의 닮은 듯 다른 변주들과 함께 고찰해 보는 일도 흥미로울 것이다. 이 연장선상에 4대 강 살리기라는 거대한 프로젝트가 자리하고 있다.

＊　＊　＊

2009년 11월 8일 『친일인명사전』이 드디어 출간되면서, 한국 사회는 또한 차례 홍역을 치르고 있다. 친일 청산이 금기시된 구식민지 대한민국/남한에서 새로운 역사 쓰기의 대명사는 이른바 뉴라이트가 되었다. 사실 한국 사회가 뉴라이트가 걱정(?)할 만큼 진보 세력들에게 관용적이었던 때는 한 번도 없었다. 대한민국/남한의 국민들이 제일 존경하는 인물이 박정희라는 부동의 사실과 그의 정치적 동반자였던 박근혜가 다음 대선의 유력한 후보자라는 작금의 현실만큼 이를 잘 보여 주는 증거도 드물 것이다.

　이러한 보수적인 대한민국/남한의 사회정치적 지형에도 불구하고, 뉴라이트들은 식민지 근대화론을 앞세워 식민지와 제국의 상호 의존적이고 동시 병행적인 관계를 근대화라는 일원화된 잣대로 재단하고 평가한다. 그리고 이를 보증하는 전매특허로써 객관화된 수치가 동원된다. 이것은 근대화의 서열화된 세계 감각과 지각 양식이 체화된 결과이며, 이 때문에 대한민국/남한의 뉴라이트들은 식민지로서의 조선 현실과 조선 민중들의 계급적 현실을 외면하고 이를 물화된 수치적 대상으로만 취급하게 된다. 에이메 세제르Aimé Césaire가 "어떤 식민주의도 순수하지 않고 동시에 그 어떤 식민주의도 면죄부를 부여받을 수 없으며, 식민주의를 감행한 국가, 그 식민주의를 정당화한 문명은 이미 도덕적으로 타락한 병든 문명"이라고 천명했을 때, 그는 식민주의가 전 세계에 끼친 파괴적 결과를 고발하고 이에 대한 전 세계적인 반성을 촉구하고자 했다.

에이메 세제르는, 식민주의는 인간에 대한 인간의 모욕과 진정한 인간적 유대와 성찰을 가로막는다는 점에서 인간이 저지른 최악의 문명적 죄라며 이를 환기하고 비판했다. 인종이 곧 계급이라고 말했던 파농Frantz Omar Fanon이 말했던 바도, 인종화된 지리적·도덕적 식민주의가 가져온 피폐화된 인간성의 상실과 이로 인해 박탈된 식민지인들의 자기 존중감이었다. 파농은 이러한 식민지인들의 오랜 부정적 자기상과 단절하기 위해서라도 반식민지 해방 투쟁의 무력적 계기를 요청하고 도입했다. 반식민지 해방 투쟁 과정에서 식민지인들은 적의 정확한 실상과 정체를 깨달음으로써 그들에게 덧씌워진 인종의 부정적 도식과 형상을 탈피하고 보편적 인간 주체로서 설 수 있다는 것이 그의 주장이다.

이 책 1장에서 '식민성'을 고찰하는 것 못지않게 '제국성'을 심층적으로 분석하고 탐구하는 작업이 필요하다고 지적한 이유는, 한국 학계가 자기의 '식민성'에 대한 유례없는 고발에 집중하느라 정작 제국의 '제국성'에 대한 논의를 간과하고 있다는 뼈아픈 성찰 때문이다. 다시 말해 한국의 학계는 탈식민주의적 관점이 열어 놓은 제국의 '제국성'에 대한 논의를 채 시작도 하기 전에 구식민지 식민지인들이 얼마나 '식민지적'인지를 매번 확인하고 승인하는 자기 딜레마에 빠져 있으며, 이 학문적 성과물들을 고스란히 활용하고 절취한 세력이 바로 뉴라이트들이다. 제국과 식민지 간의 문화정치에 대한 식민지 출신 실천가 및 이론가들과 제국의 중심부에서 제국의 '제국성'을 비판한 에드워드 사이드Edward Said의 통찰을 소중한 학문적 자산으로 삼아 탈식민주의의 유효성과 의미를 1장과 2, 3장에서 검토하고자 했던 내 의도는 정확히 이 지점을 관통하고 있다.

◆　◆　◆

이러한 구식민지 대한민국/남한의 제국과 식민지 간의 상호 의존성과 병행은 '전향'과 기독교적 근대 주체와도 깊이 연관된다. 김활란과 박인덕의 기독교적 근대 주체는 전 세계적인 복음과 구원의 기독교적 보편 인류애와 개인 영혼의 구제 및 관리라는 개별화된 주체 형성의 메커니즘을 통해, 식민지로서의 조선 현실과 무산대중의 실체를 단체와 개인의 형상으로 '탈실체화'하여 우회하는 식민지적 무의식을 드러낸다. 기독교적 근대 주체에 반발하여 제국주의의 식민지적 착취와 계급적 현실을 비판하고자 했던 사회주의의 거센 도전에 직면해 식민지기의 기독교계는 농촌계몽운동으로 이에 대응했고, 농민 개개인의 구제와 교화를 중심 사업으로 삼았다. 하지만 이마저도 일제 식민 당국의 농촌진흥운동에 흡수되고 마는데, 이 과정에 민족합작노선으로 결성되었던 근우회의 활동과 이 근우회에 대한 소극적 참여와 집단 탈퇴로 이어지는 YWCA계 여성 인물들의 제국적 '욕망과 감정'의 회로가 존재한다. 이에 대해서는 이 책의 4장과 모윤숙의 친일과 반공의 이중주를 다룬 5장을 겹쳐 읽으면 좀 더 분명한 그림이 그려질 것이다.

기독교적 근대 주체는 식민지적 풍경landscape을 새겨 넣은 제국주의적 개척과 점령의 전 세계적이고 지역적인 산물로서, 이 제국주의적 '감정과 욕망'의 생성과 체화가 친일과 친미로 이어지는 대한민국/남한의 기독교를 에워싸고 있다. 박인덕이 인덕학교의 개교일에 "9월 9일은 하지 장군 휘하의 미군이 한국의 독립을 보장하기 위해 서울로 행진해 온 1945년의 영광스런 날을 기념하는 날"이라며 의미를 부여한 것은 조선에 막 첫발을 내디딘 아펜젤러Henry G. Appenzeller가 "우리는 부활절에 이곳에 도착했다. 오늘 사망의 빗장을 산산이 깨뜨리시고 부활하신 주께서 이 나라 백성들이 얽매여 있는 굴레를 끊으사 그들에게 하나님의 자녀가 누리는 빛과 자유를 허락해 주옵소서!"라고 했던 말의 반향이자 재생산이다.

이러한 기독교적 근대 주체의 형성 한편에 식민지기 사회주의자들의 '전향'이 자리한다. '전향'은 기독교적 근대 주체의 복음과 구원의 보편 인류애와는 또 다른 방식으로 코스모폴리탄을 향한 뿌리 깊은 선망과 동경 의식을 보여 준다. 한 번도 세계인이 되지 못했다는 좌절된 상실감이 거꾸로 세계사적 전쟁(1937년 중일전쟁을 거쳐 1941년 태평양전쟁으로 이어지는 15년 전쟁)을 통해서라도 코스모폴리탄이 되겠다는 전도된 의식을 낳고, 결국 일본의 제국 주체만을 양산하게 되는 이 역설과 이율배반은 현재 이른바 '전향'한 인사들이 세계 경쟁력을 부르짖으며 세계화의 주창자로 나서는 일련의 현상과 묘하게 겹쳐진다. 김문수에서 이재오까지 그리고 운동권 출신의 뉴라이트 '전향' 인사들의 모습은 '전향'의 사회역사적 문제성이 아직 끝나지 않았음을, 나아가 '전향'은 전향한 당사자의 문제만도 과거의 지나간 사건만도 아님을 단적으로 예증한다.

하지만 이러한 식민지기 '전향'의 이율배반성이 해방 이후 '전향' 좌파들의 심리적 부채감을 증가시켰던 데 반해, 기독교계의 친일 협력 행위는 외부의 일시적인 시련과 고난으로 특정화되는 심리적 면죄부와 알리바이를 낳는다. 이것은 외부의 시련이 크면 클수록 더욱 신실한 기독교적 주체를 양산하는 기독교의 참회와 고백의 극화된 의례에서 비롯된다. '미몽-개안', '어둠-빛'의 이분법과 결부된 이러한 기독교적 참회와 고백의 극화된 의례는 식민지기 친일 협력 행위를 심한 '안질'이라는 육체적 질병으로 외화했던 김활란의 인식과도 부합하는 측면이다. 이 극화된 기독교적 의례가 나르시시즘적 제국주의의 일면을 담지하게 되는 것은 길 잃은 양 떼와 구원의 소명을 짊어진 목자의 이중 형상 때문이며, 그래서 '울부짖는 조선의 불쌍한 여성'들을 위해 친일을 했다는 자기 정당화의 체계가 가능해진다.

　이는 식민지 지배자들이 식민지에 도착해 이 불행한 땅에 온 것은 식민지인이 우리를 원했기 때문이지 그 역은 아니라는 소급적 동의와 정당화의 제국주의적 인식과 맞물리며 기독교적 근대 주체를 형성하는 토대로서 작용한다. 이는 이를테면 4대 강과 미디어법이 정부와 집권당에 의해 입법화되고, 이를 국민들이 반대하면 할수록 이 어리석고 무지한 국민들을 대신해 구원자/사명가로서 이 원대한 사업을 꼭 시행해야 한다는 현 정부의 '신심信心' 정책과도 상통한다.

◆　　◆　　◆

국민을 대신해 말한다는 대의제 민주주의가 종교적 신심주의와 결부될 때 가져올 수 있는 전도된 인과의 전율할 만한 결과가 현재 대한민국/남한에서 연이어 벌어지고 있다. 이는 자신을 일반의지의 총화이자 이 일반의지의 유일무이한 대표자/대변자로 자리매김했던 박정희의 행보를 다룬 6장에서 더 구체화된다. 박정희의 민족적 · 한국적 민주주의는 로스토우와 「콜론Colon 보고서」의 미국적 시각과 인식을 자기 서사화한 결과이며, 5 · 16군사쿠데타와 유신 체제를 정당화했던 박정희의 '영구혁명론'은 4 · 19혁명의 쇄신 요구와 미국의 시선과 인식이 착종된 굴절된 대한민국/남한의 자화상으로 보아야 한다.

지금 우리는 도처에 안전 기구들로 둘러싸인 채 살아가고 있다. 안전 기구와 근대적 통치성의 연관성에 주목했던 푸코의 말을 빌리자면, 안전 기구는 개인의 자발적인 복종과 순응의 규율 체제이자 미시적 권력 경제economy이다. 동네가 어두우니 CCTV를 달아 달라는 동네 주민들의 자발적 요청에서 성 범죄자들에게 사형 등의 극형을 요구하는 일반 시민들의 목소리까지 안전 기구의 증대는 과대 경찰국가로 성장해 온 대한민국/남한의 국가조직과 맞물려 '예방적 조치' 혹은 '긴급조치'를 가능하게 하는 아래로부터의 필요와 요구의 형태를 띠고 있다. 그래서 서울광장은 이러한 '예방적 조치'의 일부로 '서울' 시민들에게 개방되지 않으며, 이를 대신해 만들어진 광화문 광장은 거대 규모를 자랑하는 세종대왕 동상과 사시사철 죽지 않은 인공 꽃들과 밤이면 전경들이 순찰하는 '광장 아닌 광장'이 되어 버렸다. 이러한 유사(거짓) 광장이야말로 불안과 공포 위에 번식하는 우리 시대의 안전 기구와 장치들인 것이다. 시민들의 주권적 참여와 실천은 이제 투표함에 한정된 선거권자/관객으로만 제한될 뿐이고, 이 유사(거짓) 광장의 현존과 전시가 투표권자로서의 행사마저 이미지와 복제된 외관 속으로 함몰시켜 버리는 것은 이 때문이다.

　이 유사(거짓) 광장의 전시된 이미지와 외관은 독일 나치즘과 일제의 총동원 체제에서도 가동된 바 있다. 식민지 말기 조선에서 홍망사 이야기가 번성했던 이유는 망亡을 통해 개인의 일상생활과 행동거지를 단속하고 통제하고자 했던 국가의 일원적인 시선과 검열의 관음증적 도착의 결과였다. 망의 성적 타락과 부정에 대한 경고는 사적 영역에 대한 국가의 총체적인 불신과 의혹을 반영하며, 이 사적 개인들의 모임과 결속을 통제하고 국가가 이에 직접 개입하여 제어하려는 국가권력의 총체화 및 사유화였다. 이러한 사적 영역에 대한 잠재적인 불온화와 불신화는 사적 영역에 침잠하여 밖으로 나오지 않은 자들을 병리적 인간으로 분류·선별하며, 구질서의 부정적 형상으로 낙인찍음으로써 새로운 시대의 새 인간상을 창출했다. 이것이 바로 사회계급적 적대를 개인들의 자질 여부로 치환하는 전시 총력전 체제의 파시즘적 논리이다.

물론 여기에는 이중성이 존재한다. 사적 영역의 비정치적 요소들은 국가에 의해 결코 금지되거나 백안시되지 않았기 때문이다. 오히려 비정치적인 여가와 오락이 국가에 의해 적극적으로 장려되었으며, 국민체조와 대규모 국가 행사는 이 유사(거짓) 광장의 존재와 함께 사적인 자유와 평안을 보장해 주는 듯한 효과를 낳는다. 하지만 사적 영역에서 비밀스럽게 오가는 소문과 구설은 국가의 유기체적 일체화를 좀먹는 유해한 병균이나 독소가 될 수 있기에, 국가권력은 비밀 정보망과 비밀경찰을 통해 빈틈없이 사적 영역을 감시하고 도청한다. 이러한 이중성과 모호성이 파시즘적 전체주의 국가를 분열하고 추동하며 흥망사 이야기의 생산과 풍미를 좌우했다. 흥망사 이야기는 복고와, 일본과 조선의 동조동근同祖同根을 주장하며 혈통의 유사성과 근친성으로 식민지 조선인을 총동원하려 했던 일제 식민 당국의 국책 이데올로기의 일부로, 김동인은 『제성대』와 『백마강』 같은 역사소설을 통해 일본과 조선을 잇는 피의 공동체성을 새롭게 재확인하고자 했다.

이처럼 미디어를 매개로 한 대중 오락과 문예물들은 지극히 탈이데올로기적이고 비정치적으로 보일 때조차도 국가정책의 이데올로기로 기능하게 된다. 이는 대중 참여와 표현의 광장이 공적 연출과 전시로 그 공공적 성격을 상실한 사회일수록, 광장의 실제 주체인 대중들이 잠재적인 체제 전복의 '잔당이자 폭도'로 인식되는 사회일수록 더욱 예각화된다. 8장과 9장의 흥망사 이야기를 다룬 글들은 이후 좀 더 많은 보완과 연구가 필요하지만, 10장의 세계 텍스트를 꿈꾸는 현재의 대중 역사물과 식민지 말기 조선을 풍미했던 흥망사 이야기의 대중 문예물들이 왜 비판적 성찰의 대상으로서 탐구되어야 하는지를 말해 주는 단서가 될 것이다.

◆　◆　◆

　요즘 말하기가 쉽지 않다. 해야 할 말과 하지 말아야 할 말이 엄격하게 구분되고, 일체의 정치색을 띤 말들이 불온의 온상지로 취급되는 지금, 나는 인문학 연구서라는 취지에 걸맞지 않게 현재와 과거를 오가는 너무 위험한(?) 발언들을 많이 한 것 같다. 서문의 형식을 빌어서라도 저자의 생경한 목소리를 담고자 하는 욕망은 독자의 가독성을 가로막는 장애물이 될 수도 있다. 하지만 그럼에도 나는 노무현 전 대통령을 대통령으로 뽑았고, 그의 갑작스런 죽음이 남긴 수많은 상념과 자문 속에서 그의 죽음을 살아남은 자로서 반추하고자 이러한 학문적 금기와 독서 관습을 거슬렀다. 그의 정책에 언제나 찬성하지는 않았지만, 그의 신자유주의적 노선에 비판적인 시선을 끝내 거둘 수는 없었지만, 노무현과 이명박 정권을 무차별적으로 비난하고 비판하기보다 '미세한 차이'의 사회 정치적 역동성을 되새기는 길을 걸었으면 하는 것이 나의 바람이다.

　이 책을 내는 데 힘써 주신 많은 분들에 대한 감사의 인사는 다른 장을 기약한다. 이를 대신해 나는 이 서문의 마지막을 해방기의 한 자유주의자 오기영을 떠올리며 내가 썼던 1장의 한 구절과 노무현 전 대통령의 회고록인 『성공과 좌절』의 한 단락을 제시하는 것으로 마감하려 한다. 이 책을 발간하는 데 노력을 기울여 준 앨피 여러분들과 가족 그리고 이 책 중 3편이 공저의 일부로 작성되어 이 책을 내는 데 큰 밑받침이 되게 해 준 여러 선생님들과 동학들께 진심으로 감사드린다.

자유주의자 오기영은 식민지인의 민족의식과 민족문화가 저절로 찾아오는 것이 아니라 최후에 획득되어야 할 산물임을 온몸으로 깨달았다. 이것이 그가 "친일분자 민족 반역자와 모리배 등 반동분자의 무자비한 소탕이 없이 인민의 나라를 건설할 수 없다는" '제2의 해방론'을 낳게 한 근인根因이다. 오기영이 식민지인의 '식민지성'을 벗어나 '탈'식민화의 자주 국가를 꿈꾸었던 바로 그 지점에서 이 '식민성'의 각인을 기억하고 소환하며 곱씹는다는 것은, 도래하지 않은 미래를 과거의 한 지점에서 길어 올려 지킬 수 없었던 약속, 회피할 수 없었던 참화, 실현 불가능한 꿈과 같은 역사의 정지점이라고도 할 수 있는 것들을 찾아내 현재의 절박한 관심과 연계하는 기억의 사회정치적인 실천과 의미를 탈환하는 적극적인 자기 구성의 계기를 내포하고 있었다.

　과오는 과오입니다. 나도 변명하고 싶습니다. 그러나 그럴 수는 없습니다. 과오는 과오로 인정해야 합니다. 권력의 사유화는 권력의 속성이고 이를 막는 것은 정치의 과제입니다. 수신제가라는 말에 대해서는, 왜곡을 피해야 할 것이지만, 받아들일 것은 받아들여야 합니다. 그러므로 주변 관리는 정치인의 책임입니다. 그리고 털어도 먼지 안 나게 살아야지요. 개인적 문제가 아니라 시민이 당당한 사회가 되기 위해서 그래야 하는 것이지요. …… 부끄러운 시민으로 사죄하고 참회하는 마음으로 살아갈 것입니다. 제 생각으로는 그동안 제가 살아온 경험을 통하여 정치가 이루어지는 이치에 관해 시민들이 알면 좋을 이야기를 하는 것이 의미가 있을 것 같습니다. 다만 무슨 거창한 주장이나 논리가 아니라 지난 이야기로 하는 것입니다.

2009년 12월

공임순

차례

1

제국의 **문화정치**와 '**탈**'**식민** 해방 투쟁

식민주의자와 식민지인 사이에는 (중략)

인간적 접촉은 고사하고

지배와 피지배의 관계만이 버티고 있을 따름이다.

식민주의자는 학급의 반장으로,

군대의 장교로, 감방의 간수로

그리고 노예 지배자로서의 삶을 영위케 하면서

식민지인은 생산의 한 도구로 전락시키는 관계 말이다.

따라서 내 공식은 이렇다. 식민주의는 사물화다.

에메 세제르Aimé Césaire, 『식민주의에 관한 담론』[1]

주변부 식민지인의 딜레마

탈식민주의가 한때 유행처럼 한국의 인문학계를 휩쓴 적이 있다. 지금
은 그 흔적을 찾기가 쉽지 않지만, 탈식민주의가 한국 인문학에 지대한
영향을 끼치며 다양한 문화론을 만개시키는 원동력이 된 것만은 사실
이다. 갖가지 풍속론 시리즈가 출판 시장의 요구와 맞아떨어져, 지금까
지 역사학이 등한시했거나 간과해 온 일상적 항목들이 탈식민주의적인
관점에 힘입어 학제 간의 벽을 허물고 대중화의 길을 열었다.

탈식민주의는 정치적·경제적 요인 못지않게 문화와 관련해서 식민주
의의 지구화와 지역화의 변증법적 역학인 '자기의 이국화self-exoticization'
와 '자기의 오리엔탈화self-orientalization'에 대한 날카로운 인식을 선보였
다.[2] 여기서 말하는 '자기의 이국화'와 '자기의 오리엔탈화'는 다른 문화이

---

1 에이메 세제르, 『식민주의에 관한 담론』(이석호 옮김, 동인, 2004), 36~37쪽.

2 이 용어는 제국 문화가 주변부로 이식되는 과정을 설명하는 개념적 장치이다. '서양적/
동양적'이라는 문화적 표상과 개념은 단순히 서구화나 동양화를 의미하는 것이 아니라
각각의 지역적 문맥 안에서 재구축된 것들이다. 제국 또는 서구 문화는 주변부에서 주
도권을 확보하는 가운데 기존의 전통을 낯설게 하는 효과를 산출하는데, 이로써 지금까
지 외래적인 것으로 여겨지던 것이 자신의 문화적 환경의 일부가 되면서 자신의 고유한
경험이었던 토착적인 것이 오히려 낯설어지고 이국적인 것으로 변모한다. 그 결과, 외
래적인 것을 내면화한 사람들에게 고유한 또는 토착적인 것이 청산/제거되어야 할 동양
성의 낙후된 증거로 혹은 현재 이미 사라져 버려서 회복해야 할 이상적인 과거로 실체

론가의 논의를 빌려 필자가 재명명한 것으로, '자기의 이국화'란 자기가 당연하게 혹은 자연스럽게 생각했던 고유하고 토착적인 경험들이 낯설어지고 이국적인 것으로 변모되어 버리는 양상을 가리킨다. '자기의 이국화'는 '자기의 오리엔탈화'라는 제국 및 식민화의 충격과 무관하지 않은데, 제국과 식민지 간의 조우와 접촉은 제국의 압도적인 군사적·물리적 우위를 바탕으로 식민지인들을 지배하고 이를 문화적·이념적으로 정당화하기 때문이다. 그래서 식민지인들에게 기존의 토착적이고 고유한 경험과 문화들이 근대화와 서구화를 가로막는 장벽으로 여겨지고, 근대화되고 서구화된 것들이 지향해야 할 바람직한 규범으로 재정착·확립되는 인식상의 전환 혹은 전도가 발생하게 된다.

이러한 일차적인 인식의 전환과 단절로 인해 자기 자신이 낯설어지는 '자기의 이국화'와 '자기의 오리엔탈화'는 동궤적同軌的이다. 왜 하필 '오리엔트'라는 지리적 토포스topos를 동반한 특정 명명과 심상心像 지리가 만들어지는가. 그것은 근대화와 서구화의 대척점에 전근대와 동양의 형상이 새겨져 있기 때문이다. 근대화와 서구가 한 쌍을 이루면 자연히 전근대와 동양은 이와 대립하는 극점을 이루게 된다. 이 양분화된 대립 축을 중심으로 선망과 혐오의 감정이 구축된다. 근대화와 서구에 대한 일방적인 선망과 동경은 이와 반비례하여 전근대와 동양을 부인하고 격하하는 자기혐오와 멸시를 생성한다. 근대화와 서구를 동경하고 염원하면 할수록 제국과의 격차가 만들어 낸 자기의 열등한 위치성을 더욱 예리하게 자각하게 되고, 이 자각은 결국 외부의 시선을 간직

화되는 것이다. '자기의 이국화'와 '자기의 오리엔탈화'라는 용어는 吉見俊哉, 『カルチュラル·スタディーズ』(岩波書店, 2000)을 참조했지만, 나머지 설명은 필자가 덧붙인 것임을 밝혀 둔다.

한 자기부정과 분리의 파괴적인 경험으로 현상된다. 이 폭력적 단절의 상흔들이 과도한 자기부정(나는 혹은 너는 어쩔 수 없는 동양인이라는 자괴감) 또는 노스탤지어적인 감각(이미 상실해 버린 동양적인 것에 대한 애착과 향수)을 불러일으키는 근본 동인이다.[3] 외래적인 것이 내재화되고 내재적인 것이 외래화되는 자기부정과 분리의 경험은, 전 세계를 문명국과 야만국으로 분절하여 제국의 지배를 정당화하려 한 식민지화가 가져온 전 지구적인 결과이다. 이러한 제국과 식민지 간의 파괴적 조우와 경험을 학문적으로 반성하고 성찰하려는 실천이 바로 탈식민주의적 관점이라고 할 수 있다.

에드워드 사이드Edward Said는 식민화를 동반한 제국과 제국 문화를 바라보는 탈식민주의적인 관점과 인식이 "명백한 정치적 이유에서만이 아니라 19세기와 20세기의 정전적正典的 작품을 새로운 관심사로 해석할 수 있게 해 주기 때문에 해외 식민지 지배에 대한 추구와 관심과 의식이 어떻게 확대되는지 그리고 이러한 문제에 대한 관심이 비평을 얼마나 풍부하고 중요하게 하는지"[4]를 일깨워 주었다고 지적한다.

---

[3] 보통 근대성 연구에서 노스탤지어적 감각은 부정적인 입장에서 취급되지만, 과거 식민지인들에게 이러한 노스탤지어적인 감각은 반식민지 해방 투쟁을 위한 중요한 정치적 자산이었다. 이러한 점에서 노스탤지어에 작동하는 복잡한 식민주의의 계기들을 포착하려면 시간의 공간화를 만들어 내는 제국과 식민지 간의 불평등하고 비대칭적인 차이화를 인식해야 한다. 일례로 차크라바르티Dipesh Chakrabarty는 간디와 타고르라는 인도의 사례에서 알 수 있듯이 낭만적/심미적 민족주의가 국가주의와 파시즘적 애국주의로 귀결되는 역사적 필연성은 없다면서, 이 낭만적/심미적 민족주의의 풍부하고 오래되며 복잡한 역사의 저항성을 긍정적으로 읽어 낸다. Dipesh Chakrabarty, "Afterword : Revising the Traditional/Modernity Binary Mirror of Modernity" (*Mirror of Modernity*, University of California Press, 1988).

[4] 에드워드 사이드, 『문화와 제국주의』(박홍규 옮김, 문예출판사, 2005), 159~160쪽과 *Culture and Imperialism* (Random House, 1993) 참조. 번역본을 원문과 대조해서 좀 더 정

사이드에 따르면, 정치 · 경제와 분리된 독자적이고 자율적인 영역으로 간주되던 문화는 식민주의가 깊숙이 뿌리내린 일상적 삶의 현장으로 새롭게 규정되고 비판된다. 탈식민주의를 다룬 수많은 연구서들이 문화와 언어에 집중적인 관심과 주의를 기울이는 것도 이러한 탈식민주의의 새로운 문제의식과 무관하지 않다. 탈식민주의는 이른바 우리의 일상과 의식을 축조하는 식민주의의 전 세계적이고 근원적인 영향력에 착목해 제국과 식민지 간의 관계를 논의의 전면에 부각시켰다. 따라서 탈식민주의가 역사와 문학 같은 전문적인 학문 분야는 물론이고, 일상의 생활 습관과 양식을 총망라하는 잡종적이고 다학제적인 면모를 띠는 것이 어쩌면 당연한 결과이다.

하지만 탈식민주의가 일정한 방법론이 아닌 하나의 시각이나 입장이다 보니,[5] 탈식민주의에 대한 이런저런 오용과 편식이 뒤따르게 되었다. 특히 탈식민주의 논의가 내셔널리즘과 결부될 경우 이런 경향이 더욱 두드러진다. 현재 탈식민주의가 몇 가지 식상한 핵심어로만 소비되는 이유도 여기서 비롯되는데,[6] 내셔널리즘 비판에 치중해 정작 탈식민

확한 뜻이 요구되는 부분에 한해서 일부 수정을 가했다.

[5] 로버트 영Robert Young은 탈식민주의가 일정한 방법론이 아니라 이론적 실천과 노동의 산물이라고 지적한 바 있다. 그는 탈식민주의라는 용어를 쓰기보다 탈식민적, 이 책의 표현대로라면 포스트식민 이론으로 규정함으로써 탈식민주의가 내포하는 협소한 정의에서 벗어나고자 했다. '탈식민주의'라는 정형화된 표현으로는 이론적 실천과 노동의 산물로서 포스트식민 이론의 궤적들을 담아내기에 역부족이라는 것이다. 로버트 J. C. 영, 『포스트식민주의 또는 트리컨티넨탈리즘』(김택현 옮김, 박종철출판사, 2005).

[6] 여기에 대해서는 권명아, 「연대와 전유의 갈등적 역학」(『상허학보』 19집, 2007년 2월)에서도 잘 드러난다. 언제나 그렇듯이, 한 이론이 처음에 던졌던 첨예한 문제의식이 사라지고 나면 몇 개의 개념들만 남기 때문이다. 예를 들어 탈식민주의 하면 으레 혼종성, 양가성, 주변성, 불확정성 등등이 떠오른다.

주의의 일차 과제인 제국의 '제국성'이 시야에서 사라져 버린 것이 그 단적인 예이다. 에드워드 사이드가 제국과 제국 문화 고찰을 중심으로 식민화의 파괴적인 결과에 주목했던 것과 달리, 식민화를 겪은 한국(학계)에서는 탈식민주의가 주변부 식민지인의 '식민지성'에 대한 고발과 비판으로 유례없는 논란의 중심에 서게 된다. 식민지 말기 연구 붐은 마치 제국의 제국성을 결여한 식민지인이 얼마나 '식민지적'인지를 매번 확인하는 절차로 굳어진 감마저 줄 정도이다.[7]

물론 식민주의가 '자기의 오리엔탈화'를 동반한다는 점에서, 제국의 제국성을 선망하면서도 증오하는 우리의 내적 식민지성에 대한 탐구는 긴요하다. 하지만 지금처럼 한국의 인문학 연구가 식민주의를 근대성 일반으로 환원하여 식민주의와 내셔널리즘을 일괄 처리하거나 '식민지적 근대성'이라는 편의적 용어로 자기의 식민지성(내가 얼마나 식민지적인가)에만 골몰하는 한, 식민주의를 규명할 이론적 자산은 그리 많지 않아 보인다. 식민주의 그리고 제국과 식민지 간의 관계를 파악할 이론적 자산의 부족은, 근대의 복합적이고 중층적인 계기를 주장하는 떠들썩한 구호에도 불구하고 실제로 이것에 어떻게 접근하고 해명할 것인

---

[7] 식민지 말기에 대한 선호와 애착은 새삼스럽지 않다. 하지만 요즘 학회지는 3분의 2 이상이 식민지 말기에 집중되어 있다고 해도 과언이 아니다. 누군가의 지적처럼 식민지 말기가 암흑기로 규정되어 지금까지 제대로 된 선행 연구가 없었다는 점에서 이는 불가피한 현상일 수 있다. 하지만 지금의 논의들이 이 시기에 대한 더 다양하고 입체적인 관점을 보여 준다는 점에서 긍정적인 일면이 있기는 해도, 한정된 텍스트를 둘러싸고 반복된 논의를 재생산한다는 점에서 비판받을 지점이 있다. 이 때문에 새로운 자료 발굴에 대한 욕구는 더 강력해져 자료에 대한 선별과 판단 없이 이를 당대의 현실과 일대일로 등치시켜 버리는 일이 자주 일어난다. 비록 '현실'이 관념과 욕망, 사후의 해석이 교차하는 장이기는 해도, 그렇다고 일부가 전체를 대변할 수는 없는 노릇이다. 식민지 말기에 대한 과잉 열기가 기존 자료에 새 자료를 덧붙이는 식이 아닌 전체적인 시각을 획득할 수 있는 방법을 고민해 볼 시점이다.

지에 대한 공적 합의의 부재로 나타난다.

식민주의는 시간성 못지않게 공간적인 대립과 차이화를 가동하는 분업적 식민화 체제이다. 도시와 농촌의 차이가 해외 식민지로 전이되어 농촌=식민지화되는 공간적 위계화는 식민주의가 시간의 공간화를 통해 제국과 식민지를 상동적인 구조로 정립하고 있음을 보여 준다. 즉, 해외 식민지가 제국 본토의 농촌이나 자연의 일부로 간주되어, 농촌과 식민지가 제국 중심부를 떠받치는 주변부로 인식되는 제국의 공간적 위상학이 만들어지는 것이다. 제국에 대한 식민지인의 반식민화 해방 투쟁이 도시의 프롤레타리아뿐만 아니라 농촌(식민주의의 이중 억압과 착취의 공간으로서 식민주의의 제 모순이 응결되고 압축되는 모순의 결절점이자 약한 고리로 인식된)을 근거지로 활동하는 이유의 일단을 적시하는 이 대목은, 근대 일반의 공통 경험으로 환원할 수 없는 식민주의의 영향력을 보여 주는 한 일례이다.

이 모든 문제를 근대라는 내적 식민지화의 지평으로 해소해 버릴 수 없는 것은, 아리프 딜릭Arif Dirlik의 다음과 같은 지적에서도 확인된다. 농촌의 반식민화 해방 투쟁 경험은 "경험적인 사회학적 문제들이었을 뿐 아니라 대단히 문화적인 문제들이기도 했다. 공산주의가 토착화되어야 한다면 공산주의자들은 그들이 접하는 많은 문화들의 언어를 배워야 했다. 마르크스주의의 중국화는 궁극적으로 이론 자체의 모습을 놓치지 않으면서 이론의 그 언어를 자국어로 만들어야 했다. (중략) 마르크스주의의 중국화는 혁명적 실천 과정에서 나온 토착적 마르크스주의의 창조로서 가장 잘 이해"[8]된다는 그의 전언은 일상과 문화, 반식민지 저항

---

[8] 아리프 딜릭, 『포스트모더니티의 역사들』(황동연 옮김, 창비, 2005), 167쪽.

과 해방 투쟁을 둘러싼 역사적 맥락처럼 특정한 지역적 경험, 특히 식민지라는 변수를 고려한 탈식민주의의 이론적 실천과 방법론의 문제를 제기한다. 탈식민주의가 파농Frantz Omar Fanon과 호미 바바Homi K. Bhabha, 스피박Gayatri Chakravorty Spivak으로 이어지는 잘 정리된 계보학으로서만이 아니라 반식민화 해방 투쟁의 지역적 경험을 담아낼 수 있는 더 역동적이고 개방된 장이 되어야 할 필요성이 바로 여기에 있다.

이를테면 반식민화 해방 투쟁이 근대 내셔널리즘과 동일한 측면이 있으면서도 제국 중심부의 내셔널리즘을 어떻게 절합하여 자기화하는지, 근대 지식으로서의 사회주의가 어떻게 식민지에서 민족주의와 폭발적으로 결합하여 제국 중심부를 겨냥하는 반체제 혁명 투쟁으로 전화되는지, 문화에 대한 식민주의자의 고급한 거리 두기가 반식민화 해방 투쟁 과정에서 어떻게 세속화된 사회정치적 프로파간다로 변용될 수 있었는지, 그리고 이 일련의 양상들이 식민주의와 어디서 만나고 갈라지는지를 폭넓게 인식하고 탐구하는 것은 제국과 식민지 간의 상호 연루와 착종에 대한 탈식민주의적 관점을 계승하는 유의미한 지적 실천 행위이다. 식민주의자가 홀로 식민주의자가 될 수 없다는 제국과 식민지 간의 분리와 공모에 대한 예리한 자의식은, 제국에 대한 선망과 동경을 재확인하는 식민지 아류 제국주의자의 형상을 가시화하는 것 못지않게 제국과 식민지 간의 동시 진행적인 식민주의를 독파하고 제국의 제국성을 유지하기 위해 억압되거나 침묵당한 식민지의 반식민화 해방 투쟁의 유산과 역사까지 모두 끌어안는 비교의 관점을 요청한다.[9]

---

[9] 비교의 관점은 에드워드 사이드 이후 많은 학자들이 중시하는 바이다. 에드워드 사이드는 대위법적 독해를 통해 비교의 관점을 실현했는데, 에드워드 사이드의 대위법적 독해는 이 글에서 다시 서술하겠지만 "제국의 은폐되어 있지만 결정적인 현존이 정전 텍스트

이 비교의 관점을 이론화한 에드워드 사이드의 대위법적 독해를 식민주의를 규명하는 준거 틀로 삼아 먼저 반식민화 해방과 저항 투쟁의 한가운데서 탈식민주의를 고민했던 실천가이자 혁명가인 식민지 출신 비평가들의 탈식민주의 이론과 실천을 검토하고, 그 다음에는 이들의 경험을 적극적으로 전유하여 메트로폴리탄 중심부에서 제국의 문화정치를 비판했던 에드워드 사이드를 제국의 가정화 전략과 은폐된 타자 '식민지'에 초점을 맞추어 규명하고자 한다. 역사, 기억, 정체성의 세 영역이 교차하는 식민주의의 전 지구적이고 지역적인 영향력을 해명할 출발점으로 이러한 비교의 관점, 에드워드 사이드의 용어로 '대위법적 독해'를 도입했다. 이러한 논의가 다소 정제되지 않고 거친 면이 있다면, 이는 탈식민주의가 처한 한국적 곤경과도 일부 관련이 있을 것이다.

'탈'정치화된 문화의 정치성

탈식민주의를 '식민주의 이후'라고 하는 신식민주의의 맥락에서 파악하는 논자들이 공통되게 지적하는 바는, 전술했듯 식민주의의 전 세계적이고 근원적인 영향력이다. 그 단적인 예로 에이메 세제르Aimé Césaire

---

들에서 어떻게 나타나는지를 드러내기 위해, 텍스트를 식민지인의 관점에서 다시 읽는 형식을 말한다." 빌 애쉬크로프트·팔 알루와리아, 『다시 에드워드 사이드를 위하여』(윤영실 옮김, 앨피, 2005), 179쪽. 이 대위법적 독해가 좀 더 폭넓게 활용되면, 중심을 향한 동질화된 시선이 아닌 제국, 민족, 식민지, 계급, 젠더 등의 동시적 다층성을 보여주는 상호 의존적이고 병행적인 식민주의의 관계를 포착할 수 있다. 이는 분리의 기제를 재생산하는 식민주의의 이데올로기적 장치를 해체하고 탈구하는 중심 전략으로서 그 의미를 갖는다.

는 "식민주의가 식민주의자들을 어떻게 탈문명화시켰고 피폐하게 했으며 동시에 비인간화했는지를 고민해 보아야 한다. 뿐만 아니라 어떻게 식민주의가 식민주의자들의 잠들어 있는 본능을 일깨워 탐욕과 폭력과 인종차별과 도덕적 상대주의로 나아가게 했는지도 연구해 보아야 한다"고 주장하고, "그 어떤 식민주의도 순수하지 않고 동시에 그 어떤 식민주의도 면죄부를 부여받을 수 없으며, 식민주의를 감행한 국가, 그 식민주의를 정당화한 문명은 이미 도덕적으로 타락한 병든 문명"[10]이라고 천명했다. 에이메 세제르가 보기에 식민주의는 문명의 이름으로 행한 전 세계적인 야만의 실천이자 억압으로, 식민주의의 문명화 사명이란 '야만의 거울상'에 지나지 않은 것이다. 그 어떤 식민주의도 가치와 문화의 위계질서를 동반하지 않는 경우가 없다고 할 때, 에이메 세제르는 식민주의의 권력 작동 원리를 정면에서 비판한 셈이다.

세제르는 마노니Maud Mannoni 같은 정신분석학자를 예로 들어 식민주의자의 폭력을 식민지인들에게로 되돌리는 식민주의의 전형적 지식 행태를 고발한다. 마노니는 마다가스카르인들을 대상으로 정신분석을 하면서, 백인들이 마다가스카르에 온 것은 마다가스카르인들이 백인을 신격화하고 동경했기 때문이지 그 역은 아니라고 보았다. 따라서 식민주의의 책임은 오로지 "의존에 대한 필요를 경험한 자들", "식민주의자들의 도래를 무의식적으로 예기하고 심지어는 욕망한"[11] 식민지인들에게 고스란히 되돌아오게 되고, 식민주의자들의 강제와 폭압은 삭제되거나 은폐되는 전도된 현실이 도래한다. 에이메 세제르가 식민주의를 사물화

---

[10] 에이메 세제르, 앞의 책, 23, 31쪽.

[11] 양석원, 「탈식민주의자와 정신분석학―마노니와 파농을 중심으로」(『탈식민주의의 이론과 쟁점』, 문학과지성사, 2003), 14쪽에서 마노니 부분 재인용.

로 등치한 까닭이 이러한 전도된 현실이 더한 현실성reality을 띠고 사물화되는 식민지의 현실을 드러내기 위해서였음이 여기서 분명해진다.

식민화의 이러한 파괴적 조우와 접촉을 한층 더 신랄하게 파헤친 탈식민주의 비평가가 멤미Albert Memmi이다. 멤미는 식민주의자가 식민지인을 무자비한 민족주의자 혹은 인종주의자라고 비난하는 것은 "식민지인이 세상을 향해 마음을 열고, 식민지인이 휴머니스트가 되기를, 인터내셔널리스트가 되기를 기대하는 것"[12]과 마찬가지로 식민주의자의 자기기만을 담고 있다고 꼬집었다. 식민지인이 계속 식민주의자와 관련지어 자기를 규정할 수밖에 없는 식민화의 일상은 망각한 채 오로지 식민지인이 보편적 휴머니스트가 되지 못하는 현실만을 개탄하는 식민주의자는, 보편이 이미 그들만의 것임을 철저하게 외면하는 것이다.

식민화된 식민지인들은 식민화를 찬성하거나 거부할 권리를, 선택의 기회 자체를 애초에 박탈/배제당한 자들이다. 식민주의자가 식민주의자의 특권과 향유를 식민지인들에게서 보장받을 때, 식민주의자는 식민지인이 언제나 '식민지적'이기를 바라는 식민화 시스템의 일부로 앞서 작동하는 것이다. 식민주의자의 개인적 희망과 무관하게 식민주의자가 '식민주의자'가 되는 것은 이러한 식민화 시스템에서 지정되고 할당된 주체 위치가 그를 식민주의자로 만들기 때문이며, 이 식민화 시스템에서 식민주의자는 식민지인들의 노예노동을 통해 경제적 이윤과 부를 획득하게 된다.

멤미가 식민지인들을 식민 주체가 되지 않을 권리를 거부당한 자들로 묘사했을 때, 여기에는 보편의 사회역사적 경험에서 추방된 식민지

---

[12] Albert Memmi, *The Colonizer & the Colonized* (Boston : Beacon Press, 1967), p. 136.

인들의 손상된 자기구성 표지가 깊숙이 내재되어 있다. 각 개인의 신체를 관리하고 통제하는 메트로폴리탄 근대 식민 국가의 생체生體정치는 식민주의자와 식민지인의 비대칭적인 인지와 분리를 제도화한다. 군대, 경찰과 같은 폭력적 국가기구가 식민지인의 신체와 직접 대면하여 그들을 유순한 신체로 길들이는 것은 물론이고, 피부색에 고착된 가치의 위계 기호들이 식민지인들을 전방위적으로 에워싼다. 식민주의가 인종차별주의를 필연적으로 동반하는 까닭이 여기에 있다.

인종차별주의는 차이를 차별화하는, 즉 지금까지 같은 인간으로 지녔던 차이를 피차별자를 비인간화하는 도구로 변형시킨다. 그 결과, 피차별자는 인간에서 동물로, 동물에서 사물로, 사물에서 단순한 기호로까지 전락하게 된다. 인종차별주의는 때로 상호 모순되는 진술을 구사하는 일도 서슴지 않는데, 이에 따라 어리석은 자가 교활해지고 태생적 허약자가 성적 호색한으로 둔갑하는 일이 다반사로 일어난다. 인종차별주의를 동반한 식민화 시스템이 총체적인 감시 권력이 되는 것은 이처럼 억압적 국가기구의 일상적 상존과 차별적 언어 기호의 담론적 실천이 상호 결합되는 '삶의 식민화' 때문이다. 따라서 멤미가 보편의 사회역사적 경험을 박탈당한 식민지인들을 세제르와 마찬가지로 역사에서 지워지고 기억을 약탈당한 오염된 자들로 호명했을 때, 식민주의는 식민지인들에게 치유할 수 없는 왜곡과 훼손을 가져온 근대 역사의 원상으로 오롯이 각인된다.

과거를 탈취당한 식민지인들은 현재와 미래의 가능성까지 봉쇄당하고 만다. 역사의 한 지점에서 과거는 현재와 미래와 뒤얽혀 움직여 가기 때문이다. 식민주의의 '이전'을 응시하는 식민지인들의 시선이 현재의 좌절과 결핍, 미래의 불안과 희망을 응축하는 삼중의 시간성을 담고 있다면, 이는 식민지인들이 이미 상실하여 돌이킬 수 없게 된 식민주의

'이전'의 한때를 반식민지 해방과 투쟁의 무기로 삼기 때문이다. 그러나 이들의 저항정치는 언제나 식민주의자의 모방과 흉내로 뒤늦게 도착한다. 식민주의자의 민족(국가)적 상징과 표상들이 마침내 식민지인들의 손에 주어졌을 때, 식민지인들이 듣게 되는 소리라고는 "분노에 찬 야만적 쇼비니스트들"[13]이다.

식민지인들의 근대성과 그 반발로서의 (반)근대성에 대한 희구가 식민주의자들의 식민화 시스템이 낳은 뒤틀린 산물이자 식민지인들의 채워지지 않은 욕구의 분출임에도, 식민주의자들은 자신과 닮은 하지만 이 때늦은 자기 계승자들을 다시 한 번 희화화하여 역사의 바깥으로 밀어낸다. 근대(민족)국가의 구성원으로 근대(민족)국가의 수립과 형성에 한 번도 관여하지 못한 식민지인들이 식민주의자가 남긴 유산을 무의식적으로 반복하며 식민주의자의 흔적을 깨끗이 제거/청산하려는 모순되고 착종된 이율배반적 심리 구조는 그래서 항상적인 위기에 처하게된다. 식민주의에서 탈피하려는 그 순간에조차 식민주의자의 연루와 동거를 재확인하게 되는 이 역설과 시시각각 마주치는 식민지인들에게 투쟁은 결코 한 번으로 끝나지 않는 미완의 숙제로 남겨지고, 식민지인의 민족의식은 멤미의 지적대로 반식민지 해방 투쟁의 한가운데서 제일 먼저 찾아오는 것이 아니라 가장 최후에 획득되어야 할 것임을 깨닫게 된다.[14]

---

13 Albert Memmi, 앞의 책, 95쪽.

14 Albert Memmi, 앞의 책, 96쪽. 이것은 근대민족(국가)주의가 근대적 시민으로서 개인의 자기 정립과 인식을 필요로 한다는 차원에서 이해되어야 한다. 멤미는 투표와 같은 근대적 주권 행사를 통해 민족공동체와 영토적 귀속성을 경험해 보지 못한 식민지인들은 식민주의자들에게 전면전을 선포하는 반식민지 해방 투쟁과 저항을 통해 민족의식을 획득하게 된다고 보았다. 그가 '혁명'의 폭력성을 용인한 것도 이러한 폭력적 단

가령 식민화 시스템에서 식민주의자의 언어를 배우고 자란 식민지 출신 작가가 식민주의자의 언어가 아닌 자신의 모국어로 해방 투쟁의 시를 쓴다는 것은, 이중 언어의 사용과 번역이라는 지난한 과정을 거쳐야 가능하다. 그는 생각하고 상상하고 창작하는 방법부터 새롭게 익혀야 한다. 언어가 인간을 결정한다는, 이제는 상식으로 통하는 언어결정론을 굳이 들먹이지 않더라도 언어가 인간의 사고를 규정하고 조형하기 때문이다. 따라서 식민화 시스템에서 식민화 교육을 통해 문맹에서 구제된 식민지 출신 작가는 모국어로 해방 투쟁을 부르짖기까지 식민주의자의 언어를 모국어로 전환하여 다시 쓰는 몇 번의 실험과 시행착오를 겪지 않을 수 없다. 그리고 나서야 비로소 모국어에 눈을 뜨게 된다. 더구나 이 모국어가 식민주의자의 언어와 개념 체계에 이미 물들었다면, 순수 모국어에 대한 그의 꿈은 좌절과 파탄의 기록이 될 것이다.

이중 언어를 사용하는 식민 주체로서 식민지 출신 작가는 그나마 운이 좋은 소수의 식민지 토착 엘리트이기에, 그가 민족 문화 창설이라는 민족적 당위와 현실 사이에서 동요하는 것은 당연하다. 언어에서부터 제도와 사상에 이르기까지 식민주의자의 흔적이 남아 있지 않은 곳은 없다. 식민지의 해방 투쟁이 정치적 독립 이후에 내전으로 번지는 일이 많은 것도, 이러한 반식민화 해방 투쟁이 내적 식민화에 대한 자각과 맞물려 전체 전선을 형성하는 탓일 게다. 군사·정치·행정·법률의 각종 장치와 제도가 식민주의자의 식민화 시스템의 일부였기 때문에 반식민화를 위한 식민지인들의 해방과 저항 투쟁은 정확히 이 모든 것과의 전면전을 피할 수 없다.

절을 통해 식민주의가 식민지인에게 덧씌운 마니교적 이분법을 넘어서 식민지인이 보편적 주체로 설 수 있는 기회를 제공해 준다는 차원에서였다.

파괴의 욕망만큼이나 재생의 갈망이 성마른 요구와 주장들로 분출하는 반식민지 해방 투쟁 기간에, 식민지인들은 자신들을 그토록 매혹시켜 온 식민주의자의 근대적 테크놀로지를 해방을 위한 정치적 자산으로 기능 변환시킨다. 문화와 정치의 고답적 분리와 식민주의자들의 자율성 신화는 이러한 식민지인들의 해방 투쟁에서 여지없이 깨져 나가고, 식민지인들의 해방과 자립이라는 정치적 대의에 복무하는 문화의 재조직과 개정이 역동적으로 이루어진다. 식민주의자들의 근대적 테크놀로지와 다양한 문화 미디어들이 정치적 투쟁에 활용 · 전유되면서, 식민주의자들의 배타적 특권을 떠받치던 이른바 문화의 탈정치화와 보편화 논법은 실제 해방 투쟁의 세속화된 요소들로 재구성되어 말 그대로 물질화되고 지역화(토착화)된다. 파농이 '투쟁하는 알제리의 소리'라는 라디오 방송국을 설립하고 라디오방송을 통해 식민지 알제리인들을 해방 투쟁의 대열로 이끌었을 때, 식민주의자의 '탈'정치화된 문화가 식민지인들의 '탈'식민화 저항의 수단이 된 역사적 사례는 이를 방증하고도 남음이 있다.[15]

---

[15] 피터 차일즈 · 패트릭 윌리엄스, 『탈식민주의 이론』(김문환 옮김, 문예출판사, 2004), 117쪽. 파농은 반식민지 해방 투쟁에서 폭력을 통한 민족 정화와 민족문화 창조의 중요성을 재차 거론하며 식민지인들, 특히 식민지 지식인들이 동화 · 불편 · 철저한 거부라는 세 단계를 거치게 된다고 피력한다. 첫 단계에서 원주민 지식인은 지배 세력의 문화에 동화된다. 그의 작품은 모국 작가들의 작품과 거의 다르지 않다. 그의 감각은 유럽적이며 그의 작품은 모국 문화의 특정한 추세와 쉽게 연결될 수 있다. 이때가 무제한적인 동화의 시기다. 둘째 단계는 원주민 지식인이 자신의 정체성을 놓고 혼란에 빠지는 단계이다. 이 창조적 작품의 시기는 역사적이고 문화적인 재발견을 포함한다. 마지막 단계는 투쟁의 단계로, 예전까지 민중에게 빠져 민중과 더불어 살려고 했던 지식인이 이제는 거꾸로 민중을 뒤흔들고자 한다. 민중의 무감각을 존중하는 대신 민중을 일깨우는 역할을 하려는 것이다. 바로 여기서 전투적인 문학, 혁명적인 문학, 민족적인 문학이 출현한다. 프란츠 파농, 『대지의 저주받은 자들』(남경태 옮김, 그린비,

여기에서 두 가지 면으로 설명이 가능해진다. 우선 한정된 감각의 범위 안에서 하나의 도구적 기능을 하는 라디오 수신기가 기존 사회 속의 인간에게 감각과 지력 및 근력을 계발시켜 준다는 점이다. 그러나 피점령 하의 알제리에서 라디오는 점령자의 손아귀에 들어 있는 기술이며, 식민 지배라는 틀 속에서 결코 '원주민'의 생필품이 되지는 못한다. (중략) 다른 한편으로 하나의 정보 조직이요, 언어 즉 메시지의 전달체로서 라디오는 식민지적 상황에서 특수한 방식으로 생각될 수 있다. 라디오의 방송 기술, 신문, 일반적 정보 체계, 메시지와 기호를 송수신하는 장치들은 식민지 사회 속에서 존재할 때 그것을 사용하는 신분이 뚜렷하게 정해져 있다. 식민지 알제리 사회는 결코 이 기호의 세계에 참여하지 못한다. (중략) 1956년 이래 알제리에서 라디오를 구매하는 것은 단순히 현대적 정보 장비에 대한 집착 때문이 아니었다. 그것은 알제리인들이 혁명과 연결을 맺고 혁명과 더불어 생활하는 유일한 수단이었다. 따라서 라디오 구입은 곧 그 수단을 손에 넣는 것을 의미했다.[16]

이 예문에서 잘 드러나듯 파농은 라디오의 대항적이고 전복적인 기능에 주목한다. "라디오가 점차 견딜 수 없을 만큼 짓눌러 오는 점령자들의 심리적, 군사적 억압에 대한 기본적 저항 수단이 됨에 따라 알제

2004), 251~252쪽. 피터 차일즈는 전에는 자기는 그러한 활동을 해낼 수 없을 것이라고 생각했던 사람들이 종종 세 번째 단계의 문학을 산출한다는 사실은, 이러한 유형의 투쟁이 지닌 근본적으로 변화를 가져오는 본성과 평범한 사람들의 잠재력, 자신들의 해방에 능동적으로 참여할 수 있는 그들의 능력에 대한 파농의 신념을 예시해 주는 것이라고 정리한다. 피터 차일즈, 앞의 책.

[16] 프란츠 파농, 『혁명革命의 사회학社會學 : 알제리 민족해방운동 연구』(성찬성 옮김, 한마당, 1981), 64, 65, 74쪽.

리 사회는 이 새로운 기구를 받아들이기로 자진하여 결정했다."[17]고 강조한 것과 일맥상통하는 부분이다.

파농은 특히 신문이 들어오지 않는 원격지 농산어촌에서 라디오의 유효성을 절감했다. 그래서 식민지인들의 해방 투쟁 소식을 신속하게 전달하고자 뛰어난 기술력으로 이를 방해하는 적들(식민주의자들)의 목소리에 맞서 기존의 라디오를 개조한 휴대용 건전지 라디오를 보급하는 데 앞장선다. 식민주의자들의 근대적 테크놀로지를 식민지인들의 '탈'식민화 사상전戰의 중심 매체로 변경하는 과정에서, 언제나 몸에 지닐 수 있어 기동력을 갖춘 휴대용 건전지 라디오는 식민주의자의 것이지만 식민주의자의 것이 아닌, 모방과 어긋남을 산출했다고 해도 과언이 아니다. 비록 기술과 생산력 면에서 식민지인들의 휴대용 건전지 라디오는 조잡하고 볼품없었지만, 혁명의 정치적 자산으로 식민주의자들에게 역습과 반격을 가하는 훌륭한 프로파간다였다. 이처럼 같지만 다른 차이의 반복을 문화의 세속화라고 부른다면, 파농은 이 문화의 세속화를 철저하게 수행하는 것만이 반식민화 투쟁의 원동력이 될 수 있다고 생각했던 것이다.

식민지인의 반식민화 투쟁은 이렇듯 식민주의자의 유제遺制와 관행을 재생산하지만, 식민주의자의 유산에 도전하고 항의하는 '때늦은 시차'의 현장이 된다. 이 시차의 현장은 식민지인의 식민지성과 탈식민화의 부단한 저항이 뒤얽히는 현재적 장소이다. 메트로폴리탄 제국의 중심부에서 이들의 반식민화 해방 투쟁 경험은 그래서 자못 파괴적이다. 메트로폴리탄 제국의 제국성을 둘러싼 기억과 망각의 장이 이들의 개입과

---

[17] 프란츠 파농, 앞의 책, 75쪽.

간섭으로 인해 기존 제국의 역사에 균열과 동요를 초래하기 때문이다.

에드워드 사이드는 메트로폴리탄 중심부에서 일어난 식민지인의 반식민화 경험을 불러내어 재조명하는 비교의 관점을 도입한 선구적 인물로, 반식민화 해방 투쟁에 대한 그의 이론적 작업은 급진적 인식과 통찰을 제국의 중심부에 새겨 놓는다. 에드워드 사이드가 말한 제국의 문화정치는 바로 이 식민지를 은폐함으로써 가능했고, 이 은폐된 목소리가 제국의 중심부에 유령처럼 되돌아오는 순간 제국의 '탈'정치화된 문화의 정치성이 여실히 드러나는 문제적 장이 됨을 보여 준다.

오리엔탈리즘과 메트로폴리탄 제국의 전략

사이드는 『오리엔탈리즘*Orientalism*』에서 메트로폴리탄 제국의 제국적 권위와 지배의 원천이 식민지인의 '식민성'을 구성하고 참조하며 확증하는 오리엔탈리즘 담론의 지속적 생산과 유포에 있음을 밝혔다. 문제 설정 방식이 변화하면 문제가 되는 대상과 그 대상이 관계 맺고 있는 의미론적 지평도 달라지기 마련이다. 이런 점에서 사이드는 문제 설정 방식 자체를 바꾸는 인식론적 혁명으로 세계를 새롭게 이해하는 길을 터놓은 셈이다.

오리엔탈리즘 담론은 오리엔트라는 타자의 재현과 표상의 통합적 체계이긴 하지만, 오리엔트보다 메트로폴리탄 제국의 과거와 현재와 더 깊은 관련이 있는 '제국'의 역사를 함축하고 있다. 사이드가 오리엔탈리즘 담론을 분석하며 전략적 위치 설정 및 편성이라는 관점에서 오리엔탈리즘 담론에 재접근한 이유는, 오리엔트를 이야기하거나 기술하는 담론 주체의 고유한 위치 선정과 입장에 선재해 있는 합의된 지식 규칙들과 축적된 지적 레퍼토리가 오리엔탈리즘의 합법성과 정통성을 보증해 주기 때문이었다. 그래서 오리엔트를 말하는 담론 주체는 동양과 대비되는 위치에서 오리엔트를 바라보고 서술하는 대변자/재현자, 상호 참조와 인용의 네트워크를 구축하는 중재자로 위치지어진다. 사이드가 오리엔탈리즘 담론을 '두터운 양피지 위에 덧쓴 흔적들'이라고 비유적으로 표현한 까닭 역시 오리엔탈리즘 담론이 기존의 아카이브archive에 종속되고 선별 및 배분되는 일련의 텍스트들, 선배들의 권위에 기댄 거대한 재인용의 집적물임을 명시하고자 함이었다.[18]

사이드의 『오리엔탈리즘』이 던진 반향과 파장은 실로 컸다. 메트로폴리탄 제국의 학문 제도 전반에 대한 비판과 논쟁을 불러일으킨 그의 도발적 문제 제기는 메트로폴리탄 제국의 학제 간 분업 체제가 지식의 객관적 진리를 담보하기는커녕 제국의 권력을 지탱하고 유지하는 한 축이었다는 가공할 만한 진실을 들려주었기 때문이다. 『오리엔탈리즘』이 숱한 공격의 대상이 되고 사이드가 '테러 교수'로 불리게 된 이유도

---

[18] 에드워드 사이드, 『오리엔탈리즘』(박홍규 옮김, 교보문고, 1999)과 원서인 *Orientalism* (Vintage Books, New York, 1994)을 함께 검토했다. 사이드의 글은 쉽지 않다. 학계에서 사이드가 자주 논의되긴 하지만, 사이드는 간접적이고 우회적인 방식으로 견해를 피력하는 경우가 많다. 『오리엔탈리즘』은 물론이고 『문화와 제국주의』 역시 이러한 글쓰기 특징으로 인해 읽어 내기가 만만하지는 않다. 그중에서 본문과 관련하여 에드워드 사이드가 『오리엔탈리즘』에서 언급한 내용을 두 가지만 들면 다음과 같다. "(전문적) 지식의 성장은 단지 추가되거나 누적되는 것이 아니라, 연구상의 합의 내에서 선택적 축적, 전치, 배제, 재배치, 주장이 이루어지는 과정이다. 19세기에 오리엔탈리즘이란 지식의 합법성은 계몽 이전에 있었던 종교적 권위에서가 아니라 선조의 권위의 재생적 인용에서 생겨났다.", "동양에 관한 지식의 체계에서 동양은 장소라기보다 토포스, 즉 인용이나 텍스트의 단편이나 동양에 대한 다른 작품들에서의 인용이나 이전에 상상한 것의 단편, 혹은 이 모두의 혼합에 의한 그 기원을 갖는 일련의 참조들, 특정점의 집합이다."

여기서 그리 멀지 않다.[19] 『오리엔탈리즘』이 메트로폴리탄 제국의 '제국성'에 대한 불편한 진실을 소구하여 심문하는 동안, 『오리엔탈리즘』의 본질적 한계를 지적하는 목소리도 심심치 않게 제기되었다. 무엇보다 그의 『오리엔탈리즘』이 저항마저도 지배 권력으로 포섭하고 재편해 가는 푸코의 미시 권력적 생산 경제economy에 많은 부분을 빚지며 오리엔탈리즘 담론에 내재한/혹은 그에 대한 저항의 계기들을 없애 버렸다는 비판이 많았다. 사이드가 이 주장들을 적극 수용하여 『오리엔탈리즘』의 후속편으로 펴낸 책이 『문화와 제국주의Culture and Imperialism』이다.

『문화와 제국주의』에서 사이드는 메트로폴리탄 중심부의 제국이 1914년 무렵에 지구의 약 85퍼센트를 식민지 · 보호령 · 속령 · 자치령으로 소유하기에 이르렀다면서, 역사상 서양 메트로폴리스와 식민지 간에 그렇게 불평등한 권력관계가 존재한 적은 없다고 토로한다. 에릭 홉스봄Eric Hobsbawm이 '제국의 시대'로 명명한 이러한 전 세계적 식민화의 도래는 식민지뿐만 아니라 메트로폴리탄 제국의 일상에도 삶의 식민주의가 깊숙이 뿌리내리는 계기가 되었다. 사이드는 식민주의와 제국주의를 분리해서 설명하기는 하지만, 이러한 식민주의의 전 세계적인 지배가 없었다면 제국주의가 현재와 같은 모습으로 성립되지 않았으리라는 점에 공감을 표한다. 특히 사이드가 이 책에서 주목하는 것은 19세기에 정점에 이른 메트로폴리탄 제국의 식민주의가 품위 있는 메트로폴리탄 제국의 남녀들에게 별다른 이의 없이 당연하게 받아들여졌다는 점이다. 메트로폴리탄 제국의 제국성은 제국의 숭고한 문명화 가치들로 채색되어 제국 내 사람들에게 보편적 동의를 확보하는데, 이는

---

[19] 빌 애쉬크로프트 · 팔 알루와리아, 앞의 책 내용을 정리했다.

식민주의가 선교사/사명가의 형상으로 대표되는 지도와 교화의 이념들을 연료 삼아 식민지와 메트로폴리탄 제국에 모두 식민주의를 보급 · 유통 · 소비시켰기 때문이다.

선교사/사명가의 형상은 미개하고 덜 발달된 원시 식민지인들에게 문명을 가져다준다는 식민주의의 역전된 자기구성 인지와 회귀를 담지하고 있다. 이 선교사/사명가 형상이 선교사/식민주의자와 원주민/식민지인의 도식으로 부조되어 주객主客의 비대칭적인 자기구성 논리를 정초하게 된다. 진리를 소유한 자인 '우리'가 진리의 혜택을 누리지 못하는 '저들'에게 진리의 복음을 베푼다는 시혜와 자선의 선교사적 의식이 그 대척점에 위치한 자들을 거울로 하여 자기의 원망과 이상을 반사하고 투영한다. 식민주의의 사회경제적 약탈과 착취가 몰각되고 봉인되는 지점은 이러한 선교사/사명가의 형상이 식민화 시스템과 분절 · 접합되어 메트로폴리탄 제국의 제국성을 나르시시즘적인 은폐막으로 둘러싸는 바로 그 지점이다.[20]

문화가 '이데올로기적 평정' 역할을 수행하고 있다고 주창했을 때, 사이드는 문화의 이러한 제국주의적 함의와 면책 기능들을 적시한 것이라고 할 수 있다. 그는 "고급문화나 공인문화는 스스로가 제국주의의 원동력을 형성하는 데 일조했음을 필사적으로 부정하려 했고, 제국주의의 대의명분이나 은혜 또는 악폐가 논의될 때마다 문화에 대해서는

---

[20] 에드워드 사이드는 "문화의 제국주의"에 관한 연구를 종합 · 정리하는 가운데, 비서양에 대한 서양의 적극적 지배는 그 규모 면에서 전 지구적이며, 이 모든 것은 다시 제국과 식민지에서 제국—권력의 수렴과 작동을 통해 보편적인 식민화 담론을 구축하게 된다고 말한다. 이를 선후 관계로 따지는 것은 무의미한데, 동시 진행되는 제국—권력과 식민화 담론의 정당화 체계는 흔히 '문명화의 사명'으로 통칭되어 이를 따라 '선교사/사명가'의 형상이 분절 · 첨가되기 때문이다. 에드워드 사이드, 앞의 책.

아무런 의심도 없이 면책시키는 데 강박적으로 집착했다"[21]면서, 홉슨J. A. Hobson이 말한 '소급적 동의'를 이것과 관련시켜 논의한다. 소급적 동의란 피지배 민족을 먼저 지배하고 나서 마치 그들이 거기에 동의한 것처럼 사후에 정당화하는 배제와 차별의 담론적 실천으로, 이러한 소급적 동의의 예는 메트로폴리스의 정전正典이라 불릴 만한 대표적인 고전들을 총망라한다.

콘래드의 『암흑의 핵심』에서부터 베르디의 〈아이다〉, 새커리의 『허영의 시장』에 이르기까지 사이드가 분석하는 작품은 다양한데, 그중에서 제인 오스틴의 『맨스필드 파크』는 시사하는 바가 크다. 사이드는 제인 오스틴의 『맨스필드 파크』가 표면적으로 제국 내부의 가정home(이 용어는 이중의 의미를 담고 있다. 가정과 국내 둘 다 의미하기 때문이다.)을 소설의 중심 무대로 삼고 있기는 하지만, 이 소설에 산개되어 간헐적으로 등장하는 또 하나의 공간이 이 소설의 가정 내 안락과 번영을 유지하는 근간임을 놓치지 않는다. 『맨스필드 파크』의 가시화되지 않은 그러나 부재함으로써 현존하는 안티과의 식민지 대농장이 그것이다.

안티과의 식민지 대농장은 "그들 자신의 생산적 자본을 가진 나라로 간주될 수 없고 오히려 영국의 설탕, 커피, 다른 열매 상품들의 생산과 조달을 위한 편리한 공간"[22]을 형성한다. 가정의 외부, 제국 본토의 외지로서 안티과의 식민지 대농장은 소설의 직접적인 배경으로 등장하기보다 버트램 경의 부재를 구현하는 소설적 장치로 제시될 뿐이다. 버트램 경이 안티과의 식민지 대농장을 관리 · 감독하려고 집을 비운 시기, 다시 말해 가부장적 권위에 일시적인 공백이 생기면서 벌어진 무분별

---

[21] 에드워드 사이드, 앞의 책, 227쪽.
[22] 에드워드 사이드, 앞의 책, 197쪽.

한 정념과 방종한 성욕으로 점철된 가정의 혼란과 무질서에 대한 상징적 재현물로 안티과의 식민지 대농장이 존재하는 것이다. 그래서 안티과의 식민지 대농장은 가부장적 권위의 일시적인 공백과 회복이라는 가정 서사의 성적 플롯화로 직조되어 주변화되고, 버트램 경이 대변하는 제국의 문명화 가치는 안전하게 보호·유지된다.

버트램 경은 예절과 질서라는 문명화 원리와 규준을 가정과 식민지에 동시에 파종하는 제국 가치의 체현자이다. 이처럼 메트로폴리탄 제국의 자기승인과 인정의 권위는 은폐된 식민지의 '지리적' 분할과 배제를 한 켠으로 경제적 이해관계를 성별 분업화하는 섹슈얼리티와 이중으로 교차된다. 메트로폴리탄 제국의 제국성이 그 경제적 원천이 되는 비인간화된 식민주의와 경제적 이윤의 출처를 가정 바깥, 더 나아가 메트로폴리탄 제국 바깥으로 밀어내고 합리적인 가정경제의 운영과 관리라는 섹슈얼리티의 가정화 전략과 맞물려 작동하는 한, 메트로폴리탄 제국의 고유한 지배 양식을 관통하는 문학·문화의 이데올로기적 특징은 두드러질 수밖에 없다. 사이드가 메트로폴리탄 제국의 제국적 역학이라고 부른 이러한 고유한 지배 양식의 이데올로기화는, 메트로폴리탄 제국의 제국성을 균열시키는 대항적인 힘의 동시적 병존을 창출하는 대위법적 독해를 통해 그야말로 여지없이 그 실체가 폭로된다.

제3세계 식민지인들의 저항은 19세기를 분기점으로 실제적인 투쟁의 힘으로 전화되어 식민화 시스템의 해체와 재조정을 견인했다. 이 과정에서 지배 권력의 정교화가 수반된 것은 사실이지만, 그람시Antonio Gramsci가 이탈리아 남부 농민 문제를 남부의 지리적 한계가 아닌 이탈리아 북부의 산업화와 연계하여 전 세계적인 프롤레타리아트의 일부로 맥락화함으로써 프롤레타리아 헤게모니의 실천적 의제를 구상하고 산출할 수 있었던 것처럼, 제3세계 식민지인들의 저항과 해방 투쟁은 식민지를 지리적 분할의 안정적인 공급처로 상상해 온 메트로폴리탄 제국의 심상지리와 관념에 "충돌하는(괴리된) 경험"을 새겨 넣게 된다. 이러한 "충돌하는(괴리된) 경험"은 "이데올로기 문제를 회피하는 것이 아니라 서로의 경험들을 병치시키고 경쟁하게 함으로써 이데올로기적으로 문화적으로 서로 문을 닫아걸고, 다른 견해와 경험을 억누르고 멀리해 왔던 제 견해들과 경험들을 공존"[23] 시키는 대위법적 독해를 개시한다.

사이드가 이 대위법적 독해로 읽어 낸 것이 제인 오스틴과 제국이며, 에이메 세제르 · 아체베Chinua Achebe · 파농 등 식민지적 상흔과 상이한 실천을 이야기하고 새로운 미래를 위해 과거를 재해석한 제3세계 식민지 출신 작가와 활동가들의 작업이다. 이런 점에서 대위법적 독해는 메트로폴리탄 제국의 제국성과 식민지 간의 상호 의존성과 중복에 대한 사회역사적 흔적들과 전거들을 세속적이고 유토피아적인 방식으로, 단층과 모순을 내장하며 비판적으로 개입하고 추궁하는 전략적 거점이 된다. 제국과 식민지 간의 상호 의존과 갈등을 동시 진행형으로 파악하고 규명하는 대위법적 독해가 혼성적이고 복수적인 관점과 시각을 요청하는 것은 이 때문이다. 이는 결국 식민주의가 끼친 전 세계적이고 지속적인 영향력과 아직도 끝나지 않는 식민주의의 기원을 성찰하고 재구하는 탈식민화의 반성적 인식과 전망을 함축하고 있다. 사이드의 이러한 대위법적 독해는 식민지 독립 이후의 급진적인 지역(토착)정치를 혁명의 토대로 삼으려는 아리프 딜릭에게로 이어지는데, 그는 현재의 정체성주의와 다문화주의의 떠들썩한 다양성과 관용성의 구호들에 반대하여 대위법적 독해의 지리 · 경제 · 정치 · 문화의 저항성으로 무게

---

[23] 에드워드 사이드, 앞의 책, 99쪽.

중심을 옮겨 간다. 다음 예문은 그래서 주목할 만하다.

현재의 문화정치가 지닌 문제는 문화정치가 정체성에 대한 인식을 설명해야 한다고 주장하는 데 있는 것이 아니라 오히려 다양성을 문화정치의 목적으로 삼는다는 데 있다. 이는 또한 현존하는 권력 배치를 건드리지 않으려는 자유주의적 목적, 심지어는 경영상의 목적을 위해 문화정치가 전유되도록 한다. 그러나 급진적 시각에서 정체성의 정치가 갖는 궁극적인 목적은 정체성에 경계를 긋는 일이 아니라 바로 이 모든 사람들이 이 차이에도 불구하고 함께 살아가도록 하는 것이다. 정체성이 역사의 산물이라면 정체성은 변화하는 환경에 따라 또 변할 수 있다. 초超공동체 개념은 지역 간 관계뿐 아니라 지역 내 관계들이 제기하는 문제들을 해결하는 데 적절할 수 있다. 내가 이해한 초공동체라는 말의 의미는 에드워드 사이의 '대위법적' 독해라는 말의 의미와 비슷하게 해체적 의미를 지닌다. 즉 양자의 완전한 상태를(그리고 경계까지도) 인정하는 한편, 인정된 또는 억압된 타자의 도움을 통해 텍스트와 문자 등을 해독한다는 뜻이다.[24]

다시 혁명의 유산遺産을 묻는다는 것

인용한 아리프 딜릭은 같은 책의 다른 부분에서 "내게는 현대 대다수의 탈식민성에 대한 논의에서 무엇이 이론적일 수 있는지는 의문이다. 왜

---

[24] 아리프 딜릭, 앞의 책, 434~435쪽. 이 인용문은 필자가 일부 겹쳐지는 부분들을 생략하며 참조한 것이다. 논의의 명확성을 위해 중첩되는 부분은 생략하는 것이 더 좋겠다고 판단했다.

나하면 탈식민성에 대한 현재의 논의는 모든 전체성들과 토대적 범주들을 부정함으로써 이론화에 저항하기 때문이다."라는 비판적 견해를 개진하며, "혁명 투쟁과 혁명적 민족주의에서 민족문화는 이미 주어진 이런저런 전통으로 존재하는 것이 아니라 민족해방투쟁을 위해 지속적으로 창조되어야 하는 문화"[25]임을 강조했다.

딜릭이 이런 주장을 한 이유는 본질주의에 대한 과도한 의혹과 경계가 민족문화의 역사적 구성성에 대한 인식을 가로막고 있는 작금의 탈식민주의 이론의 한계를 지적하기 위해서였다. 전가의 보도처럼 내세우는 본질주의라는 비난은 민족이 "자아 규정을 위한 하나의 이데올로기적 근거를 제공해 왔고, 창안되었건 아니건, 일련의 역사적 동력으로 존재해 온"[26] 사회역사적 현실에 눈을 감게 하고, 민족주의라는 획일적이고 추상화된 범주로 민족 구성의 차이들을 지워 버리는 역효과를 양산한다.

역사와 민족의 상호 연관성에 대한 진부한 얘기를 되풀이하자는 것이 아니다. 식민지와 제국 중심부를 관통하는 대위법적 독해에서 식민주의는 적어도 식민지인들에게 민족을 저항의 근거지로 삼게 했고, 이 역사와 민족의 모순에 찬 관계들을 사회역사적 현실로 구축하게 했다는 사실을 명확히 하자는 뜻이다. 식민화 시스템에서 민족과 지역은 별개로 존재하지 않았다. 식민지라는 대지의 저주받은 식민지인들은 계급 · 지형 · 인종의 차별을 한꺼번에 겪으며 식민주의자와 대면해야 했다. 식민지에서는 '인종이 곧 계급'[27]이라고 했던 파농의 언명은 바로

---

[25] 아리프 딜릭, 앞의 책, 139쪽.

[26] 아리프 딜릭, 앞의 책, 41쪽.

[27] 프란츠 파농은 식민지 거주지를 자세히 살펴보면 세계를 구분하는 단초가 특정한 인

이 점을 꿰뚫고 있는 것이다.

파농과 멤미는 민족의식과 민족문화가 부단한 투쟁을 통해 최후에 획득되어야 할 산물임을 일깨워 준다. 그래서 그들은 반식민화 해방과 저항 투쟁에서 식민주의자의 흔적들을 깨끗이 제거하려는 발본적인 파괴와 단절에 대한 식민지인들의 성마른 욕구를 긍정하는 한편, 안정보다 혼란을 기꺼이 선택하려는 이들의 초조와 불안감에 내심 우려를 표했다. 식민지 독립 이후 신생국가들의 곤경과 역설을 말해 주는 이 같은 인식은 비단 신생 독립국 한국에만 해당되는 것이 아니었다. 식민지에서 해방된 구식민지의 독립국가들은 예외 없이 반식민화 투쟁을 외부에서뿐만 아니라 내부에서도 치러야 했기 때문이다. 동아시아 각국과 아프리카, 발칸반도 국가들에 이르기까지 단 하나의 예외도 존재하지 않았다.[28] 제국 간의 전쟁이었던 제2차 세계대전이 종결된 뒤에도 구식민지 국가들의 전쟁은 끝나지 않았던 것이다. 아니 그것은 차라리 전쟁의 시작이었다. 일제 식민 통치에서 해방된 한국'민'들 역시 식민지인이 아닌 해방독립국가의 일원으로서 새로운 국가 건설과 창립이라는

종에 속하느냐 그렇지 않느냐에 달려 있다며, 식민지의 인종 구분을 마르크스의 계급 분석과 연계시켜 파악해야 한다고 주장한다. 앞의 책, 60쪽.

[28] 한국의 해방 공간을 엄밀하게 규정하여 1945년 이후 약 2년간으로 잡을 때, 당시 사회적으로 동아시아와 아프리카 그리고 발칸의 구식민지 국가의 동향에 관심이 매우 컸음을 알 수 있다. 사회주의 운동 및 이 운동과 탈식민지 민족해방투쟁과의 연계 그리고 각 지역의 진로와 전망 등 탈식민지 국가로서 공통된 자의식과 연대감이 주조음을 이루고 있었다. 이러한 주변부성에 대한 자각은 한국뿐 아니라 구식민지 국가들이 해방독립국가로서 공통되게 직면한 과제였던 식민화 시스템의 해체와 변용 그리고 구성원의 자격 요건 등 건국 사업에 대한 관심사를 공유했음을 말해 준다. 『신천지』의 1946~1947년 기사들은 인도 특집(「인도네시아는 어디로」, 「화란和蘭의 인도네시아 침략사侵略史」, 「인도네시아의 민족운동」), 발칸 반도의 정치 동향(「발칸반도의 정치 동향」), 중국의 정황(「두개의 중국中國과 조선朝鮮의 장래」)을 집중적으로 다루었다.

뜨거운 열망을 공유하며 해방 직후에 새로운 근대민족국가 건설을 꿈꾸었다.

김남천은 「一九四五年 八·一五」라는 소설에서 이러한 열망과 욕구를 "8월 15일 뒤에 건설될 나라를 위하여 어떠한 방식으로 이바지할 것인가 하는 생각은 누구나 가지고 있을 줄 압니다마는 나두 병석에는 누워 있어도 내깐으로 생각하여 그 방향이나 행로라고 할 만한 것을 작정은 해보고 있습니다. (중략) 나는 이 불행하였던 나라의 젊은 청년이 마땅히 가져야 할 가장 정당하고 또 아름답고 순수한 애국심만을 가지고 이 길을 선택하고 이 길을 실행에 옮기려는 것입니다."[29]라는 말로 해방을 건국 사업과 일체화시켰다. 비록 임정臨時政府과 인공人民共和國이라는 두 정치체가 해방 한국'민'들의 자기표현을 매개하고 흡수하며 대결로 치달아 가긴 했지만, 해방 초기 한국'민'들의 정치 열기는 45개의 정당이 명멸할 만큼 다양하고 분산적이었다.[30] 이것이 폭발적인 표현 양태로 배출된 것은 식민지인들의 반식민화 해방과 저항 투쟁의 '때늦은 시차'에 말미암은 것이었지만, 이 '때늦은 시차'가 식민지인의 식민성의 증거로만 회수될 수 없는 것은 식민지인들의 반식민화 해방 투쟁이 근대민족국가의 수립으로 직결되는 구식민지 국가들의 지구적이고

---

[29] 김남천의 「一九四五年 八·一五」는 《자유신문》에 1945년 10월 15일부터 1946년 6월 28일까지 연재된 작품이다. 이 작품은 1945년의 해방 정국과 거의 시차 없이 씌어진 한국 문학사에서 보기 드문 장편소설로, 이 시기 정국을 엿볼 수 있는 소중한 사료이다. 이 글의 주 대상 텍스트는 도서출판 작가들에서 2007년 단행본으로 출간한 『1945년 8·15』, 115~116쪽이다. 현행 표기법으로 바꾼 것 말고는 원문과 달라진 점이 없으며, 원문 중 일부 지워지거나 보이지 않는 부분을 최대한 복원하여 재출간하였다는 장점 때문이다.

[30] 임정과 인공의 대결 구도와 역학에 대해서는 이 책의 5장 「'여류' 명사 모윤숙, 친일과 반공의 이중주」 참조.

지역적인 현실 때문이었다.

　말하자면 문화적으로 식민주의에 오염된, 혹은 오염되었다고 느낀 식민지인들은 반식민지 해방과 저항 투쟁에서 식민화의 흔적들을 제거 및 청산하려는 열망을 품는다. 그런데 해방독립국가 건설의 선결 조건으로서 제도와 기구뿐 아니라 인적 청산까지 이 모든 것이 식민화 시스템과 절연하고 해방독립국가의 기초를 구축하려는 '재민족화' 기획과 긴밀하게 잇닿아 있기 때문에, 새로운 국가 건설에 합당한 '재민족화'의 범주와 구성을 둘러싸고 첨예한 대립과 반목이 오가게 된다. 특히 인적 청산 문제가 구성원 내부의 합의로 해소되지 못하고 내전으로 비화되는 일이 많은 것은, 식민주의의 청산/척결에 대한 식민지인들의 사회정치적 욕망과 갈구의 한 증좌이다. 대부분의 신생국들이 독립 이후 하나의 독립된 근대민족국가 건설을 염원하고도 그 뜻을 이루지 못한 것은 이러한 제국과 식민지 간의, 그리고 반식민화 투쟁의 해소되지 않은 내적 모순과 긴장이 만들어 낸 식민주의의 전 지구적이고 지역적인 산물이다.

　이 위기 국면들을 여기서 전부 다루기는 어렵다. 더구나 해방 한국의 전체 조감도를 그리는 것은 이 글의 의도가 아니다. 탈식민주의적 관점이 지역화된 식민주의의 구체적인 역사를 횡단하고 이를 극복하는 단초를 찾으려면 먼저 필요한 것이 무엇인지를 함께 고민하고 논의하자는 뜻에서 한국의 해방 공간을 살펴보는 것이다. 파농은 주변부 식민지(구식민지)를 '식민-탈식민-신식민 및 재식민-내부 식민지'의 네 이행 단계로 나누어 설명했는데, 이에 따르면 각 지역의 지역화된 사회역사적 현실과 초지역적 지구화가 주변부 식민지를 몇 가지 이형태로 분기시켰다. 1946년 11월 오기영이 절박한 심정으로 쓴 「속續민족의 비원 : 경애하는 지도자와 국민에게 고함」이 예사롭지 않은 울림으로 다

1945년 8월 17일 전남 광양군 목성리에서 해방 경축 시가행진을 벌이는 사람들. 일본군의 군모를 그대로 쓰고 나온 사람도 보인다. 식민 통치에서 해방된 한국 '민'들은 식민지인이 아닌 해방독립국가의 일원으로서 새로운 국가 건설과 창립 이라는 뜨거운 열망을 공유하며 해방 직후에 새로운 근대민족국가 건설을 꿈꾸 었다. 그러나 해방은 해방의 최종점이 아니라 서곡에 지나지 않았다.

가오는 것은 이 때문이다. 그는 미군정의 점령 정책이 체제 친화적인 반공 노선을 가속화하며 해방 한국의 전방위적인 반식민화 투쟁의 입지가 축소되고, 남과 북이라는 양자택일의 선택에 내몰린 지식인들의 좌절과 고뇌 그리고 기대와 희망이 교차하는 양가적인 심경을 다음과 같이 표현했다.

해방 이후 내가 다시 붓을 잡는 시초에 나는 전 민족이 총참회總懺悔를 하자고 외쳤고 오십보五十步 소백보小百步일 뿐으로서 따지고 따져 보면 일본에 협력하지 않은 자 누구랴 하여 친일분자 민족반역자 처단의 주장을 삼가자 하였으나 이제 와서 나는 그 일문을 취소할 수밖에 없으며 친일분자 민족반역자와 모리배 등 반동분자의 무자비한 소탕이 없이 인민의 나라를 건설할 가망이 없다는 주장을 찬성하지 않을 수 없습니다.

경애하는 지도자 여러분

지금 우리는 세계의 환시環視 중에 있습니다. 사천 년의 문화와 수려한 산천과 풍요한 전토田土와 거기 자급자족할 자원을 갖추어 가진 이 역사의 유민이 이제 한때 피정복의 압력에서 벗어나서 자립하느냐 못하느냐 하는 흥미도 흥미려니와 미국이나 소련이나 자기류自己流의 나라를 세우는 시험장으로서의 조선이 과연 어떤 형태의 국가로서 등장할 것이냐 하는 것을 주목하고 있습니다. 그런데 우리는 이러한 세계의 환시環視 중에 유감스럽게도 성격 파탄적 모든 추태를 연출하여 관찰자를 실망시키고 있습니다. (중략)

오늘날 우리가 해방은 되었다고 하지마는 이것이 자력에 의하여 전취되지 못하였다는 것은 다만 무력적 견지에서만이 아니라 우리의 인격 혁명 자아 해방의 선결 조건을 뒤로 미룬 채 세계의 판국이 교정되는 덕에 이루어진 것이기 때문에 우리는 이 해방을 진정한 해방이라 보기 어려우며 그래서 **우리의 진정한 해방은 이제부터 완수해야만 할 숙제**(강조 인용자)로서 그대

로 남아 있습니다.[31]

오기영은 식민지인의 해방이 실로 해방의 최종점이 아니라 서곡에 지나지 않음을 갈파했다. 파농과 멤미처럼 그는 식민지인의 민족의식과 민족문화가 저절로 찾아오는 것이 아니라 최후에 획득되어야 할 산물임을 온몸으로 깨달았던 것이다. 이것이 그가 "친일분자 민족 반역자와 모리배 등 반동분자의 무자비한 소탕이 없이 인민의 나라를 건설할 수 없다"는 '제2의 해방론', 박정희에 의해 소극화되는 유신혁명('임자유신任子維新'으로 명명된)의 제2의 혁명론을 낳게 한 근인根因이다.[32]

오기영이 식민지인의 '식민지성'을 벗어나 '탈'식민화의 자주국가를 꿈꾸었던 바로 그 지점에서 이 '식민성'의 각인을 기억하고 소환하며 곱씹는다는 것은, 도래하지 않은 미래를 과거의 한 지점에서 길어 올려 지킬 수 없었던 약속, 피할 수 없었던 참화, 실현 불가능했던 꿈과 같은 역사의 정지점이라고도 할 수 있는 것들을 찾아내어 현재의 절박한 관심과 연계시키는 기억의 사회정치적 실천과 의미를 탈환하는 적극적인 자기구성의 계기를 내포하고 있다.[33] '탈'식민화란 단발마적이고 일회적인 과제가 아니라 끊임없이 만들어 가는 것, 파농이 '문화의 세속

---

[31] 오기영, 「속續민족의 비원 : 경애하는 지도자와 인민에게 호소함」(『신천지』, 1946년 11월), 47, 62쪽.

[32] 박정희의 제2의 혁명론과 식민지적 오리엔탈리즘에 대해서는 이 책 6장 「박정희의 '혁신'과 독백의 체계」에서 상술했다. 식민지 말기에서 박정희로 이어지는 한국 사회의 변모와 굴절을 이 탈식민주의적 관점에서 통합적으로 고찰하는 것이 필자가 이후 하려는 작업의 일부이다.

[33] 요네야마 리사, 「기억의 미래화에 대해서」, 코모리 요이치·타카하시 테츠야 편(『내셔널 히스토리를 넘어서』, 이규수 옮김, 삼인, 2000), 288~289쪽 정리.

화'라고 부른 것을 개시하는 세속적이고 유토피아적인, 현재적이자 미래적인, 식민지성과 혁명의 유산을 딛고 저 너머를 일별하는 긴장과 모순을 껴안는 힘겨운 작업이기 때문이다. 그것이야말로 과거를 현재의 잣대로 재단하지 않는 책임 있는 연구자의 자세이기도 할 것이다.

2

빨치산과 월남인, **이승만**의 재현/대표성의 두 **기표**

전쟁이 양쪽 진영에서 국가와 국가 사이의

비차별적인 전쟁으로서 수행되는 경우에는

파르티잔은 전쟁의 틀을 깨지 않고

정치 과정의 전체 구조를 변화시키지 않는 주변 인물이 된다.

그러나 한 계급상의 적이 다른 계급상의 적에 대하여

수행하는 내전으로서 수행되는 경우에,

전쟁의 가장 큰 목표는 적대적인 국가의 정권을 배제하는 것이 되고

그렇게 되면 적을 범죄자로 만든다고 하는 혁명적인 파괴 작용은

파르티잔이 진정한 전쟁 영웅이 된다고 하는 방식으로 나타나게 된다.

칼 슈미트, 「파르티잔」[1]

구식민지 지역의 자기민족지와 근대 국민국가 만들기

이승만의 재현/대표성의 구성 방식을 다른 각도에서 고찰·규명하고자 할 때 주목해야 할 대상은 이승만의 재현/대표성의 경계 지점을 형성한 리미널liminal한 존재들이다.[2] 이 존재들은 근대 국민(민족이라는 뜻도 포함하나 이후 논의의 편의를 위해 민족은 생략한다.)국가의 영토와 국민의 심리적 귀속감과 일체성을 위해 체제 내로 포섭되거나 배제되어 양자택일의 선택지를 오간, 이른바 주변부적 존재들을 함축한다. 여기서 굳이 '리미널'이라는 용어를 고집하는 이유는 이 존재들은 그 주체 위치가 어떤 특정 국면에서 선택의 여지조차 미리/앞서 차단된 항상적인 위기의 주변부적=예외적 성격의 담지자들임을 명시하기 위해서이다.[3]

---

[1] 칼 슈미트, 『파르티잔─그 존재와 의미』(김효전 옮김, 문학과지성사, 1998), 54쪽.

[2] 여기서 이승만은 이승만 개인이 아니라 대한민국/남한의 국가 정체성을 형성한 재현/대표자로서의 의미도 갖고 있다. 따라서 이승만은 이 글에서 때로 대한민국/남한의 의미와 중첩되어 사용되고 있음을 밝혀 둔다.

[3] 여기서 '리미널liminal'은 인류학에서 이야기되는 경계/문턱/가장자리의 애매하고 불투명한 전이 단계를 좀 더 적극적으로 해석하여 차용한 것이다. 보통 리미널은 한 개인이 공동체의 진정한 구성원이 되기 위해 치러야 하는 시험이나 시련의 성격이 강한데, 이 시험이나 시련을 통과한 사람만이 공동체의 성숙한 일원으로서 받아들여지는 통과제의적 성격이 두드러진다. 하지만 여기서는 리미널을 '가장자리/문턱'의 의미에서 포섭과 배제의 양 가장자리에 놓인 극한의 존재들로 특정화하여 사용한다.

근대 국민국가가 국경의 물리적 현존을 토대로 국적이라는 '국민됨'
의 생사여탈권을 쥔 유일한 주권권력으로 세계에 표상되는 한, 근대 국
민국가의 '국적'은 사카이 나오키酒井直樹의 말처럼 단지 "수평면 위에서
서로 다른 국적의 사람들을 식별하는 동일성의 문제"만이 아니라 "곧바
로 특정한 사회적 지위를 점할 수 있게 해 주는 일련의 사회적 특권과
교환가치의 은행계좌"[4]였음을 인식하는 일은 이 때문에 중요하다.

국적이 이처럼 한 개인의 생사여탈을 좌우하는 실질적 척도로 그 위
력을 발휘하는 시기는 지역에 따라 편차가 있다. 이를테면 유럽에서는
제1차 세계대전 이후 근대 국민국가의 새 정치가 꽃피운 반면, 대부분
식민지였던 아시아·아프리카 대륙은 제2차 세계대전 이후에야 비로소
근대 국민국가의 새 정치가 가능해졌다.[5] 여기에는 발칸의 일부 국가들
도 포함되겠지만,[6] 식민지의 영토 쟁탈을 둘러싼 원형 제국주의의 시대

---

[4] 사카이 나오키, 『국민주의의 포이에시스』(이규수 옮김, 창비, 2003), 96~97쪽.

[5] 이 책 3장인 「김일성의 청년상을 둘러싼 (남)북한의 상징 투쟁」에서 필자는 근대 국민
(민족)국가의 새 정치가 대중과 인민의 집단적인 참여를 유도하고 여론을 창출하며, 해
야 될 것과 하지 말아야 할 것을 규정하는 집단 의례/공유 기억의 전면적인 전개를 의
미한다는 것을 밝혔다. 조지 모스, 「대중의 국민화」(임지현·김지혜 옮김, 소나무,
2008)는 근대의 다양한 집단들이 새로운 정치와 관계맺는 방식에서 성화, 깃발(깃발은
국기國旗로), 노래(노래는 국가國家로)뿐만 아니라 돌과 모르타르로 만들어진 국민적
기념비·기념물 등의 특유한 축제적·제의적 양식이 대중과 인민을 국민으로 전환시키
는 데 일익을 담당했다고 본다.

[6] 발칸의 일부 국가들이 독일을 상대로 투쟁을 벌일 당시 좌파들이 레지스탕스로 활약했는
데, 이들은 이후 독일이 패배한 뒤에도 영미 제국의 후원을 등에 업은 보수 우파들과 치열
한 내전을 치러야 했다. 이는 발칸의 몇몇 국가들이 독일 제국뿐만 아니라 영미 제국들과
도 근대 국민국가의 방향을 놓고 갈등·대립했음을 말해 준다. 이렇게 지체된 근대 국민국
가의 새 정치는 약소민족투쟁의 일환으로 구식민지 한국에 자주 소개되고 논평되었는데,
여기에는 같은 약소민족으로서 느끼는 감정이 그대로 투영되어 있다. 해방기를 대표하는
잡지인 『신천지』는 희랍(그리스)·파란(폴란드)·유고슬라비아 등을 자주 다루었는데,

가 종언을 고하고 근대의 대소 국민국가가 출현함으로써 근대 국민국가를 향한 뜨거운 열망과 기대들이 제2차 세계대전을 전후로 전 세계에서 분출되기 시작한다. 이를 어떤 논자는 '광기와 혁명의 순간'으로 부르기도 했지만, 이 명명이 지닌 어감을 논외로 한다면 근대 국민국가의 새 정치를 희구하는 염원은 누구를 막론하고 높았을 것임은 충분히 짐작할 수 있다.[7]

더구나 근대 국민국가가 마치 서양처럼 지리적 실체를 초월한 가상적인 근대화=문명화의 이념형으로 인식되고 수용될 때, 근대 국민국가는 이 이념형의 담지자로서 자아이상self-ideal의 국민적 아이덴티티를 모색·장착하게 된다. 이러한 이념형으로서 국민적 아이덴티티는 구식민지 지역들에서 탈식민화 요구와 맞물려 기존의 것에 대한 부정과 재건이라는 개조와 쇄신의 서사를 동반한다. 이것은 일종의 '자기명명self-nomination'이자 '자기민족지autoethnography'라고 부를 만한 과정이다. 제국의 비대칭적인 위계적 명명과 서사에 대항하는 형태로 자기 자신을 규정하고 정립하려는 구식민지 지역들의 자기명명과 자기민족지는, 제국의 인류학적인 민족지적 시선과 기술을 교란/파괴하고 근대 국민국가의 가장 완벽한 이상형에 도달하려는 때늦은 지역적 시차를 드러낸다.[8]

이 나라들의 오랜 저항의 역사와 현재 정세가 주 관심사였다. 「굴복을 모르는 국민 : 파란 반란의 36일간」(『신천지』, 1946년 10, 11, 12월)과 「비극의 유고슬라비아」(『신천지』, 1947년 5월), 「발칸반도의 정치동향」(『신천지』, 1947년 7월) 등이 그 예이다.

[7] 박명림은 비단 해방 직후의 구식민지 한국뿐만 아니라 제2차 세계대전의 종결과 함께 근대 국민국가 수립을 열망했던 구식민지 지역민들의 욕구를 통틀어 '광기와 혁명의 순간'으로 묘사했다. 박명림, 『한국전쟁의 기원과 발발 II』(나남출판, 1996).

[8] 자기민족지는 Mary Louise Pratt, *Imperial Eyes : Travel Writing and Transculturation* (Routledge, 1992), p. 7에서 인용. 이 자기민족지의 원어는 본문에 쓴 것처럼 autoethnography이다. 프랫은 이 용어를 피식민자가 식민자의 용어와 교전하는 방식으로 자기를 표상하는 경

식민과 탈식민화의 시간적 지체가 거꾸로 근대 국민국가의 가장 완벽한 이상형에 대한 긴급한 요구로 드러나는 이러한 지역적 욕망과 기획의 코드 변환에서, 이 구식민지 지역들은 근대 국민국가의 주권권력에 내재한 이념과 실제 간의 봉인된 사회역사적 모순과 균열을 폭력적으로 대리 체현한다. 왜냐하면 구식민지 지역들은 근대 국민국가가 절차적 민주주의로 봉쇄하고 은닉한 주권권력의 바로 그 기원을 소구하여 다시-쓰려 하기 때문이다. 구식민지 지역들의 근대 국민국가 만들기가 일지역적인 특수성이나 후진성의 차원만이 아닌 전 지구적 의미를 띠는 데는 이러한 사후적 반복의 재상연과 회귀가 내포되어 있다.

이런 점에서 이승만의 재현/대표성의 구성 방식은 구식민지 지역의 자기민족지와 근대 국민국가 만들기의 딜레마를 여실히 보여 주는 전 지구적이고 지역적인 현장이라 할 만하다. 이를 '빨치산'과 '월남인'이란 열쇳말로 독파하려는 이유는, 이승만의 재현/대표성이 구성되는 한계 지점을 획정하고 분절하는 주변부적=예외적 존재들의 역동적 담론 지형이 빨치산과 월남인이라는 두 기표를 관통하며 진행되기 때문이다.

빨치산은 구식민지 지역의 자기민족지와 근대 국민국가 만들기 과정에서 국가 간 승인 체제인 국제법이 은폐해 온 근대 국민국가의 주권권력을 정면으로 문제 삼는 체제의 대항 세력(더 적극적으로 표현하면 전복 세력)이다. 이들은 근대 국민국가의 주권권력이 인민주권의 정초적 원리에 기반해 있다면, 인민주권의 법적·국가적 실천은 인민의 자발적

우를 가리키고자 쓴다고 밝힌다. 프랫은 식민자가 (대개 그들이 지배하는) 타자를 표상하는 수단으로 민족지적 텍스트를 서술한다면, 자기민족지는 식민자에 의해 타자화된 피식민자들이 식민지 종주국의 표상에 대한 반응이나 그것과의 대화로서 구성되는 것이라고 말한다.

의사 표현과 참여로 이루어져야 한다는 점을 강조한다. 말하자면 참된 혹은 이상적인 근대 국민국가의 주권권력은 인민에게서 나와야 하며, 따라서 인민의 자발적 참여와 의사 표현이 부재한 국가는 국가 간 승인에도 불구하고 진정한 근대 국민국가의 자격에 미달했다는 대항 논리가 성립하는 것이다. 빨치산이 초기의 자생적 지역 투쟁에서 조직화된 무력 투쟁으로 나아가는 고전적 경로에서 물적·제도적 투쟁뿐만 아니라 이념적·원리적 헤게모니 투쟁을 벌이는 이유의 일단을 여기서 찾을 수 있다.[9]

이승만의 재현/대표성은 이러한 주변부적=예외적 존재들과의 끊임없는 긴장과 대립, 충돌과 적대, 절충과 타협의 불안정한 지반 위에 서 있었다. 여기에는 미美·소蘇가 분할 점령한 한반도의 지정학적 현실이 깊숙이 개입되어 있다. 한반도의 분단을 기정사실화하는 전략으로 미·소는 남북한의 질서를 재편해 갔고, 이에 따라 38선은 최후의 방어선, 저지선으로 자리매김했다.[10] 38선이 내외의 분계선이 되면서, 이 주변

---

[9] 칼 슈미트, 앞의 글에서 이는 재확인된다. 칼 슈미트는 1949년 제네바 협정에 이르게 되는 발전은 지금까지 국가적이며 유럽적인 고전 국제법이 점차 해체되는 과정이며, 이를 토착적인 방식으로 실현하는 전쟁이 반식민지 해방 투쟁이라고 언급한다. 이 반식민지 해방 투쟁이 특히 아시아를 유럽 국제법의 바깥에 위치지우면서, 국가 간 승인 체제인 고전 국제법의 정통성을 문제 삼는 데 기여했다는 것이다. 칼 슈미트가 마오쩌둥의 빨치산 투쟁을 특화하여 다룬 것은 이 때문으로, 빨치산 투쟁의 중국과 국가 간 승인 체제의 일본이 날카롭게 대조되며 아시아를 분할하게 되는 것은 마루카와 데쓰지, 『리저널리즘』(백지운·윤여일 옮김, 그린비, 2008) 참조.

[10] 브루스 커밍스, 『한국전쟁의 기원』(김자동 옮김, 일월서각, 1986)에서 브루스 커밍스는 미국의 국제주의자나 국가주의자 모두 대소 봉쇄정책을 취했지만, 그 수단과 방법에 차이가 있었다고 주장한다. 하지만 결국 국가주의자의 의도대로 실제 정책이 집행되었고, 국제주의자들이 이를 사후 추인하는 공동 보조를 취함으로써 한반도의 분할과 대소 봉쇄가 38선을 경계로 이루어졌음을 지적한다.

부적=예외적 존재들의 위상 역시 변모와 굴절을 거듭했다. 이들은 때로 이승만의 재현/대표성에 맞서고 때로는 이를 강화하는 대립적이고 상보적인 역할을 담당하여 전후 동아시아의 역사지정학적 감각에 중요한 일부분으로 작용했다. 마루카와 데쓰지丸川哲史가 동아시아의 역사지정학적 감각이라고 부른, 이러한 지역적 공간의 재편성은 미·소의 냉전 구도와 대륙(내륙)과 해양(해변) 아시아의 분할 그리고 이를 압축적으로 보여 주는 38선이 이 주변부적=예외적 존재들과의 관계 속에서 그려 내는 비대칭적인 역장力場에 다름 아니었던 것이다.[11] 빨치산과 월남인이 왜 38선을 경계로 남북에서 모두(월북인의 위상 역시 이 범주에 속하지만 여기서는 구체적으로 다루지 않을 예정이다.) 극한의 한계 지점에 설 수밖에 없었는지를 말해 주는 부분이기도 하다.

빨치산은 이승만의 재현/대표성이 전국적인 재현/대표성을 띠고자 할 때 전시되거나/보여져야 했던 조형된 신체, 담론적 페르소나persona 였다. 이승만은 그 재현/대표성을 구축하고자 구식민지 지역민들의 탈식민화 열망과 이를 제지/견인했던 미·소의 냉전 질서에 편승하여 빨치산을 북한과 중국(당시 중국공산당) 그리고 소비에트와 연결된 국제 공산주의의 앞잡이와 광신자로 만들었다. 그 결과, 그는 자연스럽게 자유반공 진영의 대표자/영도자가 되었다. 이러한 배타적 구획화와 타자화는 해방 직후 자기민족지와 근대 국민국가 만들기의 한 축을 형성하던 좌파 진영을 일괄 통칭하여 배제하는 남한의 지역적 국민국가 대한

---

[11] 마루카와 데쓰지, 앞의 책. 마루카와는 동아시아의 지정학적─역사적 감각과 타자 인식을 이러한 주변부적=예외적 존재들에 초점을 맞추기보다 외부 작용과 일본의 역할에 주목해서 살펴본다. 필자는 그의 입론에 충분히 공감하지만, 한반도의 지정학적 현실에 입각해 이러한 주변부적=예외적 존재들이 그려 내는 자장에 더 집중했다.

민국이 향후 걸어가게 될 방향성을 예고하는 신호탄이었다. 대륙 아시아와 해양 아시아가 분기되고, 대륙 아시아가 소비에트의 적색 음모를 숨긴 평화의 교란자, 파괴자가 되는 것은 이러한 빨치산의 이념적 · 원리적 헤게모니 투쟁을 회수하여 외부로 투사한 체제 내적인 억압과 봉쇄의 결과였다. 이제 대한민국/남한은 해양 아시아의 중심지로서 대륙 아시아의 적색 음모를 방위하고 타격하는 세계사적 사명의 사도/전사가 될 것이었다.[12]

여기서 읽어 낼 수 있는 것은 국민적 아이덴티티와 국적의 유무가 바로 이 도덕적 · 이념적 지리의 선을 따라 첨예한 분절과 통합을 거듭하게 되리라는 점이다. 이 분절과 통합의 경계선상에서 월남인은 빨치산 못지않게 문제적 개인이 된다. 왜냐하면 이들은 38선을 넘어 월경한 불투명한 존재들이기 때문이다. 이들이 '38따라지'로 불리며, 대한민국/남한의 국민됨을 증명할 가시적인 증거와 표지를 필요로 했던 데는 이러한 불투명성/월경성이 짙은 그림자를 드리우고 있다. 북한과 대륙 아

---

[12] 이진섭, 「아세아의 해방」(『신천지』, 1948년 9월호), 135~139쪽은 미국의 정치학자 레티모어Owen Lattimore의 『아세아의 해방Solution in Asia』을 중요 참조 틀로 제2차 세계대전의 승전국인 미국과 소련의 세계 전략을 진단한다. 소련권의 확대로 미국의 시장이 축소되면서 아시아 시장은 미국 경제와 불가분의 관계가 되었으며, 소련은 자기방위 차원에서 정치경제적으로 자기 세력을 아시아에 부식시키기에 고심하고 있다는 것이다. 1948년에 이미 제기되기 시작하는 이러한 대륙(내륙)/해양(해변) 아시아의 분할은 중국의 공산화와 한국전쟁 이후로 더욱 고착화되는 면모를 띠게 된다. 김예림은 「냉전기 아시아의 상상과 반공 정체성의 위상학」(『냉전 아시아의 문화 풍경 1 : 1945-1950년대』, 현실문화, 2008)에서 '반공 태평양'의 지역적 상상이 아시아=태평양의 단선화된 도식을 가져왔고, 대한민국/남한을 세계사를 창조하는 첨병이자 반공 아시아의 병참기지로 규정하는 자기서사로 드러난다고 언급한 바 있다. 여기서 대한민국이 이러한 아시아의 분할 구도에 위치한다는 점을 강조하고자 굳이 '대한민국/남한'이라 표기했으며, 이로써 대한민국의 지역적 국민국가로서의 성격을 명시하고자 했다.

시아가 남한의 거대한 위협 세력으로 잔존하는 한, 이들이 지니고 있을지도 모르는 불투명한 신체와 내면은 대한민국/남한의 규율화된 주체로 재조직되어야 했다. 이들이 누구보다 국책을 앞장서서 옹호했던 것은 이러한 단절과 분리의 역사지정학적 상흔을 전위하고 대체하는 억압의 무의식적인 이양과 전이 때문이다. 봉쇄가 대한민국/남한의 외부에서뿐만 아니라 내부에서도 진행된 셈인데, 월남인의 국민됨을 실천했던 최태응의 텍스트는 이러한 월남인의 자기증명과 이승만의 재현/대표성이 관련맺는 양상을 보여 준다.[13]

최태응은 월남 지식인이자 문화인으로서 가짜 김일성 논란을 촉발하고, 이승만의 재현/대표성 구축에 앞장섰던 인물이다.[14] 그는 이승만의 재현/대표성을 구축하는 것으로 자신의 대한민국/남한의 국민됨을 과시하고 증명하려 했다. 그의 행위는 지젝Slavoj Žižek이 말한 믿음이란 "마치 네 자신이 믿고 있다는 듯이 행동하라. 그러면 믿음이 저절로 생길 것이다"[15]라는 지적 환상의 구조화와 많은 부분 닮아 있다. 38따라지로서 해방기의 불안정한 주체 위치에 있던 그는 한국전쟁을 계기로 이승만의 재현/대표성의 충실한 이데올로그로 변모하며 이승만의 정치적 행로와 그 궤를 같이했다. 이승만의 재현/대표성을 이러한 월남인의 자기증명과 관련지어 다루려는 것은 이 때문이며, 이는 빨치산과 이승만의 재현/대표성이 갖는 비대칭적인 상호 연루와 착종의 동일선상에 놓여 있다.

---

[13] 월남인의 국민됨은 국민화 메커니즘에서 일상적인 전향을 요구한다. 한반도의 지역적 국민국가가 요구하는 투명한 신체와 내면으로 재조직되고자 이 주변부적=예외적 인물들은 전향의 규율적 신체를 반복적으로 수행하고 실천한다. 이것이 자발적인 것인 양 인식되는 것이 억압의 폭력적 이양과 전이에 해당된다.

[14] 이 책 3장 「김일성의 청년상을 둘러싼 (남)북한의 상징 투쟁」 참조.

[15] 슬라보예 지젝, 『이데올로기라는 숭고한 대상』(이수련 옮김, 인간사랑, 2002), 78쪽.

빨치산과 남한의 반공국가화

구식민지 한국이 누린 해방의 기쁨은 짧았다.[16] 해방군으로 환영했던 미·소가 탈식민화와 이상적 근대 국민국가에 대한 지역민들의 요구를 잠재우며 그들의 세계 전략 구상에 따라 남·북한 각각의 지역 질서를 재편해 감에 따라, 남·북한은 엄청난 정치적 격변과 혼란의 소용돌이에 휩싸이게 된다. 특히 남한을 점령한 미군정은 미군정만이 유일한 합법 정부임을 내세우며, 해방 직후에 분출했던 다양한 근대 국민국가의 지역적 자기민족지를 해산·진압하고, 우파 진영과 선별적인 협력과 공모를 되풀이했다. 친일파 혐의와 친일파 처단에 대한 국민적 열망과 압력에 직면했던 우파 진영으로서는 미군정의 강력한 군사력과 물리력을 등에 업지 않을 수 없었다. 이들이 1945년에 건립된 여운형 중심의 건준建國準備委員會을 굳이 마다하고 한국의 오늘이 있음이 "음산 냉혹한 철창 하에서 조국의 광복을 애쓰다가 쓰러진 무수한 동포 제 영령英靈 及 선배제공先輩諸公에게 감사"를 드리며, "국내적으로 사상을 통일하고 결속을 공고히 하여 해외로부터 돌아오는 우리 대한민국임시정부大韓民國臨時政府를 맞이하는 사업에 전념할 것"[17]이라는 선언으로 9월 1일 '대한민국 임시정부 환국 준비위원회'를 출범시킨 데는 이러한 임정의 도

---

[16] 해방의 기쁨과 감격에 대한 반응은 다르지만, 거리와 광장으로 쏟아져 나온 구식민지 지역민들은 8월과 9월의 짧은 기간에 거리에서 날이 새고 거리에서 날이 저무는 아주 드문 거리정치를 향유하고 만끽했다. 하지만 이러한 해방의 기쁨과 감격에 대해 안재홍은 8월 16일 하루 동안만 기뻤다는 일부 사람들의 얘기를 전하며, 해방 정국의 복잡한 정치 지형에 대한 착잡한 소회와 감상을 토로하기도 했다. 안재홍, 「민정장관을 사임하고-기로에 선 조선민족」(『신천지』, 1948년 7월), 5쪽.
[17] 「한민당, 임정 외에 정권 참칭하는 단체 및 행동 배격 결의 성명서」(『전단』, 1945년 9월 8일자).

덕적 자산을 발판으로 우파 진영의 불리한 정치적 지형을 뒤바꾸려는 의도가 내재되어 있었다.

임정은 해외에서 한국의 독립을 위해 애썼다는 상징적 자산 외에, 알려진 바와 달리 정부로서의 실체와 내용은 빈약하기 짝이 없었다. 하지만 임정이 귀국하기 전까지, 세간에는 "중경의 임시정부는 이미 연합 열국의 공식 승인을 얻었고 그 배하 십만의 독립군을 옹유하였으며 미국으로부터 십억 불의 차곡이 성립되어 이미 일억 불의 전도금을 받고 있는 터인즉 일제 붕괴되는 때에 십만 군을 거느리고 십억 불의 거금을 들고 조선에 돌아와 친일 거두 몇 무리만 처단하고 그로써 행호시령行號施令하기로 하면 조선인은 원래 출입우세를 잘하는 터이니까 만사는 큰 문제없이 해결될 것"[18]이라는 근거 없는 낙관과 기대의 대상으로 사람들의 입에 오르내렸다.

이 때문에 한민당을 비롯한 우파 진영이 임정의 활용을 마다할 이유는 없었으며, 오히려 "임정의 '늙은 음모가들'을 고문으로, 혹은 원로 정치인으로 써먹으려 했던"[19] 미군정의 이해관계와 맞아떨어져 임정은 우파 진영의 부족한 상징적 가치와 도덕적 정당성을 채워 주는 방패막이가 된다. 임정의 명망과 독립 투쟁과 같은 상징적 자산은 탁치信託統治 파동으로 또 한 번의 전기를 맞게 된다. 친일 전력으로 열세에 처해 있던 우파 진영은 탁치 파동을 계기로 찬탁으로 돌아선 좌파 진영을 소련의 사주를 받은 매국매족 집단으로 매도하여 찬탁=친소=친공=매국매족의 공식을 생성했다.[20]

<hr />

18 안재홍, 앞의 글, 7쪽.

19 정병준, 「남한진주를 전후한 주한미군의 대한정보와 초기점령정책의 수립」(『사학연구』, 1996) 참조.

구식민지 한국에서 친일 문제는 비단 도덕적 단죄 문제로만 그치지 않는다. 친일 청산은 탈식민화 요구와 함께 식민화 시스템을 제거/청산하고 근대 국민국가의 새 정치를 열려는 구식민지 지역민들의 지체된 근대 국민국가 건설의 뜨거운 열망을 담고 있었다. 따라서 근대 국민국가 건설이라는 지역적 시차의 비동시성과 냉전 질서의 도래라는 전 지구적인 동시성의 간극과 분열은 컸으며, 이러한 간극과 분열은 친일이라는 코드를 둘러싸고 구식민지 한국에서 폭발적인 응집력과 파괴력을 발휘했다. "물론 민족 반역자나 친일파는 일소하여야 한다. 그러나 지금은 우선 우리의 힘을 뭉쳐 놓고 볼 일"[21]이라는 이승만의 무조건 단결론(당시에는 덮어놓고 합치자라는 말로 회자되기도 했다.)은 친일파 숙청으로 자아이상의 국민적 아이덴티티를 모색 · 타진했던 구식민지 지역민들의 기대와 열망을 배반하며, 중도파를 비롯한 좌파 진영의 격렬한 반대와 항의에 부딪혔다. 이들은 "파쇼 세력을 단결화 · 조직화시키고, 봉건적 잔재를 규합하는 신세력의 통솔자가 출현했으니 그가 바로 이승만 박사였다. 반면에 진보적 진영에서는 세계 민주주의적 관점에서 민족통일론을 부르짖고 좌우합작과 원칙적인 통일론을 불변의 원칙으로 제시했다. 그것은 통일에 있어서 친일파, 민족 반역자를 제외하고, 일제의 잔재를 척결하며, 반민주주의를 배격하고, 친파쇼 세력을 분쇄하는 것을 내용으로 한다."[22]는 대립각을 세워 맞대응했다.

---

[20] 박찬표, 『한국의 국가형성과 민주주의』(후마니타스, 2007), 184~185쪽.

[21] 「이승만, 독촉 결의서에 대한 조공과의 차이점 등에 관해 기자회견」, 《매일신문》, 1945년 11월 6일자).

[22] 인용문은 민주주의민족전선, 『조선해방연보』(1946년 10월)에 실린 것으로, 여기서는 1988년 재발간된 『해방조선 I 』을 출처로 삼았다. 민주주의민족전선 편, 「조선인민공화국의 창건과 전국인민위원회」(『해방조선 I 』, 과학과사상, 1988), 102쪽.

친일 청산 여부가 근대 국민국가의 방향과 국민적 아이덴티티 구성의 척도가 되면서, 친일 청산을 둘러싼 갈등과 반목은 더욱 첨예화된다. 중도파 자유주의자를 자처했던 오기영이 "친일분자, 민족 반역자와 모리배 등 반동분자의 무자비한 소탕이 없이 인민의 나라를 건설할 가망이 없다"[23]는 주장으로 이승만의 무조건 단결론을 비판했을 때, 그가 겨냥한 것은 친일 청산을 통한 '인민의 나라' 건설이었다. 친일 청산 여부는 식민지 구조와 반민주주의 그리고 반봉건적 국가기구의 존속 여하와 관련이 있었으며, 이것은 친일이 계급과 국민의 문제와 긴밀하게 연동했음을 말해 준다. 이른바 중도파 자유주의자인 오기영이 친일분자, 민족 반역자와 모리배 등의 반동분자를 '인민의 나라'와 더불어 살 수 없는 존재로 규정했을 정도이니, 구식민지 한국에서 친일 코드가 지녔던 파급력과 영향력은 짐작하고도 남음이 있다.

친일 코드가 이처럼 우파와 좌파 진영을 가르는 와중에, 탁치 파동은 거대한 찬반 논란을 일으키며 찬탁이냐 반탁이냐의 이분법적 선택지를 강요하는 국민적 의제로 변모했다. 탁치 파동은 국민적인 의제로 변전變轉되어 반탁이 곧 애국애족과 국민적 상징인 양 변해 버렸다. 탁치 파동에서 주도권을 빼앗아 오려고 총공세를 펼친 우파 진영은 탁치에 찬성하는 것을 박헌영에 대한 비판에서 잘 드러나듯이 "조선의 독립을 말살하고 영원히 조선 민족을 소련의 노예화로 유치하는 매국매족의 행위"[24]로 매도했다. 이때부터 탁치와 친일의 혼재와 교착은 근대 국민국

23 오기영, 「속續민족의 비원 : 경애하는 지도자와 인민에게 호소함」(『신천지』, 1946년 11월), 47쪽.
24 「40여개 단체대표 긴급협의회, 조공대표 박헌영 타도 결의」(《조선일보》, 1946년 1월 15일자).

가 건설과 국민적 아이덴티티 구성에 혼란과 불안을 가중하며, 모든 일상적이고 개별화된 행위들을 집단적이고 정치적인 사안으로 만드는 중요한 기제가 되었다. 그리고 1946년 10월 대구에서 발생한 봉기와 소요는 이러한 구식민지 한국의 정치 정세 변화로 일어난 경제적 불만이 친일과 탁치 등의 정치적 · 이념적 · 사상적 의제들과 결부되어 빨치산의 전조가 되는 (인민) 유격대가 만들어지는 시발점으로 작용했다.[25]

1946년 대구에서 시작되어 경상도와 전라도로 번진 이 항쟁과 소요는 우파 진영에서조차 "파업소동의 명분에 이용된 식량 문제를 급속히 해결하여 일반 민심의 안정을 도모하는 것도 문치정정文治王政의 그 하나일 것이며 □□立□의 구체적 실현을 촉진하여 노동계급의 심경을 석연케 함도 이덕보원以德報怨의 그 하나일 것"[26]이라는 소리가 나올 정도로 전국적인 반향과 파장을 불러일으켰다. 이는 지역적 · 국부적 · 제한적 · 한시적인 항쟁과 소요가 전국적 · 지속적 · 파생적 성격을 띠며 결국 제주 4 · 3과 여순 사건으로까지 이어지는 지역적인 것의 전국화이자 전면화였다. 미군정과 경찰 당국은 이를 "공산당의 조종에 의한 것이지 결코 자연발생적인 것"[27]이 아니라는 주장으로 강제 진압을 정당

---

[25] 이기봉, 『빨치산의 진실』(다나, 1992), 15쪽도 이 점을 지적하고 있다. "우리 강토에 '빨치산' 혹은 '인민 유격대', '인민 해방군' 따위의 생소한 이름의 테러리즘이 등장한 것은 8 · 15 해방 이듬해인 1946년 말", 즉 "46년 10월 대구를 비롯한 영남 지역 일대를 피로 물들인 좌익 폭도들과 그들을 추수한 노동자 농민들 가운데 일부가 태백, 소백산맥 주변 산악으로 숨어들어 이른바 '야산대' 활동을 한 것이 그 효시"라고 규정한다. 물론 이 책은 전체적으로 빨치산을 테러와 살육을 일삼는 무자비한 존재로 그리고, 역사적 사실에 저자 개인의 우파적 해석을 덧붙여 빨치산의 적색화를 생산 · 유포하는 데 일조했다.

[26] 「사설 : 남조선파업에 대한 우리의 소견(下)」《동아일보》, 1946년 10월 6일자).

[27] 브루스 커밍스, 앞의 책, 462쪽 재인용.

화했지만, 그들의 공적 표명과 달리 10월항쟁의 자생성과 토착성은 지역적·토착적인 것에 기반하면서도 전국화와 동시화를 목표로 하는 빨치산의 원형적 형상으로 인식되었음은 문맹朝鮮文學家同盟의 시들에서 명확하게 읽어 낼 수 있다.

항쟁 인민항쟁人民抗爭! 나의 눈물 나의 자랑 나의 영웅英雄들이여! 세계世界에 잘도 알리었느니라 이조李朝 오백년五百年 일제日帝 사십년四十年 짓밟히고 짓눌린 허물이기로 더 한층 짓눌려야만 하는 그것이 조선인민朝鮮人民이 아님을. 항쟁 인민항쟁人民抗爭! 나의 눈물 나의 자랑 나의 영웅英雄들이여! 진리를 잘도 알리었느니라. 압제壓制에의 대답은 굴종屈從이 아님을 유린蹂躪에의 대답은 항쟁抗爭뿐임을. 진실로 나의 눈물 나의 자랑 세계世界가 다투며 나를 물을 때 눈물로 나는 자랑하리라. 「일천구백一千九百 사십四十육년六年 가을 항쟁抗爭한 영웅英雄들의 겨레이노라」[28]

지난해 가을 이맘땐 모롱이 모롱이 산山마다에 횃불이 있었드라면 시방 이 가을엔 그때를 그리우는 마음이 머얼리 어두어가는 산山을 노린다. 정각이다. 동무는 헐떡이며 손을 쥐었다. 집 없는 우리들이다. 어깨를 부탁드리며 네거리까지 거러가자. 재빠른 속삭임이 끝났다. 약속約束한 날까지 우리는 헤어지자. (중략) 아아 부푸는 숨결로 네거리에 스면 더 한층 검푸러 자주빛 구름 휘감아 도는 산山은 나의 가슴속 깊이 영웅들의 모습을 그려주는 구나. 아무데서나 산山이 보이는 티끌 날리는 서울 거리거리에 산山은 가슴마다에 있고 밤이면 머얼리 아득한 별빛 그리워 마지막 가는 날에도 부를

---

[28] 논의의 편의를 위해 시의 여백을 두지 않고 인용했다. 조남령, 「나의 눈물 나의 자랑」(『문학』, 1947년 8월), 87~88쪽.

노래 가만가만 불러보며 어수선히 디디고 간 발자욱 몬지 속에 쌓인 어두운 길 우 타박 어디든 발길이 개벼워 간다.[29]

문맹의 프로파간다적 속성(문맹이 남로당의 기관지 역할을 담당했음을 감안한 말이다.)과 시나 노래의 정서적 감화력을 염두에 둔다고 해도, 이 시들에서 드러나는 소리의 파토스는 지역민의 자연적(본래적) 권리인 토지와 식량을 문제 삼는다. 토지와 식량은 지역민이 살아갈 최소한의, 근본적인 생존 기반에 해당된다. 그런데 이러한 지역민의 최소한의 생존 기반마저 빼앗아 버린 근대 국민국가는 진정한 인민의 국가가 아니다. 따라서 "진정한 인민의 민주 정부"[30]를 만들기 위해 인민의 목소리로 터져 나온 10월항쟁을 계승·발전시켜 "진정한 인민의 민주 정부"를 만들어야 한다는 주장은, 그 프로파간다적 구호에도 불구하고 근대 국민국가 일반의 존립 토대에 대한 기원적 물음을 환기하고 되돌린다.

억압된 것의 귀환이라고 불릴 만한 이것은 여타의 국민국가들이 절차적 민주주의로 봉쇄해 온 인민주권 요구를 폭력적으로 상기시키고 재연한다. 근대 국민국가의 국민적 아이덴티티와 관련된 이 망각된 기원의 재상연은, 프로이트Sigmund Freud가 무의식으로 억압한 심리적 외상이 꿈과 같은 환상으로 되돌아와 억압의 물질적 흔적을 남긴다고 본 과정과 일맥상통한다. 이러한 환상의 재상연은 개인의 주체성을 형성하고, 망각된 혹은 억압된 중핵을 보여 주는 특권화된 지점이라고 프로

---

[29] 유진오, 「산山」(『문학』, 1948년 4월), 114~115쪽.
[30] 「공위환영가共委歡迎歌」(『문학』 공위재개기념특집호, 1947년 7월), 2쪽. 이 노래의 1절만 소개하자면, "인민의 흘린 피 헛되지 않어, 소미의 공위는 다시 열렸다. 강철의 단결로 싸워 나가자. 진정한 인민의 민주 정부를"이다.

이트가 말했던 것처럼,[31] 구식민지 지역의 정제되지 않은 자생적 폭력은 구식민지 지역의 억압된 외상이 물질적 흔적을 남기며 근대 국민국가의 원초적 장면을 상기하는 특권화된 지점이었던 것이다. 10월 인민항쟁을 "오늘의 3·1운동"으로, "조선 인민의 자유의 제 일보"[32]를 내딛는 도래하지 않은 미완의 근대 국민국가의 이념형으로 위치지우려는 이와 같은 움직임은 망각되고 은폐된 근대 국민국가의 기원과 본질에 관한 물음을 폭력적으로 대리 체현하고 육화했다.

10월 인민항쟁을 담은 시들이 담고 있는 산山에 대한 상상력과 빨치산의 고향 상실 감각은 그래서 중요하다. 대한민국/남한과 이승만의 재현/대표성의 구성 방식에서 산에 대한 상상력과 빨치산은 대한민국/남한의 심상지리와 국민적 아이덴티티를 형성하는 과정에서 치러야 할 대가와 대상의 획정을 가시적이고 육체화된 방식으로 드러내고 전시한다. 인용한 시에서처럼, 산은 고향과 가족을 등지고 떠날 수밖에 없는 빨치산들이 도달한 최종 귀착지/은신처이다. "재빠른 속삭임이 끝났다. 약속約束한 날까지 우리는 헤어지자. 어지러운 거리 숱한 사람들 속에 끼어 동무는 보이지 않는다. 아아 부푸는 숨결로 네거리에 스면 더 한

---

[31] 장 라플랑슈·장 베르트랑 퐁탈리스, 『정신분석학 사전』(임진수 옮김, 열린책들, 2005), 542~543쪽.

[32] 임화, 「인민항쟁과 문학운동」, 『문학』 인민항쟁특집호, 1947년 2월 2, 3, 15쪽은 10월 인민항쟁을 다음과 같이 정의한다. "1918(9의 오기인 듯하다)년 3월 1일에 전개한 위대한 민족해방투쟁은 조선인민들의 생활 우에 새로운 역사적 시대를 여러 놓았다. (중략) 28년 전 3월 1일의 조선인민이 그 원수들에게 던져준 회답보다도 더 명쾌한 회답을, 그들의 선배가 노예생활 10년 만에 표시한 의사를 노예화의 위험이 박두한 지 불과 1년 만에 명쾌하게 표시한 것이다. 그리하여 1천5백만에게서 아니라 삼천만에게서까지 상실하려든 위험을 제거할 충분한 가능성을 맨드러내였고 동시에 일로부터 획득될 조선인민의 자유의 제 일보를 가장 확실한 방법으로 구축하였다. 10월 인민항쟁은 실로 조선인민의 모든 자유의 새로운 출발점이 된 것이다."

층 검푸러 자주빛 구름 휘감아 도는" 산은 서울(확장하면 도시) 거리거리와 사람들 가슴마다에 스며들어 있지만, 그것은 낮이 아닌 밤에 그것도 쫓기듯 응시하고 품어야 할 은둔과 비밀의 공간이다. 하지만 시의 화자는 가슴속 깊은 영웅들의 모습을 다름 아닌 산에서 찾는다. 산은 "전차, 자동차, 마차, 쩡, 쩡, 쩡"이 횡행하는 "독 마른" 서울 거리[33]와 대척되는 지점에서, 진정한 인민의 영웅을 예비하고 잉태하는 혁명과 변혁의 공간이기 때문이다.

이러한 산의 형상화와 담론화는 대한민국/남한의 역사지정학에서 다시 찾아보기 힘든 사회역사적 맥락을 구성하는데, 이는 대한민국/남한이 지우고 삭제해 온 근대 국민국가의 기원에 관한 또 다른 이야기를 들려주기 때문이다. 빨치산은 대한민국/남한의 체제 전복자, 파괴자로 낙인찍혀 대한민국/남한의 경계선 밖으로 밀려나지만, 이들이 꿈꾼 새로운 인민의 세상은 산과 빨치산 영웅, 도시와 민족 반역자의 시공간적 계열체를 형성하며 1963년 마지막 빨치산들이 군경에 소탕되기 전까지 바로 이 땅 구식민지 한국에서 함께 숨 쉬며 생활했다.[34]

10월 인민항쟁과 뒤따른 제주도 4·3과 여순 사건은 빨치산들을 소규모 지역의 게토화된 공간에 가두는 사회역사적 움직임을 가속화시켰다. 이러한 게토화 속에서 빨치산은 공적 담론, 말하자면 공인된 담론 공간

---

[33] 지프차는 서울 거리를 횡행하는 점령자 미군, 그리고 이와 결탁한 민족 반역자와 결부된 상징이다. 해방기에 지프차와 도시, 순박한 누이와 산의 대립은 이 시대의 초상을 유비적으로 반영한다.

[34] 1954년 4월 5일 김선우 조선로동당 전남도당 위원장이 백운산에서 한국군에 사살됨으로써 공식적인 지하당 조직은 와해되었다고 한다. 하지만 1963년 이후의 죽음과 장덕순의 체포 전까지 개별적인 빨치산 활동이 계속되었다. 김영택, 「한국전쟁기 남한 내 적색 빨치산의 재건과 소멸(1950.10.5~1954.4.5)」(『한국근현대사연구』, 2003), 125쪽.

진압군이 여수에서 14연대 군인과 협조자를 색출하여 옷을 벗긴 채 연행하는 모습(왼쪽). 외신 기자 칼 마이던스가 촬영한 것으로 《라이프*Life*》지에 게재되었다. 위 사진은 여수 서초등학교에서 군인들이 혐의자를 색출하는 장면이다.(이경모 사진). 1946년 10월 인민항쟁을 시작으로 여순 사건까지 폭발적으로 분출된 인민주권의 요구가 미군정에 의해 받아들여지지 않는 순간 이들은 폭도와 반란군이 되어 좌파에서 '빨치산'으로 변모·물화되었다.

에서 배제/절멸되었다. 여순 사건은 제주 4·3이 연쇄적으로 몰고 온 파국으로, 제주 4·3을 진압하라는 국가의 요구를 군대가 거부하는 초유의 사태였다. 칼 슈미트가 빨치산을 근대 국제법상의 정당하고 대등한 적 개념이 아니라 정당원인正當原因에 입각해서 바라본 것은 정확히 이 지점을 가로지른다. 그에 따르면 빨치산은 "한 국가의 적대적인 정권(국가 그 자체이기도 한)을 제거하여" 다른 정당한 국가를 건설하려는 것이고, "그렇게 되면 적을 범죄자로 만든다고 하는 혁명적인 파괴 작용은 파르티잔(빨치산)이 진정한 영웅이 된다"[35]고 하는 적과 영웅의 이분법에 정초해 있었다. 다시 말해 빨치산은 자신들의 적대적인 국가정권에 의해 범죄자 혹은 파괴자로 취급되는 위험을 기꺼이 무릅쓰며, 국가 간 전쟁을 수행하는 정규군과 마찬가지로 내전의 치열한 담당자가 되는 것이다.

하지만 빨치산은 국가 간 전쟁을 수행하는 정규군이 아니라는 이유로 특수한 범죄자(일반 범죄자와는 다르다. 일반 범죄자는 한 국가의 일정한 법 절차와 집행에 따라 처벌 수위가 국가의 법 체제 안에서 그야말로 합법적으로 결정되기 때문이다.)로 취급되어 한 국가의 통상적인 법과 법률 절차에서 제외되어, "약식 형벌과 억압 수단에 의해 제거되어도 좋은 대상"[36]으로 타자화/이방인화된다. 조르조 아감벤Giorgio Agamben은 이런 배제와 죽음으로 내던져진 존재들을 "희생물로 바칠 수는 없지만 죽어도 되는 생명"[37]으로 규정한 바 있는데, 국가의 형법과 국가 간 전쟁과

---

[35] 칼 슈미트, 앞의 책, 54쪽.

[36] 칼 슈미트, 앞의 책, 46쪽.

[37] 조르조 아감벤, 『호모 사케르』(박진우 옮김, 새물결, 2008), 175쪽 참조. 조르조 아감벤은 주권권력 자체에 이미 배제를 포함한 예외 상태가 작동하고 있으며, 이러한 예외

같은 희생 제의에서 모두 제외되어 죽음에 내던져진 이 예외적 존재들은 대한민국/남한의 주권권력이 확립되는 과정에서 치러야 했던 값(비)싼 대가였다. 얼마 전까지 이웃이며 친척이었던 사람들을 이처럼 불법과 위법의 체제 외적 존재로 만들기 위해서는, '우리'와 '이방인' 간의 차이가 압도적으로 중요하고 환원 불가능한 것이 되도록 반드시 이데올로기적 재생산 장치가 가동되어야 한다는 발리바르Étienne Balibar의 말을 떠올려 본다면,[38] 대한민국/남한의 자기동일성은 이 내부 바깥에 있는 '이방인'과의 차이를 부각시키는 방식으로 빨치산=이방인의 공식을 주조하고, 이를 합법화·정당화할 수 있는 국민화 메커니즘을 고안·창출해야 했다.

"반군이 퇴각할 때 단발마적 최후 발악으로 방화하여 폐허화된 항도 여수 시가를 밟을 때 그들이야말로 인간이 아닌 마수라고밖에 생각할 수 없었고 여수경찰서 뒷 방공호 속에 고인 붉은 피의 호수를 볼 때 어찌 그들이 동족이라고 생각되겠는가?"[39]라는 현윤삼의 여순 사건 현지 르포는 여순 사건의 주동자들과 산으로 피신한 빨치산들을 인간이 아

상태가 주권권력을 정초하는 토대가 된다고 본다. 조르조 아감벤의 주장은 그래서 대단히 흥미로우며, 주변부적=예외적 존재들의 포섭과 배제를 통해 이승만의 재현/대표성의 구성 방식을 살펴보려고 하는 필자의 논의에도 시사하는 바가 크다. 하지만 필자는 아감벤과는 다른 지점에서, 근대 국민국가의 정초적 원리에 대한 구식민지 지역의 다시-쓰기가 갖는 식민성과 탈식민화의 동학動學을 다루고자 했다. 왜냐하면 아감벤의 논의에서는 지역에 따른 시공간적 차이와 위계화가 전혀 고려되지 않기 때문이다.

[38] 에티엔 발리바르, 「민족형태 : 그 역사와 이데올로기」(서관모 옮김, 『이론』, 1993년 가을), 118~119쪽.

[39] 현윤삼, 「전남반란사건의 전모」(『대조』, 1948년 12월). 전남동부지역사회연구소, 『여순 사건 자료집 1』(선인, 2001), 529쪽에서 재인용.

닌 '마수'로 낙인찍는다. '마수'는 인간이 아닌 비인간의 영역에 속하며, 죽여도 좋은 혹은 죽여야 할 위계적 서열화를 초래하여 이 빨치산들을 배제와 절멸이 당연시되는 불법과 위법의 무가치한 존재로 만들었다. 그들은 "재래로 난민적자가 없는 시대가 없다 하였거니와 이번 남도에서 일어난 반란군의 좌익 같은 것은 남의 나라에 제의 조국을 부속시키고 그 노예가 되자는 불충불량한 언행으로 도당을 모아 장관과 민족을 참혹하게 학살하고 내란을 일으켜 정부를 전복하려는 음모"[40]를 꾀한 국제 소비에트의 주구走狗, 국민의 배반자, 나아가 "공산도당의 조직과 명령을 통하여 세계적 지지와 대한민족의 지상명령으로 수립된 대한민국 정부를 파괴함으로써 소련 제국주의의 태평양 진출 정책을 대행"하여 "모국의 위성국가를 꿈꾸는"[41] 대륙 아시아의 비밀 병기와 인간 탄환이었다.

'빨치산'이라는 기표가 이처럼 대륙 아시아의 적색 공포로 자리잡으며, 냉전의 내외적 분할선은 빨치산들이 애초 제기했던 근대 국민국가의 정초적 원리에 대한 탈식민화 동력과 근대 국민국가에 대한 이상적 기획을 모두 탈취한 바탕 위에서 대한민국/남한의 주권권력을 부식扶植하게 된다. 하지만 이 절단과 분리의 상처는 깊고도 강렬한 것이어서 이를 상쇄할 권력의 과시적 스펙터클이 항상적으로 동원·활용되어야 했다. 이승만의 재현/대표성의 구성은 이러한 대한민국/남한의 과시적 스펙터클화와 연동하여 진행되었다.

---

[40] 이승만, 「안전보장은 관민일치로」,(『대통령이승만박사담화집』, 공보처, 1953), 8쪽.
[41] 「국방부, '전국 동포에게 고함'이라는 벽보를 전국에 배포」,《평화일보》, 1948년 11월 5일자).

이승만의 과시적 스펙터클과 월남인의 자기증명

이처럼 빨치산은 대한민국/남한의 자기동일성을 위해 배제되고 절멸되어야 할 존재였다. 빨치산이 가진 주변부적=예외적 성격은 빨치산에 대한 이중적이고 모순된 의미를 주조하는 원천이었다. 가령 여순 사건 주동자들과 산으로 피신한 빨치산들은 "여학생들이 카빈총을 치마 속에 감추어 가고 우리들 국군장교와 병사들을 유도"[42]할 정도로 적극적인 유혹자 및 실행자이자, 공산주의에 정신과 이성이 마비된 한갓 꼭두각시와 노리개였다. 이러한 상호 모순된 진술과 어법은 빨치산들이 죽어가면서까지 '인민공화국 만세'와 '스탈린 원수 만세'를 부르고, 부모형제와 이웃도 몰라보는 반인륜적 범죄와 뿌리도 망각한 국제주의자로 묘사되는 장면에서 그 절정에 도달한다.[43]

---

[42] 박종화, 「남행록 1-6」, 《동아일보》, 1948년 11월 14일~11월 21일), 박종화의 「남행록」은 대한민국/남한의 공식 역사를 예시적으로 보여 준다는 점에 그 가치가 있다. 여순 사건을 현지 시찰하고 이를 보고하는 임무를 띠고 파견된 문인 조사단의 일원이었던 박종화는 여순 사건을 철저히 부정하고 규탄한다. "소위 해방 뒤에 3년을 거쳐 온 오늘날 여수와 순천에서 일어난 이 현상은 동족의 피를 보고 이리떼처럼 날치고 눈깔을 빼고 해골을 부수고 죽은 자의 시체 위에 총탄을 80여 방이나 놓은 이 잔인무도한 식인귀적 야만의 행동은 어디서 배워 온 사상이냐, 어디서 감염된 악랄한 수단이냐!" 이에 대해서는 유임하, 「정체성의 우화—반공증언수기집과 냉전의 기억만들기」(『겨레어문학, 2007)에서 상세히 다루었다. 또한 여자 빨치산에 대해서는 유혹과 비련의 교묘한 착종과 혼합이라는 상투적 레토릭을 구사한다. "까마한 머리를 날리며 사지 스카트에 빨간 와이셔츠 그리고 초록색 털 스웨터. 허리에는 권총을 차고 이리저리 뛰는 모양은 애인과 같이 전투를 지휘하는 것인지 또는 사격을 조력하는 것인지는 알 수 없으나 그의 행동은 몹시 민첩하였다. (포로한테 들은즉 제주도濟州道 출신의 21세 되는 여자로서 광주 도립병원에서 간호부로 근무하였다 함)"라는 「여순사건, 〈지리산 전투 종군기 : 방경린方慶麟〉」, 《국제신문》, 1948년 11월 2일) 군 보도반 기사는 여자 빨치산을 붉은 여성의 유혹적 요소와 때 묻지 않은 간호사의 순정한 이미지(애인을 따라 산에 들어가 가엾이 죽어간 비련의 여성)를 동시에 갖고 있는 존재로 호출한다.

이로부터 대한민국/남한은 이 부모형제도 몰라보는 공산주의 '광신자'들에게 관용과 아량을 베풀 필요가 없다는 사후적 정당화가 자연스럽게 도출된다.

아들을 찾는 어머니, 손자를 찾는 할머니가 부르는 소리가 여기저기에서 기자의 고막을 찌르고 들려온다. 한 노파는 소화消火 작업을 하고 있는 사람들 틈에 끼어서 화염 속을 향하여 "내 딸 영자야" 하고 외치면서 미친 사람처럼 날뛰고 있다. 안타까운 심정에 기자도 문득 "영자야" 하고 목을 놓아 불러 보았으나 대답은 없고 외친 소리만이 연기 속에 사라질 뿐이다."[44]

공산주의에 미쳐 날뛰는 폭도들의 반인륜성과 비인간성이 엿보이는 대목이다. 그러면서 대한민국/남한은 이들의 광신적 행동에 맞서 선량한 양민들을 구하는 체제의 수호자/방어자로 위치지어진다. 이 반인륜적인 공산주의자들의 침투를 막아 내느냐/그렇지 않느냐에 대한민국/남한의 안위와 안보가 달려 있다는, 전 국민을 대상으로 한 대한민국/남한의 자기정립이 대한민국/남한의 국민됨을 국책의 선에 맞춰 분절하고 위계화하는 것은 이 때문이다. 국민됨의 분절적 위계화는 대한민국/남한의 전 국민을 잠재적인 빨치산화=비국민화의 위협에 노출시키

---

43 「여순사건, 〈반군叛軍의 본거, 여수소탕전 상보詳報〉」,《호남신문》, 1948년 10월 30일자).
44 박종화의 「남행록」 중에서 "여중학생 몇 명을 잡아다가 고문을 했습니다. 그 꼴을 보느라고 너는 총살이다 위협했더니 처음엔 부인을 하며 엉엉 울다가 하나 둘 셋하고 구령을 불러서 정말 총살하는 듯한 모양을 보였더니 '인민공화국 만세'를 높이 부릅니다."라는 서술은 이후 "빨치산 주력이 괴멸당하고 잔존 세력만으로 겨우 유지하고 있던 지난한 시기에 (중략) 당시 빨치산들의 가슴에 간직한 별은 바로 스탈린이었음을 알 수 있다."와 같은 글로 지속적으로 재생산된다. 이기봉, 앞의 책, 405쪽.

는 동시에, 이승만의 재현/대표성의 구성을 대한민국/남한의 국민됨과 맞물린 상호 교섭의 부단한 현장으로 만든다.

여순 사건을 전후로 한 반민특위의 좌절과 국가보안법의 공표는 이를 재확인시켜 준다. '반민족행위자처벌법'이 국회에서 우여곡절 끝에 제정되자 이승만은 여론에 밀려 '반민법'을 공표하기는 하지만, 보복보다 개과천선을 유도하는 용서와 아량을 국민들에게 호소한다. 그가 "법률은 문구보다 정신을 소중히 하는 것이니 비록 등等으로는 처벌에 해당한다 할지라도 정신적으로 용서를 받을 만한 경우도 있을 것이니"[45]라고 운위하는 부분은 공산주의자로 낙인찍힌 사람들에 대한 단호한 법적 처벌 의지와 선명한 대조를 이룬다.

이승만이 관여한 '대한독립촉성국민회'는 이승만의 이러한 심경을 앞질러 웅변하듯이 "국회에서 친일파 처단 법규를 제정하는 것은 당연한 일이나 정부 요인의 개별적인 인신공격은 월권행위이니 경계하여야 할 것이다. 친일파 숙청은 주권을 확고히 세운 후에 적발하여 공직에서 추방할 수 있으니, 신정부에 협력하려는 자를 투기하느니보다 신정부를 파괴하려는 자를 응징할 것을 강조하는 바이다."[46]라며 국회의 반민법 제정에 압력과 위협을 가했다. 결국 친일을 반국민(민족)의 범주에 넣고 이를 법적으로 입안하고 구현하려 한 국회의 의도는 좌절되고, "정부를 참칭하거나 변란을 야기할 목적으로 결사 또는 집단을 조직한 자 또는 그 결사 또는 집단에 있어서 그 목적 수행을 위한 행위를 한 자"[47]에게

45 이승만, 「반민족처단反民者處斷은 민족民意, 법운영法運營은 보복報復보다 개과천선토록」, 앞의 책, 6쪽.

46 대한독립촉성국민회, 「친일파 숙청은 주권 확립 후에 실시해야 한다고 담화」(《자유신문》, 1948년 8월 30일자).

최고 사형과 무기징역까지 언도할 수 있는 친공과 용공의 광범위한 적용은 대한민국/남한의 국민됨을 분열과 절단의 경계선상에 서게 했다.

결국 반민법과 반민특위가 국가의 공권력으로 와해·무산되고, 반면 국가보안법은 국회의 만만치 않은 반대에도 불구하고 통과됨으로써 이 승만의 재현/대표성의 구성은 대한민국/남한의 국민됨에서 그 통합성 못지않게 분열상을 노정하는 사회역사적 움직임을 배태했다.

이승만의 재현/대표성이 대한민국/남한의 국민됨의 통합성과 분열상을 동시에 노정하는 이중 각인과 흔적의 역장力場이라고 할 때, 이 내외적 접합면의 재구성은 비국민의 부정성과 바람직한 국민화의 양 축을 중심으로 길항하고 회전한다. 이 국민됨의 분절적 위계화에서 국가보안법이라는 초법적 형태는 전 국민을 잠재적인 빨치산으로 만드는 분열상과 대한민국/남한의 국책에 부응하는 규율 주체를 양산했다. 그 한 예로 이승만이 구상하였다는 일민주의一民主義를 꼽을 수 있다.

'일민주의'는 부단히 동요하고 길항하는 이승만의 재현/대표성의 구성과 대한민국/남한의 국민됨의 내외적 접합면을 피와 전통처럼 자연화된 원리로 회수하고 이 둘의 유기체적 일체성을 강조했다. 1948년 10월 4대 강령을 포함한 『일민주의 개술一民主義 槪述』을 필두로 일민주의가 제창된 이래, 한국전쟁 이후 이승만이 정치적 곤경에 처했던 1958년 우남전기편찬위원회가 『우남노선雩南路線』과 합본하여 재간행한 『일민주의 개술』에 이르기까지 일민주의는 이승만의 재현/대표성이 위기 국

---

[47] 국가보안법은 이승만 정권 시기인 1948년 12월 1일 처음 공포되었다가 1949년 더 강화되어 1949년 12월 19일에 재공포되었다. 이는 앞에서 살펴본 근대 국민국가의 또 다른 기획과 구상을 정부 전복자/파괴자로 규정하여 자기민족지를 독점하는 과정과 조응한다.

1956년 8월 15일 남산 조선신궁 자리에 건립된 이승만 동상(위). 이 동상은 1960년 4·19혁명 때 철거되었다. 대한민국/남한의 초대 대통령이자 국가원수인 이승만은 반공국가로서 대한민국/남한의 정체성을 확고히 했다. 이승만의 재현/대표성을 구성하는 데 사상적 기초가 된 일민주의는, 대한민국/남한이 하나이어야 하고 이 하나를 만드는 데 장애가 되는 것은 모조리 제거하겠다는 국가 의지의 표명이었다. 아래는 우남전기편찬위원회가 펴낸 이승만 전기 『우남노선』.

면에 처할 때마다 등장한 강력한 통치 이념이자 선진 기반이었다. 무엇보다 일민주의가 가장 활성화된 때가 여순 사건 직후인 1948년 후반부터 1950년 초반이고 보면, 일민주의는 이승만의 재현/대표성의 구성과 국민화 기제를 창출하고 지탱하는 대한민국/남한의 강력한 규제 원리였던 셈이다.

"우리 민족은 하나다. 국토도 하나요, 정신도 하나요, 생활에도 하나요, 대우에도 하나요, 정치상 문화상 무엇에고 하나다. 하나가 밑처 되지 못한 바 있으면 하나를 만들어야 하고 하나를 만드는 데에 장애가 있으면 이를 제거하여야 한다."[48]는 일민주의의 강령은 대한민국/남한이 하나이어야 하고 이 하나를 만드는 데 장애가 되는 것은 모조리 제거하겠다는 국가 의지의 표명이었다. 이러한 배제를 통한 통합의 강력한 국가 의지는 일민주의 국가관이 "자본주의와 공산주의의 중간물"이 아니라 "「하나」의 전체를 전체로 보는 국가"[49]이며, "자본주의나 공산주의 국가와 판이한 전연 별개의 원칙 밑에서 성립되는 진정眞正국가"[50]라는 과장된 자기동일시의 이미지를 동반하게 된다. 이 위대한 일민주의 국가관을 영도하고 통치할 인물이 바로 대한민국/남한의 최고 지도자/대표자인 이승만이다.

"우리 겨레가 먹고 살 샘물이요 보고 갈 횃불인" 일민주의를 "우리 삼천만의 최고 영도자이신 이승만 박사의 밝은 이성의 판단과 맑은 양심의 반성과 그리고 또 군센 의지의 결정으로서" "우리 백성이 영원히 살

---

[48] 대통령 이승만 박사, 『일민주의 개술』(일민주의보급회, 1949), 10쪽.
[49] 양우정, 『이대통령건국정치이념─일민주의의 이론적 전개』(연합통신사, 1949), 136~137쪽.
[50] 양우정, 앞의 책, 138쪽.

아갈 지도 원리를 보호"[51]하고 계시다는 이승만의 재현/대표성의 구축은, 이승만의 지도와 보호로 완전해질 대한민국/남한의 모습과 이를 추종하는 유순한 국민의 형상을 지정하고 예비한다. 푸코가 군주의 권력을 강화하는 신체형刑의 화려함과 규율 주체의 탄생으로 명명했던 국민화 메커니즘이 일민주의로 집약되고 결정화되는 형국이다.[52] 적에 대한 호출과 유일 권력으로서의 자기과시와 지배적 시선은 대한민국/남한의 국민됨이 이 제한된 경계를 넘어서지 않도록, 따라서 빨치산처럼 위협적인 신체가 아닌 바라보는 주체/관람자의 위치에 머물도록 강제하고 속박한다. 대한민국/남한의 바람직한 국민은 이러한 국민됨의 한정된 위치에서 생사여탈권을 쥔 대한민국/남한의 주권권력을 이승만의 재현/대표성이 드러내는 담론적 수행성으로 매번 확인받고 내화해야 했던 것이다.

38선을 넘어 대한민국/남한의 국민되기를 선택한 38선 이북 출신 월남인들이 이승만의 재현/대표성의 구성과 편제에 민감하게 반응하며 국민화/비국민화의 경계를 오갈 수밖에 없었던 사정이 바로 여기에 있다. 냉전의 내외적 분단선으로 자리잡은 38선이 대한민국/남한의 국민됨의 분열과 통합을 비추는 거울상이었다는 점도, 38선을 넘은 존재들

---

[51] 안호상, 『일민주의의 본바탕』(일민주의연구원, 1950), 22~23쪽.

[52] 미셸 푸코, 『감시와 처벌』(오생근 옮김, 나남, 1994) 참조 및 정리. 미셸 푸코는 군주 권력의 가장 호사스런 형상과 규율 중심적인 권력의 고유한 의식의 출현이 역설적이며 의미심장하게 결합되는 방식을 루이 14세의 사례를 들어 조명했다. 이는 미시적 규율 권력이 군주 권력의 과시적 수행성을 한꺼번에 대체한 것이 아니라 일정한 과도기와 중간기를 거쳤음을 말해 주는 것이다. 하지만 이후 논자들은 미셸 푸코의 이 견해를 수정 · 확장하며 미디어의 극화된 재현이 군주 권력의 과시적 수행성을 현대화된 방식으로 재구하고 변용하고 있음을 다각도로 탐구해 왔다. 필자는 이 이후 논의들을 염두에 두며 푸코의 관점을 채택했다.

을 이 금기의 장벽을 오간 의혹과 오점의 불투명한 존재들로 만들었다. 이는 시기별 · 국면별 · 계층별 편차를 드러내지만, 대한민국/남한의 모든 국민이 잠재적인 빨치산화=비국민화의 위험에 처해 있었던 것처럼 월남인들도 빨치산화=비국민화 위협에 직접 대면해야 했다. 해방 직후에 38선을 넘었던 친일 협력자나 대소 지주들 그리고 기독교계 종교인들은 대한민국/남한에서 반민법과 반민특위가 무력화되고 좌파 진영에 대한 대대적인 공세가 벌어지며 이러한 위협에서 비교적 손쉽게 벗어날 수 있었던 반면, 38선이 고착되고 냉각된 이후 대한민국/남한이 원하는 안전판을 갖지 못했던 취약한 계층의 월남인들에게는 이러한 잠재적 빨치산화=비국민화의 위협이 대단히 컸다.[53] 이 변화되는 지형을 고려하며 월남인인 최태응이 이승만의 재현/대표성의 구성에 어떻게 직간접적으로 관여하는지를 살피는 일은 대한민국/남한의 국민되기가 그려 간 불균질적이고 비대칭적인 사회역사적 단층면을 보여 주는 의미 있는 작업일 것이다.

[53] 이용기 · 김영미, 「주한미군 정보보고서 G2에 나타난 미군정기 귀환 · 월남민의 인구 이동 규모와 추세」(『한국역사연구회회보』, 1998), 17~23쪽을 보면, 1945년부터 1948년까지의 인구 유입 현황과 특성이 잘 정리되어 있다. 1945년에 북한과 만주에서 남한으로 유입된 인구는 약 51만 1,484명에 이르는데 이들은 주로 일제 말기 북선北先(조선의 북쪽) 공업화에 따라 남한에서 북한으로 이동했다가 고향으로 되돌아온 귀환민이었으며, 1945년과 북한에서 토지개혁이 실시된 1946년 3~6월 사이에 북한 지역의 친일파와 악질 지주 등 상당수가 월남했음을 알 수 있다. 1947년과 1948년에도 월남인의 인구는 줄어들지 않는데, 이는 남북 분단이 기정사실화되며 사람들이 이때가 마지막 기회라고 판단하여 이동했기 때문이다. 이 월남인의 인구 이동과 관련하여 1945년 8월에서 1946년 말까지 반감과 환멸의 단계를 거쳐 소련이 점령한 북쪽으로 넘어가는 이화(이탈)의 1946년 초에서 1947년 중반까지 미군정의 문화 정책을 토대로 월북인의 월경 동기를 검토한 찰스 암스트롱Charles K. Armstrong, "The Cultural Cold War in Korea, 1945-1950"(*The Journal of Asian Studies*, Vol. 62, No. 1, 2003)의 견해와 비교해 보는 것도 흥미로울 것이다.

최태응은 1945년 10월에 월남했다. 월남 1세대 작가군에 속하는 그는 남한 사회에 쉽게 동화하지 못한 김이석 등 다른 월남인 1세대 작가와 구분된다.[54] 그는 자신이 태어나고 자란 38선 이북의 고향을 철저하게 부인하고 배척하는 것으로 대한민국/남한의 국민됨에 편입하고 안착하려 했다. 이를 적극적 동화와 참여라고 부를 수 있다면, 그는 대한민국/남한의 국책에 순응함으로써 대한민국/남한의 국민됨을 보장받으려 했다는 뜻이 된다. 38선을 넘은 자신의 불투명한 표지들을 지우고, 대한민국/남한의 국민됨이라는 새로운 주체성을 재구조화하는 방식으로 그는 대한민국/남한과 자신을 일체화하기를 원했다. 그의 이러한 행보가 본격화되는 것은 아무래도 대한민국/남한 정부가 세워진 1948년 전후부터인데, 그는 월남하자마자 반공 투사로 변신하여 반탁=반소=반공의 사회정치적 지형을 만드는 데 앞장선 서북청년단의 문봉제[55]와는 또 다른 형태로 대한민국/남한의 반공국가화에 기여했다. 문인이라는 한정된 지위와 자산이 문봉제가 활약한 극단적인 백색테러 현장에서 그를 비껴 나게 했지만, 그는 문봉제의 백색테러에 물리적 협력을 뒷받침하는 문화적 첨병으로서 일익을 담당했다.

그 첫 출발점이 김일성의 진위 논란을 불러일으킨 1949년 『대조』지

---

[54] 한수영, 「월남작가의 작품에 나타난 반공 이데올로기와 1950년대 현실인식」(『역사비평』, 1993)과 김효석, 「전후 월남작가 연구」(중앙대학교 박사학위논문, 2005)는 전후 월남 작가군을 대비적으로 교차 · 검토한다.

[55] 문봉제와 서북청년단의 활동과 관련해서는, 고태우가 대담하고 전성호가 정리한 「서북청년단과 문봉제」(『북한연구소』, 1989년 4월)가 유용하다. 이 대담에서 문봉제는 서북청년단이 1946년 11월 30일 YMCA 강당에서 결성 대회를 가졌고 1948년 12월까지 존속했다고 술회하는데, 여기서 그는 자신들의 배후에 조병옥 경무국장과 장택상 수도청장이 이끄는 군정경찰과 이승만의 행동 철학이 있었다며, 서북청년단의 극우 운동이 경찰과 손을 잡은 뒤 가속화된 것은 사실이라고 밝혔다.

의 「김일성金日成씨에게 : 국민國民이 호소呼訴하는 서한書翰」[56]이다. 그는 여기서 북한의 현재 지도자인 김일성이 가짜이며, "그 이름이 떨친 바 무용담보다도 오래된 역사성이 노상 우리의 인식 속에 없던 것은 아니지만 그것은 물론 쏘련의 한 개 주구인 동시에 먼저 나이에 있어서 삼십을 갓 넘은 당신일"[57] 수 없다는 주장으로 김일성의 진위 논란에 불을 붙인다. 김일성 진위 논란의 핵심 인물 중 한 사람인 오영진의 1952년 작 『소군정하의 북한─하나의 증언』[58]보다 3년이나 먼저 발표된 이 서한에서, 최태응은 김일성이 구식민지 한국의 대표자/재현자가 될 수 없다고 못 박는다. 왜냐하면 김일성은 해외 독립 '투사'의 자질과 업적 면에서, '이승만 박사와 김구 주석 및 이청천과 이범석'에 훨씬 못 미치는 인물이기 때문이다. 백 번 양보하여 김일성을 이 대열에 넣는다 하더라도 38선 이북의 김일성은 "오랜 무용담의 역사성"을 지닌 진짜 김일성이 아니다. 자칭 "삼십이 갓 넘은 애송이"에 불과한 38선 이북의 김일성은 가짜가 틀림없으며, 따라서 그에게 돌아갈 영예는 없다는 그의 주장에서 '이승만 박사와 김구 주석 및 이청천과 이범석'만이 진정한 애국 망명 투사로 순차적으로 호명된다.

이승만 등은 모두 대한민국/남한의 이른바 해외 망명 지사이거나 투사라는 점에서뿐만 아니라, 무엇보다 대한민국/남한의 실질적인 국가 권력자였다는 점에서 의미심장한 점이 있다. 최태응이 다른 해외 망명

---

[56] 최태응, 「김일성金日成씨에게 : 국민國民이 호소呼訴하는 서한書翰」(『대조』, 1949년 4월).

[57] 최태응, 앞의 글, 38쪽.

[58] 오영진, 『소군정하의 북한─하나의 증언』(국민사상지도원, 1952). 김일성 진위 논란과 관련된 오영진과 최태응의 주장에 대해서는 이 책의 3장 「김일성의 청년상을 둘러싼 (남)북한의 상징투쟁」에서 상세히 다루었다.

투사들을 제외하고 유독 이들만을 호출하여 대한민국/남한의 해외 독립투쟁의 계보도를 그리는 것은 기원의 기억상실과 재구성에 해당되며, 이로 인해 대한민국/남한의 국가권력과 기원의 역사가 일치되는 본격적인 대한민국/남한의 공적 담론화가 진행된다. 말하자면 이들의 공로와 업적만이 기념되고 정전화되는 공적 의례와 기억의 재창안이 38선 이북을 타자화/이방인화하는 한편으로, 이 구획되고 분절된 경계선 안에서 대한민국/남한의 적법성과 이승만의 재현/대표성의 합법화가 이루어지는 것이다.

최태응이 1948년에 쓴 자전적 단편소설 「월경자越境子」는 이러한 점에서 주목할 만하다. 「월경자」는 김일성 진위 논란과 이승만의 재현/대표성의 합법화를 매개하는 월남인의 무의식적 상흔을 예증하는 작품이기 때문이다.[59] 만주에서 북한을 거쳐 38선을 넘어 남쪽에 도착하기까지의 고된 여정이 그려진 이 소설에서, 최태응은 38선 이남이 월남인에게 가하는 집단 폭력의 공포를 체념과 낙관이 뒤섞인 양가적인 시선으로 그려 낸다. 만주에서 익힌 중국 말과 소련 말 때문에 소련 군부에 붙잡혀 어쩔 수 없이 통역을 담당해야 했던 월남인 주인공은 가까스로 북쪽을 탈출해 38선 이남에 도착하지만, 이곳에서 그는 누구인지 알 수 없는 수상한 청년들에게 폭행당하고 시궁창에 버려져 죽을 고비를 겨우 넘긴다. 이 소식을 전해 들은 내가 방문하여 어떻게 된 사정인지 묻자, 그는 "남북 간에 이에서 신물이 나도록 원한이 사무친 사람이 얼마인지 알 수 없는 이 판국에 소련말을 지꺼렸고 또 그럼으로써 나 한 사람의 불행을 면했으며 제법 한때나마 배불리 먹고 궁뎅이 편하게 타고

---

59 최태응, 「월경자」(『백민』, 1948년 5월).

다닌 것만은 부인할 수 없는 사실"[60]이라며 모든 걸 자기 탓으로 돌리는 무기력한 주체 형상을 보인다.

38선 이남에서 일어난 무차별적인 집단 폭력의 원인을 38선 이북에서 자신이 벌인 행적에서 찾는 이러한 자기억압적이고 폐쇄적인 진술에서 당시 38선 이남에 월경한 월남인들의 심리적 위축과 불안을 읽어 내기란 그리 어렵지 않다. 하지만 주인공은 "그전에 만주에서 내 눈으로 여실히 보아 둔 왜놈의 앞잡이 헌병대 밀정으로 무수한 동포들의 간을 내어 먹은 백정놈 그 왜 있지 않은가, 그런 놈들이 오늘은 서울 한복판에다가 사무소를 내고 무슨 출판사 주인이 되었다는 둥 무슨 신문사 사장이 되었다는 둥 하는 일이지. (중략) 어서 정부가 서는 날에는 까짓 나 한 개의 검불 같은 목숨쯤 내어걸고 그들을 기소할 배짱이란 말이지."[61]라며 자신의 손상된 자존감을 미래에 건설될 국가에 기투企投하는 심리적 보상과 위안의 메커니즘으로 이를 만회하고자 한다. 물론 이는 친일과 반공 코드가 혼재된 채 친일 청산의 과제는 무화시키고 반공만을 강화해 간 대한민국/남한에서 결코 성취되지 않을 꿈이었다. 이러한 간극과 괴리를 최태응은 38선 이북을 철저하게 부정하고 배척함으로써 봉인했고, 김일성 진위 논란은 이러한 행적의 연장선상에서 제출된 것이었다. 그리고 한국전쟁은 그의 이러한 불안정한 주체 위치에 종지부를 찍는 결정적 전환점이 되었다.

한국전쟁의 와중에 종군작가단(문인단)으로 활동한 최태응은 양민 대량학살로 커다란 사회문제가 된 거창 사건을 전선에서 흔히 있을 수 있는 사건쯤으로 치부하며, "만약에 그 지휘관이 불리어 가지 않으면

---

[60] 최태응, 앞의 소설, 105쪽.
[61] 최태응, 앞의 소설, 105쪽.

안 되었던 사건의 해결이 그를 돌연히 물러갔던 결과로 돌아가는 반면에 단 몇일이건 그가 자리를 떠났던 때문에 전선의 불리한 한 토막이 불리한 입장"[62]에 처할 수도 있다는 지적으로 이 국가 폭력을 대변하고 옹호한다.

이것은 그가 대한민국/남한의 국민됨을 어디에서 찾았는지를 여실히 보여 주는 증거이다. 이어 한국전쟁을 거쳐 1958년에 영화로 제작되기도 한 『사실소설 청년 이승만』[63]에서 최태응은 이승만이 조선조의 왕족 혈통을 타고난 고귀하고 신성한 인물이며, 이러한 왕족의 가계를 이어받은 이승만이야말로 대한민국/남한의 진정한 지도자/대표자의 자격을 지닌 인물임을 재확언한다. 이 소설에서 이승만의 재현/대표성의 구성은 남근적男根的 시선을 독점한 '청년'의 형상으로 집약된다. 청년 이승만은 모든 불의와 억압에 맞서 대한민국/남한의 초석을 놓은 유일무이한 인물로 형상화되고, 진정한 불세출의 영웅으로서 대한민국/남한을 대리 표상하는 개별화된 전체로 현현한다. 하지만 이 소설은 이승만의 재현/대표성의 자기과시와 독점이 마지막을 향하고 있음을 증거하는 작품이기도 한데, 왜냐하면 이 소설은 이승만 하야 직전인 1960년 2월에 출판되었기 때문이다.

그로부터 몇 년이 지난 1967년 1월, 최태응은 이승만의 하야와 관련

---

[62] 최태응, 「문외한의 독백」(『전선문학』, 1952년 제1호), 47쪽.

[63] 최태응, 『사실소설 청년 이승만』(성봉각, 1960). 최태응의 소설이 출간되기 이전인 1959년에 정부의 후원을 등에 업고 상영된 영화 〈독립협회와 청년 이승만〉은 최태응의 소설을 원작으로 한 것이었다. 2시간에 이르는 긴 상영 시간과 당대의 유명 배우들이 대거 출연한 것만으로도 사람들의 관심을 받기에 충분했다. 그러나 이 영화에 대한 최태응의 반응은 그리 호의적이지는 않아서 "영화가 가진 특수한 조건과 까다로운 제약 등을 모르는 바" 아니지만 "나의 구상 나의 표현 방법 나아가 나의 본의까지가 나로서는 너무나 서운한 마음을 금할 수 없었다"는 불만을 소설 발문에 개진하기도 했다.

된 잡지 연재소설 「경무대」[64]를 집필한다. 이 소설은 마치 『사실소설 청년 이승만』의 후속작 같은 인상을 주는데, 여기서 이승만은 원기왕성하고 활기찬 청년이 아니라 늙고 초라한 노년의 인간 이승만으로 되돌아온다. 너무나 상처받기 쉬운 이 연약한 노인 이승만에 대한 연민과 구제의 시선이 소설 전체를 관통한다.

이 소설이 완결되지 못한 채 미완으로 끝난 것은 어쩌면 너무나 당연한 일이다. 대한민국/남한과 이승만의 재현/대표성의 합법화에서 자기정체성을 찾고자 했던 월남인 최태응은 이승만의 공백과 상실을 소설 쓰기로 메우려 했고, 이것의 실패는 그의 심리적 방어기제가 더 이상 대한민국/남한에서 작동하지 않음을 의미했다. 그가 이승만이 삶을 마친 미국으로 이민해 미국의 시민권자가 되었다는 사실은 이러한 점에서 시사하는 바가 크다.

대한민국/남한의 적법성과 정통성

지금까지 살펴본 것처럼, 이승만의 재현/대표성과 대한민국/남한의 자기정립은 빨치산과 월남인 등 주변부적＝예외적 존재들과의 끊임없는 교섭과 길항 관계 속에서 재구축되고 재형성되었다. 대한민국/남한의

---

[64] 최태응, 「경무대」 1~10회(『세대』, 1967년 1월~1967년 11월). 이 소설은 완결되지 못한 채 끝났다. 소설 「경무대」가 마지막으로 연재된 1967년 11월호에는 이 소설이 계속될 것임을 명기하고 있지만, 이후 더는 연재되지 않았다. 이에 대해서는 여러 가지 해석이 가능하겠지만, 무엇보다 소설 자체의 동력 상실이 가장 큰 원인이었을 것이다. 이승만의 재현/대표성이 이미 의미가 없어진 시점에서, 최태응의 이승만에 대한 변명과 옹호는 내적 한계에 부닥쳤을 것이다.

주권권력은 이승만의 재현/대표성 구성에 작용한 이러한 주변부적=예외적 존재들과의 상관물이었다. 이 존재들은 대한민국/남한이 자유반공 진영의 일원이 되고자 제거/축출해야만 했던 배제와 포섭의 경계면에 서 있었다. 이들은 해방된 구식민지 한국에서 탈식민화 열망과 근대 국민국가의 이상적 기획을 담지했던 체제의 중요한 대항 축이었으며, 근대 국민국가의 정초적 원리를 근저에서부터 문제 삼은 유일한 도전 세력이었다.

흔히 근대 국민국가는 인민주권의 원리에 정초해 있다고 말한다. 인민주권은 인민이 정해진 입후보자를 뽑기만 하면 되는 선거 명부상의 투표권자로서 바라보는 규율 주체/관람자의 투표함에만 한정되어 있지 않음을 뜻한다. 이 배제된 주변부적=예외적 존재들이 새로운 국민국가 이념과 모형에 대한 적극적인 참여와 표현의 권리를 주장했던 데에는 이러한 인민주권의 정초적 원리에 대한 탈식민화 열망과 기대가 내재되어 있었다. 하지만 한반도를 분할 점령한 미·소는 구식민지 지역민들의 참여와 표현의 권리를 인정하려 들지 않았다. 오히려 구식민지 지역민들의 탈식민화 동력이 내적으로 봉쇄되면서, 이 내적 봉쇄의 적대와 분열은 아시아를 그 어느 곳보다 치열한 냉전의 각축장으로 만들었다. 외부의 물화된 페티시fetish는 내부의 억압된 상처의 중핵이라는 정신분석학적 시각을 원용한다면, 외부로 돌려진 적의 물화된 형상은 내부가 은폐해 온 상처의 대리물이다. 대한민국/남한에서 빨치산의 근절과 탈실체화는 거꾸로 빨치산을 대한민국/남한뿐만 아니라 북의 아시아 혹은 대륙 아시아의 유동하는 기표로서 자리 잡게 했다.

그래서 빨치산은 국적 없는 비장소성과 무정형성의 냉전적 생성물이 된다. 대한민국/남한은 이러한 빨치산의 인민주권에 대한 근원적 주장을 삭제한 결여에 기초해 성립되었고, 이승만의 재현/대표성의 합법화와 대한민국/남한의 정통성 역시 이로부터 구축되었다. 빨치산의 배제는 이승만의 재현/대표성과 대한민국/남한의 국가 성립이 이와 반비례하여 월남인의 과잉동일화를 그 반대급부로 요구했음을 말해 준다. 빨치산=비국민화의 위험에 처하지 않으려고 월남인은 대한민국/남한이 요구하는 바람직한 국민상의 초과된 기표로서 역할하고 복무해 왔던 것이다.

빨치산과 월남인은 이 때문에 대한민국/남한의 적법성과 정통성이 의미하는 바가 무엇인지를 오늘 우리에게 새삼 되묻게 한다. 대한민국/남한의 이른바 적법성과 정통성은 적대와 충돌의 이질적 타자화의 산물이며, 이 경계짓기의 선상에서 빨치산과 월남인은 대한민국/남한의 사회역사적 증상을 온몸으로 증언하고 있기 때문이다. 현재까지도⋯⋯.[65]

---

[65] 좌파에 대한 우파 진영의 신경질적인 반응과 불안은 '빨갱이'라는 단어에 압축되어 유통된다. 중도 우파로 불릴 만한 인물들이 '빨갱이'로 일괄 처리되는 현상이나 북풍이라는 막연한 실체로 대륙 아시아의 위험성을 경고하는 적색 경고의 상시적 활용은, 이승만에서부터 박정희 그리고 현재의 이명박 정권까지 계속되고 있다. 이러한 협소한 정치 지형이야말로 우리를 옭아매는 덫이며, 빨치산에 대한 침묵과 금기의 오랜 배제를 가능하게 했다. 그런 까닭에 필자는 빨치산의 복권과 평가가 대한민국/남한의 역사 −지정학적 위상과 타자 감각을 재성찰할 수 있는 중요한 지점이라고 생각한다. 하지만 이렇게 말하는 순간 필자는 국가보안법의 암묵적 대상이 될지도 모를 일이다. 8·15를 규정하는 방식을 둘러싸고 (식민지)해방=좌파, 건국=뉴라이트의 등식이 성립되는 현재의 지형은 이런 현실의 한 반영이다.

3

김일성의 청년상을 둘러싼 (남)북한의 **상징 투쟁**

20세기는 유사 이래 가장 피비린내 나는 시기였다.

전쟁의 직접적인 희생자이거나

간접적으로 목숨을 잃은 사람이 1억 8,700만 명에 이른다.

특히 20세기가 1914년부터 시작되었다고 가정한다면,

20세기는 거의 전쟁이 끊이지 않았던 세기였다.

조직화된 무장 세력 간의 싸움이

어디선가 일어나지 않았던 기간은

얼마 되지도 않았거니와 오래가지도 못했다.

에릭 흡스봄, 『폭력의 시대』[1]

'공산주의 · 동양 · 불량국가'라는 3중의 저주

북한 사회를 어떻게 이해해야 할까. 이것은 여전히 어려운 질문이다. 사회주의권의 붕괴와 구소련의 해체, 그리고 기밀(극비)문서의 연이은 해제는 북한 체제뿐 아니라 북한 사회의 일상과 문화에 이르는 다방면에 대한 접근과 해석의 여지를 제공한다. 1990년대 무렵부터 활성화된 대내외의 괄목할 만한 연구 성과와 업적이 이를 잘 보여 준다.[2] 하지만 북한 사회에 덧씌워진 이념과 사상의 더께는 이러한 진척된 연구 성과의 뒤편에서 연구자들을 옥죄는 한계 지점으로 작용하기도 한다. 북한 사회에 대한 축적된 연구 결과물들을 비웃기나 하듯 북한 사회는 소문

---

[1] 에릭 홉스봄, 『폭력의 시대』(김동택 · 이원기 옮김, 민음사, 2008), 21쪽.

[2] 필자의 짧은 식견으로는 지금까지 나온 논의를 다 포괄할 수 없음을 밝힌다. 기밀 해제된 자료들을 가지고 북한 사회를 재조명한 최근 저서들 중 필자가 도움을 받은 해외 연구로는 스즈키 마사유키, 『김일성과 수령제 사회주의』(유영구 옮김, 중앙일보사, 1994), 와다 하루키, 『북조선 : 유격대 국가에서 정규군 국가로』(서동만 · 남기정 옮김, 창비, 2002), 브루스 커밍스, 『김정일 코드』(남성욱 옮김, 따뜻한 손, 2005), 찰스 암스트롱, 『북조선 탄생』(김연철 · 이정우 옮김, 서해문집, 2006) 등이 있고, 가장 최근의 연구 성과를 반영한 국내 연구서로는 김광운, 『북한 정치사 연구 1』(선인, 2003)과 서동만, 『북조선 사회주의 체제 성립사 1945-1961』(선인, 2005) 등이 있다. 이외에도 다양한 국내외 연구 성과들이 속속 제출되고 있어 앞으로 북한 연구는 더욱 활성화될 것으로 기대된다.

과 뒷공론의 진원지로 자주 등장한다.[3]

북한 사회가 그것을 바라보는 주체의 입장과 시각에 따라 키메라적 변신을 거듭하는 것은 이 때문이다.[4] 정치적 위기 때마다 등장하는 북한 사회는 늘 과소와 과대의 어느 지점에서 포용과 기피(부정)의 대상을 오간다.[5] 이는 북한이라는 지리적 실체를 압도하는 심리적이고 도덕적인 지리의 한 예증으로서, 이를테면 북한은 한반도의 북쪽이라는 좌표상의 지리를 가로지르는 사회정치적 담론 생성과 의미 구축의 시공간적 지정학을 정향定向짓게 되는 것이다.[6]

이러한 시공간적 지정학에서 북한 사회가 당면한 현실의 긴급한 요

---

[3] 대내외 언론의 추측성 기사와 가십이야말로 북한 사회를 스캔들화하는 중심 기제이다. 이는 물론 북한 사회의 폐쇄성에서 기인된 바가 크지만, 일부 '불량국가' 또는 '적성국가'로 묶인 국가들을 비하와 경멸을 뒤섞은 선정적 기사로 공중에 내보내는 것은 소문과 뒷공론의 장으로 이 국가들을 동질화하는 젠더화 전략이다. 소문과 스캔들, 그리고 젠더화된 육체의 지형학에 대해서는 공임순, 「쇄국과 양이의 이중주 : 김동인의 『젊은 그들』과 『운현궁의 봄』」(『식민지의 적자들』, 푸른역사, 2005)과 이 책 5장 「'여류' 명사 모윤숙, 친일과 반공의 이중주」에서도 지적했다.

[4] 한 예로서 최근작이라고 할 수 있는 김국후의 『(비록) 평양의 소련군정』(한울, 2008)을 들 수 있다. 이 저서는 북한의 소련군정을 탐구하려는 의도에 따라 소련 측의 숨겨진 자료와 증언들을 광범위하게 발굴·수집한다. 그러나 이 저서는 북한 체제가 소군정(이 용어는 북한 연구자들 사이에 이견이 있다.)의 일방적인 주도와 계획 아래 세워진, 다시 말해 소군정의 괴뢰국 내지 위성국이라는 기존 시각과 관념을 답습하고 있다. 따라서 이러한 통제된 시각 아래 수집·발굴된 자료의 배분과 편성은 북한 체제의 수동적이고 종속적인 위치와 자유세계와의 적대적 관계를 재확인하는 지리 및 표상 체계와의 긴밀한 상관성을 재확인시킬 뿐이다.

[5] 한국 정치권에서 햇볕정책과 북한에 대한 경제 지원을 두고 포용과 기피(부정)가 재연되는 현상은 현재진행형이다. 매 쟁점마다 등장하는 포용과 기피의 편 가르기는 우파의 전형적인 정치 공세이자 정치계의 지분을 둘러싼 치열한 헤게모니 투쟁 양상을 띤다.

[6] 심리적이고 도덕적인 지리에 대해서는 에드워드 사이드, 『오리엔탈리즘』, 제2장(박홍규 옮김, 교보문고, 1999)과 『문화와 제국주의』, 서문(박홍규 옮김, 문예출판사, 2005) 참조.

구와 무시간적인 가치가 공존하는 기묘한 형상의 복합체로 굴절되는 것은 일견 당연하다. 북한 사회는 당장이라도 세계 평화와 안전을 위협할 수 있는 적대국가로 역사적 위기의 매 순간을 장식하지만, 이 위기 국면 때마다 등장하는 용어들은 언제나 탈脫역사적인 유사類似오리엔탈리즘의 재판이기 때문이다. 이러한 동어반복적 표상과 재현 방식은 시간성과 무시간성, 역사성과 탈역사성이 교차하는 매개 지점에서 북한 사회를 이질적이고 낯선 타자로 낙인찍어 그 위협을 경감하고 순치하려는 지극히 동시대적인 욕망의 발현으로, 브루스 커밍스Bruce Cumings 가 말한 이른바 "그 위에 어떤 말이 씌어 있든 그 말이 부정적인 내용이라면 다 진실로 통용되는", "공산주의적·동양적·불량국가적 형상이라는 3중의 저주"[7]를 새겨 넣게 된다. 이렇게 다른 듯 같은 북한 사회의 복제된 이미지와 관념은 북한 사회를 현재 속의 과거, 변화 속의 정체, 근대국가 속의 고대 왕조가 합성된 제어하기 힘든 외래의 타자이자 제어해야 할 감시와 통제의 세계체제 내 대상으로 북한 사회의 이중적이고 모순적인 형상을 주조하는 데 일조한다.

이것은 물론 북한 사회의 공적 수사와 담론에 힘입은 바 크다. 2008년 10월 12일자 《민주조선》은 조선민주주의인민공화국 창건 60돌을 맞아 예의 미 제국주의와 반동 세력들의 침투와 위협을 강도 높게 비판한다.

제국주의들과 반동들은 세계 여러 나라들에서 사회주의가 붕괴된 것을 기화로 하여 사회주의의 종말에 대하여 떠벌이면서 사회주의 기치를 변함없이 높이 들고 나아가는 우리 공화국에 공격의 화살을 집중하였습니다. 제국주의

---

[7] 브루스 커밍스, 앞의 책, 156~157쪽.

자들과 반동들의 반공화국, 반사회주의 책동으로 하여 나라와 민족의 자주권과 생존권이 엄중한 위험에 처하게 되었으며 우리나라는 사회주의와 제국주의의 가장 치열한 대결장으로 되고 우리 인민은 자주적 인민으로 사느냐 또다시 식민지 노예가 되느냐 하는 운명의 갈림길에 놓이게 되었습니다.[8]

이처럼 북한 사회는 외견상 냉전의 레퍼토리를 되풀이하며, 제국주의와 사회주의 간의 체제 대결적 구도와 사회주의와 조국 통일의 보루로서 북한의 세계사적 위상과 사명을 재천명하고 있다.

이는 결국 북한 사회가 구시대적 냉전 체제 도식을 고수하고 있다는 확실한 방증이 되고, 이를 통해 북한이 존립의 토대와 체제 안정을 꾀하고 있다는 외부의 시선을 확증해 준다. 전후 냉전 체제가 봉쇄containment와 통합integration의 상호 적대적이고 의존적인 전 지구적 상상력에 기초해 세계 질서를 재편하고 재구조화했음을 떠올린다면,[9] 북한의 이러한 자본주의(북한의 용법대로라면 제국주의적) 세계/사회주의 블록 간의 배타적 봉쇄주의와 "자주성을 지향하는 모든 나라, 모든 진보적 인민들과 함께 세계 평화를 수호하며 인류의 자주위업을 실현하기 위하여 적극 투쟁해야 한다."[10]는 통합의 국제주의가 아직도 북한 사회를 지탱하는 두 축

---

[8] 김일, 「조선민주주의인민공화국은 불패의 위력을 지닌 주체의 사회주의국가이다—당보 『로동신문』과 정부기관지 『민주조선』에 준 담화」, 《민주조선》, 2008년 10월 12일자).

[9] Christina Klein, *Cold War Orientalism* (University Of California Press, 2003), pp. 19-32에서 크리스티나 클라인은 전후의 냉전 체제를 봉쇄의 측면만이 아닌 통합의 국제주의에 초점을 맞춰 논의를 전개한다. '통합의 국제주의'는 경제적 이해관계를 반영한 것으로, 이 경제적 이해관계가 이른바 동맹이라는 이념적 색채를 띠는 것은 미국이 기존 제국주의 국가들과 달리 상호 공존과 호혜성에 바탕한 자유민주주의적 이상을 동맹국 간 자유교역에 필요한 이념적 지주로 삼았기 때문이다. 이를 클라인은 '통합의 국제주의'라고 부른다.

임을 말해 준다. 이는 커밍스가 전후 미국의 대한 정책을 분석하며, 남한을 "소련에서 밀려오는 영향 하의 조류와 국내적인 혁명의 조류를 막는 방파제"로 규정하여 봉쇄 정책을 수행하는 한편으로 국제주의 노선을 동시에 가동했음을 지적한 논의와 일맥상통하는 부분이다.[11] 이러한 미국의 대외 정책은 곧바로 소련의 대외 정책과 연동하여 전후 세계 질서를 재구조화했고, 북한 사회는 이러한 전후 냉전 체제의 봉쇄와 통합의 철 지난 유산을 붙잡고 전 세계를 대상으로 위험한 도박을 벌이고 있는 셈이다.

이러한 점에서 해방 직후에 북한이 적극적으로 수행한 일련의 기획을 '주변의 중심화'로 바라본 신형기의 논의는 주목할 만하다. 그는 사회주의라는 '내용'을 민족적인 것으로 만들려는 기획은 중심을 지방화(민족화)함으로써 지방을 중심으로 만들려는 기획의 일환이며, 이에 따라 실제적인 위계를 부정하거나 거부하는 세계적 위계질서의 (재)코드화를 초래했다고 본다.[12] 이것은 한국전쟁을 거치며 좀 더 가시화되는데, 한국전쟁은 국제전의 성격을 띠며 미 제국주의와 대결하는 사회주의의 성전聖戰으로, 약소민족을 대표하는 해방전쟁으로 북한에 인식되었기 때문이다.

실제로 한국전쟁은 전후 냉전 체제의 분열과 통합 그리고 대립과 결속, 이념적 명분과 경제적 이해관계를 복합적으로 반영한 전후의 첫 국제전이었다. 그러나 이 냉전이 아시아의 변방인 한반도에서 열전熱戰으

---

10 김일, 앞의 기사.
11 브루스 커밍스, 『한국전쟁의 기원』(김자동 옮김, 일조각, 1986), 186쪽.
12 신형기, 「지방에서 중심으로―북한문학을 통해 본 중심화 프로젝트의 전말」, 『사이』, 2008 참조.

로 화했던 것은 단지 전 지구적 냉전 체제의 시공간적 도래만은 아니었다. 그것은 전후 구식민지 해방 국가들의 탈식민화 열망과 좌절이 빚어낸 또 다른 시공간적 지평의 개시였다. 이를 지역화(토착화)로 부를 수 있다면, 전 지구적이고 지역적인 현실의 변증법적 역학이 냉전을 열전으로 전화轉化시킨 근본 동력이었다고 할 수 있다. 전후라는 시간대가 중심과 주변의 공간적 차이와 위계화에 따라 서로 다른 시공간을 전개하는 비동시성의 동시성을 체현하듯이, 전 지구적 냉전 체제의 지역적 (재)코드화와 변환은 북한 사회의 전후적 시공간을 틀짓는 또 하나의 중요한 요소였다는 점에서, 현재의 북한 사회를 이해하는 통로로서 해방 직후의 남북한 사회를 규명하는 일은 그 의의가 적지 않다.

애초 이 주제는 북한의 '4·15문학창작단'이 주축이 되어 김일성의 항일 투쟁지를 탐방하고 이를 소설화한 시리즈물인 '총서 『불멸의 력사』' 해제 및 DB 구축에 관한 기초연구 과제를 수행하던 중, 이를 분석하고 해명할 연구 방법과 시각을 확립해 보려는 개인적인 관심사에서 출발했다. 북한 정권과 관련된 외교 정치사는 앞에서도 말했듯이 이미 상당량의 연구 성과물이 나와 있다. 하지만 한 개인이나 집단의 외교사·정치사가 아닌, 기존 연구의 성과 위에서 북한 사회의 형성 과정을 글로컬(글로벌+로컬) 스터디즈glocal studies 차원에서 보완하고 재조명한 연구는 별로 없었다. 글로컬 스터디즈는 지구화와 지역화의 동시 병행적인 관여와 역학을 규명하는 탈식민주의의 흐름과 맥을 같이하며,[13] 제

---

[13] 글로컬 스터디즈는 글로벌global과 로컬local의 이항 대립을 극복하고 둘의 균열과 통합, 분절과 교섭의 복수적인 시공간적 차원을 포착하고자 탈식민주의의 경계 해체에 대한 관점을 이어받으며 지역성을 재고찰하려는 일련의 경향을 총칭하는 개념이다. 이에 대해서는 아르준 아파두라이, 『고삐풀린 현대성』(채호석·차원현·배개화 옮김, 현실문화연구, 2000)과 권명아, 「기념의 정치와 지역의 문화 정체성 — 저항과 글로벌

국 중심부에서 탈각된 지역권의 역동적 움직임을 포착하려는 세계화 이후의 전망과 시각을 내포한다. 이어지는 논의는 이 글로컬 스터디즈를 기본적인 문제 인식의 틀로 삼는다.

북한 사회를 한 마디로 재단하기는 쉬워도 북한 사회의 구성원들을 동시대를 함께 살아가는 이웃으로 받아들이는 것은 아직 요원하기만 한 한국 사회에서 감정의 파토스를 이겨 내고 공감의 일체화와 비난의 타자화를 벗어나는 길을 모색하는 일은, 국민국가 해체 이후 급변하는 세계 질서를 진단하고 규명하려는 현재의 학문적 흐름과도 잇닿아 있을 것이다.

해방기 남북한의 상징 투쟁과 '(재)민족화' 기획

해방 직후 38선 이남과 이북의 두 지역에서 이북을 지지하는 이남의 소련 지식인 파냐 이사악꼬브나 샤브쉬나와 월남을 결심한 이북 지식인 오영진이 강제로 분할·점령된 해방 한국의 기이한 열기와 흥분을 각각 후일담으로 남긴다. 두 사람은 38선 이남과 이북에서 그들이 처해 있던 지역적 질서의 재편 움직임과 분리되어 있었다는 공통점이 있다. 이들은 둘 다 38선 이남의 미군 진주와 38선 이북의 소련군 진주를 불안한 시선으로 응시한다.[14]

마케팅의 사이」(『인문연구』, 2007)가 시사점을 준다.

[14] 파냐 이사악꼬브나 샤브쉬나, 『1945년 남한에서』(김명호 옮김, 한울, 1996)와 오영진, 『소군정 하의 북한—하나의 증언』(중앙문화사, 1983). 오영진의 글은 1952년 국토통일원 조사연구실에서 낸 글을 다시 편찬한 것이다. 두 글은 모두 8·15해방의 기쁨과 열광이 곧 실망과 좌절로 바뀌는 과정을 각기 다른 체제에서 비판적으로 바라보고 있다.

파냐 이사악꼬브나 샤브쉬나는 9월 7일 아침부터 서울과 지방 상공에 대규모로 뿌려진 미군의 전단이 협박으로 가득 차 있었음을 고발하며, "북위 38선 이남 지역과 그 지역의 주민들에 대한 군사 통제가 실제 확립되었다."[15]는 미군 전단의 내용 일부를 들려준다. 전단의 위압적인 내용대로 38선 이남의 미군 진주는 미군 통수부, 일본 식민지 당국, 인민위원회라는 세 개 정권을 38선 이남에 세우는 파괴적인 결과를 초래한다. 이것이 38선 이남 주민들이 미군을 해방군과 점령군의 분열된 이미지 속에 환영도 반대도 아닌 어정쩡한 시선으로 바라보게 된 주된 이유였다.

미군이 해방군이 아닌 점령군으로 38선 이남에 진주했음은 잘 알려진 사실이다. 해방군으로 환영받은 미군이 한국을 해방 국가가 아닌 적대국가로 취급하여, 남한 내에서 배타적인 우위를 확보하고 공산국가 소련의 남하를 막는 반공의 제일선으로 남한을 규정하면서 38선 이남 주민들은 예상 외의 사태에 맞닥뜨리게 된다. 반공이 다른 모든 것을 압도하는 최우선 고려 사항이 되며, 제2차 세계대전 패전국인 일본과 독일에서 나치즘과 군국주의 배제라는 확고한 방침 아래 군사 이외에 문화와 교육 및 제 방면의 개혁과 미국식 민주주의의 '재교육'이 전 사회적으로 시행된 것과 달리, 남한은 구체제(일제 식민지 체제)의 억압적 국가기구를 존속시킨 채 반공 이외의 제반 분야에서는 명확한 정책 방침조차 없는 일방향적 사회로 치달아 갔기 때문이다.

찰스 암스트롱Charles K. Armstrong은 이를 동아시아의 냉전 양극화로 규정하고, 이것이 유럽과 동아시아 간의 차이뿐 아니라 패전국 독일과

---

15 파냐 이사악꼬브나 샤브쉬나, 앞의 책, 97쪽.

1945년 9월 명동 입구. 미군들이 줄지어서 인력거를 탄 채 지나가고 있다. 미군은 이렇게 해방군이 아닌 '점령군'의 모습으로 등장했다. 이처럼 미군이 남한을 단지 공산국가 소련의 남하를 막는 반공의 제일선으로 규정하면서, 남한 사회는 구체제의 국가기구를 존속시킨 채 반공 외에는 다른 정책 방향이 없는 일방향 사회로 치달아 갔다.

일본의 경우와도 다른 한국의 지역적 특수성을 보여 주는 사례라고 설명한다. 탈식민화된 영토를 두 강대국이 분할·점령한 유일한 지역이었던 한반도에 대한 미군정 당국의 무지와 무관심 그리고 불분명한 정책 태도가 38선 이남의 상황을 극도로 불안정하게 만들었던 것이다. 이는 찰스 암스트롱이 38선 이북의 소련이 체계적이고 효과적인 '재교육' 방침으로 38선 이북의 상황을 일찌감치 안정시킨 것과는 달리, 남한의 불안정한 정세가 1950년 한국전쟁까지 지속되었음을 언급하는 대목에서도 잘 드러난다. 남한 지식인들이 1945년 8월에서 1946년 말에 이르는 반감과 환멸의 단계를 거쳐 1946년 초에서 1947년 중반에 소련이 점령한 북쪽으로 넘어가는 이화異化(이탈)의 단계를 밟기까지, 찰스 암스트롱은 미군정의 문화 정책을 토대로 38선 이남의 시간대를 재설정함으로써 미국의 전후 냉전 체제가 지역에 따른 차이를 낳았음을 시사하는 한편으로 인민의 '마음을 얻는' 데 실패한 이 시기가 미국의 '상실된 시간'임을 구체적으로 적시한다.[16]

이는 전후 냉전 체제 당시 미국이 사용한 강력한 강온 양대 전략, 곧 군사적·정치적 권력을 행사하는 한편으로 '인민의 마음을 얻는' 매혹적인 시장경제와 미국식 민주주의 문화로 냉전의 차가움을 온정의 따뜻함으로 전환시키는 전략이 적어도 한반도 남쪽에서는 한국전쟁 때까지 제대로 실현되지 못했음을 알려 준다. 1945년부터 한국전쟁 때까지, 38선 이남의 중도파 지식인 및 좌파 지식인들이 대거 월북하는 미국의 '상실된 시간'은 또한 한반도의 지역적 시공간에서 구식민지 사회의 '탈식민화와 (재)민족화 기획'을 영구적인 미완의 과제로 만드는 혁명의

---

[16] Charles K. Armstrong, "The Cultural Cold War in Korea, 1945–1950" (*The Journal of Asian Studies*, Vol. 62, No. 1, 2003), pp. 72–74 인용.

'좌절된 시간'이기도 했다. 제국 간 전쟁이었던 제2차 세계대전의 종결이 구식민지 전쟁의 종결은 아니었다는 점에 더 근본적인 문제의식을 둔 이 시각은, 구식민지 사회에서는 전후戰後가 본격적인 탈식민화 내전이 개시된 시점이었다는, 지역적 현실의 격차와 어긋남의 시차를 더욱 두드러지게 한다.

멤미와 파농은 이와 관련해 식민주의의 전 세계적인 영향력과 파괴적 결과가 식민주의자에 의해 희화화되는 과정을 이렇게 묘사한다. "국제적이지 않은 배타적 민족주의자, 분노에 찬 야만적 쇼비니스트들, 국가적 연대에 대항하는 인종적 연대마저 불가능한 협소한 국민주의자"[17]라는 식민주의자의 야유에 찬 언명은, 식민지인들의 근대성과 그 반발로서 (반)근대성에 대한 민족주의적 회구가 식민주의자들의 식민화 시스템이 낳은 뒤틀린 산물이자 식민지인들의 채워지지 않은 욕구의 분출임을 의도적 혹은 무의식적으로 회피·망각한다. 파농과 멤미는 이를 전도된 현실의 도래라고 명명하고, 주변부 식민지(구식민지)의 이러한 탈식민화 투쟁을 '식민-탈식민-신식민 및 재식민-내부 식민지'의 네 가지 이행 단계로 나누어 설명한다.[18] 여기서 이들은 식민지인의 민족의식은 저절로 찾아오는 것이 아니라 탈식민화의 저항 투쟁 과정에서 가장 최후에 획득되는 것이라는 점을 분명히 한다.[19]

38선 이남 지식인들이 미군정에게 품은 반감과 환멸, 이에 따른 이화

---

[17] Albert Memmi, *The Colonizer & the Colonized* (Boston : Beacon Press, 1967), p. 136.

[18] 프란츠 파농, 『대지의 저주받은 자들』(남경태 옮김, 그린비, 2004)과 프란츠 파농, 『혁명革命의 사회학社會學 : 알제리 민족해방운동 연구』(성찬성 옮김, 한마당, 1981)에서 재구.

[19] 여기에 대해서는 이 책의 1장 「제국의 문화정치와 '탈'식민 해방 투쟁」에서 구체적으로 다루었다.

(이반) 단계로 찰스 암스트롱이 분절한 1946년 후반부와 1947년 초에 씌어진 오기영의 글은 이러한 탈식민화의 좌절된 현실과 그럼에도 버릴 수 없었던 (재)민족화와 자주국가의 열망을 호소한다.

오늘날 우리가 해방은 되었다고 하지마는 이것이 자력에 의하여 전취되지 못하였다는 것은 다만 무력적 견지에서만이 아니라 우리의 인격 혁명 자아 해방의 선결 조건을 뒤로 미룬 채 세계의 판국이 교정되는 덕에 이루어진 것이기 때문에 우리는 이 해방을 진정한 해방이라 보기 어려우며 그래서 우리의 진정한 해방은 이제부터 완수해야만 할 숙제로서 그대로 남아 있습니다.[20]

우리는 새 나라를 세우는 도정에 있다. 이 새 나라는 결코 파렴치한 배족자背族者의 참여를 허할 수는 없는 것이며 아울러서 어느 특수계급의 이익을 위하여 대다수의 이익을 무시하는 사회제도도 용납할 수 없는 것이다. (중략) 슬픈 목소리로 민족의 통일을 기도하는 것도 좋으나 먼저 1. 자체의 자주를 꾀하고 2. 자체의 참회가 더욱 긴절히 필요하다.[21]

오기영의 '제2의 해방론'과 '자체의 자주와 참회'는 미군정이 미군의 38선 이남 상륙을 구질서의 해체 및 해방 시점으로 구획한 것과는 판이하게 갈라지는 구식민지 한국의 지역적 현실이었다. 38선 이남의 '(재) 해방과 (재)민족화 기획'이 38선 이북 지역과의 동시적인 역학 속에서

---

[20] 오기영, 「속續민족의 비원 : 경애하는 지도자와 인민에게 호소함」(『신천지』, 1946년 11월), 47, 62쪽.

[21] 오기영, 「예수와 조선 ─ 혁명정신의 반동화反動化를 계戒하여」(『신천지』, 1947년 3·4월 합병호), 109, 111쪽.

진행되며 이러한 움직임은 더욱 첨예화된다. 미 · 소의 분할이라는 한 반도의 지정학적 현실은 남북한 공통의 탈식민화와 (재)민족화 기획과 맞물려 재현/대표성을 둘러싼 헤게모니 투쟁으로 변모했기 때문이다. 누가 진정한 민족국가의 일원으로서 자격이 있는지를 놓고 벌어진 이른바 '인정認定투쟁'은, 식민주의에 문화적으로 오염된 혹은 오염되었다고 느낀 식민지인들이 반식민화 해방 및 저항 투쟁에서 식민화 흔적들을 제거하고 청산하려는 열망을 가속화시켰고, 이러한 해방독립국가 건설의 선결 조건으로서 사회제도와 국가기구뿐 아니라 인적 청산까지 식민화 시스템과 절연하고 새로운 민족국가를 건설하려는 '(재)민족화' 기획을 촉발시켰다.

그 과정에서 새로운 국가 건설에 합당한 '(재)민족화'의 범주와 구성에 대한 이견이 생겨나는 것은 당연했다. 제도와 기구뿐 아니라 인적 청산이 구성원 내부 합의로 해소되지 못하고 내전으로 비화되는 일이 많았던 것도 이러한 식민주의의 청산/척결에 대한 식민지인들의 사회정치적 욕망과 갈구의 한 증좌이다. 식민지에서 독립한 신생국가들 대부분이 하나의 독립된 근대 민족국가 건설을 염원했지만 예외 없이 근대 민족국가의 수립을 보지 못한 것은, 식민주의의 해소되지 않은 내적 긴장과 냉전 체제의 전 지구적 현실의 복합적이고 중층적인 지역화의 한 단면을 여실히 드러낸다.

조만식의 조선민주당 창립 일원이었던 오영진의 수기는 해방 이후 시시각각으로 변한 38선 이북의 정세에서 지식인들이 느꼈던 복잡한 심경을 해석할 단서를 제공한다. 서울의 정황을 알아보고자 조만식의 만류에도 불구하고 평양을 떠나온 오영진에게 38선 이남은 "일인日人과의 모든 관계를 일도양단적一刀兩斷的으로 규정지어 주리라고 믿었던 것은 우리의 어리석은 기대"에 지나지 않으며, "특히 일인 관리를 당분

간 그대로 등용한다는 사령부의 성명으로 말미암아" 해방 전의 상황으로 되돌리려는 반동과 역행의 장소였다. "함흥에 진주하는 즉시로 시민을 모아놓고 조선과 조선에 있는 모든 시설과 재산은 이 순간부터 모두가 당신네들의 것이라"[22]고 선언한 38선 이북 소련군 사령관의 감동적 설명과 교차되는 이 장면을, 일제시대에 민족주의자·자유주의자 또는 사회주의자를 자처하며 반일적인 행동과 언사를 '인테리겐챠'의 긍지로 여겼던 그의 "일본적인 독소가 30년 동안에 이미 전신을 침윤했을지"[23]도 모른다는 해방 직후의 불안한 자기고백과 겹쳐 읽는 것은 여러모로 흥미로운 일이다.

38선 이남에서 탈식민화가 지체되는 상황과 이에 대한 미·소의 상반된 대응은, 식민화의 유제遺制를 그 누구보다 예민하게 감지하던 지식인들에게 심리적 죄의식을 동반한 자기분열상을 가중시켰다. 그런데 이러한 탈식민화의 지체에도 불구하고 오영진이 38선 이남행을 선택했다면, 거기에는 이를 상쇄할 또 다른 심리적 대체물이 있었다는 뜻이다. 그것이 바로 38선 이북에 진주한 소련의 야만성이었다.

소련은 흔히 알려져 있듯 선진적인 문명국가가 아니었다. 38선 이북에 진주한 소련인은 야만적이고 무절제했다. 그들의 소박하고 무흠한 본원적 욕망의 표출은 소련이 한반도보다 훨씬 뒤처진 야만 국가임을 증명했다. 소련에 대해 품었던 사상적 낭만과 환상이 깨지는 데 더하여 이남행을 선택한 지식인들에게 또 하나의 심리적 방패막이 되어 준 것이 김일성 진위 논란이다. "술이 취하면 공산주의자가 되고 술이 깨면 반공산주의자"[24]가 될 만큼 심리적으로 불안정했던 오영진에게, 김일성

22 오영진, 앞의 책, 51쪽.
23 오영진, 앞의 책, 12쪽.

진위 논란은 그가 38선 이남행을 택하는 중요한 요인으로 작용했다. 이 처럼 소련의 야만성만큼이나 김일성 진위 논란은 38선 이남에서 벌어 지던 탈식민화의 좌절 내지 지체에 대한 지식인들의 심리적 죄의식을 상쇄하며 38선 이남행을 정당화해 주는 반공애국주의의 핵심 기제였다.

김일성 진위 논란은 38선 이북에서 대대적으로 일어나고 있던 소련 예찬과 김일성 찬양이라는 공적 흐름의 저변에 흐르던 이반離叛의 가시 적인 예증이다. 김일성이 처음 군중 앞에 모습을 나타낸 순간을 오영진 은 군중의 회의적인 반응으로 기억한다. 적어도 40세 이상의 중장년층 일 거라는 일반의 예상과 달리 연단에 오른 김일성은 너무 앳된 젊은이 었다. "해방 후 최초의 대규모의 군중대회이며 더구나 오늘은 민중의 영웅이며 위대한 반일투쟁의 노老전사 김일성 장군을 맞는"[25] 감격스런 날에, 오히려 김일성은 진위가 불분명한 의혹의 중심인물이 된 것이다. 기실 김일성이 노전사일 것이라고 예단한 것은 오영진 본인과 오영진이 묘사한 군중들이었지만,[26] 이 진위 논란이 38선 이북의 탈식민화의 선 점과 정당성을 훼손하는 반격의 무기였음은 분명하다. 이는 1949년『대 조』에 최태응이 "실상 김일성 장군이라면 그 이름이 떨친바 무용담보다 도 오래된 역사성이 노상 우리의 인식 속에 없던 것은 아니지만 그것은

---

[24] 오영진, 앞의 책, 102쪽.

[25] 오영진, 앞의 책, 90쪽.

[26] 흥미로운 사실은 김일성 진위 논란과 관련하여 오영진의 이 서술이 남한 사회에서 이 후 1945년 10월 14일 평양공설운동장에서 개최된 '김일성 장군 환영 평양시 군중대회' 의 원형을 이루었다는 점이다. 한재덕은 오영진의 글에 첨언하며 "시나리오 작가다운 수법으로 묘사한 것"이 있어서 "이것을 그대로 차용한다."는 말로 자신의 목격담이 아 닌 오영진의 서술을 통째로 옮겨 놓았다. 한재덕, 『김일성을 고발한다-조선노동당 치 하의 북한 회상록』(내외문화사, 1965), 66쪽.

1945년 10월 평양공설운동
장에서 열린 '소련군 환영대
회'에서 첫 연설에 나선 김일
성(위). 1946년 2월 북조선
임시인민위원장 시절 김일성
의 공식 사진(아래). 전설적
인 항일 무장투쟁의 상징적
인물로서 대중 앞에 처음 모
습을 드러낸 김일성은. 일반
의 예상과 달리 너무 앳된 젊
은이었다.

116

물론 소련의 한 개 주졸走卒인 동시에 먼저 나이에 있어서 삼십三十을 갓 넘은 애송이 김일성이인 당신일 수는 없는 것입니다."[27]라며 논박한 지점과 그 맥을 같이한다.

그 결과, 38선 이북은 거짓 김일성을 진짜 김일성으로 만들고 혁명의 선도자를 자처하는 소련의 일개 꼭두각시, 한재덕의 표현을 빌리자면 "쏘련 공민이면서 북괴 수상이 된" 천하에 없는 국제적 협잡의 연극배우가 되었다.[28] 이렇게 이북의 김일성 역시 소련의 일개 주졸走卒일 뿐 진짜 김일성이 아니라는 믿음 체계가 38선 이남에 형성되었다. 해방독립국가의 민족과 그 민족을 지도할 자격이 누구에게 있는지를 둘러싼 재현/대표성 경쟁은 소련의 저락한 위상과 김일성의 진위 음모론을 통해, 38선 이북을 38선 이남의 외부 또는 타자로 구획하는 전후 냉전 체제의 흐름과 조응해 가고 있었던 것이다.

이는 38선 이북이 선점한 탈식민화의 우월적 입지를 축소하려는 38선 이남의 대응적 행보에서 재확인된다. 윤봉길, 이준, 안중근, 이봉창 등 식민지 시기 동안 민족 해방을 위해 목숨을 버린 임정의 독립투사들이 1945년에서 1946년 말 사이에 끊임없이 등장한 이유가 여기에 있다. 그들은 임정의 해외 독립투사를 기념하는 상징자원으로 활용되었다. 38선 이남의 공산주의 계열뿐 아니라 38선 이북의 만주·연안 계열 항일 독립투사들의 명성에 필적할 만한 대안적인 인물상을 구성하는 과정에서 소환된 이들 지도자상은, 상해 임정 계열의 독립투사에 대한 환영 및

---

[27] 최태응, 「김일성金日成씨에게 : 국민國民이 호소呼訴하는 서한書翰」(『대조』, 1949년 4월), 37~38쪽.

[28] 김일성 영웅화를 최초로 시도한 사람이 자신이라고 주장한 한재덕은, 이 진위 논란의 연장선상에서 지근거리에서 김일성을 겪어 본 경험담을 토대로 이야기의 진실성을 강력하게 주장한다. 한재덕, 앞의 책, 140쪽.

한재덕의 『김일성을 고발한다』(왼쪽)와 오영진의 『소군정 하의 북한』. 오영진은 김일성이 처음 군중 앞에 모습을 나타낸 순간, 일반의 예상과 달리 너무 앳된 모습이어서 군중들이 실망했다고 기록했다.

추모와 함께 항일 무장투쟁의 대명사 격인 김일성을 불신하는 비난의 클리셰를 작동시킨다.[29] 왜냐하면 김일성은 항일 무장투쟁의 상징적 가치를 집약하는 대표자/재현자였기 때문이다.

김일성의 이러한 항일 무장투쟁 경력에 손상을 가하는 것은 그를 내세운 소련의 부도덕성을 선전할 좋은 재료였다. 소련을 "세계 역사상 가장 진보적인 민주주의적 국가이며 세계에서 가장 강한 나라", "세계에서 가장 평화를 애호하고 전쟁을 반대하고 인류의 행복과 진보된 문화"를 가져온 "인민안전의 방벽"[30]으로 추앙하며 소련과의 일체화를 통해 탈식민화를 추진했던 38선 이북의 소련=김일성의 도식이 이로 인해 적어도 38선 이남에서 문제시될 것이 자명했기 때문이다. 1946년 이후로 김일성의 상징적 정당성을 고취하려는 38선 이북의 상징정치가 38선 이남의 김일성 진위 논란과 맞물려 본격적인 대결 구도로 들어섰음을, 말하자면 의제 생산의 거점을 확보하려는 담론 투쟁의 단계로 진입했음을 여기서 읽어 내기란 그리 어렵지 않다.

38선 이북의 사회정치적 지형에서 탈식민화의 공통된 열망과 이에 근거한 체제 정당화의 자기규정적 서사와 담론은, 이처럼 38선 이남의 사회정치적 동향과 밀접한 영향을 주고받으며 체제 구축과 국가 건립의 근간을 이루었다. 1945년 11월 신의주 사건을 비롯한 평안도 지역의

---

[29] 38선 이남의 장안파가 박헌영의 재건파와 대립하는 가운데 우익으로 경도되어 1945년 10월 24일 장안파의 대표 5인이 송진우의 한민당, 안재홍의 국민당 대표들과 함께 중경 임시정부 지지를 서약하고 임시정부의 조속한 환국을 촉구하는 공동성명을 발표한 데서 당시의 복잡한 정치 상황을 엿볼 수 있다. 스칼라피노·이정식, 『한국공산주의 운동사 2』(돌베개, 1986), 333쪽.

[30] 「10월 혁명 기념 전쟁총결산 보고—평양시당원회의에서」(『정로』, 1945년 11월 14일, 11월 21일, 12월 14일).

집단적인 반발과 1945년 12월 탁치 문제로 불거진 38선 이북의 반소·반공 투쟁은 "광휘 있는 역사의 길은 민족해방을 위한 피와 투쟁의 길이오, 무산 계급당의 정확한 노선을 위한 볼셰비키적 투쟁의 생활이었다."[31]는 항일 무장투사로서 김일성의 면모가 공고해지는 한편으로, 38선 이남에서 반일 독립투사의 자리를 분점하던 이승만과 김구 등에 대한 비난의 강도가 38선 이북에서 높아진 사실에서 달라진 정치 지형 변화가 뚜렷이 예증된다.

그 결과 김구와 이승만은 새로 자라나는 '파시스트적 매국노'라는 새로운 이름을 얻게 되었다. "반탁이란 엉뚱한 간판을 내걸고 조선 민족의 이익을 대표할 수 있는 민주주의적 정부의 수립을 반대하는 이승만, 김구, 한국민주당" 등 "민족파시스트들을 건국전선으로부터 매장"하자는 1946년 1월의 공식 문건은 이승만과 김구를 '민족파시스트'[32]로 규정하여 배제와 분리의 선을 명확하게 긋고 있다. 민족통일전선('민전') 결성과 제시를 주장하는 글에서 "친일파, 민족파시스트를 숙청하는 반파시스트 투쟁에 직접 참가해야" 한다는 공식 요강이 제출된 것도 이에 따른 것이다.[33]

이런 경향은 1946년 3·1절 기념식 때 두드러진다. 좌파 중심의 3·1절 기념 전국준비위원회가 남산공원에서, 우파 중심의 기미독립선언기념 전국대회준비위원회가 서울운동장에서 각각 기념식을 개최하는 등 38선 이남에서 공적 기념일의 분화가 진행되는 것[34]과 발맞추어, 38선

---

[31] 「김일성 동지의 빛나는 투쟁사」(『정로』, 1945년 12월 21일).
[32] 「반탁 운동의 이면」, 『정로』(1946년 1월 29일).
[33] 오기섭, 「인테리에 대한 제언」(『정로』, 1946년 1월 29일).
[34] 김민환, 「한국의 국가기념일 성립에 관한 연구」(서울대학교 석사논문, 1999), 31쪽.

이북은 과거 3·1운동 당시 상당수의 이름난 명사들이 반탁을 주장하여 인민을 호도할 위험이 있다고 보고 이를 경계하고 차단하는 차원에서 3·1절 기념행사에서 공식적으로 김구, 이승만 등을 친일파와 나란히 민족 반역자로 낙인찍고, 평양을 서울과 함께 3·1운동의 중심지로 만드는 민족지적 표상학을 대대적으로 펼친다. 평양을 민족의 기념비적 현장으로 재배치하는 '평양과 서울의 등가화 전략'이라고 부를 만한 이것은, 한반도의 분할·점령으로 서울의 전통적인 중심성이 38선 이북에 더는 관철되지 않는 현실적 조건을 반영하는 것이지만, 이로써 평양은 이제 (재)민족화의 중심지로 새롭게 구획되는 민족지적 표상성을 획득하게 되었다. 이는 한국전쟁을 거치며 서울과 평양의 비대칭적 위계 구조를 강화하며, 전후 냉전 체제에서 평양이 서울과 다른 38선 이북의 민족지적 표상성을 전방위적으로 구축하는 양극화의 새로운 지도 그리기를 예고했다. 이러한 사회정치적 실천의 헤게모니 투쟁과 상징정치의 담론적 수행에 따라, 평양은 이른바 극장국가로서 정치적 예식과 제전의 규범적 공간으로 조형되었다. (재)민족화 기획에서 정전화되어야 할 것과 배제되어야 할 것이 평양이라는 민족지적 편성을 중심으로 새롭게 재구획되며, 탈식민화의 역동이 그만큼 소진된 것은 이에 따른 필연적인 결과였다.

"조만식은 가애국자, 민족반역자에만 끝나는 것이 아니라 그보다 그는 일본 파시스트 전쟁을 충실히 협력한 전쟁죄범으로 인민의 재판을 받아야 한다. 그는 일본 파시스트 '황군'의 혁혁한 전과를 입에 츰이 말르도록 찬미하였고 동시에 파시스트를 격멸하기 위하여 쏘련과 중국, 미국, 영국 및 기타 국가가 반파시스트 통일 전선을 결성하여 세계 인류를 파시스트의 야만적 도살"에서 구해 내는 동안 일제의 전쟁 참여를 독려한 "일본 천황의 가장 충실한 '황국신민'"이었을 뿐만 아니라 "특등

민족반역자이며 또 중요한 파시스트 전쟁죄범자"[35]라는 격렬한 비판은 당시 38선 이북의 한 축을 형성하던 대항 세력을 봉쇄하는 것이었다.

전후 봉쇄와 통합의 냉전 체제가 민족적 규정력과 결합되어 지역적 현실을 재구축하는 양상은 이제 바야흐로 한국전쟁으로 치달아 가고 있었다. 한국전쟁은 38선이라는 물리적 현존만큼이나 내외의 분계선을 심리적 현실로 자리 잡게 했다. 무엇보다 한국전쟁은 (재)민족화라는 추상적 이념성을 감각적 실체성을 띤 자기회귀적 동일성의 회로에 폐쇄시켰다는 데 그 중요한 의미가 있다. 이는 한국전쟁 이후 사후적으로 진행된 역사의 공적 기념비화와 물질화로 구체화될 터였다.

항일 무장투쟁의 기념비화/물질화

한국전쟁(북한의 용어에 따르면 '조선전쟁')은 전후의 전 지구적이고 지역적인 현실을 극적으로 보여 주는 사태였다. 소련의 대외 팽창과 확산을 저지한다는 미국의 봉쇄주의가 실제 물리력으로 시연된 곳이 한반도였기 때문이다. 38선 이남과 이북의 대결에서 한국전쟁은 양쪽 지도자의 지도력을 시험하는 무대였다. 항일 무장투쟁 전사라는 자신의 과거 경력을 입증하고 그 지도력을 공인받는 일은 전쟁의 위기적 국면에서 더욱 그 빛을 발한다. 위기가 기회라는 역설은 바로 이러한 전쟁을 두고 하는 말이다.

한국전쟁이 (재)민족화라는 추상적 기획을 감각적 실체성을 띤 자기

---

[35] 「조만식은 전쟁 범죄자, 인민재판을 받음이 당연—백일하에 폭로된 이 사실을 보라」(『정로』, 1946년 4월 10일).

회귀적 동일성의 중심적 계기로 자리 잡게 한 것은 사실이지만, 이를 구심력으로 수렴할 수 있는 지도력의 재건 역시 필수적이었다. 1953년 박헌영 일파의 숙청과 1956년 8월 종파 사건에서도 드러나듯 38선 이북에서 이 과정은 그리 순탄하지만은 않았다. 1953년 전쟁이 끝난 직후 "김일성 원수 항일 빨찌산 투쟁전적지 조사단"을 현지로 파견했다는 《로동신문》의 보도[36]는, 이 위기 국면에서 북한 사회가 역사와 전설이 혼용되는 공적 역사의 기념비적 현장으로 변모되고 있었음을 보여 준다.[37] 보통 근대 역사학에서 역사와 전설을 대립적인 관계로 파악하지만, 역사와 전설은 이를 받아들이는 일반 대중의 '진실성의 효과'에 기대어 그 경계가 달라지는 유동적인 개념이다. 역사가 신화 또는 전설이 되는 것은 그것을 더 이상 사실이나 진실로 받아들이지 않는 공동체 사람들의 믿음 체계에 달려 있다. 이를 합의된 리얼리티의 진실성 여부와도 관련지을 수 있을 텐데, 북한 사회는 전설이 역사를 부연하고 보충하는 과잉된 역사 담론을 전 사회적으로 공유하는 지역적 현실을 갖추게 된다.

그런 점에서 '총서『불멸의 력사』'는 시사하는 바가 크다.[38] '총서『불

---

[36] 「김일성 원수 항일 빨찌산 투쟁전적지 조사단 현지로 출발」,《로동신문》, 1953년 9월 3일자).

[37] 이와 관련해서 공임순, 『우리 역사소설은 이론과 논쟁이 필요하다』(책세상, 2000)에서는 '진실성의 계약'을 사실−효과의 측면에서 파악하고, 리얼리티란 원래부터 선재하는 물질적 현실이 아니라 발화의 맥락에서 재창출되는 담론의 효과임을 밝혔다.

[38] 이 글은 북한의 정치적 변화와 연관된 시기별 정황을 자세히 다루는 것을 목표로 삼지 않는다. 북한의 정치 변화와 연관된 논의들은 역사학과 정치외교사 및 사회학 연구에서 이루어지고 있다. 이러한 북한의 정치 변화에 따라 북한 사회의 지도력과 외교력 그리고 문화정치의 양상과 형태들이 새롭게 고안되고 재구축된다는 점을 충분히 인식하지만, 여기서는 이와 별개로 북한 사회의 '교화의 전면화/국가화'와 김일성의 '청년'

멸의 력사』'는 한국전쟁 이후의 달라진 담론 배치와 구성 형식을 김일성의 청년상과 관련한 새로운 관계망으로 독파할 여지를 제공한다. 앞서 살펴본 것처럼 해방 직후와 한국전쟁 이전까지 김일성의 청년상은 김구와 이승만 같은 노전사의 이미지와 비교되며 의심과 불신을 불러일으켰다. 이는 기존 관념과 의식이 젊음을 미래와, 노년을 과거와 연결시켜 사고하는 공동체 사람들의 오랜 관습에서 비롯되었음을 말해준다. 따라서 항일 무장투쟁의 입지를 선점하려는 남북 지도자들에게 과거는 미래만큼, 아니 미래보다 더한 의미를 띠게 된다. 특히 그 과거가 일제와 타협하지 않은 불굴의 정신과 용기를 육화하고 체현하는 민족적 표상이라면 더 말할 나위가 없다. 과거가 미래와 결부되어 현재화되는 삼중의 시간성이 탈식민 사회에서 갖는 중요성은 필자가 다른 지면에서 지적한 바이지만,[39] 어쨌든 한국전쟁 이전까지 김일성이 결여/결핍의 부정적 대상으로 회자된 이유가 그의 젊음에 있었음을 상기해 보면 그의 과거는 여전히 비밀의 판도라 상자였다. 진위 논란은 이러한 비밀의 판도라 상자의 모호성에서 연유했고, 이 논란에 마침표를 찍으려면 역사적 사실을 축적하고 그 공동체 구성원들의 믿음 체계를 전적으로 변화시켜야 했다.

한국전쟁 와중에 발간된 『김일성 장군의 략전』[40]은 김일성의 항일 무

상 서사 구조와 담론 구축이 일관되게 북한 사회를 관통하고 강화되었음을 '총서 『불멸의 력사』'를 통해 살펴보고자 한다.

[39] 이는 이 책 1장 「제국의 문화정치와 '탈'식민 해방 투쟁」에서 서술했다. 식민주의의 과거 '이전'을 응시하는 식민지인들의 시선은 현재의 좌절과 결핍, 미래의 불안과 희망을 응축하는 삼중의 시간성을 담고 있는데, 그것은 식민지인들이 이미 상실하여 돌이킬 수 없게 된 식민주의 '이전'의 한때를 반식민지 해방과 투쟁을 위한 무기로 삼는 데서 연유한다.

장투쟁의 과거사를 역사적 진실성으로 부연하는 한편, 일대기를 압축적으로 편한 '략전略傳'이란 용어가 함의하듯이 그의 과거를 현재적 의미망으로 새롭게 재구축하는 지역적 코드 변환과 담론 구성의 국가적 기획이 한국전쟁을 계기로 본궤도에 올랐음을 방증한다. 이는 김일성의 청년상이 기존의 부정적 관념을 벗겨 내고 새로운 차원의 긍정성을 띤 공식 문법과 서사로 재창출될 것임을 의미한다. 그렇다면 연륜과 나이를 동격화하는 공동체 구성원들의 믿음과 신념 체계에 변화를 꾀하는 일이 시급하다. 연륜은 나이의 많고 적음으로 결정되는 것이 아니라, 식민지기 항일 무장투쟁의 간고艱苦한 역사에서 불굴의 정신력과 인내력을 보여 준 사람에게 돌아가야 할 명예였다. 따라서 김일성의 청년상은 오랜 싸움으로 단련된 노전사의 원숙함을 뛰어넘는 강인한 의지와 일제에 대한 적의의 대명사로 소환되고 재구성되어야 했다. 더구나 그가 열네 살이라는 어린 나이에 집을 떠나 홀로 일제에 맞서 험난한 죽음의 고비를 넘긴 불멸의 영웅이자 전사라면, 그는 비범한 자질을 타고난 불세출의 영웅인 것이다. 여기서 역사는 전설과 결합되어 하나의 사실reality이 된다. 김일성이 일제 말기부터 사람들의 입에 오르내린 전설적 인물상이었음은 익히 알려져 있다. '축지법'이니 '신인神人'이니 '위인'이니 하는 말들이 특히 조선 북부의 국경 지대에서 광범위하게 회자되었다.[41] 그 결과 김일성의 항일 무장투쟁은 식민지기의 고난과 역

---

[40] 조선로동당 중앙위원회 선전선동부, 『김일성 장군의 략전』(조선로동당 출판사, 1952). 앞에서도 말했듯이 김일성에 대한 찬양과 숭배가 이때에 비로소 시작된 것은 아니다. 필자가 『략전』에 주목하는 것은 '략전'이 사회주의 사회에서 갖는 의미 때문이다. '략전'은 공산주의 '략사略史'와 마찬가지로 사회 전체를 인도하는 일종의 교본이나 지침으로 기능한다. 따라서 1952년에 간행된 『김일성 장군의 략전』은 국가 주도로 김일성의 공적 형상이 주조되는 전형적인 사례로 다루어져야 한다.

경을 담보하는, 조선 국내에 일찍이 없었던 엄혹한 투쟁의 결정체/상징체로 자리매김한다.

식민지기에 겪은 고난과 역경은 해방 후 항일 독립투사들의 자질과 대표성을 판단하는 준거이자 시금석이었다. 누가 더 일제의 강압으로 고통받았는지가 해방 후 식민지기를 회고하는 지배 서사로 한동안 자리잡았던 것은, 이것이 구식민지 사회의 탈식민화 과정에서 제출된 애도와 재건의 대표성 여부와 직결되어 있었기 때문이다. 그런데 김일성의『략사』는 이런 고통과 역경을 뛰어넘는 새로운 서사를 정립하고 재구축했다. 그것은 바로 승리의 서사이다. 고통과 역경은 최종적인 승리에 필요한 요건은 될지언정 그것이 전부가 될 수는 없다. 잠시 유예된, 하지만 언젠가 도래할 미래의 승리가 이 고난의 서사를 통어統御하고 관철한다. 이른바 로망스의 서사 형식이라고 부를 낙관과 기대의 시적 비전이 구체적인 역사적 시공간에서 겪는 고난과 시련을 조준하고 정향짓는 것이다. 여기서 중요한 또 다른 서사의 지배소dominant가 꺾이지 않는 의지의 발현이다. 최종적 승리를 보장하는 예정조화적인 서사에서 적에 대한 투항이나 좌절은 있을 수 없다. 김일성의『략전』뿐만 아니라 북한의 모든 역사와 문화 생산물들이 예외 없이 이러한 고통과 꺾

---

41 변은진, 「일제 전시 파시즘기(1937-45) 조선민중의 현실인식과 저항」(고려대학교 박사논문, 1998), 262~265쪽. 이 논문의 한 구절을 예증 삼아 서술해 보면 "'김일성' 부대에 대한 이러한 신뢰와 환상은 민족운동을 꿈꾸던 많은 청년들에게 만주로 건너가 그의 지도 하에 운동을 전개하겠다는 생각을 갖도록 했다. 예를 들면, 1939년 12월에 新井仁鍾(雇人, 21세) 등 20세 전후의 청년들은 '만주국으로 가서 비적匪賊이 되어 그곳에서 항일전의 거두 김일성과 연락하여 조선의 독립 및 공산화를 위해 운동해야 한다.'고 협의했다. 이들은 1940년 7월 이에 필요한 여비·여권 등의 입수 방법을 모색했지만 실패하고, 결국 각자가 관청·공장·회사 등에 들어가 동지를 획득하고 조직화하여 '실천할 뿐'이라고 합의했다."

이지 않는 의지 그리고 도래할 승리의 환희와 기쁨이 교직된 동일 계열체의 이형과 판본을 반복·재생산하는 이유가 여기에 있다.

한 공동체의 집단/공유 기억은 국가가 주도하는 공적 서사와 다양한 미디어의 이차 매개물로 증식되고 확산된다. 이는 교화敎化의 한 과정, 북한의 표현을 빌리자면 집단교양의 과정이며, 공동체 구성원들의 지역적 신념 체계와 기대지평을 구성하는 지역화의 구체적인 움직임이다. 북한 사회에서 교화의 프로파간다가 갖는 역할은 이러한 점에서 주목을 요한다. 교화는 이 집단/공유 기억의 창출과 재생산에서 중심 기능을 수행하며, 교화의 바깥에 있는 이질적인 요소들을 국가적 체계와 관리 아래로 포섭·제어하는 역할을 담당하기 때문이다.

해방 직후 북한 사회는 토지개혁을 필두로 공동체 구성원들의 자발적 동의와 호응을 이끌어 내는 교화 시스템 구축에 총력을 쏟는다. 이는 달라진 전후 냉전 체제의 동학動學과 탈식민화 과제, 그리고 체제 정당성 확보와 밀접한 연관을 맺으며 교화의 바깥을 없애는 국가의 일원적인 통제와 관리망을 구축하는 일이었다. 물론 이 과정에서 교화의 바깥이나 외부가 담론적 실천 과정에서 또다시 생성되는 것은 당연할 터이지만, 아무튼 1947년 5월 29일 북조선로동당 중앙상무위원회 제36차 회의는 라디오방송 체제의 개편 결정을 알린다. 방송의 당적 장악과 지도력 부족을 비판하며 프로파간다 무기로서 라디오를 적극 활용하는 개선안이었다. "민주독립국가 건설의 토대를 축조하는 북조선의 민주건설 행정에서 인민들을 민주주의적 사상으로 교육하고 고무하고 선전하며 고상한 문화적 오락을 주로 하는 가장 중요한 수단"[42]인 라디오를

---

[42] 「북조선 라디오 방송사업 강화에 대하여 : 북조선 로동당 중앙상무위원회 제36차 회의 결정서」(『정로』, 1947년 5월 29일).

통해 '소리의 공동체/국민화'를 지향하는 것으로, 이 '소리의 공동체/국민화'는 언어-국가의 일원화된 시스템의 확립을 뒷받침하는 교육·문화·사상의 교화와 동화의 기제로서 공동체 구성원의 동일성과 심리적 귀속감을 형성하게 된다.

북한 사회를 '소리의 공동체/국민화', 이를테면 구연의 사회로 규정할 수 있는 것은 문자 해독을 통한 100퍼센트 문맹 탈피라는 정책 목표와 그 실현 여부와 상관없이 강습과 강연, 자아비판과 사상 선도가 육체와 소리를 통한 감각적 교화로 이루어졌다는 점에서 연유한다. 북한은 "포쓰타, 비라, 라디오, 낭곡浪曲, 창가, 표어, 연극, 영화"[43] 등을 총동원하여 사상 선전의 도구로 삼았는데, 특히 자아비판을 통한 죄상 고백과 자기반성은 구연의 집단성과 직접성을 접목한 사적 고백의 공공화·국가화였다. 이와 관련하여 다음 일화는 시사점이 있다.

1948년 '남북제정당사회단체연석회의' 취재차 38선 이북에 당도한 38선 이남의 기자가 창작의 자유에 대해 묻자, 38선 이북의 한 문화계 중진은 "맨 처음에는 창작하는 데도 부자유스러웠지만 이곳 사람들이 정신생활의 강령으로 삼고 있는 소위 철저한 자기비판으로 상호토론을 맹렬히 계속하노라면 '필경에는 이 노선이 절대 올바르다'라는 결론에 누구나 도달함으로써 그 다음부터는 우에서 지시하는 명령에 하등 부자유를 느끼지 않게 된다."고 토로한다.[44] 38선 이북의 자아비판과 자기 검열이 개인을 집단적 주체로 규율하고 훈육하는 일상적 의례의 장으로 기능했음을 명확하게 인지시키는 이 진술에서, 언어가 물화物化되어 개인을 담론적 규제의 망으로 주조해 가는 38선 이북의 정황이 잘 드러

---

[43] 「선전선동에 대한 당원의 활동방침」(『정로』, 1945년 11월 21일).
[44] 최성복, 「평양남북협상의 인상」(『신천지』, 1948년 4·5월 합병호), 69쪽.

난다. 이러한 북한 사회의 의례적이고 집단적인 신체 규율의 장으로서 구연=문자의 상상적 일체성이 갖는 의미는 따라서 전근대적인 낙후성의 표지가 아니다. 오히려 교화의 전면화와 세속화/국가화라는 견지에서 지역적으로 (재)코드화된 변환의 산물로 이해하는 것이 타당하다. 구연=문자의 집단적 신체 규율과 상상적 일체성은, 조지 모스George Mosse가 말한 대로 대중을 국민화/집단화하는 새 정치에 기여하는 바가 적지 않기 때문이다.

대중과 인민의 집단적인 참여를 유도하고 여론을 창출하며, 해야 될 것과 하지 말아야 할 것을 규정하는 집단 의례/공유 기억은 조지 모스가 명명한 전후 근대국가의 새로운 정치에 해당한다. 조지 모스는 근대의 다양한 집단들이 새로운 정치와 관계 맺는 방식에서 성화, 깃발(깃발은 국기國旗로), 노래(노래는 국가國家로)뿐만 아니라 돌과 모르타르로 만들어진 국민적 기념비와 기념물 등의 특유한 축제적·제의적 양식이 대중과 인민을 국민으로 전환시키는 데 일익을 담당했다고 본다.[45] 이는 전후의 시각차, 즉 유럽이 제1차 세계대전 이후 모스가 의미한 새로운 정치를 꽃피운 데 반해 구식민지 사회는 전후의 지속성으로 지역에 따른 편차를 드러냄을 반영하며, 북한 사회는 아직까지 이 대중의 국민화를 현재진행형으로 추동하고 있다고 말할 수 있다. 이 일련의 과정에 '총서『불멸의 력사』'가 자리한다.

'총서『불멸의 력사』'는 1973년 권정웅의 『1932년』을 시작으로 2007년 김삼복의 『청산벌』에 이르기까지 총 33권이 발간된 집체적 성격의 창작물이다. '4·15문학창작단'이 주축이 되어 실제 김일성의 항일 무장투

---

[45] 조지 모스, 『대중의 국민화』(임지현·김지혜 옮김, 소나무, 2008) 참조.

쟁 유적지를 탐방하고 이를 소설화한 방대한 분량의 시리즈물이기도 하다. 하지만 '총서 『불멸의 력사』'는 개개의 작품이 자체의 완결성을 지니고 있다는 점에서 개별 창작물이기도 하다. 이른바 '총서'라는 이름에 값하는 개별화된 전체인 셈이다. 무엇보다 '총서 『불멸의 력사』'는 이제까지 전술한 김일성의 청년상과 교화의 전면화 및 세속화/국가화 그리고 집단 의례/공유 기억의 자기기술적 서사가 온축되어 있는 종합 판본이다.

'총서 『불멸의 력사』'는 역사와 전설의 경계를 오가는 시적 비전의 로망스적 서사 형식과 김일성의 청년상을 전범으로 하는 항일 투사들을 방사형 구조로 배치한 응축과 확산의 국가적 축도이다. 김일성을 정점으로 김일성의 교시와 그를 따르는 충직한 전사들의 복종과 충성의 위계질서가 이 '총서' 시리즈를 관통한다. 하지만 김은정도 지적한 바 있듯이, 이는 반드시 김일성과의 물리적 거리 문제에 국한되지 않는다. 김은정이 분석한 인물 유형에 따르면, 절대자인 김일성과 지척 거리에 있지만 적대자 위치를 점하는 인물이 있는가 하면, 한 번도 마주치지 않은 인물이 김일성의 헌신적 조력자 혹은 협력자가 되기도 한다.[46] 김일성과의 친분이나 앎의 여부가 추종과 적대의 선을 가르는 기준이 아닌 것이다. 따라서 김일성에 대한 충실성 여부는 다른 측면에서 접근하는 것이 더 온당할 듯싶다.

이를 이해하는 단서로 먼저 김정일이 주체형상문학에서 언급했듯, 김일성은 "시대와 인민 대중을 대표하는 주체형의 공산주의 혁명가의 최고 전형"[47]이며, "사회정치적 집단의 생명체의 중심으로서 근로인민

---

[46] 김은정, 「총서와 인물 유형」(『상허학보』, 2008), 66~67쪽 참조.
[47] 김정일, 『주체문학론』(조선로동당 출판사, 1992), 126쪽.

대중의 최고 뇌수"[48]로서 존재한다. 시대와 인민 대중을 대표하는 최고의 전형이자 유기적 생명체인 한 집단을 영도하고 통수하는 중심이며 뇌수, 그리고 "삼위일체"의 메시아적 존재가 바로 김일성이다. 이 모든 것을 충족시킬 수 있는 지도자의 형상이란 인간관계에 필수적으로 따르기 마련인 매개와 거리화를 없앤 현존의 직접성을 지니고 있어야만 한다. 그는 어디에나 편재하며 모든 곳에서 현현한다. 그가 대단히 추상적인 면모를 띠었음에도 불구하고 구체적인 물질성을 담지할 수 있는 이유가 이러한 현존의 직접성과 거리의 무화에 있다.

그는 스스로 진리를 표현하며 명시한다. 그의 현존 자체가 교화와 계도의 성스러운 장소가 되는 까닭이 바로 이것이다. 이에 따라 그가 묵고 걷고 싸웠던 모든 행로와 행적지는 감화와 모범의 장소, 이른바 성소聖所가 된다. 그는 북한 사회의 전일적인 시스템의 정점에서 그와 관련된 모든 것을 항일 혁명 유적지, 민족지적 경관으로 출현시키고 재맥락화한다. 이에 따라 평양을 중심으로 북한의 모든 공간과 장소가 그의 항일 혁명 전통을 기억하고 추모하는 교화와 감응의 국가적 터전이 된다. 김일성의 청년상과 공간의 성화聖化가 떼려야 뗄 수 없는 관계를 지니며 북한 사회를 기념비적 현장으로 만드는 것이다.

김일성은 또한 "전사들에게 고귀한 정치적 생명을 알려주고 그들이 혁명의 한길에서 영생하도록 보살펴 주시면서 그들의 운명을 책임진 수령으로서의 본분과 의리를 다하시는"[49] 가족적 유대를 책임지는 가부장이기도 하다. 그는 국제당 파견원 류현민의 말처럼 "탁월한 혁명가, 정치가, 군사가이며 천재적인 예술가", "인간에 대한 사랑, 인민 대중에

---

[48] 김정일, 앞의 책, 63쪽.
[49] 장희숙, 『주체문학의 재보』(문학예술종합출판사, 1995), 100쪽.

대한 헌신적 복무 정신을 중추로 하여 탁월한 리성과 다감한 감성, 철저한 원칙성과 적에 대한 비타협성, 대해 같은 포용력, 강철의 의지와 비범한 예지…… 이 모든 훌륭한 자질들이 결합되어 령도자로서의 그의 인격의 총체를 이루고 있는" "만민이 흠모하여 따르는 김일성 동지는 올해 22살의 청년 장군"[50]인 것이다.

감탄과 공명이 저절로 발화되고 전시되는 이 비범한 예지력과 판단력의 소유자인 김일성은 감화의 최정점에서 육화된 전범과 표준의 절대화된 형상으로 기념비화/물질화된다. 그는 지도와 복종으로 위계화된 방사형 구조에서 모든 전사들이 추종하고 숭모하는 전사들의 지도자/아버지이다. 그의 이러한 모델화/전범화는 그 자체가 숭고한 이념의 전서/바이블이 되는 지시와 참조틀을 생성한다. 그 말, 몸짓, 행위 하나하나가 교화의 전달체가 되는 '인간 미디어'가 곧 김일성이다. 이러한 인간 교화의 미디어이자 투명한 진리의 담지체인 김일성을 위해 죽는 일은 그가 숭고한 이념의 구현자인 한 영예로운 일이 아닐 수 없다. 이를테면 개별 전사의 죽음은 성스러운 희생 제의가 되는 것이다. 값없는 죽음이 아닌 이러한 고귀한 죽음은 김일성이 인간미를 갖춘 자애의 아버지로 등장할수록 그리고 그의 충직한 협력자들이 극한의 고통과 시련을 감내할수록 더욱 증폭되는 감정의 순환 구조를 이루게 된다.

"함께하는 고통은 기쁨보다 훨씬 더 사람들을 묶어 주는"[51] 역할을 한다는 르낭Joseph-Ernest Renan의 말처럼, 이들의 끈끈한 동지애적 의식, 정확히는 부자애적父子愛的 유대는 김일성과 희생된 전사가 하나의 생명체를 이룬다는 주장에서 그 정당화의 단초를 이끌어 낸다. 비록 전사는

---

[50] 리종렬, 『근거지의 봄』(문예출판사, 1981), 401쪽.
[51] 에른스트 르낭, 『민족이란 무엇인가』(신행선 옮김, 책세상, 2002), 81쪽.

목숨을 잃었지만, 김일성은 그의 아까운 전우(동지)를 상실했지만, 실지失地의 회복과 민족 재생이라는 고귀한 대의의 길에 바쳐진 그의 희생은 상실이 아닌 승리의 밑거름이며 영광의 발자취이다. 전쟁 체험의 현실이 전쟁 체험의 신화와 교직되는 이 장면에서 영령 추모와 국가의 공적 서사/공유 기억의 의례화가 이루어지고, 이런 일련의 과정을 거쳐 '총서'와 역사적 기억의 공공화는 서로를 보완하며 북한 사회를 통어하게 된다. 이 희생된 전사들이 혁명 수령의 혁명 전사이며, 그들의 남은 가족이 혁명 유가족이 되는 이유도 여기서 찾을 수 있다. 세대를 이어 혁명을 이양하며 지속하는 혁명 가계와 계보가 존재하는 한 북한 사회는 영구적인 혁명의 '젊은' 사회로 자리잡는다. 이는 북한 사회의 탈식민화와 김일성의 청년상, 그리고 교화의 세속화/국가화의 지역적 (재)코드화와 변환이 도달할 수 있는 최종점이다.

이렇게 본다면 김정일의 선군정치先軍政治는 이의 경화된(혹은 속화된) 표현으로 파악하는 것이 합당한 결론일 터, 앞으로 북한 사회가 이러한 경화된 지역적 현실을 얼마나 탈피할 수 있을지는 아직 미지수이다. 하지만 한 가지 분명한 사실은 북한 사회가 현재의 모습을 갖추게 된 것이 북한 사회 혼자만의 움직임 때문은 아니라는 점이다. 북한 사회의 현재 모습은 전 지구화와 지역화의 유동적인 역학이 빚어낸 구체적인 사회역사적 소산이라는 점에서 우리의 자화상이기도 하다는 점을 되새겨 봐야 하지 않을까.

혁명의 '유산'에 갇힌 북한의 딜레마

제2차 세계대전의 종결과 전 지구적인 냉전 체제의 도래는 세계 85퍼센트에 이르는, 이제 막 식민지를 벗어난 구식민지 지역들의 사회역사적 움직임과 역동적으로 교섭하며 충돌과 어긋남을 산출했다. 조지 모스가 말한 대중의 '국민화'와 '국가화'를 위한 새로운 정치는, 유럽이나 미국과 달리 구식민지 지역에서는 제2차 세계대전이 종결되고 탈식민화가 본격화된 1945년 전후에 가장 활발하게 전개되었다. 하지만 세계를 분점한 패권국 미·소 양국은 구식민지 지역의 새로운 정치를 환영하지만은 않았다. 두 국가는 제 경제적·정치적 이익에 따라 구식민지 지역의 새로운 정치를 선택적으로 수용하거나 거부하는 모순된 행보를 거듭했다.

프랑스령 인도차이나의 반식민화 투쟁과 그리스(당시 희랍)의 반식민지 투쟁을 협소한 내셔널리즘의 발현으로 비판한 것처럼, 미·소는 한반도의 분단을 가속화하여 냉전의 전초기지로 만들었고, 이는 전후 새 정치를 열망했던 구식민지 지역들에게 희망과 좌절의 역사를 안겼다. 남북한 사회는 전후 냉전 체제 속에서 탈식민화의 과제를 안고 현재의 지역적 현실을 구축해 왔다. 전후의 다른 시간대는 한국전쟁 이후 휴전선의 현실이 암시하듯 한반도를 전쟁과 전후의 어중간한 상태에 놓이게 했다. 하지만 이는 비단 한반도만의 현실은 아니다. 구식민지 지역들은 모두 어떤 식으로든 끝나지 않는 탈식민화의 내전과 미·소의 개입으로 몸살을 앓아야 했다. 이러한 탈식민화와 계속되는 전쟁 그리고 전후의 불분명한 시점에서 북한 사회가 혁명의 '유산'을 부여안고 그 딜레마에 처해 있는 것은 구식민지 사회가 안고 있는 비극적 아이러니가 아닐 수 없다. 혁명의 '유산'이 거꾸로 사회변화를 가로막는 덫이 되는 지금, 북한 사회는 여전히 탈식민화의 도정에 서 있다. 마치 식민지인의 민족의식은 가장 먼저 찾아오는 것이 아니라 가장 최후에 도달되어야 할 과제라고 했던 멤미의 말을 증명이나 하듯이 말이다.

이 글이 미완의 한 지점에서 과거를 되돌아보며 미래를 응시하는 현재진행형의 개입과 반성의 실천 행위가 되는 것은 이러한 구식민지 분단국가의 전후를 확정지을 수 없는 현실의 또 다른 반영으로 볼 수 있다. 키메라와 야누스처럼 과소하게 때로 과도하게 명명되어 전체주의의 모든 악을 대변하는 절대악으로 제시된 북한 사회와 그 정치 지도자의 형상은 탈정치화된 '인도주의'와 '인권'의 이름으로 실제 정치를 대체하거나 은폐하게 된다. 이들이 인권과 인도주의의 관용성 바깥에 존재하는 치유할 수 없는 절대악으로 동질화될 때 그 등가물로서 출현하게 되는 것은 신종 오리엔탈리즘이다. 이들에게 덧씌워진 '공산주의적 · 동양적 · 불량국가적'이라는 삼중의 저주는 그래서 '악은 대상을 악으로 규정하는 지각 그 자체에 있다'는 진부하지만 현재적인 진리를 떠오르게 한다.

따라서 북한의 현재를 있게 한 지구적이고 지역적인 현실을 균형감 있게 조명하는 것이 반드시 필요하다. 타자를 규정하는 타자화 전략이 곧 우리 자신을 정립하는 자기구성의 일환이라는 점을 상기한다면, 이 점은 재차 강조되어야 한다. 지금 우리가 이곳에서 자문하고 곱씹어야 할 것은 우리는 그들이며, 그들은 우리의 구성된 외부라는 사실이다. 구성된 외부로서 그들의 형상은 우리가 배제하고 누락해 온 우리 자신의 모습이며, 남북한 사회의 다른 듯 닮은 역사적 반복의 이중주와 적대적 공존의 불안한 동거가 이로부터 유래한다는 불쾌하지만 외면할 수 없는 상호성에 대한 인식일 것이다. 이를 시작점으로 삼을 때 우리는 긴장과 모순에도 불구하고, 아니 그 긴장과 모순으로 인해 비로소 그들에게 다가갈 수 있는 작은 발걸음을 뗄 수 있다. 이 글이 서 있는 출발점은 다름 아닌 '여기'이다.

4

기독교적 근대 주체의 탄생과 친교의 **젠더정치**

– 김활란과 박인덕

참회자는 표명된 참회 행위,

즉 자기 징벌과 자기 명시의 총체이다.

그가 자신을 벌하는 행위와

자신을 명시하는 행위 사이에는 서로 구별이 없다.

자기 징벌과 자발적 자기 표명은 서로 결합되어 있다. (중략)

참회는 명목상의 차원이 아니라 연극적인 것이며,

이 참회의 의식은 반드시 시각적으로 재현되어야 했고,

이 의식을 인정하는 타인의 참여를 필요로 했다.

푸코의 「자기의 테크놀로지」[1]

기독교 선교사들이 발견한 '식민지적 풍경'

기독교가 한국 사회에 끼친 영향은 적지 않다. 이 때문에 기독교에 관한 연구가 다방면에서 진척되고 있다. 이는 기독교계 여성 인물이나 여성운동사 쪽도 마찬가지다.[2] 하지만 여기서는 이러한 자명한 사실을 재확인하지 않을 것이다. 그보다는 기독교계 여성이라는 이른바 특정한 젠더 주체를 제국적 '욕망과 감정'의 생성과 회귀의 관점에서 비판적으로 성찰·재구하는 데 초점을 맞춘다.

개인의 욕망과 감정의 내면적 자질은 공적 영역과 대비되는 사적 영역의 특권화된 형식으로 개인을 근대적 삶과 지각의 중심 주체로 만드는 데 일조해 왔다. 개인이 신성불가침의 침해할 수 없는 본연의 가치와 권위를 부여받게 된 것은 이러한 감정과 욕망의 담론적 고안과 재창출 그리고 이의 범주와 경계에 관한 끊임없는 실천과 훈육의 자기 테크놀로지에 있음을 푸코는 예리하게 파헤친 바 있다.[3] 근대화와 문명의

---

[1] 미셸 푸코, 『자기의 테크놀로지』(이희원 옮김, 동문선, 1997), 75쪽.

[2] 기독교계 여성 인물과 여성운동사와 관련된 기존 연구들은 평전이나 자서전, 회고록 등의 자전적 글쓰기만이 아니라 YWCA와 근우회로 대표되는 여성운동사를 중심으로 많이 이루어졌다. 기존 연구에 대한 상세한 개괄과 설명은 생략하되, 필요한 부분은 선택적으로 발췌·인용하였다.

[3] 푸코의 개인과 주체의 계보학은 『성의 역사』에서 가장 분명하게 이야기되지만, 『성의

척도가 개인과 개인성의 자질 여하에 따라 판단되고 분류·구획되는 이러한 근대적 시공간의 도래는 개인과 개인성에 관한 문제를 일지역적인 차원이 아닌 전 지구적인 관심과 조정의 대상으로 부각시켰다. 물론 이것은 전 지구를 대상으로 한 제국주의적 개척의 역사와 별개로 존재하는 것이 아니라 바로 그 제국성을 떠받치는 토대이자 지반이었음을 인식하는 것이 중요하다.

이러한 견지에서 개항과 수교가 역사의 불가항력적인 힘으로 여겨지던 근대 초에 이 근대의 파고와 더불어 조선에 첫발을 내디딘 선교사들은 근대 문명의 물질적 상징인 군함과 개인성의 지표인 성경을 가지고 그 모습을 드러냈다. 기독교에 한정해서 이야기하자면, 장로교의 언더우드Horace G. Underwood와 감리교의 아펜젤러Henry G. Appenzeller가 스커더Scudder·테일러Taylor·묄렌도르프Paul Georg von Möllendorff(한국 사절단)와 함께 1885년 4월 2일 부산항에 도착한 이래 1910년대까지 선교사들의 수는 꾸준히 증가하다가 1919년 3·1운동 이후 점차 감소하는 양상을 보인다.[4] 이들이 조선 땅에서 공통적으로 발견한 것은 '식민지적 풍경landscape'이라고 부를 만한 것들이었다.[5]

역사』를 전후하여 콜레주 드 프랑스에서 행한 일련의 강의들도 개인과 주체의 계보학을 깊이 있게 탐구한다. 푸코와 관련된 입문서와 번역서들이 국내에 소개되어 있는 만큼 상세한 설명은 덧붙이지 않되, 푸코의 개인과 주체성의 형성을 제국과 식민지의 관계라는 탈식민주의적 관점에서 원용하고 재해석하려 한다.

[4] 김승태·박혜진 편, 『내한 선교사 총람』(한국기독교역사연구소, 1994)과 여 선교사의 유입과 이한 숫자를 정리한 강선미, 「조선파견 여선교사와 (기독)여성의 여성주의 의식 형성」(이화여대 박사논문, 2003) 참조. 1919년 3·1운동 이후 선교사의 수가 줄어든 것은 일제 식민 당국의 견제와 우려가 작용한 결과라 볼 수 있다. 특히 3·1운동이 학생층과 종교 지도자층을 중심으로 촉발되었다고 하는 현실 인식은 일제 식민 당국의 선교사 정책을 더욱 강화시키는 배경이 되었다.

식민지적 풍경은 실제 식민지를 점령했는지의 여부와는 상관없다. 식민지적 풍경은 제국주의의 지배적 시선으로 통제되고 감시되는 재현과 표상의 가시적 무대화를 일컫기 때문이다. 이러한 식민지적 풍경에서 현실은 실제 현실이 아니라 시선과 권력의 작동 및 재생산으로 규정된 담론적 현실로서 존재한다. 따라서 식민지적 풍경에서 무대 위에 올려진 배우/연기자인 식민지인은 주변의 자연환경과 부단히 교섭·투쟁하는 사회역사적 행위자가 아니라 자연환경에 순응하는 원시적 현존으로만 등장하게 된다. 파비안Johannes Fabian이 근대 인류학의 결정적 한계라고 언급했던 보는 자/관찰하는 자/서술하는 자와 보이는 자/관찰되는 자/서술되는 자의 이분화된 거리는 이 공간적 분리와 격리를 역사적 시간대의 이질적인 차이화로 대체·전위시킨 결과였다.[6] 과거와 현재, 이전과 이후의 위계적 시간 감각과 분절된 공간의 위상이 이처럼 식민지적 풍경의 도래와 출현을 정당화하는 근대적 시공간의 계열체에서, 조선과 조선인은 언제나 결핍과 부재의 대상으로 소구되고 체현되었다.[7]

---

[5] '풍경landscape'이라는 용어에 '식민지적'이라는 수식어를 덧붙여 필자가 재규정한 개념이다. 풍경이 단순히 자연환경이 아니라 시선과 권력이 교차하고 통과하는 의미 생성의 장임을 논구하고 검토하기 위해서이다. 풍경에 대한 이러한 식민지적 조우와 접촉에 대해서는 아르준 아파두라이, 『고삐풀린 현대성』(채호석·차원현·배개화 옮김, 현실문화연구, 2000)과 Mary Louise Pratt, *Imperial Eyes : Travel Writing and Transculturation* (Routledge, 1992) 참조.

[6] Johannes Fabian, *Time and the other : How anthropology makes its object* (Columbia University Press, 2002)와 파비안의 인류학 비판을 비교 연구의 관점에서 재해석한 사카이 나오키, 『일본, 영상, 미국』(최정옥 옮김, 그린비, 2008)이 대표적이다.

[7] 과거와 현재, 이전과 이후의 시간적 위계화와 공간화, 그리고 동일한 공간의 비동시성의 동시성에 대해서는 필자의 책 『식민지의 적자들』(푸른역사, 2005)에서도 지적했다.

개항과 함께 조선에 첫발을 내디딘 감리교 선교사 아펜젤러(왼쪽), 장로교
선교사 언더우드(오른쪽), 그리고 이화학당 초기 교사로 재직했던 선교사들
(아래). 군함과 함께 성경을 들고 모습을 드러낸 이 선교사들이 조선 땅에서
공통적으로 발견한 것은 '식민지적 풍경'이었다. 그들에게 조선인은 사회역사
적 주체가 아니라, 결핍과 부재의 대상으로 사물화되었다.

집의 벽돌은 진흙으로 높이가 8자 정도이고 지붕은 이엉으로 엮여져 있다. 집집마다 모두 지붕과 똑같이 짚으로 덮여 있는 담이 둘러싸여 있는데, 집 모양이나 색깔이 땅과 흡사해서 처음에는 마을을 알아볼 수 없었고 마을이 얼마나 큰지도 헤아릴 수 없었다. 조금 뒤 오른쪽에 다른 마을이 있는 것을 발견했는데, 헐벗은 산의 경사를 따라 붙어 있는 것이 사람이 사는 집이라기보다는 오히려 큰 벌집처럼 보였다.[8]

감리교 선교사 아펜젤러의 조선에 대한 첫인상은 이러한 식민지적 풍경의 구도 안에서만 해석할 수 있다. 인간이 자연의 대상물과 전혀 구분되지 않는 곳에서 조선인은 몇 가지 특성으로 추출·일람되어 제시된다. 이러한 조선인에 대한 가시적인 대상화와 사물화는 이 선교사들의 거룩한 사명과 임무를 재확인하는 순환적인 자기참조와 해석의 틀을 형성하게 되는데, 가령 "우리는 부활절에 이곳에 도착했다. 오늘 사망의 빗장을 산산이 깨뜨리시고 부활하신 주께서 이 나라 백성들이 얽매여 있는 굴레를 끊으사 그들에게 하나님의 자녀가 누리는 빛과 자유를 허락해 주옵소서!"[9]라는 식이다. 부활절로 표상되는 기독교적 의례와 예식의 기념비적 시간이 기존의 시공간성을 절단하고 부정한 바탕 위에서 새로운 의미화의 지평이 재구축되는 것이다.

세계에 대한 역사적 이해와 평가는 실제 사회의 변화가 아니라 한 사회를 사람들이 어떻게 인식하는지에 달렸다는 일련의 해석학적 경향은[10] 이 선교사들이 조선 땅에서 시행하고 착수한 종교 사업이 종교에

---

[8] 이만열 편, 『아펜젤러』(연세대학교 출판부, 1985), 268쪽.

[9] 이만열 편, 앞의 책, 270쪽.

[10] 어떤 특정한 이론이나 이론가를 염두에 둔 것은 아니며, 언어로의 전환 이후 포스트구

국한되지 않는 광범위한 사회정치적 헤게모니와 효과를 발휘했음을 말해 준다. 조선에 파견된 선교사들이 정교분리의 원칙 아래 기독교의 비정치적이고 탈역사적인 성격을 강조했음에도 불구하고, 기존의 지역적 현실과의 철저한 분리와 격리, 기독교적 감정과 욕망의 재교육과 규제, 진리 체제의 물적·제도적 기구와 개별화하는 권력을 통한 개인 주체의 형성은 일제 식민 당국과 기독교가 경합·상충하면서도 협력하고 제휴할 수 있는 토양이었다.

따라서 일제 식민 당국의 식민 정책의 안팎을 오가며 근대화와 문명개화의 논리를 공유했던 기독교와 선교사들의 권위 및 이를 동정과 후원이라는 '친밀성의 정치'로 중심과 주변의 또 다른 제국적 회로를 구축해 간 기독교계 여성 지도자들의 길항 관계를 살피는 일은, 3·1운동을 거쳐 친일親日과 친미親美로 경사된 이들의 사회역사적 궤적을 기독교의 조선 내 전파와 수용이라는 전반적인 맥락에서 검토하고 재조명할 기회를 제공한다. 이는 기독교계 여성 지도자들의 기독교적인 감정과 욕망의 정향이 친교의 젠더 정치와 결합되어 진실한 마음의 교류와 우정으로 내면화되는 사적 영역의 구축과 무관하지 않다. 이러한 사적 우애와 동정의 관계망은 민족이라는 형제애적 동정(애)의 감정과 혼효混淆·착종을 거듭하며 3·1운동 이후 기독교의 농촌계몽운동과 부녀교화운동으로 나타나게 된다.

조주의와 탈식민주의의 해석학적 관점과 시각이 가져온 폭넓은 변화를 의미한다. 특히 개념과 용어의 사회역사적 전환과 재구축은 이러한 새로운 학문적 경향과 맞물려 다양한 이론적 입장과 견해를 개진하는 추동력이 되었다.

기독교계 학교의 분리와 통제, 기독교적 '감정' 교육

초창기 여성 교육을 주도한 곳은 기독교 계통의 선교회들이었다. 1908년 정부에서 세운 여학교는 한성관립여학교 하나였던 반면, 기독교 선교회에서 건립한 미션계 여학교는 장로교와 감리교를 통틀어 모두 29개에 달했다.[11] 이 중 최초의 기독교계 여자 학교는 미국의 감리교 여선교사 스크랜턴Mary Scranton이 설립한 이화학당으로 1886년 개교했다.[12] 초창기에는 여성 교육에 대한 낮은 인식과 이방인에 대한 두려움으로 학생 모집이 쉽지 않았음은 이미 여러 글들에서 밝혀진 바이다.[13]

고아 출신이나 버려진 아이들을 데려다가 성경 위주의 학습을 시킨

---

[11] 김재인 · 양애경 · 허현란 · 유현옥, 『한국 여성교육의 변천과정 연구』(한국여성개발원, 2000)에 따르면, 1908년까지 건립된 기독교계 여학교는 1886년 이화학당을 시작으로 1887년 정신여학교, 1894년 정의여학교와 1908년 정신여학교 · 영생여학교 · 기독보신여학교 · 삼숭여학교의 개교로 총 29개에 이르렀다고 한다. 이에 비해 민간 사립 여학교는 1908년 현재 12개에 그쳤다.

[12] 초기 기독교계의 여성 교육 공간은 그 성격에 따라 크게 둘로 나누어졌다. 하나는 전문 종교인을 양성하는 교육 공간이고, 다른 하나는 기독교계 여학교였다. 윤정란, 『한국 기독교와 여성 정체성』(한들출판사, 2006). 전문 종교인을 양성하는 교육 공간이 단기 양성을 목표로 했다면, 기독교계 여학교(미션계 여학교)는 중 · 고등교육을 맡았다는 점에서 장기적인 전망과 기획이 있었다. 여기서는 특히 기독교계 여성 지도자들을 양성하고 훈육했던 기독교계 여학교를 중심으로 논의를 전개한다.

[13] 이를 예증하는 자료로는 정충양, 『이화 80년사』(이화여대출판부, 1968)와 민숙현 · 박해경, 『이화 100년 야사 한가람 봄바람에』(지인사, 1981)가 대표적이다. 그 외 기독교 여성운동사와 여성 교육사를 다룬 글에서도 이는 공통되게 이야기된다. 박용옥, 『한국근대여성사』(정음사, 1975)를 보면, "또한 초창기에는 배우러 오는 학생이 없어서 고아 · 거지 등 가정과 사회에서 버려진 아이들을 주워다가 가르쳤다고 한다. 따라서 초창기의 이들에게서 선구자적 사명감이나 또는 전 여성을 개화의 큰 길로 이끌어 나아갈 지도력과 같은 것은 기대할 수조차 없었을 것이다."라는 표현이 있는데, 이는 1894년 이전 이화학당의 가치를 부정적으로 평가하는 논의의 연장선상에 있다고 할 것이다.

것이 기독교계 여학교의 원형인 셈인데, 이 최초의 여학교가 지역적 현실과 사회적으로 분리·격리될 수밖에 없었던 유기되고 방치된 여성들을 중심으로 운영되었다는 사실은 시사하는 바가 크다. 기존의 지역적 현실, 말하자면 식민지적 풍경과의 분리와 단절을 통해 기독교의 기념비적 시공간성을 새롭게 재편하고자 했던 이 (여)선교사들에게 부모와 가족 등의 혈연과 지역공동체는 이 분리와 단절을 가로막는 방해물이었기 때문이다. 여성 교육에 대한 낮은 인식과 이해 부족이 언제나 개탄받았지만, 상대적으로 상층 계급 여성들은 집안과 가문 등의 보호를 받고 있어 여 선교사들이 개입할 수 있는 여지가 극히 적었다. 따라서 최소한의 유대와 가족 관계를 상실한 여성들이 우선적으로 기독교 개종과 교화의 대상이 되었음은 당연하다.

이화학당이 문을 열고 차츰 자리가 잡혀 가면서 부모와 친인척이 없는 아이들은 말할 것도 없고 집안 형편이 어려워 이화학당을 찾은 어린 여아들은 "앞으로 십 년 동안은 완전히 학교에 맡기고 시집보내거나 데려가지 않는다."[14]는 명시적인 조건 하에 입학이 허락되었다. 이 조항은 일종의 사회계약에 해당된다. 보호와 안전을 대가로 개인의 신체를 구속하고 통제하는 것이 정당화되었기 때문이다.[15] 개별 신체의 배타적

---

[14] 민숙현·박해경, 앞의 책, 113쪽.

[15] 사회계약론의 출현은 근대적 개인의 탄생과 동궤에 있다. 루소를 비롯한 홉스의 사회계약론은 기존의 지역적 공동체에 묶여 있던 사람들이 이탈되면서 각 개인이 자기 신체에 대한 소유권과 자율권을 갖게 되지만 자신의 안전과 보호를 위해 국가와 사회에 자발적으로 그 권리를 양도하게 된다는 가공적 이론이다. 이 사회계약론은 근대적 개인 주체의 출현과 동시에 개인이 국가와 사회에 자발적으로 투항하고 예속되는 메커니즘을 설명하는 가장 유효한 이론으로 자리 잡았다. 여기서 말하는 '사회계약'은 사회계약론의 이율배반적 측면, 즉 개인화와 예속화를 염두에 둔 표현이다. 기독교계 여학교에 입학하는 것은 곧 개개인의 관리와 보호라는 개인 주체의 탄생을 전제로 하지만,

소유권과 관리권을 위임받은 기독교계 여학교들이 공통적으로 기숙사를 운영했던 이유를 여기서 찾을 수 있다. 기숙사는 부모와 친지 같은 지역적 현실로부터 아이들을 최대한 멀리 떼어 놓을 수 있는 최적의 장소였다. 비합리적이고 전근대적인 식민지적 풍경의 조선과 조선 사회가 여아들의 분리와 격리를 정당화시키는 근거로 작용했다. 기존의 지역적 현실과 접촉하고 교류하는 것만으로도 조선의 야만적인 관습과 전통에 물들고 퇴화할 수 있다는, 이른바 감염에 대한 공포가 이러한 조치를 강화시켰다. 따라서 기숙사의 엄격한 규율과 통제를 통해 이들을 관리하고 훈육하는 일은 기독교적 복음과 은총의 새 역사를 개시하려고 한 기독교계 여학교들의 핵심 사업이 아닐 수 없었다.

기숙사를 배경으로 한 다양한 기사와 르포, 탐방기와 취재물들이 1910년대 이후 지속적으로 증가한 것은 조선 사회에서 기독교계 여학교 기숙사가 갖는 이러한 특별한 위상과 분리해서 설명할 수 없다. 기독교계 여학교 기숙사들은 단지 배움의 장이기만 했던 것이 아니라, 오히려 이 배움을 특정한 방향으로 유도하고 정향定向짓는 곳으로서 그 의미가 더 컸다. 엄격한 규칙과 기숙사 운용으로 인해 해당 학생들과 빈번한 갈등과 분쟁을 겪었음에도 기독교계 여학교들이 기존 방침을 완강하게 고수했던 것은, 조선 사회에서 기독교계 여학교의 기숙사가 갖는 이러한 특별한 위상과 밀접한 관련이 있다.[16]

기독교적 교의와 도덕률은 예속화된 주체를 예고하기 때문이다.

[16] 당시 신문과 잡지 매체 등에 여학교의 맹휴가 심심치 않게 보도되었다. 여학교의 맹휴는 사회주의 운동과 결부되어 진행된 부분이 적지 않으나, 기독교계 여학교의 규칙과 통제에 학생들이 집단적으로 반발하여 일어난 경우도 많았다. 정신여학교와 숭의여학교에서 발생한 1922년과 1923년의 맹휴는 사회적인 사건이 되기도 했다. 일부 기존 논의에서는 이를 여성운동사에 포함하여 다루었다. 최숙경·이배용·신영숙·안연선, 「한

초창기 이화학당과 정신여학교 등의 기독교계 여학교들은 예외 없이 전원 기숙사 생활을 해야 했고, 학교 수업과 일정도 대단히 빠듯했다. 1920년대 이 두 학교의 일과와 일정표를 조사한 연구에 따르면, 당시 학생들의 일과는 다음과 같았다.[17]

	6:00~6:30	6:30~6:40	6:40~7:00	7:00~7:30	7:30~8:00	8:00~8:30	8:30~16:00	16:00~16:30	19:00~22:00	22:00~
이화	기상 청소	당번 식사 준비	식종	기도	조식	기도 광고	상학종 수업	하학	석식 자유시간	소등
정신	기상 청소	기도	당번종	밥종	기도 조식	청소	상학종 수업	자유 시간	석식 심공	소등

비록 1920년대를 기준으로 한 것이긴 하지만 이 일정표에서 읽어 낼 수 있는 것은, 기독교계 여학교와 기숙사 생활이 기존의 조선 가정과 지역을 대체했다는 점이다.[18] 서구의 부르주아적 개인주의가 핵가족이라는 이상화된 가정성과 정숙과 순결의 도덕적 가치에 입각해 확립되었다는 사실을 떠올려 보면,[19] 기존의 지역적 현실과 단절된 학교의 일

국여성사 정립을 위한 여성인물 유형연구 Ⅲ」(『여성학논집』, 1993), 89쪽 참조.

[17] 『신여성』 창간호와 3호의 「여학교 기숙사생활」을 참조하여 정리·기술한 문영희의 「공간의 재배치와 식민지 근대 체험─학교·병원·공장 여성의 기숙사 생활을 중심으로」(『한국의 식민지 근대와 여성공간』, 여이연, 2004), 280쪽에서 재인용.

[18] 1920년대에 들어서며 기독교계 여학교들에 대한 대중매체의 관심이 증대되어 이러한 일정표도 작성할 수 있는 여지가 생겨났다. 하지만 초창기 기독교계 여학교들의 학교 규율은 대단히 엄격하여 기숙사에 한번 들어오면 7~8년에서 10년간은 기숙사 생활을 해야 했고, 그동안 사회와의 접촉은 거의 차단되었다. 일요일은 교정 샛문을 통해 정동 예배당으로 갔으며, 교과 내용은 영어와 성경이 주를 이루었다. 정충량, 앞의 책과 김선영, 「설립 초창기 한일 기독교계 여학교의 교육 모티브에 관한 비교연구」(『기독교교육논총』, 2000)가 이를 잘 보여 준다.

[19] Nancy Armstrong, *Desire and Domestic Fiction* (Oxford Press, 1989). 낸시 암스트롱은 중간

상생활화와 체계화의 목적이 철저한 시간 엄수 못지않게 규칙의 내화를 통한 기독교적 주체와 가정성의 구축에 있었음을 짐작할 수 있다. 이 통제된 범주와 경계의 유지 및 단속은 신과의 직접적인 소통과 영혼의 각성을 중시하는 부흥회의 연례적 개최로 재확인되는데, 부흥회에서 신과 소통하는 일은 일종의 연극적인 '자기증명' 형식을 띠었다는 점에서 주목을 끈다.

조선에서 부흥회는 1904년을 기점으로 점화되어 확산되었다. 1904년 원산에서 시작된 부흥회는 몇 년간 선교 부진으로 '영적 절망 상태'에 빠져 있던 선교사 하디R. A. Hardie가 주의 임재와 능력에 대한 직접 체험과 고백을 주창한 데서 연유하였다. 이 부흥회가 빠른 속도로 퍼지며 열기를 더해 간 데는 기독교계 학생들의 적극적인 참여와 변화도 한몫을 했다. 서울의 배재학당과 이화학당의 학생들을 주요 대상으로 하여 개최된 1904년 서울 정동교회의 부흥회는 이후 이화학당이 매년 유명 선교사들을 초청하여 부흥회와 특별 예배를 실시하는 시발점이 되었다.[20]

겉보기에 이러한 부흥회와 특별 예배에서 실시하는 집단 속죄와 고백 의식이 자발적인 내적 감정의 토로와 분출인 것 같지만, 그 참가자들은 그 의식에 참여한 다른 사람들을 바라봄으로써 자신이 공동체의 일원임을 재확인하는 응시와 바라봄의 비대칭적인 관계에 이미/앞서 놓여 있다. 따라서 초창기 조선을 휩쓴 부흥회의 열기는 이 집단 경험을 정례화하고 예식화하는 중요한 계기로 작용했고, 부흥회와 특별 예배의 개인적이면서 동시에 집단적인 체험은 새벽 기도와 기도회 모임

계급의 정치경제적 성공이 이러한 사적 영역의 재구축과 도덕적 가치의 재확인을 통해 귀족계급과 프롤레타리아계급과의 계층적 위계화를 가능하게 했다고 지적한다.
[20] 이덕주, 「한국교회 초기 부흥운동과 여성」(『한국기독교와 역사』, 2007)을 참조하여 정리.

초창기 이화여전 식당(위)과 기숙사(아래). 기독교계 여학교들은 모두 기숙사를 운영했다. 너무 엄격하게 운용하여 학생들과 빈번한 갈등을 겪었음에도, 기독교계 여학교들은 비합리적이고 전근대적인 식민지적 풍경에서 학생들을 격리 · 보호해야 한다는 이유로 이러한 방침을 완강하게 고수했다,

같은 개인과 소수 집단의 내밀한 고백과 참회 의식으로 분화·확산·유통·변용되었다. 김활란과 박인덕 역시 부흥회와 특별 예배를 경유한 내적 회심回心의 경험을 공통되게 기술했는데, 이것이 3·1운동의 경험과 결부되어 이들의 향후 진로를 결정하는 '욕망과 감정'의 중심적인 매듭점이 되었다는 점에서 두 사람의 내적 회심 체험을 다소 길지만 인용해 보기로 한다.

나는 우선 나의 최선을 다해 보기 위하여 목사님의 말씀을 따라 내 마음 전부를 쏟아 놓는 기도를 하리라 작정하였다. "만일 정말 하나님이 계신다면 나의 죄가 무엇인지 깨닫게 해 주십시오. 또 우리가 모두 예수님의 구원을 받아야만 할 죄인들인가를 가르쳐 주십시오."

오직 그 일념으로 철야기도를 하기로 작정한 것이다. (중략) 매일 밤 그 깜깜한 기도실에서 꼬박꼬박 세웠다. 소리 없는 기도였지만 인간의 영혼의 문제와 나라의 비운을 슬퍼하는 비애와 울분과 의욕이 한꺼번에 소용돌이치며 아우성치는 처절한 마음의 부르짖음이었다.

어느 날 한밤중이었다. 땀에 젖은 이마를 드는 순간, 나는 희미한 광선을 의식했다. 십자가에 못박히신 예수의 얼굴이 보였다. 그 예수의 모습에서 원광이 번져 내 가슴으로 흘러드는 것 같았다. 사방은 어두웠다. 사면은 무겁게 침묵하고 있었다. 그런데 갑자기 아득히 먼 곳에서 아우성을 치는 소리가 들려왔다. 그 처절한 부르짖음은 아득히 먼 것도 같았고 바로 귀밑에서 들리는 것 같기도 했다. 울부짖고 호소해 오는 처절한 울음소리. 그 소리를 헤치고 문득 자애로운 목소리가 들려왔다. (중략) "저것은 한국여성의 아우성이다. 어째서 내가 저 소리를 듣고도 가만히 앉아 있을 수 있느냐? 건져야 한다. 그것만이 너의 일이다."

두 손을 모아 쥔 나는 어느 틈에 흐느껴 울고 있었다. 갑자기 주위는 다시 조용해졌다. 나의 전신은 땀으로 함빡 젖어 있었다. (중략) 이러한 경험 후에 고집과 교만과 일본에 대한 증오까지도 죄임을 비로소 깨달았다. 강열한 증오가 애국이 아니라는 것을 알았다. 나는 나의 죄까지도 의식하게 된 것이다. 나는 하나님의 능력과 빛과 생명의 풍성한 은혜를 기쁜 마음으로 믿었다.[21]

다음 날 정오경 내가 규칙을 어겼음에도 불구하고 하나님께서는 나의 수많은 기도에 응답을 보내주셨다. 감방 문의 식사 구멍이 열리더니 잘 익은 맛있는 쌀밥과 구운 소고기, 콩나물과 김치(한국식 피클)가 집어넣어졌고 영어로 된 성경 하나가 주어졌다. 내 기도에 대한 직접적인 응답에 너무나 흥분되어 나는 울고 웃으며 밥을 받아 들고 먹기 시작했다. 밥을 먹은 후 성경을 펼쳤는데 우연히 펼쳐진 성경에서 내 눈이 제일 먼저 닿은 곳은 "하나님께서 말씀하시길 '빛이 있으라' 하니 빛이 있었다."라는 구절이었다. (중략) 나는 이제 하나님의 말씀을 읽는 데 큰 기쁨을 누렸고 성경에 나오는 곳들을 상상 속에서 그려 보았다. 여행길에 나선 사도 바울과 다른 초기 기독교의 선지자들을 따라 어떤 날은 하루에 8시간에서 14시간씩 성경을 읽곤 했다. 내가 읽은 것에 감동되어 나는 하나님께서 바울을 사용하셨듯이 나를 사용해 주시기를 바랐고 그 외로운 감옥에 무릎을 꿇고 하나님을 섬기는 데 나 자신을 바치기로 결심하였다.

그 시절 많은 시간을 기도하고 명상하면서 나는 우리 민족이 일본의 군사 정권에 대해 무력으로 (사실 갖고 있지도 못했지만) 싸울 수는 없다는 것을 깨닫게 되었다. 기도와 기독교적 인내를 통해 하나님의 도움으로 많은 것을 이룩할 수 있음을 깨달았다. 분명 우리 민족은 기독교와 기독교 신앙의 격

---

21 김활란, 『김활란 자서전 : 그 빛 속의 작은 생명』(이화여대출판부, 1965), 56~59쪽.

려를 필요로 하고 있었다. 밤낮으로 하나님과 소통하며 신성한 말씀을 읽고 성경 전체를 다 읽었다. "내가 사망의 음침한 골짜기를 지날지라도 악을 두려워하지 않음은 주님께서 함께 하심이요. (중략) 나는 영어 성경 구절에 대해서도 많이 배웠다.[22]

　첫 번째 인용문은 김활란의 자서전 중 일부이고, 두 번째 인용문은 박인덕의 것이다. 김활란은 어두운 기도실에서 철야기도를 하다가 희미한 광선과 함께 예수의 목소리를 들었고, 박인덕은 3·1운동의 주동자로 일본 경찰에 체포되어 서대문 형무소에 갇혀 있던 중에 깨달음을 얻었다고 되어 있다. 두 사람의 내적 회심 체험은 1913년과 1919년으로 시기상 다소 차이가 있지만, 서사의 기본 유형과 레토릭은 동일하다. 약간의 무리를 무릅쓰고 이야기한다면, 두 사람은 모두 '무지-각성', '암흑-빛', '미몽-개안'의 이항 대립적 틀을 따라 각성과 회개의 드라마를 펼쳐 보인다.

　이는 시각과 청각, 촉감의 오감과 지각을 동반한 완전한 쇄신과 개조의 극적 재연과 형상화이다. 이러한 극적 형상화와 무대화는 푸코가 말한 사실의 인지와 '자기증명'의 연극적 형식과 일치한다. 고백과 참회의 의식은 반드시 시각적으로 재현되어야 하고, 이 의식을 인정하는 타인의 참여와 응시를 필요로 한다는 푸코의 지적은, 개인의 자발성과 수동성에 대한 쉽지 않은 문제를 제기하며 이들의 내적 경험과 욕망의 정향이 이들을 규제하고 단속하는 대타자의 시선과 명령의 분절선을 따라 포함과 배제를 거듭하는 유동적인 장임을 말해 준다.[23]

---

[22] 박인덕, 『구월 원숭이』(최연화·채선수·허윤기 옮김, 창미, 2007), 69~70쪽.
[23] 미셸 푸코, 앞의 책. 이 글의 발문에서 인용한 내용과 조응하는 것으로, 푸코는 사실

이를테면 아펜젤러가 "학생들 가운데 우수한 학생들은 기독교인이다. …… 우리는 이곳에 영혼을 구하기 위해서 있으며, 우리가 가르치는 자들이 개종하지 않는다면 우리가 근거해서 일하고 있는 기본 원리에 주의를 기울여야 한다. 그러나 하나님께 감사를 드릴 일은 학생들이 예수에게 돌아오고 있다는 것이다."[24]라며 교육 이념을 천명한 것은 이러한 기독교계 여학교의 자기증명과 인지를 선회하고 있다. 영혼의 구제와 정화가 기독교계 여학교가 장려하고 육성하는 기독교적 주체의 내면 풍경을 형성하게 되는 셈이다. 매년 정기적으로 개최되는 부흥회와 특별 예배는 이러한 기독교적 주체의 내면 풍경을 형성하고 육성하는 정례 행사로 자리 잡았다. 김활란이 특별 예배 시간에 "죄를 고백하고 용서를 받아야 하며 기도를 통하여 자기의 죄를 인식해야만 한다."[25]고 강조하는 목사의 말에 반발하면서도 목사의 말을 문자 그대로 실천하는 것은, 목사가 이 명시적이고 공개적인 의례의 장에서 진리를 소유한 담지자/행위자로 위치하기 때문이다.

절대 진리를 소유한 목사/사명가의 형상은 이에 복종하고 순응하는 규율화된 주체로서 양 떼/죄인의 형상을 반대급부로 요구한다. 양 떼/죄인의 형상이 목사/사명가와 이러한 비대칭적 위계 관계에 놓여 있는 한, 이 목사/사명가의 지도와 구원은 절대적인 것일 수밖에 없다. 마찬가지로 양 떼/죄인의 형상은 목사/사명가의 지위를 보증하기 위해서라도 반드시 필요하다. 따라서 양 떼/죄인의 형상을 따라 구축되는 감정

의 인지와 자기증명(이 표현은 필자의 표현이고 푸코는 '자기공개'라는 말을 쓴다.)의 연극적 시각화는 자기명시와 자기파괴의 동시적인 행위임을 밝힌다.

[24] 이만열 편, 앞의 책, 392~393쪽.

[25] 김활란, 앞의 책, 56쪽.

인덕대학을 세운 박인덕(위).
1936년 엘리스 아펜젤러 교
장과 함께한 김활란(아래).
아펜젤러 교장은 선교사 아펜
젤러의 딸이다.
김활란은 철야기도를 하다가
희미한 광선과 함께 예수의
목소리를 들었고, 박인덕은
서대문 형무소에 갇혀 있던
중에 깨달음을 얻었다고 고백
했다. 두 사람은 모두 '무지-
각성', '암흑-빛', '미몽-개
안'의 이항 대립적 틀을 따라
각성과 회개의 드라마를 펼쳐
보인다.

과 욕망의 내면적 자질들은 자연적이고 본래적인 것이 아니라, 이 위계화된 구도를 반복하고 모방하는 시차적 재현의 창조된 상상의 풍경일 뿐이다. 이 창조된 상상의 내적 풍경이야말로 근대의 개별화하는 권력이 작동하는 방식이기도 하다. 개인의 영혼과 양심을 감독하고 보호하는 기독교의 종교 의례가 근대적 개인 주체의 형성과 맞물리게 되는 지점이 바로 이곳이며, 이 미시적 권력의 경제economy와 테크닉을 따라 근대의 개별화된 개인 주체들이 생성되고 탄생한다. 이렇게 새롭게 재탄생된 근대적 개인 주체들의 내면 풍경은 또한 제국주의의 지배적 시선이 투사되고 각인된 식민지적 풍경의 음화이자 이면이라는 점에서 그 문제성이 더 두드러진다.

신과의 만남과 영혼의 각성을 경험하고 재현한 이 기독교계 여성 인물들은 조선을 점령한 일제 식민 당국에 대한 증오와 적대를 거두어들인다. "고집과 교만과 일본에 대한 증오까지도 죄임"을 깨닫고, 강렬한 증오가 애국이 아니라는 김활란의 죄인으로서의 자기인식과 참회는 "우리 민족이 일본의 군사정권에 대해 무력으로 싸울 수는 없다."는 사실을 각성하게 되는 박인덕의 회심 과정과 상호 조응하는 것이다. 증오와 무력은 야만과 무지의 징표로 격하되며, 인내와 절제의 자기수양과 훈련이 이 자리를 대신 차지한다. 분노와 증오가 자기금욕과 절제의 헌신적이고 희생적인 자아 각성과 회개의 길을 거쳐 타인에 대한 봉사와 애정으로 나아가는 형국이다.

이러한 개체적 자의식과 보편적 인류애는 기존의 전통적이고 지역적인 가족 관계의 연장이나 확대가 아니다. 이들이 획득한 개체적 자의식과 보편적 인류애는 혈통·지위·연령·신분·지역을 모두 뛰어넘는 선지자/구원자로서의 역사적 소명의식과 사명감의 기독교적인 보편 인류애를 예비하기 때문이다. 이들의 기독교적인 보편 인류애와 세계적 구원의 소명 의식은 각 개인을 인도하고 보살펴야 한다는 영적 구제와 정화에 집중된 개별화와 사사화私事化로 되돌려진다. 세계와 인류에 대한 추상적이고 보편화된 기독교적인 세계 복음과 구원의 확산 감각 그리고 내면과 영혼에 되돌려진 개인화의 수축과 귀환이, 타인에 대한 동정과 연민을 추동하는 힘이자 가까운 이웃과 지역(지역적인 것)을 배제하는 장벽이 되는 이율배반은 이렇게 탄생한다.

양 떼/죄인의 참회 의식과 은총의 개별화와 관심은 이를 소유한 자와 그렇지 않은 자 간에 날카로운 분단선을 획정하고 표지한다. 이 구성원 '됨'의 자격 여부는 개별화된 관심과 보호의 젠더화된 친교의 관계망을 구축하며, 이것을 공적인 의무와 헌신으로 대체·전위하는 교차 지점에서 내적 긴장과 파열을 빚어낸다. 항일 여성운동 단체인 근우회槿友會의 협동 노선과 기독교계 여성 지도자들의 참여와 탈퇴, YWCA(기독교여자청년회)의 독자적인 농촌계몽과 생활개선운동은, 1919년 3·1운동 이후 본격화된 사회개조 움직임 속에서 동정(애)의 위선과 기독교적 복음의 허구를 지적하며 계급적 지향과 의식을 분명히 했던 사회주의자들과의 대립을 심화시켰다. 김활란과 박인덕의 미국 유학과 귀국, 사회 개혁과 계몽운동은 이러한 사회주의자들과의 대립과 경쟁 속에서 민족이라는 형제애를 둘러싸고 벌어진 논쟁의 자장 안에 있었다.[26] 이 논쟁을 깊숙이 들여다보면 친일과 친미가 단락의 한 지점으로 갑자기 돌출되는 것이 아니라 일련의 연속과 변용의 과정을 거쳤음을 알 수 있다.

---

[26] 여기서 김활란의 활동을 중심으로 논의를 진행하려는 이유는 김활란이 기독교계의 농촌계몽운동에 깊숙이 개입하고 있었기 때문이다. 박인덕이 상대적으로 외국에 체류하는 기간이 길었던 반면, 김활란은 기독교계의 농촌계몽운동의 중심에서 그 명멸을 함께했다는 점에서, 3·1운동 이후 기독교계의 전반적인 움직임 속에서 기독교계 여성 지도자들의 활동을 살펴보려고 하는 이 글의 취지에 부합한다고 할 것이다.

'민족적인 것'의 딜레마와 친일 · 친미의 이중주

김활란은 1918년 제5회 졸업생으로 이화학당 대학과를 마치고 1922년 유학 길에 오른다. 미국 유학은 당시 아무나 누릴 수 없는 최상의 혜택이었던 만큼, 김활란의 유학의 의미는 자못 컸다. 당시 미국 유학생의 분포를 연구한 홍선표에 의하면, 1920년대 해외 유학생 436명(일본 내지 유학생은 제외) 가운데 미국 유학생 수는 322명으로 전체 해외 유학생의 76퍼센트에 달했지만, 일본 전체 유학생 수에는 훨씬 못 미쳤다.[27] 이 미국 유학생 중 특히 여성은 손에 꼽을 정도였으니, 김활란이 1922년 웨슬리안 대학과 보스턴 대학으로 유학을 떠난 것과 1931년 콜롬비아 대학에서 박사 학위를 취득한 일은 그 자체만으로도 조선 사회에 큰 반향을 불러일으켰다.

1932년 1월 8일자 《동아일보》는 사회 각계 저명인사들이 조선 여성 최초로 박사 학위를 취득하고 돌아온 김활란의 귀국 환영회를 명월관에서 대대적으로 개최했다는 기사를 사진과 함께 실었다.[28] 더구나 김활란의 박사 학위 제목이 「한국의 부흥을 위한 농촌교육」이라는 점이 명시하듯이, 1920년대 중후반부터 본격적으로 전개된 기독교계의 농촌계몽운동은 김활란이 조선의 농촌문제와 그 해결을 학위 논문 주제로 삼게 한 중요한 원인으로 작용했다.[29] 김활란은 제1차 세계대전 이후

---

[27] 홍선표, 「일제하 미국유학연구」(『국사관논총』, 2001). 이 논문에 의하면 1910년대 미국 유학생들의 전공 분야는 내한 선교사들의 영향을 받아 대부분 신학에 치우쳤고, 다음으로 미국 선교회 사업의 필요에 따라 문학과 의학 분야가 많았다고 한다. 하지만 1919년 3 · 1운동 이후 교육열이 증대하며 전공 분야가 다양해져서 사회과학 분야 전공자가 가장 많은 수를 차지하고, 다음으로 공학과 인문학의 순이었다.

[28] 「박사학위엇고 김활란씨 미국서 귀국」《동아일보》, 1931년 12월 21일자).

기독교계에서 새롭게 일어난 '사회복음'에 대한 각성에 힘입어 1928년 3월과 4월 2주간에 걸쳐 예루살렘에서 개최된 대규모 '에큐메니컬' 세계 대회 때 세계 인구의 대다수를 차지하는 농촌인구의 선교 및 교육, 위생과 경제 등을 놓고 전全 방위적인 토론을 벌이는 자리에서 한국 농촌에 관한 최초의 체계적인 보고서를 발표한 브루너Edmund de S. Brunner의 지도를 받아 논문을 완성했다. 당시 콜롬비아 대학에 몸담고 있던 사회학자 브루너는, 1927년 9월 6일 국제선교협의회와 콜롬비아 대학 소속으로 조선에 파견되어 조선의 농촌을 조사하고 그 결과를 'Rural Korea'라는 제목의 글로 조선에서 이미 발표한 바 있었다.[30]

농촌계몽운동에 대한 김활란의 이러한 이론적 관점은 그녀가 예루살렘 대회에 조선 대표로 참가했다가 대회가 끝나고 나서 양주삼과 함께

---

[29] 『동광』은 1932년 1월호의 '조선부흥을 위한 농촌교육, 김활란 씨의 박사논문공개'라는 제목 아래 김활란의 박사 학위 논문의 결말부를 초역하여 실었다. 이 기사에서 김활란은 조선 최초의 여자 철학 박사라는 점이 강조되며, 그녀의 논문이 현 조선 농촌의 민중 생활과 과제에 초점이 맞춰져 있음이 소개된다.

[30] 한규무, 『일제하 한국 기독교 농촌운동』(한국기독교역사연구소, 1997), 50~51쪽에서는 "'뿌루너' 박사의 조선농촌시찰담에서도 만혼 암시를 밧엇다. 금후 우리 교회의 발전책도 역시 나변에 재함을 알 것이다. 즉 성서와 빵을 주어라."라는 1928년 1월 4일자 《기독신보》의 글을 토대로, 브루너가 귀국하기 전에 자신의 조사 내용과 결과를 조선에서 이미 발표했음을 증명한다. 브루너는 1927년 9월 6일 조선에 들어와 수개월에 걸쳐 연희전문 하경덕과 함께 35개 농촌 마을에 대한 표본조사와 6개 농촌 교회에 대한 추가적 연구를 실시했다. 이러한 한국 농촌에 대한 직접적인 관심이 김활란의 박사 학위 논문을 지도하게 된 가장 큰 이유였을 것이다. 브루너는 "한반도를 찾는 방문객은 서울의 훌륭한 정부청사, 발달된 교통수단, 재조림 사업 등 많은 물질적 진전을 이룬" 일제 식민지 하의 조선의 발전상을 긍정적으로 평가하면서도, 머리말에서 만약 일제 식민 당국이 김활란이 박사 논문에서 제시한 방안을 받아들이지 않는다면 이를 기독교 계통 학교에서라도 시도해 보면 좋겠다는 다분히 체제 친화적인 입장을 표명한다. 김활란, 「한국의 부흥을 위한 농촌교육」(『우월문집』, 이화여대출판부, 1979), 143~144쪽.

덴마크 농촌을 시찰·방문한 데서 촉발된 것이기도 했다. 이후 덴마크는 농촌 생활의 이상적인 표본으로 추천되고, 덴마크를 방문했던 인사들의 감상과 소회가 일제히 《기독신보》와 YMCA(기독교청년회) 및 YWCA의 공동 기관지인 『청년』에 게재되었다. 김활란도 「예루살렘대회와 금후기독교」라는 글을 통해 예루살렘 대회가 "산업문제, 농촌문제, 인종문제 등을 가지고 토의한 것은 내용은 고사하고 그 사실로만 보아도 신경향"이며, "세계에 전 인구 3분의 2가 농민인 이상 그 다수를 본위로 삼은 농촌교육순서가 필요한 것을 절실히 늣기고 모든 교회기관은 문제 해결을 위하여 노력하라는 제의"[31]가 있었다고 전한다. 따라서 "기독교회도 장차 세계적 사회문제까지 불간섭주의를 가지고 방관할 것이 아니라 맹렬하게 나서서 장려할 것은 장려하고 반항할 것은 반항할 것이니 즉 기독교를 개인에 잇서서 단체에 잇서서 사회화하고 실제화하는 것"[32]이 필요하다는 전언을 덧붙인다.

예루살렘 대회를 분수령으로 높아진 농촌계몽과 부녀 교화에 대한 적극적인 관심과 실천은 구체적인 프로그램으로 제출되어, 김활란이 주도하여 설립한 YWCA는 산하에 농촌부를 두고 농촌 사업을 본격적으로 시행하게 된다. '요리법, 부업, 하수도와 배수시설' 등의 농민보건, '신용조합, 저축조합, 협동구매, 소비협동'의 농민협동, '양질의 어린이 양육교육, 한글교육 및 각종 관청 신청 허가서 작성교육, 종자개량' 등의 농민교육과 '양계, 가축사육, 양잠, 버섯 재배, 화초, 채소 재배' 등의 농촌부업 장려라는 총 네 가지 사업 목표는 농사를 제외한 거의 전 분야를 망라했지만, 실제로 YWCA에서 수행한 사업은 YMCA와 손잡고

---

[31] 김활란, 「예루살렘대회와 금후기독교」, 『청년』, 1928년 11월호, 4~5쪽.
[32] 김활란, 앞의 글, 5쪽.

농민학교를 열어 4주 과정의 주부 교육을 실시한 것과 농사 강습회를 개최한 것이 고작이었다. 다시 말해 '아동 및 부녀자 교육'이 YWCA가 실제 수행한 사업의 전부였다.[33]

그러나 "「덴마아크」의 농민고등학교에서 쓰던 방법을 한국 실정에 맞도록 고쳐서"[34] 실시하려고 했던 농사 강습회마저 몇 년이 못 되어 일제 당국에 의해 폐지당해 소기의 성과를 거두지 못했다. YMCA와 YWCA가 한국 농촌운동의 개척자임은 틀림없지만, 당시 덴마크를 모범 사례로 조선에서 의욕적으로 벌어졌던 기독교계의 농촌계몽과 생활개선운동이 만족할 만한 성과를 거두지 못했음을 함축하는 김활란의 이 발언은, 일제 식민 당국이 1932년 7월부터 추진한 농촌진흥운동과 맞물려서 농촌계몽운동이 한계에 부딪혔음을 말해 준다. '농도본의와 도의 정신의 진작'이라는 기본적인 정책 목표 아래 '생활개선과 문맹타파', '심전개발', '농가수입과 영농의 다각화', '중견인물 육성' 등의 제 정책을 시행한 일제 식민 당국의 농촌진흥운동은 농민 개개인의 '정신부활과 쇄신'이라는 농촌 생활 개선과 향상을 도모했던 기독교계의 활동과 크게 다를 바 없었다. 이에 따라 기독교계 여러 농민 단체와 사업 조직들은 일제 식민 당국의 산하 단체와 조직들로 자연스럽게 편입되거나 해체되는 쇠퇴와 소멸의 길을 걷게 된다.[35]

---

[33] 한규무, 앞의 책, 69쪽.

[34] 김활란, 앞의 책, 176쪽.

[35] 장규식, 「1920–30년대 YMCA 농촌사업의 전개와 그 성격」(『한국기독교와 역사』, 1995). 여기서 장규식은 일제 식민 당국의 농촌진흥운동이 그 사업 내용과 조직 면에서 YMCA의 농촌 사업과 많은 부분 겹칠 수밖에 없었음을 인정한다. 하지만 민족자립경제 건설이라는 맥락에서의 농촌재건운동과 일제 독점자본·금융자본의 이해를 반영하는 선상에서의 농촌진흥운동은 지향 면에서 완전히 다른 것이었다고 그는 주장한

여기서 YWCA의 농촌계몽과 부녀교화운동을 입안하고 지탱했던 김활란이 근우회에 합류하여 소극적으로 참여했다가 탈퇴하는 1927년부터 1931년까지의 활동은 농촌계몽운동과 대비되는 지점에서 논의의 여지를 남긴다. 예루살렘 국제선교대회와 농촌계몽운동 그리고 미국 유학이 그리는 궤적의 한편에서, 민족합작 노선의 일환으로 신간회와 함께 창설된 근우회의 부진한 활동과 1928년 YWCA 계열 여성들의 대규모 탈퇴 및 1931년의 해소는 사회주의 진영과 기독교계 진영 간의 첨예한 대립을 내포하면서도 기독교적인 보편 인류애와 개인의 영혼 및 내면의 구제라는 젠더화된 사적 친교의 망에 '지역적인 것local과 민족'이 개입될 때 벌어질 수 있는 분열과 파탄의 징후를 예증적으로 보여 주기 때문이다.

근우회는 1927년 4월 26일 40명의 발기인단으로 발기총회를 개최하여 회명 '근우회槿友會'와 강령을 결정한 후, 5월 27일 종로 YWCA 회관에서 창립총회를 열었다.[36] 이 창립총회에서 총 21명의 임원진이 선출되어 집단지도체제 형식으로 조직을 운영하기로 결의한다. 이때만 해도 YWCA 계열 여성들이 상대적으로 높은 비중을 차지하고 있어서 근

다. 이 글은 장규식의 입장과는 또 다른 각도에서, 기독교계의 추상적인 보편 인류애와 개인의 영혼 및 내면의 보호와 구제에 집중된 사적 친교의 관계망 속에서 분열되고 파탄되는 기독교계의 지역적인 것의 문제성과, 이 지역적인 것의 표상체로서 민족의 문제를 중심으로 이 민족의 외연과 내포가 분열되고 파탄되는 지점을 규명하는 것이 중요하다고 보고 장규식과는 상반된 관점에서 논의를 진행한다.

36 「근우회槿友會 발긔회 조선녀성의 전국뎍 긔관으로」,《동아일보》, 1927년 4월 27일자). 《동아일보》기사는 발기 총회에서 총 40명의 발기인을 망라하여 근우회를 발족하기로 했다고 언급한다. 이 발기인의 직업별 구성은 여의사 5명과 기자 4명, 교원 10명, 종교인 4명과 가정부인 등이었다. 천화숙, 『한국여성기독교 사회운동사』(혜안, 2000), 218쪽.

우회 중앙집행위원회는 사실상 사회주의 계열 여성들과 YWCA 계열 여성들이 주축을 이루었다고 할 수 있다. 초창기 근우회의 강령과 구체적인 행동 강령은 1929년 7월의 전국 대회에서 "재래의 강령은 무의미하고 박약하다는 평가"[37]를 받을 만큼 그 성격이 모호하고 막연한 편이었다. "조선 여자의 공고한 단결을 도모"하고 "조선 여자의 지위 향상을 도모"한다는 두 개의 강령은 "1. 여성에 대한 사회적 법률적 일체 차별 폐지 2. 일체 봉건적 인습과 미신 타파 3. 조혼 폐지 급及(및) 결혼의 자유 4. 인민매매 급 공창 폐지 5. 농민부인의 경제적 이익 옹호 6. 부인노동자의 임금차별 철폐 급 산전산후 임금 지불 7. 부인 급 소년노동자의 위험 노동 급 야업 폐지"[38]라는 일곱 개의 행동 강령으로 구성되어 있었다. 1927년 출범 당시 합작 노선으로서 근우회가 지녔던 불안정한 위상과 성격이 드러나는 전체 강령과 구체적인 행동 강령은 「근우회 선언」에도 그대로 투영되었다.[39]

"조선여성운동은 세계 사정 급 조선 사정에 의하여, 또 조선 여성의 성숙 정도에 의하여 바야흐로 한 계단으로 진전하였다. 부분 부분으로

---

[37] 1929년 5월에 창간된 『근우』 기사들은 이 창간호를 발췌한 「자료/한국여성운동사 1」 (『여성』, 1989년 1월호) 302쪽을 토대로 하였고, 여기에 없는 자료들만 『근우』 창간호를 참조하였다.

[38] 「강령」, 앞의 자료, 302~303쪽.

[39] 1927년에 제정된 근우회 강령은 1929년 7월의 전국 대회에서 "조선 여성의 역사적 사명을 수행키 위하여 공고한 단결과 의식적 훈련"을 기하며, "조선 여성의 정치적, 경제적, 사회적, 전적 이익의 옹호를 기한다."라는 좀 더 명확한 표현과 내용으로 바뀌었고, 그 구체적인 행동 강령 역시 세 가지가 더 보태져 모두 열 가지 항목으로 늘어났다. 이 중 "2. 여성에 대한 사회적, 법률적, 정치적 일체 차별 폐지"와 "4. 조혼 폐지 급 결혼 이혼의 자유"와 "9. 언론, 출판, 결사의 자유" 및 "10. 노동자, 농민, 의료기관 급 탁아소 제정 확립"의 네 항목은 근우회의 노선이 초반보다 훨씬 급진화되었음을 보여 준다. 「강령」, 앞의 자료, 302~303쪽.

기독교적 근대 주체의 탄생과 친교의 젠더정치 - 김활란과 박인덕 163

분산되었던 운동이 전선적 협동전선으로 조직된다. 여성에 공동되는 당면의 운동목표가 발견되고 운동방침이 결정된다. (중략) 조선 여성에게 얽혀져 있는 각종의 불합리는 그것을 일반적으로 요약하면 봉건적 유물과 현대적 모순이니 이 양시대적 불합리에 대하여 투쟁함에 있어서 조선 여성의 사이에는 큰 불일치가 없을 수 없다. 오직 반동층에 속한 여성만이 이 투쟁에 있어서 회피낙오할 것이다."[40]

이러한 합작노선은 '봉건적 유물과 현대적 모순'이라는 이중 모순에 억압받는 조선 여성 일반의 공통된 각성과 실천을 요구했다. 하지만 봉건적 유물과 현대적 모순의 질적 함의와 내용은 같은 것이 아니었다. 1928년 근우회가 개최한 임시 전국 대회와 1929년 제2회 전국 대회를 둘러싸고 표출된 갈등이 이를 잘 방증한다. 1928년 전국 대회 개최를 앞두고 일제 식민 당국이 의제가 불온하다며 금지 조치를 내리자, 근우회 본부는 "의안은 없이 규약 수정과 중앙집행위원 개선만"[41]의 조건으로 임시 대회 개최 허가를 받아낸다. 이에 반발한 동경 지회가 격문을 발표하여 본부 간부의 관료적이고 굴종적인 교섭을 비판하면서 근우회의 내부 갈등은 표면화되었다.

동경 지회는 신간회를 적극 옹호하고 국내외 계급 대립과 봉건 세력에 대한 투쟁을 결의하는 한편, 임석臨席 경관을 감시하는 방법으로 언론과 출판 및 결사의 자유를 옹호하였다.[42] 이러한 동경 지회의 문제 제기와

---

[40] 「근우회 선언」, 앞의 자료, 303~304쪽.

[41] 「근우전국 임시대회를 개최, 의안은 제안치 않고, 기세 약간 비등」《중외일보》, 1928년 6월 5일자).

[42] 장인모, 「1920년대 근우회본부 사회주의자들의 여성운동론」(『한국사연구』, 2008), 390~393쪽 참조.

항의는 동경 지회가 사과문을 신문 지상에 발표하기로 하고, 동경 지회의 대표 양봉순이 사과하는 것으로 일단락되었지만, 이 과정에서 분출된 봉건적 유제와 현대적 모순에 대한 서로 다른 접근법과 실행 방식의 차이는 결국 YWCA 계열 여성들의 대거 탈퇴로 이어졌다. 이때가 김활란이 예루살렘 국제대회에 참가하고 덴마크를 시찰·방문하고 YWCA에 농촌부를 설치하여 농촌계몽운동을 활성화하려는 때와 조응하는 시기라는 점은, 김활란을 비롯한 김애순·홍애시덕·최활란 등 YWCA 계열 여성들의 집단 탈퇴가 갖는 전후 맥락에 대한 면밀한 분석을 요한다.

김활란은 1928년 11월 22일부터 24일까지 3일간 덴마크 농촌을 시찰하고 온 소감과 내용을 경성 YWCA에서 신흥우·홍병선과 함께 강연했는데, 여기서 김활란은 덴마크의 인민 생활에 대해 발표하여 커다란 반향을 불러일으켰다. 이에 따라 농촌 사업에 지원한 남녀 청년이 84명에 달하는 등의 적지 않은 성과를 냈다.[43] 그녀의 예루살렘 국제선교대회 참가와 농촌계몽운동 확산 및 1930년 미국 콜롬비아 대학 유학 등의 행보가 근우회 참여 및 탈퇴와 무관하지 않음을 말해 주는 대목이다. 그 응축된 이론적 결과물이 박사 학위 논문인 『한국의 부흥을 위한 농촌교육』과 『정말인丁抹人의 경제적 부흥론』[44]이라 할 수 있다. 이 두 편의 저서는 모두 예루살렘 국제선교대회와 덴마크 시찰을 바탕으로 한 농

---

[43] 「중앙기독교청년회농촌사업」(『청년』, 1929년 2월), 25~26쪽에 따르면, 지원자들을 중심으로 1개월간 매 일요일 오후에 중앙청년회관에 모여 지도 방법을 강습하여 1월부터는 직접 농촌에 들어가 사업에 착수하기로 했는데, 실제 농촌으로 출장 가기로 한 사람은 남자가 15명, 여자가 2명이었다고 한다.

[44] 『정말인의 경제적 부흥론』은 김활란의 박사 학위 논문인 「한국의 부흥을 위한 농촌교육」과 비슷한 시기에 저술·발표된 책으로, 1931년 6월 조선기독교청년회연합회에서 간행되었다. 그녀의 박사 학위 논문인 「한국의 부흥을 위한 농촌교육」이 1931년 7월에 간행되었음을 감안하면, 두 저서의 발표 시기는 거의 시차가 없다고 해도 좋을 듯하다.

촌계몽운동의 이론적 모색과 타진으로, 두 저서 모두 덴마크의 경험을 모델로 한 조선 농촌의 새로운 부흥과 개선을 강조한다. 그런데 여기서 조선 농촌의 부흥과 개선은 개인적 인격의 함양과 영적(정신적) 각성을 통한 개인과 집단의 조화와 협동에 달린 일이었다.

지금 형편 아래서 할 수 잇고 또 해야만 할 일 몃 가지를 들면 一. 전민족의 정신쇄신입니다. 정말국丁末國(덴마크)에 모든 운동이 정신부활 후에야 이러나고 성취하엿습니다. 이 정신운동에 첫 거름은 곳 우리가 민족적으로 자기의식을 유지하고 확실하게 하는 것이니 몬저 정말丁抹 사람이 되여라 하는 것가치 우리는 몬저 조선 사람 노릇을 잘 하여야겟습니다. 몬저 조선 역사에 배홀 만한 것을 배화 알고 조선 문화의 귀한 것을 알 것입니다. 시대시대를 따라 사상, 풍속, 습관을 다소 변하여야 자라고 잘사는 것이지마는 그 근본과 토대는 과거에서 차즐 것입니다. 외국 사람까지도 우리 문화를 가라처 동양의 희랍이라고 하엿습니다. (중략) 二. 민중적 교육을 위하야 힘쓸 것이라 합니다. 소수만 아는 백성의 장래는 항상 위태할 것입니다. 유식계급이 따로 잇슬 것이 아니라 전부가 유식해진 후라야 영구한 행복을 지을 수 잇고 또 유지할 수 있습니다. (중략) 三. 협동조합운동을 부흥식혀야겟다는 것입니다. (중략) 속지 않으랴면 알아야 하고 속이지 안으랴면 굿센 양심이 잇서야 하나니 지식과 도덕은 교육을 전제로 하는 것입니다. (중략) 이와 갓치 정신, 교육, 경제운동이 평행하는 중에 쉬지 안코 나가면 조만간 행복스러워질줄 확실히 밋고 이 건설적 사업을 맛흔 자는 오직 우리 남녀청년이라고 합니다.[45]

45 김활란, 『정말인의 경제적 부흥론』(조선기독교청년연합회, 1931)은 앞의 책 『우월문집』에 실린 것을 참조. 김활란, 앞의 책, 275~277쪽.

이 인용문이 보여 주듯이, 조선 민족의 정신 쇄신과 조화 및 협동의 조직체로서의 협동조합운동이 당면한 이상적인 농촌 사업으로 개진된다. 이것은 예루살렘 국제선교대회에서 선교국에 의한 피선교국의 무조건적인 동화와 긍정이 아닌, 각 지역과 인종에 따른 다양한 해석과 실천의 여지를 열어 놓음으로써 '민족과 지역적인 것'이 새로운 과제로 부상한 것과 밀접하게 연관되어 있었다. 사회 배경과 정신상 습관이 다르다면 각 개인과 인종(종족)에 따라 기독교 진리를 각자의 견지에서 해석하고 실천할 수 있다는 이러한 인식의 전환은, 그렇지 않아도 3 · 1 운동 이후 조선 사회에 사회주의가 유입되면서 거세게 제기된 반기독교적인 정서와 세계 및 역사를 계급투쟁의 관점에서 재해석하여 거꾸로 식민지로서의 조선과 조선 민족의 문제를 날카롭게 부상시킨 사회주의 진영의 도전에 대응하는 기독교계 나름의 해법을 담고 있었다. 이는 '무산대중'이나 '무산계급'이라는 새로운 존재의 출현이 가져온 충격과 파장을 반영하는 것으로, 이에 대한 기독교계의 대응은 몇 가지로 대별될 수 있다. 이 중 '애愛'의 원리에 기초한 사회 건설을 타진한 일군의 세력은 동정의 이념적 확산을 통해 개인과 사회의 관계를 새롭게 재정립하고자 했던 1920년대의 동정 논의와 맞물려 '민족과 지역적인 것'을 어떻게 규정하고 정의하며 자리매김할 것인지를 둘러싼 첨예한 헤게모니 투쟁을 불러일으켰다.[46]

---

[46] 1920년대부터 활성화된 동정 이념과 원리에 대한 전체적인 논쟁과 변화의 지층을 다룬 저서로는 손유경, 『고통과 동정』(역사비평사, 2008)을 들 수 있다. 이 책에서 손유경은 동정의 이념과 모색이 동정을 문명화된 사회의 원리로 고취시킨 이광수뿐만 아니라 『개벽』의 필진들, 초기의 경향문학론자들에게까지 광범위하게 퍼져 있었음을 논증한다. 하지만 본 글은 동정에 대한 전체적인 논쟁을 염두에 두면서도, 동정의 다른 판본이라고 할 수 있는 기독교계의 애에 집중해 논의를 전개한다. 동시에 반기독교적인

이러한 사회정치적 맥락에서 '애'의 사회주의를 주장한 가가와 도요히코賀川豊彦의 글이 『청년』에 소개되며, '애'는 유물론적 사회주의와 계급투쟁적 세계관을 극복할 수 있는 하나의 방안으로 모색되고 제창되었다. 가가와 도요히코의 「애의 과학」 1절을 번역한 이건춘의 1926년 1월 『청년』지의 「애와 사회」는[47] 애의 사회주의가 흔히 통용되는 사회주의 일반 이론이 아니라 사회의 주의임을 환기한다. 이 글은 생리적인 본능의 사회에서 각 개인의 개성과 내면의 각성에 따른 심리적 다원 사회를 거쳐 이 극단의 개성과 자유 경쟁을 영리와 금욕이 지배하는 가상적 자본주의사회가 모두 흡수 · 통합함으로써 현재의 유물사관과 과학적 사회주의가 배태되었다고 정리한다. 이러한 사회발전단계에서 가가와 도요히코는 유물사관 또는 과학적 사회주의의 탄생 배경을 도출하며, 유물사관과 과학적 사회주의가 이러한 가상적 자본주의사회에 기초해 있는 만큼 더 진전되고 향상된 사회는 이를 뛰어넘을 수 있어야 한다고 역설한다. 그가 의미하는 이상적 사회란 인간적 의식을 각성한 사람들의 자발적 결사체인 도덕적 사회이다. 이러한 도덕적 사회는 "누구던지 정복치 아니하며 애로 인하여 밀착된" 자유 사회이자, "전 사회가 큰 인격이며 각 개인은 그 인격의 일 기능을 분담하는" 양심적 사회, 곧 "하나님의 나라"[48]라고 할 만한 참된 사회이다.

입장에서 적극적인 비판과 공격을 가했던 사회주의 진영의 인사들에게서는 이러한 동정의 논의가 발견되지 않는다는 점에도 주의를 기울인다.

[47] 이건춘은 「애와 사회」(『청춘』, 1926년 1월)에서 가가와 도요히코의 저서 『애의 과학』 중 1절을 번역했음을 글의 마지막에 밝힌다. 이 가가와 도요히코의 '애의 사회주의'가 마르크스주의의 유물사관과 구별되는 생명 · 노동 · 인격 가치를 앞세우며 1920년대 중후반 기독교계 청년 집단에 끼친 영향력에 대해서는 장규식, 『일제하 기독교민족주의 연구』(혜안, 2001) 참조.

가가와 도요히코의 '애의 사회주의'는 YMCA와 YWCA의 청년 회원들을 중심으로 통용되어, 이를 조선 사회에 직접 적용하고 타진하는 논의가 이어졌다. 예를 들어 1927년 3월에 논단 형식으로『청춘』에 실린 김응후의 「사회문제와 기독교회」는 이러한 가가와 도요히코의 원리를 전유해 "개인의 개성을 부활케 함으로써 사회를 건전케 하고 최후 구령救靈에 니르게 함을 목적으로 함"을 천명하고, "내부 법칙인 정의와 사랑 자유의 도로 진행하는 도덕 급及 신앙의 역力을 가지고 인류사회에 친림親臨하여 개량 향상케 하면 최후 큰 목적"[49]을 이룰 수 있다며 사회에 대한 기독교계의 관심과 분발을 촉구했다. 하지만 이들이 주장하는 사회와 사회문제는 개인 영혼의 구원이라는 개체화 논리와 기독교적인 보편 인류애 사이에서 1920년대 중후반부터 제기되기 시작한 식민지 조선의 현실과 조선 민족이라는 해결하기 힘든 딜레마를 저변에 깊숙이 깔고 있었다. 이광수가 이러한 도전과 비판을 단체 개념으로 우회하여 결국 민족을 사물화·대상화하는 것으로 낙착시켰다면,[50] 기독교계의 움직임은 개체적 자의식과 기독교적인 보편 인류애의 간극을 애(동정)의 무차별적이고 동질적인 포용과 부조의 논리로 봉합했다. 이는 1925년 11월호『개벽』에 실린 「반기독교운동에 관하여」라는 글을 통해

---

[48] 이건춘, 앞의 글, 19~20쪽.

[49] 김응후, 「사회문제와 기독교회」,(『청춘』, 1927년 3월), 154쪽.

[50] 이광수의 민족과 사회, 단체에 관한 연구는 이미 많이 제출되어 있다. 하지만 여기서는 이광수가 일제 식민 당국의 이른바 문화통치기에 민족과 식민지로서의 조선 사회와 맞대면했을 때, 이를 단체와 단체 생활로 우회하여 기존의 사회역사적 맥락을 삭제하는 식민지적 풍경의 사물화 및 대상화를 반복하는 방식과 그 사유 양식을 문제 삼는다. 이러한 식민지로서의 조선 사회와 조선 민족을 우회한 사물화와 대상화는 이광수가 개인의 확장으로서의 단체와 동정의 논리를 펼 수 있는 지반으로 작용했다.

기독교의 세계 복음과 구원의 논리를 반박하고 기독교가 단지 제국주의적 세계 침략의 도구이자 첨병에 지나지 않음을 신랄하게 꼬집은 사회주의 진영에 맞서, 식민지 조선의 실상과 조선 민족에 대한 근본적인 물음을 상쇄하고 무화하는 일종의 평정과 봉쇄의 전략이었다.[51]

"이교도를 교화하야 기독교로써 구세하려는 포교전도의 선교사는 몸에 촌철의 무기도 갖지 안한 정예한 병사이다. 석시昔時 인도를 정복한 영국이 동인도회사라는 상인으로써 침략을 행한 것은 돌이어 구식 약탈법이다. 금일에는 수반數盤보다도 먼저 「빠이불」이 침략의 무기로 귀중히 녀기는 것이다. 영미의 기독교들은 세계평화를 떠들고 동에 입入하야 무엇을 하는가. 「여호아」라 영토이권쟁탈의 간판을 들고 중국대륙과 조선을 횡행하는 저 미국인 선교사의 언행을 살펴보라."[52]

이처럼 기독교의 제국주의적 속성을 지적하는 비판은 "피등이 참으로 포학과 잔혹을 미워하며 자유와 정의를 옹호한다 하면 웨 자국 내 즉 미국에 발을 머물고 자기 동포 즉 백인이 연연히 「흑인」을 화형에 처하며 혹은 모든 잔학과 천대하는 그 참상을 구제치 아니하고 그대로 보고 잇는가."[53]라는 자국 내 민족과 계급 갈등을 예리하게 파고드는 것이었다. 기존의 지역적 현실과 배제 및 분리하여 근대적 개인 주체와

---

[51] 이를 더 정확하게 말하면, 이데올로기적 평정과 봉쇄의 전략이라고 할 수 있을 것이다. 에드워드 사이드가 '이데올로기적 평정'의 역할을 문화가 수행하고 있다고 했을 때, 그는 문화의 제국주의적 함의들과 면책의 기능들을 적시한 것이다. 흡슨이 말한 '소급적 동의'와 이데올로기적 평정과 봉쇄 전략은 일면 상통하는데, 왜냐하면 소급적 동의란 결과를 원인으로 치환하는 전도된 사후적 정당화에 기초하기 때문이다. 에드워드 사이드, 『문화와 제국주의』(박홍규 옮김, 문예출판사), 2005.

[52] 이정윤, 「반종교운동에 대한 관찰」(『개벽』, 1925년 11월), 79쪽.

[53] 박헌영, 「역사상으로 본 기독교의 내면」, 앞의 잡지, 69쪽.

기독교적인 보편 인류애를 강조해 온 기독교의 역사적 소명 의식과 사명감은 이러한 근본적인 비판에 직면해 애와 동정 및 인류 사회의 일부로서 조선 사회를 계몽·교화하는 사업으로 대응했고, 이 과정에 김활란과 YWCA계 여성 인물들의 농촌계몽운동과 근우회 참여 및 탈퇴가 자리했다.

김활란이 근우회를 탈퇴하며 별다른 입장 표명을 하지 않은 점도 일부 비판을 샀다. 김활란은 다만 "조직과 기관에만 너머 얽매이지 말고 그것을 떠나 개인적으로 일반 조선 여성의 요구인 교양사업에 주력"하고 "사상을 통일식히려고 목적"[54]하지 말아야 한다는 말로 짤막하게 자신의 입장을 피력했다. 개인의 영적 각성과 자아 수양을 통한 개별화의 원리가 타인에 대한 헌신과 봉사로 이월·전위되는, 개체적 자아의 연장으로서의 기독교적 보편 인류애는 '민족과 지역적인 것'의 딜레마를 해결하지 않고 봉합함으로써 내적 긴장과 분열의 징후를 말 그대로 평정하고자 했다. 김활란의 친일과 친미는 정확히 이 지점을 선회한다는 점에서, 이를 우발적인 예외 사태로만 다룰 수 없게 한다.

김활란은 일제의 총력전 체제 하에서 일제 식민 당국의 국책에 최대한 협조하는 것으로 자신의 내면과 양심을 보존하고자 했다. 이는 '민족과 지역적인 것'의 딜레마와 모순을 동질적이고 무매개적인 애와 동정의 감정으로 봉합한 기독교계의 전체 움직임과 동떨어진 것이 아닌, 그 안에서 길항하고 왕복하는 것이었다. 기독교적인 보편 인류애는 제국주의적 시선과 권력이 각인된 식민지적 풍경의 담론적 효과로서만 존재할 수 있었고, 근대적 개인 주체들의 내면 풍경 역시 지역적인 것

---

[54] 김활란, 「사업에 꾸준하자」(『근우』 창간호, 1929년 5월), 62쪽.

을 원시와 야만으로 타자화하고 식민화한 이후에야 이루어지는 창조된 상상의 풍경에 지나지 않았다. 따라서 김활란의 기독교적인 보편 인류애도 지역적 대립과 모순을 절취하고 배제한 바탕 위에서 그들만의 평온하고 안락한 가정성의 공간, 이를테면 내면으로의 회귀와 신앙 공동체로 회수되고 수렴되었다. 김활란의 친일 협력 행위와 내면의 신앙생활이 공존할 수 있었던 까닭, 즉 그녀가 '민족과 지역적인 것'을 잘라낸 이분법을 바탕으로 내면의 신앙 공동체와 내적 친교의 관계망에서 참된 삶의 영역을 찾을 수 있었던 이유가 바로 여기에 있다. 일제 식민 당국으로 대변되는 외부의 간섭과 압제는 다만 일시적인 외적 시련과 고난의 산물일 뿐이고, 진정한 내면적 본질과 진리는 이 사적 친교의 관계망에 있다는 분리와 배제의 이분법이 그녀의 친일 협력 행위를 가능하게 한 힘이었다는 말이다.

"우리는 우리가 좋아하는 찬송을 틈틈이 불렀다. 우리들 각자는 보는 이도 듣는 이도 없는 은밀한 장소에서 일찍이 그러했던 일이 없었던 것처럼 찬송과 기도를 성심껏 했다. 박해를 받을수록 신앙의 힘은 날로 새로워졌고 고통을 함께 겪는 속에서의 우정은 서로를 크게 위안할 수 있었다."[55]라는 김활란의 사후적 서사는 그녀의 기독교적인 보편 인류애가 언제든 내면의 신앙 공동체로 회수될 수 있는 사적인 것이었음을 단적으로 드러낸다. 이 내면의 진실만 보존할 수 있다면, 그녀의 친일 협력 행위는 일시적인 시련과 고통의 일부분에 지나지 않았다. 이 속에서 '민족과 지역적인 것'의 구체적인 사회역사성은 몰각되고 지워져 버렸다. 따라서 그녀의 친일 협력 행위는 '민족과 지역적인 것'의 딜레마

---

[55] 김활란, 앞의 책, 210쪽.

와 모순을 동정과 애의 확장으로 은폐하고 봉합한 기독교계의 구성적 한계 지점에서 억압된 것이 귀환하는 외상적 장소로서 읽혀야 한다. "그해 겨울, 나는 심한 안질을 얻고야 말았다. 그 여름부터 시원치 않던 눈이 찬바람이 불면서 악화된 것이다. 시야를 가려 버린 어두운 병"[56]이라는 김활란의 고백은 이러한 구체적인 지역성의 외면과 회피가 전술했던 '무지—각성', '암흑—빛', '미몽—개안'의 이분법을 따라 반복되고 모사되고 있음을 보여 준다.

김활란의 친일과 친미가 때로는 외적 시련과 고난이 되는 한편, 때로는 신의 부름을 받은 공적 의무와 헌신의 양가적이고 이중적인 의미를 띠는 이유는 그녀의 세계 인식이 정확히 이 이분법에 정초해 있기 때문이다. 그만큼 사적인 것과 공적인 것의 범주와 경계는 불분명해진다. 이는 사적인 것과 공적인 것의 존재 양태가 분명하다는 뜻이 아니라, 사적인 것과 공적인 것의 불분명한 경계가 구체적인 지역적 현실과 조선 민족의 위상을 소거시킨다는 말이다. 그 결과, 특정한 진리 체제가 물적·제도적으로 각인되며, 내면의 진리와 진실을 보존하고 구제할 수만 있다면 모든 것을 신의 뜻으로 환원하는 기독교적 근대 주체가 만들어진다. 이에 따라 이 주체는 조선 민족(청년)을 전장에 동원하고 그 희생 제의를 치르는 것을 황국신민의 영광과 특권으로 분식粉飾하고 찬미할 수 있었다.

성전, 도의와 동양인류해방을 위한 싸움, 그리고 1억이 하나이 되어 나아 간다면 반드시 승리를 얻을 이 대전에 제하여 아등은 자신을 가지고 마음과

---

[56] 김활란, 앞의 책, 226쪽.

혼을 모두 국가에 바칩시다. 그리하여 이 성대에 생을 받은 기쁨과 제국 신민된 특권의 광영에 더욱 분투하지 않으렵니까.[57]

우리는 아름다운 우슴으로 내 아들이나 국가를 위해서는 즐겁게 남편을 전장으로 보낼 각오를 가져야 한다. 따라서 만일의 경우에는 남편이나 아들의 유해를 조용히 눈물 안 내고 맞어들일 마음의 준비를 가져야 한다. 인제 우리에게도 국민으로써의 최대 책임을 다할 기회가 왔고 그 책임을 다함으로써 진정한 황국신민으로써의 영광을 누리게 된다.[58]

지역적 현실과 민족을 바라보는 김활란의 인식은 비단 친일 행위뿐만 아니라, 이승만과 박정희의 군사독재로 이어지는 과정에서 그녀가 보인 체제 친화적 행보의 근거가 된다.

나에게는 지금 누가 정권을 잡고 있느냐가 문제되지는 않는다. 또 누가 권력을 행사하느냐 하는 문제도 내가 수행하는 일에는 사실상 작용하지 않는다. 자기가 이 나라의 한 국민임을 의식하는 사람이면 그는 언제든지 나라를 위하여 자기의 힘을 아끼지는 않을 것이다. 다만 나라를 위하여 하는 일이 국가의 책임을 진 개인이나 정당에 협조하는 형식으로 나타나는 경우를 부인할 수 없을 것이다.[59]

[57] 김활란, 「여성의 무장」(『대동아』, 1942년 3월), 97쪽.
[58] 天城活蘭(김활란), 「징병제와 반도여성의 각오」(『신시대』, 1942년 12월), 29쪽. 인용의 편의상 문장을 이어 썼다.
[59] 김활란, 앞의 책, 383쪽.

이러한 불투명한/혹은 역설적으로 투명한 기독교적 근대 주체의 내면적 진실이야말로 식민지기와 해방 이후를 관통하며 기독교와 기독교계 여성 지도자들이 연주한 친일과 친미의 이중주를 규명하는 중요한 열쇳말임이 틀림없다. 이는 박인덕이 '한국의 베리아'를 꿈꾸며 서울 인근에 학교를 세우면서 공식적인 개교 행사를 반드시 9월 9일에 열어야 한다며 했던 말, 즉 "9월 9일은 하지 장군 휘하의 미군이 한국의 독립을 보장하기 위해 서울로 행진해 온 1945년의 영광스런 날을 기념하는 날"[60]이란 말의 반향이자 울림이다.

1885년 아펜젤러가 조선에 첫발을 내디디며 "우리는 부활절에 이곳에 도착했다. 오늘 사망의 빗장을 산산이 깨뜨리시고 부활하신 주께서 이 나라 백성들이 얽매여 있는 굴레를 끊으사 그들에게 하나님의 자녀가 누리는 빛과 자유를 허락해 주옵소서!"라고 기도했던 식민지적 풍경의 분리와 지배의 시선은 이처럼 기독교적 '욕망과 감정' 교육의 세례자들인 기독교계 여성 지도자들의 내면을 경유하여 회귀하는 제국적 회로의 지정학적 순환으로 완성되고 귀착된다.

'기독교 민족주의'가 형용모순인 까닭

전숙희는 『8 · 15의 기억』이라는 책에서 이화여전 인맥들로 구성된 사교

---

[60] 박인덕, 『호랑이 시』(인덕대학, 2007), 233쪽. 박인덕은 1954년 미국 순회강연을 하던 중 켄터키에 있는 베리아Berea 칼리지란 실업학교를 방문하고 이 학교의 교육제도 및 시설에 매료되어 한국에도 이런 실업학교를 세우기로 결심한다. 이후 미국에서 저술과 강연 활동으로 얻은 인세와 강연료 등을 기금으로 1961년 서울 성북구 월계동에 3만 6천 평에 달하는 대지를 구입하고 '인덕실업학교'를 설립하여 인덕학원 이사장이 되었다.

클럽, 이른바 '낙랑클럽'이 미국과 한국의 관계를 가깝게 하는 데 크게 공헌했다고 자부한다. 이 클럽은 모윤숙이 주축이 되어 김활란, 김수임 등 많은 이화여전 출신들이 미군정의 고위 관료들을 상대로 "한국을 이해시키기" 위해 활동한 친목적 성격의 사교 클럽이었다. 이 사교 클럽의 회원은 아무나 될 수 없어서 "적어도 일제 시대에 외국 유학을 갔다 올 정도의 교육받은 사람들, 또 잘살고 좋은 일도 많이 한 사람들"[61] 위주로 구성된 차별화된 성적 구조를 지녔다. 전숙희의 말에 의하면, 낙랑클럽은 미군들의 파티가 열릴 때면 으레 초청되어 이들을 접대하고 유흥을 제공하는 민간사절단 역할을 톡톡히 했다고 한다. 낙랑클럽은 한국전쟁 때까지 이어져 피난지 부산에서는 정부의 전폭적인 지원 아래 "송도 바닷가 돌멩이 위에 지은 집(귀속재산)을 허정 장관에게서 빌려 「시·사이드 맨션」이라 부르고 파티 비용은 청구서에 따라 장면 총리실에서 지불하는 파티 대행업"[62]을 전담할 정도였다.

낙랑클럽의 존재는 미국과 대한민국/남한 간의 '감정과 욕망'의 회로망이 구축되는 전형적인 방식을 보여 준다. 왜냐하면 미국을 향한 남한의 끊임없는 동경과 선망, 추인과 복종의 위계적 관계는 이러한 성적 경제의 교환과 분배로 이루어지기 때문이다.[63] 하지만 이러한 성적인 교류와 교환의 불평등한 친교는 이때 갑작스럽게 생겨난 특수한 시대의 산물이 아니다. 지금까지 살펴본 것처럼 이 '친교'는 미 선교사들이 조선 땅에서 기존의 지역적 관계를 단절시키고 분리와 배제의 정책으로 기독교적 근대 주체와 기독교적 의례의 기념비적 시공간성을 새겨

---

[61] 전숙희, 「낙랑클럽이 한국을 알렸어요」(『8·15의 기억』, 한길사, 2005), 110쪽.
[62] 모윤숙, 「세상에선 춘원과의 로맨스 운운하지만」(《서울경제신문》, 1979년 4월 12일자).
[63] 이 문제는 본 책 5장에서 상세히 다루었다.

넣을 때부터 이미 진행된 것이다. 이를 표면화시킬 수 있는 계기가 한반도의 분할·점령과 한국전쟁으로 주어졌을 뿐이다. 낙랑클럽은 미국과 대한민국/남한의 동맹 관계가 바로 이러한 성적 경제의 젠더화된 친교망을 더 긴급하고 당면한 정세의 산물인 양 구현할 수 있는 물적·상징적 기호로 작용했다.

이런 점에서 식민지 기독교를 논의할 때마다 전매특허처럼 언급되는 '기독교 민족주의'라는 표현은 형용모순이다. 민족은 고정 혹은 안정된 기호로 존재한 적이 없지만, 특히 3·1운동 이후 격화된 조선 사회와 조선 민족을 둘러싼 논쟁에서 기독교계는 새롭게 부상된 '민족과 지역적인 것'을 우회하는 방식으로만 존립 근거를 확보해 왔기 때문이다. 원시와 미개로 격하된 기존의 지역적 현실을 기독교적 의례의 기념비적 시공간성으로 재현하고 재구축해 온 기독교계의 절단과 분리는, '민족과 지역적인 것'이라는 결핍을 제국의 메트로폴리스에서 충족하고 주입하는 사적인 친교의 제국적 회로로서 스스로를 정립하는 데서 그 출구를 찾았다. 이에 따라 '민족과 지역적인 것'은 각성한 개인들의 자발적 결사체로, 다시 말해 국가주권과는 무관한 개인들의 집합 혹은 단체들의 애의 공동체로 우회되는 민족의 내적 식민화와 사물화를 초래했다. 이것이 1928년부터 본격화된 농촌계몽운동을 가능하게 한 토대였고, 이 운동의 한 축을 담당했던 김활란이 근우회를 탈퇴한 이유였다.

근우회를 비롯한 사회주의 진영의 계급투쟁적 관점과 무산대중(계급)에 대한 재인식은, 식민지 조선의 현실과 조선 민족의 양극화된 계급 구조를 환기하는 급진적인 시각을 도입함으로써 기독교적 온정과 복음의 조화롭고 안정된 나르시시즘적 틀을 불안정하게 만들었다. 이 와중에 '민족과 지역적인 것'의 출현과 개입은 기독교계의 근대적 도덕 주체와 기독교적인 보편 인류애 사이에서 혼돈과 불안을 가중시켰고,

이 불안정한 위치만큼이나 불편하지만 제거할 수 없는 잔여적 존재로서 기독교계의 외상적 징후가 되었다.

"나는 단체와 단체를 이어주는 전화교환원 같다는 기분이었다. 더 좋게 표현하여 배움에 목말라하는 한국의 젊은이와 기꺼이 그들을 돕겠다는 (미국의) 친구들을 이어주는 연락장교인 셈이다."[64]라는 박인덕의 말은 정확히 개인과 단체로 표상될 수밖에 없었던 조선(한국) 사회와 민족의 사물화와, 제국의 메트로폴리스를 잇는 젠더화된 친교의 망이 상호 관계 맺으며 '민족과 지역적인 것'을 지워 온 망각과 부재의 역사를 배후에 짙게 드리우고 있다.

---

[64] 박인덕, 앞의 책, 288~289쪽.

5

'여류' 명사 **모윤숙**, 친일과 반공의 이중주

안정과 고향만큼이나 백인 기독교 중산층의 정체성이

비싼 대가를 치르고 얻어진 것이라는 통찰은

아버지와의 관계 속에 매우 강제적으로 접합되어 있다. (중략)

그녀의 내러티브는 고향·정체성·공동체·특권을 통합하기 위해

위협이나 보호를 활용하는 방식을 열거하며,

이 과정에서 아버지의 보호가 담고 있는 이면裏面을 노출한다. (중략)

그녀는 고향과 보호라는 수사에 깔린 그리고 레이건 정부나 신우파가

조장하는 타자에 대한 위협의 이면을 지적한다.

"미국의 백인 기독교 남성이 지금 제공하는 것은

'흑인 강간범이라는 신화와 KKK와 일반 백인 사회의 보호라는

바로 이와 같은 위험천만한 보호'이다."

찬드라 탈파드 모한티, 『경계없는 페미니즘』[1]

미군정과 우파 세력, 이승만의 결합

식민지 조선의 지식인들에게 해방은 어느 날 느닷없이 찾아온 '도둑'과 같았다.[2] 이 말이 얼마나 실체적 진실을 담고 있는지의 여부는 중요하지 않다. 오히려 체험적 현실로서 그것이 강력한 심리적 동인을 형성했다는 점이 중요하다. 더구나 한국의 우파 지도 세력은 일제 협력의 역사에서 결코 자유롭지 못했다는 점에서 이 도둑같이 찾아온 식민지 조선의 해방과 '살고 싶었다. 살고 싶었다기보다 살아 견디고 싶었다'라는 자기방어 체계를 통해 생존의 논리(어떻게든 살아야 했다)와 내적 심정의 거부(식민 본국인 일본에 마음으로 협력한 적은 없다)라는 이분화를 지속적으로 산출·재생산하게 된다. '민족'을 위해 친일을 했다는 일종의

---

[1] 찬드라 탈파드 모한티, 『경계없는 페미니즘』(문현아 옮김, 여이연, 2005), 151~153쪽. 이 발문을 인용하고자 중략과 더불어 중략을 보충하는 구절을 저자의 의도를 살려 첨가했다. 바로 '흑인 강간범이라는 신화와 KKK와 일반 백인 사회의 보호'라는 구절이다.

[2] "해방은 도적같이 온 해방이다. 고로 하늘에서 온 것이다. 이것이 미신이라고 하는 자여, 이 조선에서 그림자도 없어져라."라고 했던 함석헌은 조선의 지식인들을 질타하고자 이 말을 했는데, 문인을 비롯한 친일 협력자들은 해방이 연합군에 의해 주어진 선물일 뿐이라며 친일을 정당화하는 논리로 이와 유사한 언급을 한다. 함석헌, 『성서적 입장에서 본 조선역사』(성광문화사, 1950), 280쪽. 김윤식은 이를 압축하여 식민지 조선의 해방을 '한밤중의 신부'로 규정한다. 김윤식, 『한국현대문학사 1945-1979』(일지사, 1976), 14쪽.

순교자 의식은 이의 최종적인 귀결점으로,[3] 이것은 '민족'의 구성과 범주를 둘러싼 갈등이 해방 정국을 달구는 선先정치적인 이념 자원이 될 것임을 예고하는 신호탄이기도 했다.

이를 예증하는 사건으로 '임정'에 대한 한국 우파 세력(한민당 중심의 국내 세력)의 총체적인 지지와 선언을 들 수 있다. 1945년 해방 정국에서 '임정'은 임시정부 요인들이 개인 자격으로 해방 한국에 입국하기 전까지, 이른바 풍문으로만 떠돌던 텅 비어 있는 중심에 지나지 않았다.[4] 이들의 귀국이 채 확정되기도 전에 한국의 우파 지도 세력들은 '임정'을 자신들의 정통성과 합법성을 보증하는 자산으로 삼고자 '임정'의 이름 아래 1백여 명에 이르는 지지자들의 이름을 나열함으로써 좌파 중심의 건준朝鮮建國準備委員會(이후 '인공人民共和國')에 맞서고자 했다. 거리를 뒤덮은 삐라에서 전단 그리고 격문까지 '임정'은 우파 지도 세력이 그 명단에 이름을 올리고자 경쟁하고 분투하는 상징적 자산이자 대상이었다. '임정'은 건준(인공)에 대항하는 우파 세력들의 정치적 열세를 만회할 수 있는 구심적 지지대였기 때문이다.

따라서 이 우파 세력에게는 '임정'의 실체나 내용은 중요하지 않았다. '임정'은 일제 식민지 시기에 해외에서 투쟁했다는 역사적 기억의 표상

---

[3] 이광수의 「친일파親日派의 변辯」(『이광수 전집 13』, 삼중당, 1966), 281쪽이 이를 단적으로 보여 준다. 그는 "'천황天皇에 충성忠誠하라', '내선일체內鮮一體'라 하는 것을 아니 내어 세우고는 이런 일은 못하는 것이 당시의 사정이었다. 가령 '우리 조선인의 교육 기관을 세워 다오' 할 경우에 언론인이나 공직자는 '같은 천황의 적자가 아니냐, 왜 교육에 차별을 두느냐' 해야 당시에는 말이 통하였고 관공직의 조선인에 대한 제한이나 차별 타파를 부르짖는 공식이 '다 같이 천황의 적자赤子여든, 내선일체여든, 명치대제의 뜻이어든 왜 내선차별을 하느냐' 하는 것"이었다며 자신의 친일을 순교자적 입장에서 정의한다.

[4] 김남천, 「一九四五年 八·一五」(《자유신문》, 1945년 10월 15일~1946년 6월 28일).

체로, 이러한 가시적인 표상에 비하면 그 실체적 진실은 부차적인 것에 불과했다. 우파 세력들이 공히 해방 한국의 오늘이 오로지 해외에 계신 망명 동지들의 공로라며 이들을 맞이할 환영 사업에 전념하겠다는 성명서를 발표했을 때, '임정'은 이 우파 세력의 친일 협력을 상쇄시켜 줄 알리바이 내지 방패막이로 기능하게 된다.[5] 임시정부와 관련된 다양한 기념행사들, 가령 윤봉길 · 이준 · 안중근 등을 비롯한 독립운동 '투사'에 대한 공적 기념화는 기념하기에 내포된 당대의 사회정치적 헤게모니를 여실히 드러내며, 한국 우파 지도 세력과 '임정'의 일시적이고 유한한 결합을 방증한다.[6]

미군정은 미군정대로 남한의 유일한 합법 정부로 미군정을 위치시키

---

[5] '임정'의 활용은 미군정과 한민당이 합작 · 공모하여 만들어 낸 결과였다. 한민당의 조병옥 · 원세훈은 임정에 편지를 보내어 임정의 귀국을 강력히 요청하며, 여운형이 일제의 사주를 받아 친일 정부를 세우려 한다며 자신들은 미군정의 지지를 받아 국민대회를 준비하고 있다고 밝혔다. 이들은 또한 임정의 귀국 시기와 환영 방법을 물으며 임정의 귀국 문제를 정치적으로 이용할 계획임을 암시했다. 미군정 역시 고위 지도력, 훈련된 기술 요원, 군대, 다른 한인 집단과 공조할 수 있는 능력, 애국투쟁의 상징을 임정의 중요한 효용 가치로 보고 임정을 최대한 활용하고자 했다. 결국 미군정과 국내 우파 세력에게 임정은 독립운동의 '상징'으로 반공적이며 미국에 우호적이라는 점에서 그들의 이해관계와 맞아떨어졌다. 미군정이 임정의 '늙은 음모가들'을 고문 혹은 원로 정치인으로 써먹을 수 있다고 한 것은, 이러한 임정의 상징성을 이용해 인공을 해체하고 남한에 우파 세력을 부식시키려는 의도임을 분명하게 드러낸다. 정병준, 「남한진주를 전후한 주한미군의 대한정보와 초기점령정책의 수립」(『사학연구』, 1996)에서도 이 점이 지적되었다.

[6] 이화진은 특히 우파들이 윤봉길, 이준, 안중근, 이봉창, 백봉기 등 식민지기에 독립운동을 전개한 '투사'들을 기리는 기념행사를 통해 이들을 자신들의 상징 자원으로 삼았음을 지적한다. 임시정부와 관련된 것들을 기념함으로써 자신들의 정당성을 확보하고, 고뇌하는 지도자상에 자기 정파의 활동가를 완벽하게 결합시키는 데 힘을 쏟았다는 것이다. 그러나 중심은 언제나 텅 비어 있었다는 이화진의 해석은 중요한 시사점을 제공한다. 이화진, 「'극장국가'로서 제1공화국과 기념의 균열」(『한국근대문학연구』, 2007).

고자 우파 지도 세력과 손잡고 '임정'의 명망 및 애국투쟁과 같은 상징을 적극 활용하려고 했다. 친일파 처단을 요구하는 국민적 열망과 압력에 직면해 우파 세력들은 자기 보존을 위해서라도 '임정'이 지닌 상징적 가치를 미군정과 통합·공유할 필요가 있었다. 우파 세력이 내심 이승만을 더 선호하면서도 공식적으로는 '임정'을 추대했던 이유는, 당시 이승만은 임정의 실제 대표가 아닌 '임정'의 주미외교위원회 위원장에 불과했기 때문이다.[7] 어쨌든 이승만과 '임정'은 모두 친일 혐의 등 오명을 뒤집어쓰지 않은 명망 있는 해외 독립'투사'들로, 허약한 국내 입지를 상쇄하고 정치적 헤게모니를 장악하려 했던 국내 우파 세력들의 이해관계와 일치하는 상징적 대표자/재현자였다.

서로가 서로를 보완하고 지탱하는 이러한 근친 관계는 양면적일 수밖에 없었는데, 이들이 제휴·연합하지 않는 이상 어느 세력도 안정된 정치 토대와 기반을 갖출 수 없었다는 점에서 그러하다. 적어도 이 시점까지 이들은 서로 견제하면서도 서로 배제할 수 없는 밀월 관계를 유지했다. 이는 이들의 출발 자체에 내재된 태생적 존재 조건을 반영한다. 남한에 진주한 미군정의 억압적 국가기구에 편승해 기회주의자와 아첨꾼이라는 비난을 감수해 가며 우파 세력이 미군정의 지지와 협조를 구했던 이유가 그들이 건준(인공)과 같은 조직적이고 호소력 있는 강령, 우월한 조직력, 대중 지지자를 확보할 수 없었기 때문이라면,[8]

---

[7] 여기에 대해서는 정병준, 『우남 이승만 연구』(역사비평사, 2005), 463쪽에서 상술한 바 있다. 이 부분을 인용해 보면 다음과 같다. "이승만은 임정의 전직 대통령이었으나, 귀국 당시에는 임정의 주미외교위원회 위원장에 불과했다. 임정의 실제 대표는 김구 주석이었다. 국내 우익은 중경 임정 봉대를 내걸었으나, 김구보다는 이승만을 선호했다. 나아가 이승만이 중경 임정보다 40여 일 이상 앞서 귀국함으로써, 한민당은 이승만을 중심으로 정계 구조를 개편하려 했다."

이들 간의 합작은 그에 따른 당연한 수순이자 결과였다.

　우파 지도 세력의 정치적 위상이 이처럼 불안정한 상황에서 1945년 12월 탁치(신탁통치) 파동은 이를 반전시킬 계기를 마련해 주었다. 반탁=애국애족=반공, 찬탁=매국매족=친공의 공식이, 열세에 처해 있던 우파 지도 세력에 회생의 기회를 제공했던 것이다. 하지만 '임정'과 한국의 우파 지도 세력 그리고 이승만의 연합은 여전히 불안정한 것이어서, 적어도 남한만의 단독 선거와 남한 단독 정부 수립 때까지 이들의 협력과 알력 관계는 계속 이어졌다. 이승만은 이 해방 정국의 변화에 그 누구보다 민첩하게 움직였고, 온갖 수단과 방법을 동원해 한국 우파 세력을 부식하는 데 전력을 기울였다. 미군정의 폭압적 군사력과 경찰력뿐만 아니라 청년단을 활용한 백색테러, 여성들의 사교와 친교 모임까지 이승만은 전방위적인 권력투쟁을 벌이며 '민족' 구성에서 우위를 점하고자 했다. 이 사교 모임에 참여했던 여성들 가운데서 특히 이승만의 정치적 동반자이자 협력자로 식민지 시대의 대표적인 여류 명사였던 이화여전의 김활란과 모윤숙, 박순천과 임영신 등이 이승만을 음양으로 지원하게 된다.

　당시 여성들의 사교 모임은 사적이면서 공적인 이중성을 띠었다. 해방 공간에서 '사교'는 냉혹한 생존 원리가 지배하는 외부와 구별되는 여성적 미덕이 발현되는 친숙하고 안정된 영역으로, 남성들의 공적 활동을 뒷받침하는 공개적이면서 비공개적인, 사적이면서 공적인, 더 정확하게 말해 정치적이고 경제적인 이해관계를 남녀 간의 관계로 분할·전위하는 정치권력의 은폐된 성적 환상의 장이었다.[9] 특히 모임을 주도

---

[8] 브루스 커밍스, 『한국전쟁의 기원』(김자동 옮김, 일월서각, 1986), 142~143, 195쪽 참조.

[9] 공적 혹은 사적인 영역은 그 기표의 구속력에도 불구하고 동일한 함의를 내포하지 않는

한 모윤숙의 사례는 당시 사교 모임이 여성 섹슈얼리티와 관음증적 시선이 교차하는 여성적 권위의 장이었음을 보여 준다. 이 사교의 장에서 친일과 반공은 유착·접맥되었다.

　모윤숙은 이승만의 양녀로 불릴 만큼 이승만의 총애가 남달랐던 인물로 알려져 있다. 이승만의 총애는 모윤숙이 이승만에게 바치는 절대적인 충성과 인정 여하에 따라 달라질 불안정하고 불투명한 성별 위계화에 정초해 있었다. 하지만 아버지와 양녀라고 하는 가족 관계의 사적 모델이 이들의 불평등한 성별 권력 관계를 희석하며 모윤숙과 이승만 간의 유대를 통어하게 된다. 모윤숙은 1948년 남한 단독 정부 수립에 깊숙이 관여한 공로로 남성들의 주류 영역인 정치에 진입할 수 있는 자격과 지위를 획득한다. 이는 사적인 장을 경유한 공적인 장으로의 진출이었으며, 여성의 영역으로 특화된 '사교'의 장을 선점/점유함으로써 이룬 섹슈얼리티의 정치화였다.

다. 사적 영역과 공적 영역은 상호 연동하는 관계적 개념으로 사회역사적인 맥락에 따라 그 구성을 달리해 왔다. 하지만 사적인 것의 가치 우위는 개인의 자율성을 중시하는 근대 개인주의의 도래와 더불어 내면적이고 도덕적인 자질에서 상대적 우위성을 확보하는 개인 정체성의 문법을 형성했다. 이러한 개인 정체성의 문법은 새로운 중간계급의 정치경제적 권력의 승리와 무관하지 않다. 이들은 외면적 가치를 중시하는 귀족과 무절제한 프롤레타리아와 변별되는 지점에서 자신들의 집단적 정체성을 구축하게 된다. 이를 낸시 암스트롱은 가정적 여성의 이상화와 사적 영역의 젠더화로 접근하여 외부와 구별되는 내부의 재담론화 과정으로 기술한 바 있다. Nancy Armstrong, *Desire and Domestic Fiction* (Oxford Press, 1989), 11-15쪽 참조.

모윤숙의 사교 클럽과 섹슈얼리티의 정치화

식민지 시대와 해방 후까지 '여류女流'는 가시적인 유표화有標化의 대상
이었다. '여류' 명사 혹은 '여류' 문인이라는 말 자체에 이미 '여류'를 유
표화하는 당대의 사회문화적 인식이 깔려 있다. 모윤숙은 최정희, 이선
희, 장덕조 등과 함께 1930년대 중반부터 '여류 문단'을 형성하며 전문
엘리트 여성으로서 입지를 굳혀 나간다. 하지만 '여류 문단'이라는 집단
적이고 동질적인 정체성은 이들을 세간의 관심과 흥미에 노출시키는
직접적인 계기가 된 것도 사실이다. 모윤숙이 「피로 색인 당신의 얼골
을」로 등단한 이후 1933년 첫 시집 『빛나는 지역』을 출간하며 이광수의
발문만으로 유명세와 스캔들을 치러야 했던 일은 당시 '여류 문단'에 쏟
아진 노골적인 성적 시선을 예증한다. 모윤숙은 이광수와의 스캔들을
정신적 감화와 교류로 돌릴 뿐 세기의 "로맨스" 운운은 근거 없는 뜬소
문이라고 일축했지만,[10] 이광수와 모윤숙의 로맨스는 세기의 연애로 오
랫동안 사람들의 입에 오르내렸다. 최영암은 「세기적 일대 애련 비화―
모윤숙 여사의 문학과 연애」에서 다음과 같이 이광수와 모윤숙의 로맨
스에 얽힌 비화를 폭로한다.

"오오 5천 년 만에 한 번 정도로 이 땅에 출현할 수 있는 조선의 딸
이여 하고 감탄"하고 "거룩하고 아름다운 존재로서 모 여사의 위치가
이때 완연히 춘원의 모든 사상과 생활 앞에 전폭적으로 클로즈업"되었
으며 "춘원의 가정생활은 이로 말미암아 대파란 곡절을 야기하였으니
허 여사의 춘원에 대한 공격이었다. 질투의 본질은 사랑에 있다 하거니

---

10 모윤숙, 「세상에선 춘원과의 로맨스 운운하지만」, 《서울경제신문》, 1979년 4월 12일자).

《서울경제신문》 1979년 4월 12일자에 실린 모윤숙 인터뷰 「세상에선 춘원과의 로맨스 운운 하지만」. 모윤숙은 인터뷰에서 이광수와의 스캔들을 정신적 감화와 교류로 돌리고 세기의 "로맨스" 운운은 근거 없는 뜬소문이라고 일축했지만, 두 사람의 로맨스는 세기의 연애로 오랫동안 사람들의 입에 오르내렸다.

와 남 유달리 춘원을 애끼고 사랑하는 허영숙 여사가 이를 그냥 묵과할 리가 없었던 것은 다시 논할 여지도 없는 노릇이다."[11] 이광수는 모윤숙과의 스캔들을 잠재우고자 모윤숙을 제3의 인물인 안호상(대한민국 초대 문교부 장관)과 맺어 주는데, 이 때문인지 모윤숙의 결혼 생활은 순탄치 못해서 해방 직후 두 사람은 파경을 맞고 만다.

　모윤숙과 이광수의 스캔들은 무수한 문단 로맨스 중 하나에 불과하다. 식민지 시대 조선 여성들의 식자율識字率은 대단히 낮아서 구조적으로 모윤숙처럼 전문 교육을 받은 여성은 눈에 띌 수밖에 없었다. 식민지 시대 조선 여성의 보통학교 취학률은 아래 표가 보여 주듯, 1940년대에도 겨우 30퍼센트를 웃도는 수준이었다. 식민지 조선 여성들이 식민지 남성뿐 아니라 식민 본국인 일본의 여성들에 비해서도 현저히 낮은 식자율로 교육 기회에서 제도적으로 배제/분리되었다는 점은 여기서 확연하게 드러난다.[13] 모윤숙을 비롯한 식민지 엘리트 여성들이 세간의 흥미를 자극하는 시각적 대상이자, 일제 식민지 당국의 적극적인 회유와 포섭의 대상이 되었던 이유가 여기에 있다.[14] 모윤숙의 친일 협

식민지 조선의 시기별 인구에 따른 남녀 입학률[12]

연도	입학자 수(명)			입학률(%)		
	합계	남자	여자	합계	남자	여자
1939	270,313	194,603	75,710	47.0	67.0	26.6
1940	293,531	203,545	89,986	49.2	67.7	30.4
1941	314,457	209,314	105,143	50.6	66.9	34.4

---

[11] 조영암, 「미공개未公開—모윤숙 여사의 문학과 연애」(『야담과 실화』, 1957년 2월), 134~135쪽.

[12] 이 표는 金富子, 『植民地期 朝鮮의 敎育とジェンダー』(世織書房, 2005), 369쪽 참조.

력 행위는 여성의 주체 구성에서 젠더와 섹슈얼리티가 식민지의 민족과 계급 모순에 중층적으로 작용했음을 보여 주는 사례로, 이 엘리트 여성들은 식민지 조선에 또 하나의 타자화된 공간, 다시 말해 식민지의 하층계급 여성들을 노무 노동력과 군 위안부로 차출하는 데 협조한 대가로 안정적인 지위와 권력을 누리게 된다.[15]

모윤숙은 해방 후 자신의 이러한 친일 협력 행위를 지우는 것으로 젠더와 계급의 구조적 불평등에 대응해 갔다. 그녀의 친일 협력 행위는 국내 우파 지도 세력이 이승만과 '임정'이라는 상징적 자산을 이용하여 친일의 흔적을 없애고 '민족'의 구성에서 우위를 점했던 과정과 동궤를 이룬다. 이광수와 마찬가지로 친일 협력 행위에 대한 국내의

---

[13] 1940년을 기준으로 식민지 조선의 보통학교 취학률을 살펴보면 남자가 67.7퍼센트, 여자는 30.4퍼센트로 전체 취학률은 49.2퍼센트였다. 이에 따라 완전 불취학자의 비율 역시 남자는 32.3퍼센트, 여자는 69.6퍼센트에 이르렀다. 이는 여성의 교육 기회가 남성에 비해 현저히 낮았을 뿐 아니라 상급 학교 진학률은 이보다 더 낮았음을 말해 준다. 1941년 고등교육 과정의 취학률은 남자 4,222(72.4퍼센트)와 여자 1,609(27.6퍼센트)였고, 1941년 보통학교의 여자 입학자 수 105,143명과 비교해 보면 고등교육 과정 진학률이 매우 낮았음을 짐작할 수 있다. 여류 문인들이 신문과 잡지 등을 오가며 여류 명사 대접을 받았던 이유는 이러한 낮은 교육률과 관련이 깊다.

[14] 김활란과 모윤숙, 박순천과 임영신 등의 친일 협력 행위에 대해서는 최민지, 「한국여성운동소사」(『여성해방의 이론과 현실』, 창작과비평, 1979), 반민족문제연구소, 『친일파 99인』(돌베개, 1993), 한국여성연구회 여성사분과, 『한국여성사』(풀빛, 1992), 그 외 논문으로 이덕주, 「모윤숙, 나는 천황의 딸」(『월간말』, 1989년 11월)과 장하진, 「여류명사들의 친일행적─김활란·모윤숙·배상명·이숙종·송금선」(『역사비평』, 1990년 여름) 등을 꼽을 수 있다. 기존 논의에서 이미 밝혔듯이, 이 여류 명사들은 일제 식민 당국의 정책에 부응해 하층계급 여성들을 전선의 노무 노동력과 군 위안부로 차출하는 데 동의하고 이를 적극적으로 계도·교화했다.

[15] 가와 가오루, 「총력전 아래의 조선 여성」(『실천문학』, 2002년 가을)의 견해를 살려 필자는 식민지 내부의 타자화된 공간을 재설정하여 이를 다시 구분했다. 여기에 대해서는 공임순, 「민족과 섹슈얼리티」(『식민지의 적자들』, 푸른역사, 2005) 참조.

비판 여론에 직면했던 모윤숙은, 이광수의 「친일파의 변」을 모방하여 이광수를 통해 자신을 인식하는 애정과 선망의 복합적 섹슈얼리티를 드러내게 된다. 해방 직후에 쓴 「옥비녀」는 모윤숙판 「친일파의 변」이라고 부를 만하다. 이 시에서 그녀는 "어디서는 반역자를 반역하자고 피 뛰는 연설을" 하지만, "이론을 자랑하기 전 어루만져 불쌍한 동족을 이해"하고 "사뿐이 임이 주신 이 비녀를 머리에 꽂아 새날"[16]을 맞이하자는 다짐으로 끝맺는다. "나는 죄인이야. 나는 책임을 져야 마땅하지. 하지만 조선 사람의 마음가짐이 슬퍼. 서로의 잘못을 캐내는 데 열을 올릴 것이 아니라 다시는 그런 세상이 안 되도록 정신 소재를 해야지."[17]라는 이광수의 말이 곧 모윤숙 본인의 자기방어와 합리화 체계가 되고 있는 것이다.

모윤숙이 이광수와 맺은 사적 친분은 친일이라고 하는 공적 행위를 정당화하는 내적 동력으로 그녀의 자전적 글쓰기로 표출된다. 이는 특유의 담론 효과를 거두는데, 이를테면 이런 식이다. 대표적 친일파로 여론의 뭇매를 맞는 이광수의 처지에 동정을 금할 수 없다. 이광수를 친일파로 몰아 재기 불능의 상태로 만드는 일부 사람들(좌파 계열)의 행태는 결코 바람직하지 않다. 그래서 나는 이광수와 주요한을 재주 있는 문인으로 꼽는 관용과 이해의 지도자인 이승만을 지지한다. 이광수에 대한 그녀의 정신적인 의존과 애정은 그녀 자신이 아닌 '오직' 이광수를 향하며, 이 과정에서 이광수의 친일 협력 행위는 공적으로 두드러지는 반면 그녀의 친일 협력 행위는 사사私事화되는 성별 분리의 공간적 위계화가 재설정된다.[18] 그녀의 이러한 위치 짓기는 '사교'를 여성의

---

16 모윤숙, 「옥비녀」(『모윤숙 전집 5』, 성한출판사, 1986), 20~22쪽.
17 모윤숙, 「회상의 창가에서」(『모윤숙 전집 6』, 성한출판사, 1986), 188~189쪽.

영역으로 특화하는 그녀의 향후 행보와 맞물려 해방 한국의 진로에 분
수령이 될 메논과의 만남을 준비하고 있었다.

메논Krishna Menon은 호주, 캐나다, 중국 등 총 8개 국으로 구성된 유
엔 한국임시위원단(이후 '유엔 한위'로 약칭)의 인도 대표로 1948년 1월
한국에 입국했다. 메논은 한국에 입국하여 행한 연설에서 "우리 인도는
이미 영국의 기반에서 이탈되었고 조선도 일본의 질곡을 벗어나 자주
독립할 날이 왔다. 그러나 우리 인도가 아직 분할되어 동포 상쟁하는
것과 같이 조선도 38선으로 양분되었다. 머지않은 장래에 완전히 결합
한 통일국가가 수립될 것"[19]이라고 천명했으며, 전 국민을 대상으로 한
1월 21일자 방송에서도 위원단의 임무가 통일 한국의 수립에 있음을 알
렸다.[20] 적어도 이 시점까지 유엔 한위의 인도 대표였던 메논은 이승만
이 주장하는 남한 단독 선거와 남한 단독 정부 수립과는 거리를 두고
있었던 것이다. 그런데 메논의 이러한 태도는 모윤숙과의 만남을 계기
로 급선회한다. 메논은 이승만의 남한 단독 선거와 남한 단독 정부 수
립에 힘을 실어 주는 보고서를 유엔에 제출하여 유엔 총회에서 남한 단
독 선거가 통과되는 데 일익을 담당하게 된다. 만약 유엔 한위 8개 국

---

[18] 글쓰기의 이러한 사사화가 갖는 의미는 한국의 반공주의와 관련해서 재성찰해 볼 지
점이다. 이에 대해서는 향후 다른 지면에서 좀 더 확장된 논의를 할 필요가 있어 보인
다. 특히 이 글은 모윤숙의 문학적 글쓰기와 정치적 헤게모니 투쟁의 상호 관련성을
충분히 검토하지 못했다. 여기서는 '사교'의 젠더화에 초점을 맞추어 해방 이후 한국
사회의 준전시 체제와 성적 분업 체계가 확립되는 양상을 규명하고자 했다. 이 때문에
모윤숙의 문학적 위상이나 시인으로서의 면모는 일정 부분 생략되었음을 밝힌다.

[19] 「유엔 조선 임위 인도 대표 메논 북조선 입국 문제 등 언급」,《조선일보》, 1948년 1월
11일자, 『자료대한민국사』, 국사편찬위원회, 1998).

[20] 「유엔 조선 임위 임시의장 메논, 위원단의 임무에 대해 방송」,《서울신문》, 1948년 1월
22일자, 앞의 책).

중 인도가 반대표를 던졌다면 유엔 총회에서 남한 단독 선거안이 통과될 수 있었을지 장담할 수 없는 상황에서 메논의 지지는 해방 한국의 진로를 바꾸는 일대 전환점이 되었다.

아아(아시아·아프리카) 중립국의 대표 국가인 인도가 남한만의 단독 선거를 주장한 사실은 유엔에서도 놀라운 일로 받아들여졌다. 이는 인도 정부의 방침과도 어긋나는 파격적인 행보였다. 김구의 중간파와 좌파 계열이 메논의 이런 입장 선회에 분노한 것도 무리는 아니었다. 그만큼 메논과 모윤숙의 관계는 해방 한국의 진로를 판가름하는 중요한 사회정치적 사건으로, 이는 두고두고 이야깃거리가 되었다.[21] 모윤숙은 메논과의 만남을 크나큰 우정으로 사사私事化했다. 그런데 그를 고마운 사람이자 은인이라고 규정하는 것 자체가 정치적 이해관계를 사적(내지 성적)으로 분할·전위하는 행위다.

모윤숙과 메논이 처음 만난 것은 유엔 한위 환영 파티 자리에서였다. 이 파티를 모윤숙이 이끈 '낙랑클럽'이 주도했으리라고 추정하는 근거는 여러 가지이다. 모윤숙은 낙랑클럽이 1951년 부산에서 생겨나 향후 약 2년간 지속되었다고 밝혔지만, 이는 사실과 다르다.[22] 1949년 5월자 신문에 '육탄 10용사'의 무훈을 추모하며 그들의 유가족을 원호하고자 두 곳의 여성단체가 궐기하여 이채로운 행사를 벌였다는 내용이 나오는데, 이 두 여성 단체가 낙랑클럽과 이화여대 동창회였기 때문이다.[23]

---

[21] 이 일화는 모윤숙의 전집뿐만 아니라 「내가 겪은 이십세기」, 《경향신문》, 1973년 12월 8일자)와 윤석오, 「남기고 싶은 이야기들」, 《중앙일보》, 1972년 2월 18일자)에서도 자세히 다루어졌다.

[22] 모윤숙, 앞의 인터뷰.

[23] 「낙랑樂浪클럽·이화여대 동창회, 육탄 10용사 유가족 원호에 나섬」, 《동광신문》, 1949년 5월 26일자). 이뿐만 아니라 「낙랑클럽」에 대한 미군 방첩대의 수사 보고서를 해제

1949년의 낙랑클럽과 1950년의 낙랑클럽이 별개의 단체가 아니라면, 낙랑클럽은 1950년 이전에 결성되어 활동했다는 이야기가 된다. 이는 모윤숙과 절친한 사이였던 전숙희도 확인해 주는 바다.

전숙희는 낙랑클럽이 미군정 시기에 생겨나 주로 한 · 미 친선 활동을 벌였다고 증언한다. 그녀에 따르면, 낙랑클럽은 "미군들에게 한국을 이해시키기" 위해 생겨난 클럽이며, 이 클럽 회원은 아무나 될 수 없고 "적어도 일제시대에 외국 유학을 갔다 올 정도의 교육받은 사람들, 또 잘살고 좋은 일도 많이 한 사람들" 위주의 부인들로 구성되었다. 이런 가정부인들 중에서도 "모습이 아름답고 영어 몇 마디라도 할 수 있으며, 교육도 받고 매너도 좋은 사람들만 뽑았다."[24]는 낙랑클럽은, 미군들의 파티가 열릴 때면 으레 초청되어 이들을 접대하고 유흥을 제공하는 이른바 민간 사절단이었다는 것이다.

이 낙랑클럽이 한국을 알리는 데 공헌했다는 자부심의 밑바탕에는 '사교'의 젠더 정치, 즉 사교는 남성들이 할 수 없거나 남성만으로 부족한 여성적 영역이라는 성별 분리 정치가 자리하고 있다. 여성과 사교의 이러한 등치는 여성을 국가가 동원하는 방식과 긴밀하게 연관된다. 여성을 가정 안에 두되 가정의 바깥으로 호출하는 젠더화 전략은 사교의 일회성과 친교의 안온함, 그리고 우아하고 예절 바른 여성들의 매너가 외국인 남성들의 고독과 성욕을 경감하고 위무하는 이타주의의 확장이었다. 노동 아닌 노동(금전이 오가지 않는 자선 행위라는 점에서 주로 기독

하여 실은 김상도에 의하면, "낙랑클럽은 1948년이나 1949년께 사회단체로 조직"된 것으로 미군 방첩대도 파악했다. 김상도, 「최초공개 · 미군 방첩대의 「낙랑클럽」 수사보고서」(『월간중앙』, 1995년 2월), 217쪽.

[24] 전숙희, 「낙랑클럽이 한국을 알렸어요」(『8 · 15의 기억』, 한길사, 2005), 110쪽.

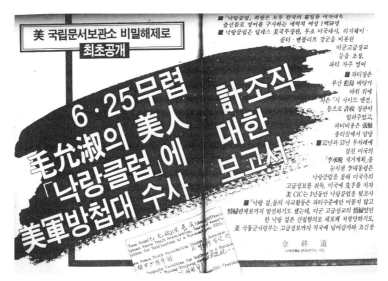

■ 「낙랑클럽」, 회원은 모두 한국의 某일류 여자대학 출신들로 영어를 구사하는 매력적 여성 1백50명

■ 낙랑클럽은 덜레스 美국무장관, 무초 미국대사, 리지웨이 · 콜터 · 밴플리트 장군을 비롯한 미군고급장교 등을 초청, 파티 자주 열어

■ 파티장은 부산 松島 바닷가 바위 위에 지은 「시 사이드 맨션」 등으로 許政 장관이 빌려주었고, 파티비용은 張勉 총리실에서 담당

■ 52년과 53년 두차례에 걸친 미국의 「李承晩 제거계획」을 눈치챈 李대통령은 낙랑클럽을 통해 미국측의 고급정보를 취득, 미국에 先手를 치자 美 CIC는 3년동안 낙랑클럽을 뒷조사

■ 「낙랑 걸」들의 사교활동은 파티수준에만 머물지 않고 情報관계로까지 발전하기도 했는데, 미군 고급장교의 情婦였던 한 낙랑 걸은 간첩혐의로 체포돼 처형당하기도 美 극동군사령부는 고급정보까지 적극 넘어갈까봐 초긴장

金 祥 道
〈수봉문화재단 한국사연구소 기자〉

美 국립문서보관소 비밀해제로
최초공개

6 · 25무렵 毛允淑의 美人 「낙랑클럽」에 美軍방첩대 수사 計조직 대한 보고서

『월간중앙』 1995년 2월호에 실린 김상도의 「최초공개 · 미군 방첩대의 「낙랑클럽」 수사보고서」. 낙랑클럽은 미군정 시기에 생겨나 주로 한 · 미 친선 활동을 벌였다. 이 클럽 회원은 아무나 될 수 없고 외국 유학을 갔다 올 정도의 교육받은 사람들, 가정부인들 중에서도 모습이 아름답고 영어 몇 마디라도 할 수 있는, 한 마디로 미모와 매너를 갖춘 일부 엘리트 여성들이었다.

교계 여성들이 많았다는 점도 주목할 부분이다.)의 형태를 띤 이 이타주의 는 가정부인의 이상을 사회로 확장하는 것으로, 이로써 여성의 사회적 가치는 이러한 가정의 이상을 매개하여 남성의 영역인 국가 지배 장치 와 위계적으로 분절·통합된다. 물론 이러한 가정부인의 건전한 이상 과 미덕은 철저하게 영어를 사용할 줄 알고 미모와 매너를 갖춘 일부 엘리트 여성에게만 부여된 특권이었다. 이는 식민지 시대 일제 식민 당 국이 식민지 여성을 계층화하여 엘리트 여성은 국책을 선전하는 중심 교화 주체로 이용한 반면, 하층계급 여성은 이 교화의 대상자로서 노무 와 군 위안부로 동원한 식민지 시대의 역사적 경험이 온축된 결과임은 두말할 나위가 없다.

낙랑클럽의 핵심 일원이었던 모윤숙은, 이 사교 파티에서 메논과 처 음 만나 메논과 이승만을 연결하는 연락책 역할을 충실히 수행한다. 모 윤숙은 메논을 '고마운 사람', '나만 아는 잊을 수 없는 은인'이라며 둘 의 관계를 이상적인 우정 관계로 묘사했지만,[25] 그녀는 이승만의 요청 에 따라 비싼 과일로 선물 공세를 하며 이승만이 현 해방 한국의 적임 자임을 누차 설득했다. 이러한 메논과의 친교는 메논과 이광수의 만남 으로까지 이어진다. 모윤숙은 이 두 사람의 만남을 정신적 충일과 환희 의 아름다운 광경으로 묘사한다. "혼돈된 정치 상황 속에서 허우적거리

---

[25] 모윤숙은 「초가草家에서 이어진 길」과 「회상의 창가에서」 그리고 「느티의 일월」에서 메논과의 추억을 반추하였으며, 「회상의 창가」는 이후 모윤숙의 에세이 『나의 회상 폭 풍 속에 피는 꽃』으로 재출간되었다. 정경모는 『찢겨진 산하』(한겨레신문사, 2002)에 서 모윤숙이 1983년 3월 『신동아』에 「잊을 수 없는 메논 위원장과 나의 우정」을 썼다 고 했지만, 1983년 3월호 『신동아』에서 이 글만은 찾지 못했다. 강준만, 『한국 현대사 산책─1950년대편』(인물과사상사, 2004) 역시 정경모의 책을 재인용해 이 출처를 밝히 고 있는데, 재고를 요하는 부분이다.

고 초조하게 밀려다니는 사람들보다 생명의 신비와 또 이에 대한 겸허한 태도와 이해하려는 열정에 가득 찬 두 분의 대화를 듣는 시간이 얼마나 신기하고 행복했었는지"[26] 회고하는 그녀의 서사화는 '사교'의 사적 성격이 정치적 이해관계를 은폐하는 성적 환상의 자기 미망이 되었음을 재차 확인시켜 준다.

메논은 모윤숙과 만나며 우파 지도층 인사들과 개인적으로 접촉했지만, 중도파나 좌파 인물들과는 거의 마주치지 않았다. 사교는 기존의 친분을 확대·재생산하는 인적 관계망에 기초하기 때문에 모윤숙과 메논의 개인적 친분은 이 사교 집단 바깥의 사람들을 배제하고 분리하는 배타적 방어선으로 기능했다. 따라서 모윤숙이 메논과의 관계를 진실한 마음의 교류로 규정하고 그 위에 이광수와 메논의 만남을 위치시키는 것은 '사교'가 은폐하는 정치경제적 투쟁을 드러낼 차이와 파탄의 한 징후로서, 이들 간의 우정은 이미 배반의 그림자를 짙게 드리우고 있었다.

모윤숙은 메논에 대한 감사의 표시로 1948년 문화당에서 『메논박사연설집』을 편집해서 출간했다. "이 분을 창덕궁 회의석상에서 알게 된 후로부터 순연한 정치가나 직업적인 외교가의 인상에서보다도 순수한 인간적인 소탈한 인상에서 모든 정치적인 의미를 떠난 조선 사람과의 우의는 시작되었던 것이다. 나로 하여금 이 서문을 쓰게 한 동기도 그것"[27]이라는 서문은 메논에 대한 모윤숙의 우정과 신뢰의 깊이를 짐작케 한다. 이 『메논박사연설집』은 이승만과 국내 우파 세력의 남한 단독 선거안이 국제적으로 인정받은 외교적 성과를 기념하는 의미도 함께 담고 있었다. 해방 한국의 전체 조직과 여론의 대표자로 이승만과 한민당을

---

[26] 모윤숙, 「초가草家에서 이어진 길」(『모윤숙 전집 4』, 성한출판사, 1986), 287쪽.
[27] 모윤숙 엮음, 『메논박사연설문』(문화당, 1948), 5쪽.

DR. MENON

모윤숙이 메논에 대한 감사의 표시로 1948년 발간한 『메논박사연설집』(왼쪽)과 책 안에
들어간 메논의 사진(오른쪽).1970년 세계 펜클럽대회에서 사회를 보고 있는 모윤숙(아
래). 이승만을 지지했던 메논의 유엔 총회 발언과 이화여대 강연 등이 망라된 이 연설집은
이승만과 국내 우파 세력의 남한 단독 선거안이 국제적으로 인정받은 외교적 성과를 기념
하는 의미를 담고 있었다. 그러나 이 책 출간 이후 메논에 대한 모윤숙의 태도는 돌변한다.

지지했던 메논의 유엔 총회 발언과 이화여대 강연 등이 망라된 이 연설집 출간을 전후로 한 모윤숙의 태도는 그러나 1948년 이후 돌변한다.

"이 박사는 그를 껴안고 목메어 울었고 우리 모두 한 덩어리가 되어 그의 성의에 감탄"[28]했다던 모윤숙은 메논이 한국을 떠난 후 "몇 번의 글을 받았지만 회답하지" 않았을뿐더러, 그가 외무부 장관직을 떠나 주駐蘇 대사로 전직한 이후에는 모스크바 우표딱지가 붙은 편지가 꺼림칙해서 그를 더욱 멀리했고 심지어 외면했다. 이승만 정권 이후 남한의 반공과 냉전 구도가 이들의 친분마저 왜곡시켰다고 하기에는 모윤숙의 상반된 행보가 보여 주는 간극이 너무 커 보인다. 이러한 사교의 은폐된 성적 환상과 권력의지가 한국 우파 세력의 남한 부식과 '스캔들'의 대한민국을 창출하는 동력이었음은 두말할 나위 없다.

반공국가 대한민국의 탄생 '스캔들'

모윤숙과 메논의 경우처럼, 여류 명사들의 '사교' 모임은 외국인과의 만남, 미군정의 권력, 엘리트 여성의 희소성과 맞물려 세간의 이목을 집중시켰다. 미군은 지금까지 한국인들이 경험해 보지 못한 낯설고 이질적인 존재였다. 해방군으로 열렬히 환영받았던 미군이 점령군의 성격을 노골적으로 드러내며, 미군정에 대한 해방 한국민들의 인식 역시 환영과 배척의 양 감정을 오가는 극도의 모순성을 띠게 된다. 당연히 미군정을 바라보는 해방 한국민들의 시선에 담긴 의혹과 불신도 높아져

---

[28] 모윤숙, 「나의 사우록師友錄―인도 외교관 메논씨」(『모윤숙 전집 7』, 성한출판사, 1986).

만 갔다. 이를 단적으로 보여 주는 것이 미군정에 대한 당대 중도 좌·우파들의 광범위한 비판과 질타이다.

한보영은 "현재 남조선에 있어서 군정 방식은 점령군의 그것과 조금도 차이가 없을 뿐만 아니라 오히려 일본 같은 데는 그들의 종래 정부가 그대로 형태를 가지고 있어 연합국의 대일점령정책에 배리되지 않는 내정행정은 그들 자신의 손으로 하고 있음"에 반해, 남조선(남한)은 "실정에 어두운 외국인이 직접 정치"[29]를 하고 있을 뿐만 아니라 설의식의 주장대로라면 영어에 편중된 통역관의 '염색染色정치'와 '통역정치'가 모든 비리와 부패의 온상이 되는 형국이었다.[30] 이것은 미군정이 보호와 안정이라는 명분을 내걸고 위협과 강제로써 조선인의 희구와 갈망과는 다른 사회경제적 신식민지를 만들려 한다는 비판 세력의 지적과도 일맥상통한다. 따라서 미군정의 선의와 우호는 한결같이 존중한다고 하면서도, 미군정의 실정에 대한 지식인들의 비판과 불만의 목소리는 해방 한국민들이 미군정에게 품은 실망과 좌절 그리고 승전국이자 패권국인 미군정에 대한 두려움과 선망 및 무력감과 뒤섞여 복합적이고 모순된 양상을 띠었다.

미군정은 패권국의 전형이자 표상이었고, 이 때문에 미군정의 이질성만큼이나 미군정이 지닌 힘에 대한 압도적 선망과 질시가 해방 한국을

---

29 한보영, 「군정에 대한 나의 제안」(『신천지』, 1947년 2월), 105~107쪽 참조.

30 해방 정국 내내 회자된 '통역정치', '염색영어'라는 유행어는 미군정에 대한 불만과 남한 정치가 친분정치로 좌우되는 기형적 정국을 빗댄 자조적 표현이다. 이는 설의식, 「군정에 대한 나의 진언─세 가지의 중대 결함」 및 이갑섭, 「미군정에 대한 희망」 등 군정 특집을 실은 『신천지』, 1947년 2월호에 잘 드러난다. 이 글에서 설의식은 '염색染色영어'라든가 '통역정치'가 끼치는 해악을 신랄하게 비판한 후, 정치 이념의 빈곤과 조삼모사적 정책 수립을 미군정의 근본 한계로 파악한다.

집단적으로 사로잡았다. 미군정의 정책과 입장이 구식민지 한국의 진로를 결정하는 핵심 잣대가 되면서, 미군정 고위 관료들의 말과 행동은 세간의 관심과 이목을 집중시켰다. 미군정과의 친소親疏 여부, 이른바 친분정치가 구식민지 한국의 전 사회 조직과 정치 질서를 좌지우지하는 판국이었으니 이에 무관심한 것이 외려 이상할 터, 미군정의 고위 관료가 참석하는 사교 파티는 반쯤 베일이 벗겨진 비밀 아닌 비밀로 수많은 소문과 억측의 진원지가 되었다. 이 비밀 아닌 비밀의 사교 파티에서 제외된 사람들의 알고자 하는 욕구는, 파티의 섹슈얼한 시각화와 미모와 지성을 겸비한 한국의 엘리트 여성들이 이들을 접대하는 성적 주체가 되었다는 사실만으로도 관음증적 호기심을 자극하기에 충분했다.

무릇 소문은 사실과 허구의 경계를 오가며 뒷공론을 만들어 낸다. 이렇게 증식된 뒷공론은 설령 그것이 증명되지 않더라도 사람들의 입에서 입으로 전해져 사실만큼이나 강력한 심리적 효력과 유인을 낳는다. '스캔들'은 또 하나의 사실인 것이다. 모윤숙과 메논의 관계는 모윤숙이 이해했던 것과 달리 '도색정치' 혹은 '요정정치'로 불리며 모윤숙의 육체 이미지와 심리적 자질을 판단하는 외적 척도와 준거가 되었다. 메논과의 관계를 진실한 마음의 교류로 여긴 모윤숙과 달리, 사람들은 육체와 성이 개입된 불온한 상상력으로 둘의 관계를 놓고 저마다의 각본을 재생산했다. 이는 앎—권력—성을 독점한 지배층의 사교 모임이 불러일으킨 필연적인 결과물이었다는 점에서, 그 바깥으로 밀려난 사람들의 저속한 취미나 황색 시선쯤으로 돌려 버리기 어려운 해방 한국의 집단적 무의식과 사회정치적 정황이 중층적으로 결합된 섹슈얼리티의 현장이다. 이승만의 지시를 받아 낙랑클럽을 만들 때부터 모윤숙은 이러한 혐의와 오해를 피하기 힘들었다. 낙랑클럽의 결성 배경과 활동을 전하는 모윤숙의 언급에서도 이는 쉽게 포착된다.

이승만 대통령이 불러 "외국 손님 접대할 때 기생 파티 열지 말고 레이디들이 모여 격조 높게 대화하고 한국을 잘 소개하라"고 분부하지 않겠나. 우리는 부랴부랴 낙랑구락부를 조직하고 김활란 박사를 고문으로 내가 회장을 맡았지. 금방 50명가량의 회원이 모였는데 그때 예쁘고 인기 있던 여성으론 손원일 제독 부인 홍사혜, 박흥식 사장 부인, 또 미세스 주, 허숙자 씨 등이 생각나는군요. 말하자면 「낙랑」은 정부의 부탁으로 이른바 「파티 대행업」을 한 셈인데 송도 바닷가 돌멩이 위에 지은 집(귀속재산)을 우양友洋(허정) 장관에게서 빌려 「시·사이드 맨션」이라 부르고 파티 비용은 청구서에 따라 운석雲石(장면) 총리실에서 지불해줬죠.[31]

그러나 앞에서도 밝혔다시피 모윤숙의 회상은 실상과 다르다. 적어도 낙랑클럽은 미군정 시기부터 미군 고위 관료들을 접대할 목적으로 결성되었다. 일단 이 점은 차치해 두고, 여기서 이승만이 외국 손님을 접대할 때 기생 파티 말고 '레이디'들의 격조 높은 파티를 주문했다는 사실은 저속한 기생 파티와 고상한 '레이디 파티'를 구분하는 여성의 내적 차이화를 동반하고 있다. 그러나 어느 쪽이든 남성에게 성, 특히 남한에 진주한 미군들에게 유흥을 제공하는 성적 주체였다는 점에는 차이가 없다. 성별 분리와 이에 따른 성 역할이 여성 내부의 계급과 지식 차이를 언제든 압도할 수 있음을 방증하는 부분이다. 해방 한국의 우파 지도 세력은 여성의 성을 미군정의 권력과 밀착하는 중요한

---

[31] 모윤숙, 앞의 인터뷰. 또한 모윤숙은 자서전에서 피난지 부산에서 부인클럽인 낙랑클럽을 만들어 회장 자리에 앉아 자신이 직접 각본을 쓰고 연출한 〈선덕여왕〉을 공연했다고 회상한다. 이렇게 낙랑클럽의 결성 시점을 한국전쟁으로 위치시키는 것은, 기억의 과잉과 소거라는 기억하기의 왕복 작용과 모윤숙이 낙랑클럽의 회장으로 활발히 활동한 때가 이 시기였을 두 가지 가능성을 제시한다.

수단으로 활용했다. 사회적 적대와 분열이 일상화된 해방 한국의 이념적 대립과 준전시 병영 체제가 남성은 '병사형 주체'로 여성은 '위안형 주체'로 동질화하여[32] 이들을 국민과 민족의 집단화된 주체로 호명하고 동원한 것이다.

모윤숙은 사교 파티장에서 메논과 미국 고위 관료 등과 친교를 맺고, 이승만은 이화장으로 모윤숙을 불러들이는 두 사람의 협력 관계는 한국전쟁 때까지 계속되었다. 불평등하고 비대칭적인 국제정치 질서가 여성의 육화된 성을 중심으로 은밀하게 협상되고 재조정된 것이다. 해방 한국의 우파 지도 세력은 미군정과 유엔의 국제적 승인을 획득하고 해방 한국의 유일한 합법 정부인 대한민국을 탄생시키는 데 여성의 성과 국제적 인정을 맞교환하는, 이른바 '성적 경제'를 펼쳤다. 이 성적 경제는 합법이라는 이름 아래 비합법과 부정의를 정당화하는 밀실정치의 시발점이었다. 메논과 이승만에 대한 모윤숙의 기억은 조금씩 편차를 보이며 되풀이되지만, 이 점을 감안하고 모윤숙의 자서전을 들여다보면 대한민국의 합법성이 성애화된 비공식적인 경로의 산물임을 어렵지 않게 간취할 수 있다.

모윤숙은 어느 날 이승만의 긴급한 전화를 받는다. 밤이 늦었지만 메논을 이화장에 데려와 달라는 부탁이었다. 메논이 해방 한국의 중심적 지도자들을 만나고자 연 덕수궁 회합에 초청받지 못한 이승만이(이기붕이 초청장을 잃어버려 가지 못했다고 하는데 확인할 길이 없다.) 지지자 60명의 서명이 적힌 명단을 메논에게 전달하기 위해서였다. 이 지지자 명단은 유엔 총회가 해방 한국의 진로를 판단하는 기초 자료로 삼고자

---

[32] 이임화, 「한국 전쟁과 여성성의 동원」(『역사연구』 14호, 2004년 12월), 110쪽.

각 지도자들에게 개별적으로 요청한 것이었다. 김구와 김규식이 이미 명단을 제출한 상태여서 이승만은 마음이 급했다. 그래서 모윤숙을 통해 이를 메논에게 전달하고자 한 것이다. 모윤숙은 드라이브 가자며 메논을 속여 이화장에 데려간 다음, 이승만의 부탁을 거절할 수 없게 만들었다. 바로 그 다음 날 메논은 유엔 총회에 참석하려 한국을 떠났다. 그의 손에는 이승만과 모윤숙의 합작품인 지지자 명단이 들려 있었다. 문제는 이승만의 이 지지자 명단이 대부분 가짜였다는 점이다. "이 박사의 플랜 메이커였던 윤치영은 그때는 참 하루 동안에 다른 필적으로 이름을 쓰고 도장을 파느라고 땀을 흘렸다."고 했는데, 나중에 이 사실을 안 모윤숙이 항의하자 이승만은 "정치라는 게 그런 게야. 모르면 가만 있어."[33]라며 역정을 냈다고 한다.

하지만 이는 모윤숙이 자처한 일이었다는 점에서 역설적인 자기 합리화가 내포되어 있다. 덕수궁 회합에 이승만이 빠진 것을 알고 달려가 이를 보고한 사람이 바로 모윤숙이었기 때문이다. 모윤숙의 보고를 받은 이승만은 부랴부랴 이 가짜 명단을 작성해 메논에게 전했고, 메논은 사무국을 통해 전달받았어야 할 지지자 명단을 이승만에게 사적으로 넘겨받아 유엔 총회에 제출한다. 만약 메논이 이 가짜 지지자 명단을 몰라봤다면 그만큼 위조가 잘 되었다는 증거일 테고, 알고도 모른 체했다면 모윤숙과의 친분 때문에 눈을 감았다는 얘기가 된다. 어느 쪽이든 달라지는 것은 없다. 이승만과 모윤숙의 합작품인 이 가짜 지지자 명단은 하룻밤의 위조로 해방 한국의 공적 역사와 운명을 가르며 이승만과 우파 지도 세력에게 최종적인 승리를 안겼다.

---

33 모윤숙, 「초가草家에서 이어진 길」, 앞의 책, 294쪽.

메논은 "하지 중장의 의도나 중립노선을 걸고 있는 인도 정부의 훈령을 묵살하고, 아니 그 자신의 애당초 생각과도 어긋나게 이 박사의 노선을 채택하도록 역설"[34]하여 남한 단독 선거와 남한 단독 정부의 기초를 닦는 일등 공신이 되었다. 이러한 비공식적 절차와 불법이 해방 한국의 유일한 합법 정부인 대한민국을 지탱한 근거였던 것이다.[35] 그렇다면 앎─권력─성의 일체화는 결국 대한민국의 성격뿐만 아니라 대한민국의 여성 정체성을 섹슈얼한 성적 주체로 고착시킨 역사의 한 장면으로 소환되어 재성찰되어야 마땅하다.

이 밀실정치의 거래는 그 직접적인 당사자이자 증인인 모윤숙에 대한 보복 테러를 낳았다. 모윤숙이 1949년 2월 유엔 총회에서 돌아오자마자 언더우드 부인의 저격 사건이 터졌는데, 이 사건은 "모윤숙이를 죽이려던 것이 잘못되어 언더우드 씨 부인이 죽었다"는 소문과 함께 "모가 무슨 문인이야. 유엔 총회에나 다니고 어쩌고……"[36] 하는 세간의 비난을 불러일으켰다. 한국전쟁 당시 북한군이 그녀에 대한 전국 수

---

[34] 모윤숙, 「초가草家에서 이어진 길」, 앞의 책, 295쪽.

[35] 이 부분은 다소 보충 설명이 필요하다. 국제정치는 개인의 자질이나 우연한 계기들로만 환원되지 않기 때문이다. 가령 남한 단독 정부 수립과 우파 지배 세력의 승리는, 미군정으로 대표되는 미국의 전략과 인접한 제반 국가들과 한반도와의 관계 그리고 이에 따르는 개인적 욕망과 돌발적인 사태의 출현과 전개 등이 중층적으로 결합된 사회정치적 역학의 산물이다. 모윤숙과 메논의 관계는 이 많은 사건 가운데 하나의 돌발 사건에 지나지 않을지도 모르지만, 해방 정국에서 의사 결정 통로가 제대로 확립되지 않은 채 정책의 혼선과 착종이 지속되어 오직 비공식적인 경로를 통해서만 미군정과 접촉할 수 있었던 당시 남한의 정국이 반영된 사건이라는 점에서 우연적이지만 필연적인 역사의 내적 전개 과정을 담지하고 있다. 메논과 모윤숙의 친교는 이러한 미군정과 남한 정객들의 비공식적인 경로를 통한 접촉과 이 비공식적인 경로가 공식적인 결정을 뒤집는 남한 정치의 난맥상을 그대로 예증하는 사례이다.

[36] 모윤숙, 「초가草家에서 이어진 길」, 앞의 책, 194, 245쪽.

배령을 내린 이유도 그녀의 이러한 행적이 불러온 결과이고 보면, 모윤숙은 밀실정치의 주역으로 '스캔들'의 변치 않는 대상으로 주류 영역에 진입한 대표적인 성애화된 여성 지도층 인사였다고 할 만하다.

해방 한국의 우파 남성 지도자들이 그 공적 행위와 업적에 따라 평가받은 것과 달리, 모윤숙은 가시적인 육체의 관음증적 대상이자 불법과 타락의 유형화된 표상이 되어 한 시대를 화려하게 수놓았다. 성별 권력의 위계화된 질서에서 권력을 독점한 미군정과 한국 우파 지도 세력의 권력의지는 여성의 성적 친화력이라는 지극히 사사화私事化된 형태로 서로를 뒷받침하는 반공국가 대한민국을 탄생시켰다. 반공국가 대한민국의 '반공' 민족주의가 곧 이와 같은 스캔들의 이념화된 표상이라면, 이념과 '스캔들'의 만남은 여전히 불온하기 그지없다.

친일 명사에서 관제 지식인으로

1949년 1월에 창간된 『문예』의 발행인, 한국여류문학인회 부회장, 예술원 회원, 세계 펜클럽 회장, 국회의원……. 이처럼 화려한 이력을 자랑하는 모윤숙은 그러나 일제 식민지 시대에 지원병과 징용제도를 찬양한 문인보국단의 일원으로, 이승만과 박정희 정권에서는 종군 작가단과 베트남 파병 병사들을 위문하는 시찰단으로 활약했다. 일제 식민지 시대부터 해방을 거쳐 1970년대까지 그녀는 대표적인 관제 지식인으로 병영국가 대한민국과 명암을 같이했다.

그녀가 후방의 반공 '투사'로 거듭난 한국전쟁 이후, 모윤숙의 친일 행위를 들먹이는 일은 금기였다. 해방 직후의 아주 짧은 시기 이후,[37] 1980년대 후반이 되어서야 그녀의 친일 행적은 조금씩 드러나기 시작했다. '사교'로 구축한 인적 계보와 '여류 문인'이라는 특권적 지위가 이러한 친일 협력 행위를 상쇄하고 대한민국의 원로 문인으로 그녀를 위치 짓는 데 한몫을 했다.[38] 그녀의 '사교'는 특혜와 권력의 다른 이름이었지만,[39] 그 뒤켠에서 이중 스파이로 짧은 생을 살다 간 김수임의 비극은 '사교'가 갖는 성적 취약성을 말해 주고도 남음이 있다. 여성이 여성에게 할당된 선을 넘지 않는 한 사교의 여성적 권위는 안전한 보호막이 되지만, 이 금지와 단속의 선을 넘는 순간 처벌과 경계의 성적 대상으로 추문화되는 것이다.

낙랑클럽 당시 미인계의 한 축을 담당했던 김수임은 모윤숙의 권유로 미군정 사령관 베어드의 정부情婦가 되어 미군정의 동향을 모윤숙과 이승만에게 알려 주는 정보 출처자로 암약했다.[40] 하지만 그녀가 좌파

---

[37] 이를 대표하는 글로 문경석의 「모윤숙론—슬픈 전형典型에 향向하여」(『신여원』, 신여원사, 1949년 3월), 59쪽이 있다. 이 글에서 문경석은 모윤숙을 "비굴한 배신자로 나섰던 것이니 그는 착실히 영광을 누릴 수 있는 일제의 지성至誠한 유일무이의 여류시인이 되고 말았다. 그리고 이름을 위하여서는 조금도 휴식이 없었던 그는 달걀로 바위치는 격으로 침범을 시작한 일제의 12월 8일에 서투른 수법으로 쉽사리 일본말을 지니고 나서는 와들와들 떨리는 목소리로 국민시가인의 노래를 몸소 울부지젓든 것이니 반도황국여성은 전사이어만 되겠다는 이 충성한 안해의 이론은 분나憤裸에 거룩한 로만쓰의 임자가 되어지자는 것이었다."라고 꼬집었다.

[38] 「건국 도운 여류 시인—영운 모윤숙」(『내가 겪은 이십세기 : 백발의 증언 원로와의 대화』, 경향신문사, 1974)이 한 예이다.

[39] 그녀에 대한 특혜는 다방면에서 이루어졌다. 반공 전사로 거듭난 모윤숙에 대한 내용은 다른 지면에서 좀 더 상세하게 다룰 예정이다.

[40] 김수임의 간첩 혐의와 그 행적에 대해서는 김수임의 동문이었던 전숙희의 『(한국의 마타하리, 여간첩 김수임) 사랑이 그녀를 쏘았다』(정우사, 2002) 참조. 소설이라는 장르의 특성상 허구가 개입될 가능성이 크다는 점을 염두에 두고, 김수임과 사상검사가 주고받은 이 소설의 대화 한 토막(225쪽)을 이해를 위해 덧붙인다. 김수임과 이강국의 러브 스토리는 KBS에서 방영된 〈서울 1945〉의 기본 뼈대를 이루었다. 이 드라마는 한국의 드라마 역사상 해방 공간을 다룬 아주 드문 작품으로, 여운형 등의 중도파 인물

지식인 이강국을 사랑하여 이 분절선을 넘어서자, 김수임은 '사교'의 냉혹한 배타성이 발현되는 남북한 공동의 적으로 가시화되었다. 모윤숙은 친동생처럼 가까이 지냈던 후배 김수임의 죽음을 방조하고 이를 기정사실화했다. '사교'의 성적 경계가 내부를 떠나 외부로 표출되는 그때부터 '사교'는 불온과 부정의 온상지로 전락하기 때문이다. 그래서 사교는 집단의 비밀을 공유할 때만 유지되는 배타적 결속체로서, 자의로든 타의로든 그 바깥으로 밀려난 사람들에게는 그것의 성애화가 치명적 독상毒傷이 되어 되돌아올 가능성이 크다. 이 때문에 여성적 권위의 섹슈얼한 장인 '사교'는 독이 든 성배에 비견될 수 있다. 해가 될 줄 알면서도 성배의 고귀한 이념에 매혹되어 이 독을 마신 역사적 사례는 모윤숙과 김수임 말고도 여럿 있다. 관제 지식인으로서의 성공적 안착이든 아니면 형장의 이슬이 된 불운한 스파이든지 간에, 이들에게 똑같이 드리워진 성애화된 육체의 가시적 표상은 한국의 '여성' 지도자들이 빠지기 쉬운 함정으로 여전히 우리를 옥죄고 있다.

들이 대거 등장했다는 점에서도 이채를 띠었다.

검사 : (객석을 향해) 여기 피고가 살고 있는 집의 내부 사진이 있습니다. 온 국민이 새 나라를 건설하려고 허리띠를 졸라매며 근검절약하는 이때 피고는 외국 건물들로 호화 사치생활을 한 증거가 될 것입니다. 피고는 이렇게 허영스러운 생활을 하며 베어드 사령관으로부터 울궈낸 거액의 돈으로 북괴 앞잡이들을 위해 간첩 활동을 했다고 자백했는데.

김수임 : (놀라며) 그런 일은 없습니다.

검사 : 정보를 모으기 위해서 외국인과 고위층 인사들을 초청해서 호화 파티를 자주 열었다고 자백했는데도요?

김수임 : 남편인 사령관께서 사교를 위해 가끔 친구분들을 초대해 술 한 잔씩 하며 놀기는 했어도 그런 목적 있는 파티는 한 번도 한 적이 없습니다.

6

박정희의 '혁신'과 독백의 체계

미국과 아시아의 통합에 대한 관념이

냉전 오리엔탈리즘의 한 정초적 개념으로 작용했다.

냉전과 관련하여 수정주의 역사가들은 1945년부터 1991년까지의 시기를

미·소 갈등으로 규정되는 시기만이 아니라

전 지구화globalization가 지속된 일련의 과정으로 바라보기 시작했다.

이러한 관점에서 냉전은 소련과 소모전을 벌이는 것만큼이나

경제, 정치 그리고 군사적으로 통합된

"자유세계"를 창출하는 것이었다. (중략)

(미국의) 문화 생산자들은 미국과 아시아 간의 감정 구조망을

상상적으로 구축하고, 미국의 경제·정치·군사 권력이

이동하는 물적 통로를 일층 강화했다.

Christina Klein, 『Cold war Orientalism』

4 19혁명 이후, '혁신'의 전유

4·19혁명의 열기로 온 나라가 뜨겁게 달아오르던 1960년 6월, 『사상계』
는 시위에 참여했던 젊은 (대)학생들을 중심으로 좌담회를 개최했다.
이들의 공통된 인식은 자유당 정권으로 대변되는 기성세대는 부패하고
무능력할 뿐만 아니라 뚜렷한 지도 이념조차 없다는 것이었다. 무이념,
무원칙으로 권력에 아부하고 영달만을 추구했던 기성세대의 유일한 판
단 기준은 '이 박사의 유시諭示'였다고 이들은 지적한다. "십이 년간의
한국 정치는 이 박사의 유시로부터 시작되었고 유시에서 끝났다"는 발
언이 의미하는 바는 한국 사회의 후진성이다.[2]

나치스의 독재조차 뚜렷한 지도 이념이나 원리가 있었는데, '인의 장
막'에 갇혀 권력 유지에 급급했던 전근대적 한국 사회는 이마저도 결여
했다. 이 결핍과 부재의 총체적 상징이 바로 '이 박사의 유시'로 압축되
어 드러났다.[3] 한국 사회가 이러한 후진적 양태를 벗어나 선진사회로

---

[1] Christina Klein, *Cold War Orientalism* (University Of California Press, 2003), p. 16.

[2] 좌담회, 「노한 사자獅子들의 증언證言」(『사상계』, 1960년 6월), 38~55쪽.

[3] 이승만 정권에 과연 지도 이념이 없었는지에 대해서는 이견이 있을 수 있다. 하지만 당
대 대부분의 지식인들은 '이승만의 유시'를 전근대적인 것으로 간주하고, 이를 만회할
총체적인 개혁과 쇄신을 요구했다. 따라서 실체적 진실의 여부와 상관없이 이러한 심리
적인 보상 기제가 실제 정치 현실을 규정짓는 강력한 동인이 되었다.

도약하려면 사회 전반에 걸친 '혁신'이 뒤따라야 할 것은 당연할 터, '혁신'·'진보'·'개혁'의 정당성은 이로부터 도출되는 동시에 확보되었다.

　비록 젊은 (대)학생들로 한정된 시국 토론이었다고 해도 4·19 이후 한국 사회를 지배하던 지식인들의 전반적인 인식 틀과 담론 지형을 엿볼 수 있는 이 좌담회는, 당시 한국 사회가 '혁신'과 '개혁'의 시대적 당위성을 누가 어떤 방식으로 전취하고 정당화하느냐에 따라 그 의미망이 달라지는 대단히 불안정하고 불투명한 과도기에 있었음을 반증한다. '혁신'·'개혁'·'진보'의 시대적 당위성은 그야말로 당위성일 뿐, 이를 어떻게 입안하고 구현할 것인지는 또 다른 사회정치적 의제이기 때문이다. '혁신'과 '개혁'의 실제 내용과 대상을 놓고 논란이 분분한 가운데, 적어도 1960년 이 시점에 구세대/신세대 그리고 보수/혁신의 대립과 분절선은 시간적으로 이전/이후의 위계적 가치화를 담지한 채 신세대=혁신=진보=이후가 등가화되어 긍정되는 특정한 시대 인식을 정초하게 된다.[4] 이 변별적인 위계화에서 구세대=보수=정체=이전에 대한 대다수 지식인의 부정적 인식과 열패감은 커질 수밖에 없었다. 이 모든 착종된 열망과 좌절을 4·19를 전후해 민주당이 떠안은 이유는 민주당이 거대 야당이었다는 점 말고는 찾기 힘들다. 민주당은 이 좌담회에서도 명시되듯이 자유당과 그 뿌리를 같이하는 자유당의 분신이자 거울상이었기 때문이다.[5]

---

[4] 이념과 결부된 대립이 신·구의 세대론적 갈등으로 돌출되는 양상은 이미 1950년대 후반 문학계에서 순수와 참여 논쟁으로 시작되었다. 신세대와 구세대 혹은 신지식인과 구지식인 간의 날카로운 구분선은 문단의 헤게모니 투쟁과 '민족'과 '국가' 건설에 참여할 것인지를 둘러싼 광범위한 논란을 불러일으켰다.

[5] 민주당에 대한 평가는 일률적이지 않다. 민주당에 대한 언론의 무차별적인 공격은 언론의 상업주의적 속성이 초래한 파행적인 결과로 5·16이 일어날 즈음에는 민주당의 장면

민주당이 지닌 이런 태생적 한계가 신세대=혁신=진보=이후에 대한 폭발적 욕구를 수렴하지 못하고 5·16군사쿠데타를 일으킨 군부 세력에게 그 자리를 내주었을 때, 이는 제3세계의 새로운 지도 세력으로 군부에 착목했던 로스토우W. Rostow와 일명 「콜론Colon 보고서」의 한국판 현실화였다.[6] 로스토우가 예외 지역으로 분류했던 한국이 오히려 로스토우의 충실한 이행자로 변모한 사정은 한국을 둘러싼 복잡한 대내외적 상황 때문이었을 것이다. 그러나 왜 하필이면 구태와 혁신, 구세대와 신세대로 첨예하게 양분되던 시공간적 심상지리에서 박정희의 군부가 이 혁신과 신세대의 자리를 선점/전유할 수 있었는지는 우리가 흔히 말하는 재현representation과 대표성 문제와 관련해서 한국 사회의 전반적인 정치문화적 헤게모니와 역사 인식 면에서 간과할 수 없는 의

정권이 어느 정도 안정기에 들어섰다는 평가가 일부 존재하는가 하면, 민주당이 자유당 정부 시절의 반민주 행위자와 부정 축재자 처리에 미온적인 태도를 보여 학생과 지식층들의 불신과 저항을 자초했다는 부정적인 평가도 있다. 이와 관련하여 김동춘, 「4·19 시기 과연 혼란기였나」(『역사비평』, 1990), 그레고리 핸더슨, 『소용돌이의 한국정치』(박행웅·이종삼 옮김, 한울 아카데미, 2000), 강준만, 『한국현대사산책』(인물과사상사, 2004), 서중석, 「한국 야당의 두 얼굴-민주당(1955-1961)을 중심으로」(『이승만의 정치이데올로기』, 역사비평사, 2005) 등이 대표적이다.

또한 1960년대 대다수 지식인들은 자유당과 민주당, 혁신정당에 이르기까지 보수와 혁신의 차별성에 별다른 의미를 부여하지 않았다. 한 예로 신상초는 「보수세력의 계보」에서 "사실 외국인들의 지적에 있어서와 같이 8·15 이후부터 오늘에 이르기까지의 우리 사회에 있어서의 모든 정강은 그 보수, 혁신의 구별에도 불구하고 그 정강정책에 있어서는 그 모두가 혁신적이며 사회주의적인 것"이라고 전제한 후, "민주당과 사회대중당의 그것은 오해할 정도의 유사성을 보여 주고 있다"고 지적한 바 있다. 신상초, 「보수세력의 계보」(『사상계』, 1960년 8월), 62쪽.

[6] 로스토우의 「비공산당 선언」 및 「콜론·어쏘시에이츠-미국의 대아세아 정책」 한국편은 1960년 1월 『사상계』에 동시에 게재되었다. 마치 한국의 상황을 암시하는 듯한 이 두 보고서는 박정희 군부가 이를 예의 주시했다는 점에서도 살펴볼 가치가 충분하다.

미를 지닌다.

　자유당의 실정과 이승만의 일인독재 체제가 무너지며 표면화된 구세대와 신세대 간의 격렬한 인정투쟁은, 박정희의 군부가 등장하기 이전에 일종의 선先정치적인 담론 자원을 형성하며, 이 이분법에서 사회적 열망과 도덕적 우위의 척도로서 혁신과 신세대의 자리를 누가 차지하느냐가 강제적 물리력 못지않게 중요한 사회정치적 헤게모니 투쟁의 관건이었음을 말해 준다.[7] 신세대/혁신을 대표/재현할 세력으로 최소한의 동의와 지지 기반을 확보하는 일은 4·19가 열어 놓은 다양한 가능성을 실제 정치 현실에 구현하는 데 필요한 일종의 '위험'부담이자 '안전'장치로서, 박정희의 군부는 혁신과 신세대의 위계적 가치화를 가로질러 정치세력화와 집권에 성공하게 된다.

　그렇다면 박정희 군부는 어떻게 한국 최초의 시민혁명으로 일컬어지는 1960년 4·19혁명의 유일무이한 계승자로 스스로를 정립해 갔을까. 박정희의 군부에 대해서는 이미 많은 연구 성과물들이 존재하는 만큼, 박정희의 군부 체제에 대한 전반적인 분석은 생략하려고 한다. 그보다는 박정희의 초기 대표/재현 논리와 담론 체계를 검토하고, '민족적' 혹은 '한국적'이라는 수식어가 실은 미국의 외적 시선이 투영된 냉전 오리엔탈리즘의 양가적 소산물임을 밝히려 한다. 이를 통해 한국 사회의 진보와 보수가, 당대의 한정되고 특수한 자원을 둘러싸고 전유와 재전유가 일어나는 복합적이고 유동적인 상호 작용의 영역이며, 박정희 군부역시 '진보'와 '혁신'에 대한 기층의 압도적인 요구와 타협·교섭하는 가

---

[7] 여기서 쓰고 있는 '선先정치적 담론 자원'이란 현실 정치와 일대일로 대응되지는 않지만 현실 정치를 견인하는 이념적이고 문화적인 당대의 독특한 자원을 가리킨다. 로버트 니스벳, 『보수주의』(강정인 옮김, 이후, 2007), 14쪽을 참조하여 필자가 정리했다.

운데 초기 대표/재현의 논리를 구축하고 정당화했음을 명확히 하고자 한다.

박정희 군부가 내세웠던 '혁신'과 '진보'의 담론 체계와 인식 양상은 균일하지 않으며, 시기와 국면에 따라 달라지는 미묘한 변주상을 드러낸다. 한국 사회의 진보와 보수 양 진영이 현재까지도 공히 박정희를 반추하는 근저에 한국 사회의 한정된 정치 자원과 그의 초기 대표/재현의 메커니즘이 깊숙이 작용하고 있다면, 한국의 정치체제와 한국적 '근대'와 냉전 오리엔탈리즘이 결착結着되는 박정희의 대표/재현의 사회역사적 전개 과정을 되짚는 일은 여전히 긴요한 작업이라 하지 않을 수 없다.[8]

'특권계급'을 부정하는 수평적 동지애

1961년 박정희의 군부가 군사 쿠데타를 일으키고 꼭 한 달 만인 6월 16일, 박정희는 『지도자도指導者道』란 책을 출간한다. 그리고 1962년 2월 『우리

---

[8] 이 글은 2007년 7월 연세대 국학연구소 중점연구팀 전체 학술대회에서 발표한 원고를 수정·보완한 것이다. 그러나 애초 필자가 목표했던 한국 사회의 진보와 보수에 대한 종합적인 분석에는 턱없이 모자라는 글이 되고 말았다. 이는 필자의 현재 역량이 부족한 탓이고, 향후 이 과제를 지속적으로 탐구하고 심화시켜야 하는 이유이기도 하다. 해방 직후부터 5·16쿠데타에 이르는 한국 사회의 진보와 보수의 상호 작용 및 변주를 고찰하는 것은 지속적인 과제로 남겨 두면서, 향후 박헌영과 여운형 등의 인물 분포도와 더불어 반드시 해명되어야 하리라고 생각한다. 필자의 발표문인 「한국사회의 진보와 보수─박정희의 '대표/재현'의 논리와 '지도자상'을 중심으로」(연세대학교 국학연구소 전체학술대회 발표문, 2007)에는 다소 논리적 비약이 존재하지만, 이러한 사고의 일단이 담겨 있다.

1962년 2월 박정희가 출간한 『우리 민족의 나갈 길』 표지와 「머리말」. 박정희는 군부 쿠데타를 일으킨 후 연이어 세 권의 책을 출간했다. 이 책에서 박정희는 한국을 항상적인 '과도기'이자 '전환기'로 규정한다. 이렇듯 몰락과 재생(신생)의 갈림길에 선 한국은 현명한 판단력과 혜안을 겸비한 진정한 지도자가 필요하다는 것이다. 계엄령 등의 긴급조치들은 이런 위기 국면을 타파할 지도자의 고뇌에 찬 결단으로 정당화되었다.

민족의 나갈 길』, 1963년 9월 『국가와 혁명과 나』를 연이어 출간한다. 이 세 권의 책을 전부 박정희가 썼다고 볼 수는 없지만,[9] 박정희가 연속해서 발표한 세 권의 저서는 군부가 인식한 당대의 상황과 역사적 위상을 분석하기에 좋은 참조 자료가 된다.

1961년 6월 16일 비매품으로 출간된, 박정희가 저술한 것으로 되어 있는 『지도자도』는 총 35쪽에 불과한 짧은 분량의 저작이다. 이 『지도자도』에서 박정희는 "국가의 번영과 안전을 가져오기 위하여 올바른 지도자도"가 시급히 확립되어야 한다고 주장한다. 특히 혁명기에 처해 있는 지도자도란 '영웅적'이어야 한다는 것이 그의 일차적인 판단이다. "우리 사회가 불타오르겠다는 기름 바다라면, 이 바다에 점화 역할을 해주는 신화적 작용이어야" 하며, 이를 위해서는 "안일주의, 이기주의, 방관주의, 숙명주의로부터 탈각하여 피지도자가 부르짖는 것을 성취하도록 이끌어 나갈" 새 지도자상이 반드시 필요하다는 것이다.[10]

이에 따르면, 5 · 16의 결단은 혁명의 계승이자 파종에 다름 아니다. "이번 혁명은 꼭두각시의 반민주체제를 근본적으로 전복하고 진실한 자유민주주의를 실현하기 위한 기틀을 마련하는 것이었다."(23) 새로운 독재와 전체주의가 아닌 진정한 자유와 민주 정신을 불어넣는 데 온 힘을 다해야 한다는 박정희의 확고한 혁명정신의 천명은 공산주의보다 민주주의가 우월하다는 배타적인 구획화와 타자화를 기저에 깔고 있다. 민주주의가 공산주의보다 우월한 증거는 그에 따르면 민족 단결과 생활수

---

[9] 『우리 민족의 나갈 길』의 경우, 한국 역사에서부터 아시아의 정치 상황에 이르기까지 다방면에 걸쳐 전문 지식과 용어들이 등장하는 것으로 보아 전문가들이 대필했거나 조언했을 가능성이 크다. 전인권, 『박정희 평전』(이학사, 2006), 164쪽도 이 점을 지적하고 있다.

[10] 박정희, 『지도자도』(국가재건최고회의, 1961), 9~10쪽. 이후로는 쪽수만 표시.

준의 향상이다.[11] 민주주의와 공산주의를 나누는 핵심 척도가 민족 단결과 생활수준의 향상이라면, 그가 지향하는 민주주의는 이러한 민족 단결과 생활수준의 향상을 가시적인 물증으로 확인·공유할 수 있어야 한다. 이 두 가지가 해결되지 않는 한 민주주의는 아직 도래하지 않은 미완의 지점으로 유예되거나 연기되며, 자연스럽게 민주주의의 완성 역시 언제나 한국적 현실에서는 '때 이른' 것으로 간주되어 이를 증명하는 미성숙의 유표화된 징표들이 동원되거나 활용될 가능성이 크다.

박정희가 유달리 한국 경제의 수량화된 지표에 집착했던 사실은 익히 알려져 있거니와 이 수량화되고 기능화된 지표가 때로 절대 법칙으로 추인되기도 했다.[12] 이러한 경제적 수량화의 양적 지표와 더불어, 그는 5·16군사쿠데타뿐만 아니라 1963년의 군정 연장 발언 그리고 1972년 유신체제에 이르기까지 일관되게 한국의 미성숙한 민주주의적 토대와 불안정한 경제 여건을 들어 혁명 과업의 진정한 완수가 아직 성취되지 않았음을 국민들에게 납득시키고자 전력을 기울였다.

요컨대 한국의 허약한 물적·정신적 토대가 서구식 민주주의의 발현을 가로막았던 셈인데, 이 때문에 박정희는 한국을 항상적인 '과도기'이

---

[11] 전재호, 「박정희 체제의 민족주의 : 담론의 변화와 그 원인」(『한국정치학회보』, 제32집, 한국정치학회, 1999)은 박정희 체제의 민족주의적 담론을 시기별로 나누어 검토했다. 민족주의적 담론의 시기별 변천에 대한 연구는 물론 중요하지만, 민족주의가 어떤 완결된 형태로 존재하는 것이 아니라 다양한 기층 담론들과 결합하여 배제와 선택, 포함과 분리의 역동적 과정으로 전개된다는 점에서 오히려 필자는 이 두 가지 축을 중심으로 박정희의 민족주의 담론이 어떻게 변모하는지에 더 관심이 있다.

[12] 여기에 대해서는 필자의 책 『식민지의 적자들』(푸른역사, 2005)에서도 언급했다. 단계적 발전론에 입각한 박정희의 조국 근대화와 경제 발전은 그를 합리화하는 기제이자 선진국 입성을 보장하는 객관적 척도로 실체화되었다. 그러나 세계 자본주의 현실과는 거리가 먼 그의 주장은 경제적 종속과 군사적 의존도의 심화로 대항 세력의 격렬한 저항과 반발에 부딪히게 된다.

자 '전환기'로 규정한다. 몰락과 재생(신생)의 갈림길에서 한국은 양자 택일의 어려운 선택에 직면해 있다. 이 위기를 극복하고 타개하려면 현명한 판단력과 혜안을 겸비한 진정한 지도자의 역할이 필수적이다. 국민보다 앞서 구국의 결단과 실천을 '몸소' 보여 주는 지도자의 여부가 위기 타파에 결정적인 변수가 된다. 박정희가 계엄령 등의 긴급조치들을 정당화했던 합리화의 기제는 이러한 항상적인 위기 상황과 국면을 타파할 지도자의 고뇌에 찬 '결단'으로 특화되어 되돌아온다. 그것은 역사와 시대의 요청이면서 국민의 요청이라는 전도된 형태를 띠게 되는데, 왜냐하면 국민의 요청이란 국민보다 앞서 선견지명을 갖춘 지도자의 역량과 지도력에 전적으로 좌우되기 때문이다. 따라서 국민의 열망과 요구란 지도자의 결단과 실천을 사후에 승인하는 형식적인 절차로 환원되고 마는 역설에 처하게 된다. 국민의 대표자/대변자로 자신을 형상화하는 박정희의 이러한 지도자론의 내적 논리는 상황과 국면에 따라 미묘하게 변주되어 나타나는데, 이는 집단적인 것에서 개인적인 것으로 전환되는 특징이 있다. 박정희의 재현/대표의 구축 양상을 면밀하게 고찰해야 할 이유가 여기에 있다.

최근 박정희의 군부독재를 청산과 정화, 대중독재, 대중동원과 민족주의 담론 등과 관련해 재조명하려는 연구가 활발하게 진행되고 있다. 탈식민주의의 풍미와 민족주의에 대한 비판적 성찰이 이러한 연구를 주도하고 있는 것이 사실이다. 그러나 이 과정에서 박정희의 군부독재는 그 특정한 사회역사적 맥락을 상실한 채 파시즘과 근대화 일반론으로 일괄 처리되는 감이 없지 않다. 박정희의 군부독재가 파시즘 일반으로 돌려지거나 민족주의에 대한 비판이 거꾸로 박정희의 근대화를 저개발국의 불가피한 상황 논리로 정당화하는 일련의 연구 경향[13]은 박정희가 '혁신'을 전유할 수 있었던 당대의 사회역사적 맥락에 대한 폭넓은 진단과 '영웅적' 내지 '권위적' 지도자에 대한 한국인의 뿌리 깊은 심성 구조를 파헤치는 데 역부족인 듯 보인다.

이런 시각이 초래하는 폐해는 현재 한국 사회에서 벌어지고 있는 소모적인 논쟁과 갈등만 보아도 충분히 짐작 가능하다. 따라서 영웅적이거나 권위적인 지도자에 대한 한국 사회의 뿌리 깊은 갈망과 희구의 메커니즘을 밝히는 일은 바람직한 '지도자상'이 무엇인가에 대한 21세기적 전망과 대안을 모색하는 데 긴요한 작업이라고 하지 않을 수 없다. 이러한 점에서 박정희가 5·16군사쿠데타 직후에 쓴 『지도자도』와 『우리 민족의 나갈 길』 그리고 『국가와 혁명과 나』, 나아가 1971년 「국가비상사태선언에 즈음한 특별담화문」과 『한국 민주주의』 등에서 그의 달라지는 발언 위치와 언술 내용을 규명하는 것은 한국 사회의 지층을 파고드는 하나의 단초이자 실마리가 될 수 있다.

5·16 직후에 박정희가 쓴 『지도자도』는 앞에서도 잠깐 언급했듯이 집단적인 동지애를 두드러지게 강조한다. 수평적이고 동지적인 관계가 무엇보다 중시되는 이 책자에서 박정희는 지도자를 영웅적인 동시에

---

13 필자가 염두에 두고 있는 논의는 장문석, 이상록 등의 『근대의 경계에서 독재를 읽다』(그린비, 2006)에서 이상록의 「박정희 체제의 '사회정화' 담론과 청년문화」이다. 그의 논문은 여러 면에서 흥미롭지만, '정화'의 논리가 5·16 직후에 '혁신' 및 '진보'와 동일시될 수 있었던 메커니즘에 대한 탐구가 빠져 파시즘 일반이 갖는 청산 내지 배제의 논리와 별반 다를 바 없다는 느낌을 준다. 또한 조이제·카터 에커트의 『한국 근대화, 기적의 과정』(월간조선사, 2005) 중 조이제의 총론과 카터 에커트의 「5·16군사혁명, 그 역사적 맥락」은 이승만과 박정희의 공적을 찬양함으로써 독재체제를 저개발 국가의 어쩔 수 없는 상황 논리로 포장·윤색하고 있다. 이들의 논의는 현재 유포되고 있는 식민지 근대화론의 연장선상에 서 있으며, 이를 통해 한국의 근현대사를 냉전 오리엔탈리즘의 관점에서 세련되게 재구축하고 있다는 의심을 지우기 어렵다. 이에 대해서는 본 꼭지의 '한국적 민주주의와 새마을 운동'에서 우회적으로 재검토하고 재비판할 것이다.

인간적인 면모를 두루 갖춘 인물로 제시한다. "지도자는 대중과 유리되어 그 위에 군림하는 권위주의자나 특권계급이 아니라 그들과 운명을 같이하고 그들의 편에 서서 동고동락하는 동지로서의 의식을 가진 자라야 한다."(18) "피지도자의 단결보다 지도자들 사이의 단결은 더욱 중요하다. (중략) 알력의 요인을 극복하고 단결을 이룩하는 데 가장 중요한 요소는 협조정신이다. 그리고 그러한 협조는 언제나 공동의 이념에 입각하여야 한다. 자기 소신에 대하여 신념을 갖되, 다른 사람의 의견을 포용하는 아량이 있어야 한다. 자기 능력에 자신을 갖되 남의 능력을 멸시하는 태도를 버려야 한다"(30-32) 등으로 그는 개인이 아닌 집단 구성원들 간의 동등한 협조와 단결을 우선시한다. 지도자는 대중과 유리되어 그 위에 군림하는 권위주의자나 특권계급이 아니라는 그의 이러한 진술이야말로 그와 이승만 혹은 장면 정권을 가르는 예리한 분절선이 된다.

1948년 대한민국이 수립된 이후 대한민국의 정치 지도자들은 국민 위에 군림하며 국민을 착취하고 억압하는 특권계급에 지나지 않았다. 이승만 일인독재가 벌인 전횡과 이승만 측근들의 부정·부패·무능은 한국 사회의 후진성을, '이 박사의 유시'는 한국 사회의 전근대성을 압축적으로 표상하는 용어였다. 따라서 일인이든 일당이든 독재를 연상시키는 개인적인 지도자'상'의 이미지를 희석시키는 일이 박정희에게는 필요했다. 집단 내의 평등한 의사 수렴과 소통은 집단지도체제를 의미하는 동시에 합리적이고 민주적인 절차와 규칙에 대한 보편적인 공감과 동의에 기초할 수 있었다. 자유당의 압제와 반半봉건적인 이승만의 권력욕에 환멸과 염증을 경험한 지식인과 국민들로서는 개인적인 지도자상보다는 수평적이고 인간적인 동지애를 설파하는 그의 주장에 공명했을 터이다.[14] 박정희의 군부통치와 자유당 일당 체제가 갖는 유사한

속성들, 가령 권위적이고 수직적인 명령 체계와 위계질서는 누락/은폐되고, 집단지도체제의 수평적이고 동지애적인 관계가 전면에 부각됨으로써 비합법적인 수단을 이용한 권력 탈취는 대의를 위한 일시적인 방편으로 축소되고, 박정희가 오히려 4·19혁명의 계승자로 이월/위임되는 특정한 메커니즘이 만들어진다.

다음과 같은 내용으로 표현되는 재현과 대표성의 문제가 4·19를 전후한, 이른바 진보적 지식층의 견해와 별반 다르지 않은 이유도 여기서 멀지 않다.

> 만약 그들 지도자들이 진실로 국민을 대표하고 사랑하고 민주주의 이념에 투철하고 성의를 가졌더라면 그들이 무능했을망정 나라가 이와 같은 궁지에 빠지는 일은 없었을 것이다. 결국 나라의 안태와 민족의 번영은 지도자도의 확립 여하에 달려 있다고 해도 과언은 아니다."(34)와 "물론 군사혁명은 법실증주의의 견지에서 볼 때 현재 법질서에 대한 침범일지도 모른다. 그러나 그것은 법질서 이전에 있는 또 실지로는 현재 법질서의 기저에 있는 아무에게도 양보할 수 없는 국민의 기본권의 행사이며 기본적 의무의 이행인 것이다. 이러한 관점에서 혁명은 정당성과 합법성을 가진다. 그러나 그것은 어디까지나 수단이지 그 자체가 목적이 되어서는 안 된다는 것은 당연한 일이다."(27-28)

---

[14] 이것은 비단 새로운 사실이 아니다. 유진오, 한태연과 같은 『사상계』 필진들뿐만 아니라 혁신신문을 제창하고 나온 《민족일보》의 조용수 등이 5·16군사쿠데타를 지지했거나 군부의 정책과 입안에 참여했다는 점은 기존 논의에서 거론된 바다. 이에 대해서는 도진순·노영기, 「군부 엘리트의 등장과 지배양식의 변화」와 정용욱, 「5·16 쿠데타 이후 지식인의 분화와 재편」,(『1960년대 한국의 근대화와 지식인』, 선인, 2004)을 참조할 만하다.

1960년 5월 『사상계』 좌담회는 당시 '지도자'에 대한 높은 관심을 반영하듯 지도자의 자질과 구성에 대해 다음과 같이 지적한다. "후진국가의 현재 영도자로 나선 사람의 출신 가정을 분석한 것을 보면 일류一流 영도자는 영국이나 미국에 유학한 사람, 이류二流는 식민지 안에서 대학을 졸업 맡은 사람 (중략) 그러한 지도 구성이 있고 또 하나 출신은 최하급에서 나오는 영도자는 대개 군대 출신으로 나온다."는 부완혁의 설명이 있자, 한태연은 "부 선생님이 말씀드린 것은 공식인데 우리나라 현상은 공식이 들어맞으면 장래성이 있는데 우리나라는 안 맞아요. 일류급에는 여당이나 빽이나 붙들고, 머리 좋은 놈들이 나서면 우리 사회가 이렇게 안 되었을 것"[15]이라고 군부의 출현을 환영하는 듯한 발언을 한다.

군부 쿠데타설이 1960년 4월부터 공공연하게 회자되었다는 점에서 사상계 지식인들도 이러한 정황을 어느 정도 포착하고 있었을 법하다. 이만갑의 「군인=침묵의 데모대」는 당시 보수적·진보적 지식인을 막론하고 우려와 기대가 교차하는 복잡한 심경으로 군부의 출현을 바라보았음을 잘 보여 준다.

군인에 대해서는 무력에 의해서 쿠데타를 일으키는 것을 막연히 생각하는 점이 있었을는지도 모른다. 만일 그렇다면 이것은 진정한 민주주의 사회를 염원하는 입장에서 볼 때 극히 위험한 생각이라 하지 아니할 수 없다. 쿠데타에 의해서 기존 정권을 물리친 세력은 혼란을 수습한다는 명목 아래 모든 권력을 장악하고 처음에는 민주체제를 지향한다고 약속하더라도 권력을

---

[15] 김상협·부완혁·신상초·한태연, 「민주정치 최후의 교두보」, (『사상계』, 1960년 5월), 38쪽.

장악한 뒤에는 대개 독재정권으로 타락해 버리는 경우가 많기 때문이다.[16]

그러면서도 "후진사회에서는 선진민주사회에서보다도 더 선의의 강력한 지도자가 요구되고 있는 것이다. 불행하게도 한국에서는 아직 그러한 선의의 강력한 민주적 지도자를 발견하고 있지 못하다. 그러한 훌륭한 지도자들 없이 중의가 날뛰고 혼란만이 조성된다면 민중은 민주주의 자체에 대해서 회의를 갖게 되기 쉬울 것이며 강력한 지도자에 의한 통제를 원하게 될는지 모른다. 그런 틈을 타서 나서는 인물은 다른 어떤 층에서보다도 무력을 갖고 성미가 급한 군인들 중에서 나오기 쉽다."[17]며 현 정세와 군부 출현 간의 긴밀한 상관성을 배제하지 않는다.

이만갑을 비롯한 『사상계』 필진들의 공통된 인식은 4·19를 학생과 지식인의 의거로 한정하고,[18] 학생과 지식인이 실제 정치 세력이 되지 못하는 이상 신진 정치 세력의 부재와 공백이 초래할 사회적 혼란과 불안정을 끊임없이 상기시킴으로써 이를 대체할 강력한 지도 세력에 대한 회구를 보편적인 분위기로 만드는 데 일조했다고 해도 과언이 아니다.

"흔히 항간에서 말하듯 이번 4월혁명은 3분의 1이 학생, 3분의 1이 선생, 3분의 1이 미국대사관의 공이라고 한다."[19]는 조순승의 발언은 이의 단적인 표현이다. 4·19 주체 세력이 이처럼 학생과 선생과 미국으

---

16 이만갑, 「군인=침묵의 데모대」(『사상계』, 1960년 6월), 80쪽.

17 이만갑, 앞의 글, 81쪽.

18 4·19의 성격에 대해서는 1960년 당시부터 논란이 있었다. 혁명인가 개혁인가. 하지만 4·19를 학생과 지식인의 공으로 돌리는 순간, 4·19의 정치적 역학과 헤게모니는 대체 세력의 부재를 여실히 드러내는 것으로 귀결되고 만다.

19 조순승, 「국토통일의 가능성」(『사상계』, 1960년 6월), 162쪽.

로 적시되는 순간, 기존 정치 세력을 대신할 신진 정치 세력의 부재와 공백은 더욱 뚜렷해진다. 여기에 비례해 여타의 정치 세력에 대한 불신과 불안은 깊어질 수밖에 없다. 조승순의 말처럼 4·19의 3분의 2가 학생과 지식인의 공이고 다른 3분의 1이 미국의 몫이라면, 한국 사회를 제어·규율하는 또 다른 축은 미국의 시선과 입장이 될 것이다.

『사상계』 및 4·19를 전후한 지식인들의 전반적인 담론 체계와 인식 구조는 미국이 한국을 바라보는 오리엔탈리즘을 내면화하여 이를 역투사하는 방식으로 정립된다. 1960년 1월 『사상계』가 특집으로 마련한 《이코노미스트》의 로스토우 「비공산당 선언 상上」[20]과 「콜론 보고서」 한국편 및 이후 아시아편은 이러한 미국의 시선이 정향된 지점을 정확하게 알려 준다. 『사상계』는 1월 로스토우의 「비공산당 선언 상」에 이어 2월과 3월에 각각 중·하를 싣고, 1월 「콜론 보고서」 한국편의 후속편으로 2월에서 5월까지 아시아편을 특별 연재하는 등 미국의 입장과 정책에 대해 그 어느 때보다 예민한 촉수를 뻗었다. 이러한 『사상계』의 동향은 당시 『사상계』가 당대 지식 사회에 발휘했던 부동의 영향력을 감안할 때, 여기서 타진된 견해가 한국의 사회정치적 역학에 미칠 파장은 예고된 것이나 다름없었다. 따라서 제3세계 혹은 후진국의 정치 지

---

[20] 박태균, 「로스토우 제3세계 근대화론과 한국」(『역사비평』, 2004년 봄호)은 로스토우의 이론이 1960년 3월 9일자 《서울신문》을 통해 소개된 이래 『경제성장의 제 단계』의 저자로 알려졌다고 했는데, 이 부분은 재고의 여지가 있다. 1960년 1월 『사상계』는 비록 『경제성장의 제 단계』의 전문은 아니라 하더라도 《이코노미스트》에 게재된 로스토우의 「비공산당선언 상」을 소개하면서 이 글이 전역全譯임을 밝히고 있기 때문이다. 덧붙여 「에코노미스트 편집자의 코멘트」와 「로스토우 성장론에 대한 프라우다 지상의 비판」도 부록으로 싣고 있다. 《서울신문》의 로스토우 소개는 이런 점에서 『사상계』보다 두 달이나 늦게 나온 것이다. 로스토우의 「비공산당 선언 상」에 이어 「비공산당 선언 하下」는 『사상계』 3월호에 게재되었다.

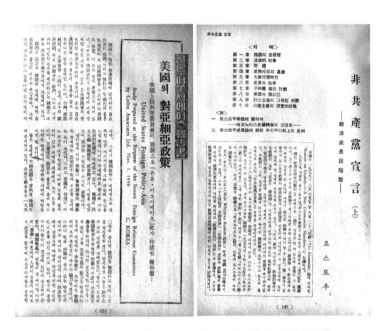

1960년 1월 『사상계』에 실린 「콜론 보고서」와 로스토우의 「비공산당 선언 상上」. 두 보고서는 4·19혁명 이후 한국을 바라보는 미국의 시선을 정확하게 알려 준다. 『사상계』는 당시 미국의 입장과 정책에 대해 그 어느 때보다 예민한 촉수를 뻗었다. 당시 『사상계』가 당대 지식 사회에 발휘했던 영향력을 감안할 때, 여기서 타진된 견해가 한국의 사회정치적 역학에 미칠 파장은 예고된 것이나 다름없었다.

도자에 대한 이들 보고서의 평가와 예측은 보수와 진보를 막론하고 1960년대 한국 사회의 지식층에 선先정치적인 담론 자원을 제공한 것으로, 박정희의 군부는 이를 전유하여 자기화하게 된다. 그렇다면 박정희 군부는 로스토우와 「콜론 보고서」를 어떻게 재활용하고 재구축했을까.

한국적 민주주의와 새마을운동

로스토우의 「비공산당 선언」은 현대사를 경제적인 측면에서 해명하고자 경제성장 단계를 다섯 가지로 대별한 후, 각 단계의 특징을 세분화하여 설명한다. 그가 각기 구분하여 규정한 단계에서 두 번째와 세 번째인 과도기와 도약(또는 비약)의 단계는 군부를 포함한 새로운 지도 세력과 근대사회로의 전환 과정에서 민족주의의 동력에 초점을 맞춘다. 「콜론 보고서」 역시 하층경제계급이 고등교육의 기회를 받을 수 있다면 그것은 군부학교라고 정의한 후 이 군부학교를 졸업한 유망한 청년 장교가 '특권적' 관리 정치가에 분노를 표출하게 되고, 이에 따라 군사 지배가 정당을 대체할 여지가 있다고 전술한다.

물론 당분간은 그럴 가능성이 없다고 한 발짝 물러서기는 하지만,[21] 1960년대 한국의 농업사회적 토대와 1958년부터 실체화된 미국의 대외 원조 감소[22]가 한국 경제에 커다란 부담으로 작용했음을 감안한다면 미

---

21 「콜론 · 어쏘시에이츠 보고서－미국의 대아세아 정책 한국편」(『사상계』, 1960년 1월), 197쪽. 이외에도 『사상계』는 2월에서 5월까지 「콜론 보고서」의 아시아편을 계속해서 특별 연재하였다. 「콜론 보고서」 자체가 미국의 대아시아 정책에 대한 건의이자 조사였음을 고려한다면 「콜론 보고서」가 한국에 끼쳤을 영향력은 두말할 나위가 없을 것이다.

국이 한국의 외원 감소에 따른 정치경제적 불안정을 해소시켜 줄 다른 정치 세력을 강력하게 원했을 것은 자명한 일이다.[23] 이러한 미국의 국제정치적 역학이 로스토우와 「콜론 보고서」로 드러났던 것이다. 따라서 이것은 미국의 의도를 내장한 자기예언적인 성격을 띠고 5·16군사 쿠데타를 뒷받침하게 된다. 1962년에 발표된 박정희의 『우리 민족의 나갈 길』은 미국의 시선과 입장을 내화하여 자기 정체성을 구축하는 냉전 오리엔탈리즘의 전형적인 면모를 띠고 있다.

"「콜론」 보고가 자유당 치하의 한국 정세를 분석하고 한국은 아마 야당제도가 아니라 야당이 위협받고 불편을 받고 있어 차라리 '1·5 정당제'를 갖고 있다고 할 것이다라고 했으니"[24] 운운하는 대목은 박정희가 「콜론 보고서」를 군사 쿠데타의 한 준거로 삼았음을 암시한다. "참신하고 강력한 사회세력이 건재하고 있었다면 모르되, 현실적으로 시민적인 사회세력이 건재하지 못하는 곳에서는 비단 우리나라뿐만 아니라 신진민주국가에서는 이러한 부패와 아울러 부패에서 오는 공산당의 간접 침략을 막을 수 있는 유일한 사회세력은 말할 것도 없이 군의 장교단이라고 알려져 있다.(「콜론 보고서」 참조)"(221)에서도 「콜론 보고서」가 재인용되고 있다.

마찬가지로 박정희의 군부에 일정한 영향력을 행사한 로스토우 역시 과도기와 도약의 단계에서 군부가 갖는 중요성을 다음과 같이 언급한다. "군인—과도기의 절대적으로 중요한 인물인—은 외국 지배에 분개

---

[22] 「드레이퍼 보고와 수출 진흥책의 태동」(『사상계』, 1959년 4월), 174~176쪽.
[23] 이는 박태균의 앞의 논문과 정일준, 「미국의 제3세계정책과 1960년대 한국사회의 근대화」, 앞의 책에서도 언급되고 있다.
[24] 박정희, 『우리 민족의 나갈 길』(동아출판사공보부, 1962년), 198쪽.

또는 전쟁에 있어서 미래의 국가적 영광에 대한 꿈 이상의 일을 때때로 해 왔던 것이다. 이리하여 혼합된 이해관계와 동기로부터 중앙정부를 강하게 만드는 것을 목적으로 하는 제휴가 전통적 제 사회 내에서 형성되었다. 그들은 이 목적에 반하는 농업에 기반을 둔 지방의 정치적 사회적 집단 또 식민 또 준准식민 세력에 의하여 합세된 세력과 싸웠고 결국 득세하였다."며 후진국이 선진국으로 진입하는 길목에서 군부의 군사적 경력이 '비특권 계급, 특히 시골 출신 남성들에게 열려 있는 유일한 길'이며, '기술적이고 행정적인 부분을 연마할 수 있는 기회를 제공'한다는 점을 들어 젊고 정력적이며 선진적인 지도 세력의 한 축으로 군부를 지목한다.[25]

이처럼 로스토우와 「콜론 보고서」 한국편 및 아시아편에서 제시된 후진사회의 아시아적 특수성은 서구식 민주주의와는 다른 차별화된 기원과 계보를 상정할 수 있는 길을 터 주게 된다. 비록 로스토우와 「콜론 보고서」는 아시아 각국의 차이를 강조하고 있으나, 이 두 보고서에서 호명된 아시아는 몇 가지 공통 요소로 분류·추출·일람되어 객체화된 '대상'으로 위치지어진다. 로스토우와 「콜론 보고서」는 아시아의 '현실'을 '창조'하고 '예언'했던 것이며, 박정희는 여기에 호응해 아시아의 특수성을 재구성한 셈이다. 동양에 관한 사고 체계로서 오리엔탈리즘은 언제나 특수한 인간의 세부로부터 일반적이고 초월적인(초인간적인) 유형학으로 재가공되며, 이 과정에서 일반화된 본질은 역사의 기원을 거슬러 올라가기 때문에 역사적인historical 동시에 그 내부에 고착되기 때문에 비역사적a-historical이라는 에드워드 사이드의 명쾌한 설명처

---

[25] 로스토우, 「비공산당 선언 상」, 앞의 글, 152쪽과 박태균, 「로스토우 제3세계 근대화론과 한국」, 앞의 글, 149쪽.

럼,[26] 아시아는 몇 가지 공통된 요소로 분류·정리되어 본질화된다. 로스토우와 「콜론 보고서」의 아시아가 미국의 구성된 '타자'로 미국에 의해 그 의미와 활동이 채워져야 할 연구 '대상'으로 객체화될 수 있었던 이유는 이러한 오리엔탈리즘이 작용한 결과이자 효력인 것이다.

　로스토우와 「콜론 보고서」가 말한 아시아적 특수성은 아시아적 특수성 내에 한국을 위치시켜 '서구식 대의제도와 민주정치'가 한국 사회에 부적합함을 증명하는 안전판이 된다. "아세아에 있어서는 국민대중의 생활 조건을 개선하려는 의도와 노력이 효과를 거두기 위해서는 말할 것도 없이 대개 비민주적인 비상수단을 쓰지 않으면 아니 되기 때문에 정부가 서구에서 말하는 민중의 정부가 되기에는 불가능에 가깝다."(224)며 박정희가 군부통치를 정당화하는 맥락도 이와 궤를 같이한다. 아시아적 특수성은 미국이 규정한 것이되, 이 규정된 아시아적 특수성은 군부통치와 이에 기반한 아시아적 기원과 계보의 적극적인 재창출로 반전되는 것이다. 박정희는 이 아시아적 기원과 계보를 모태로 한국적 특수성을 구체화하고, "민족적인 위기와 국가적인 존망의 기로"(228)로 5·16의 의미를 재구한다.

　목숨을 바칠 각오로 5·16을 일으켰다는 그는, 한국적 특수성을 확립하고자 그 기원을 찾아가는 역사적 이야기를 구축하기에 이른다. 이로써 이조李朝의 부패와 무능에서 식민지화 그리고 6·25동란에서 자유당의 독재와 부패, 4·19학생혁명과 이를 가로챈 민주당 정권을 가로질러 '애국적인' 국군의 궐기까지 역사 이야기, 즉 일원적이고 동질적인 한국사가 만들어진다. 군인·학생·지식인의 새로운 지도 세력에 의한 새

---

[26] 에드워드 사이드, 『오리엔탈리즘』(박홍규 옮김, 교보문고, 1999)의 논의를 정리해서 서술한 것이다.

1961년 5월 군사 쿠데타 직후 서울시청 앞에 나타난 박정희. 이때만 해도 박정희는 수평적이고 집단적인 동지애를 강조하지만, 이후 그 한 사람에게 권력이 집중되며 그는 민족의 위기와 파국을 막을 유일한 지도자로 자신을 형상화한다.

로운 혁명 이념은 이러한 역사적 계열화를 통해 박정희의 군부통치로 집약되고, 박정희는 이제 이 수난과 고통의 한국사 전체를 떠안는 역사적 '지도자'로 거듭난다. "고달픈 몸이 한밤중 눈을 감고 우리 민족이 걸어온 다난한 역정을 생각해 보며"(1) "이 호기를 선용하느냐 다시 파국의 되풀이를 감수하느냐의 엄숙한 선택"(4)의 갈림길에서 민족과 국가에 대한 막중한 책임을 걸머쥔 자는 다름 아닌 박정희 그 자신이다.

1961년의 『지도자도』와 달리 『우리 민족의 나갈 길』은 박정희에게 집중된 권력의 극화된 스펙터클이 이미 진행되고 있음을 말해 준다.[27] 수평적이고 동등한 동지애적인 지도자상은 전위·굴절되어 오직 '그만이' 민족의 위기와 파국을 막을 지도자로 형상화된다. "더 이상 관용이나 이해를 그들(구정치인)에게 베풀 수 없다. 진정 이대로 저들에게 정권을 넘긴다는 것은 다시 제3차의 혁명의 불씨까지 덤으로 보내는 것과 다름이 없다."는 1963년 『국가와 혁명과 나』의 선언은,[28] 4·19를 계승한 5·16이란 연쇄 혁명을 끝으로 더 이상의 혁명을 초래해서는 안 된다는 제3혁명의 차단과 봉쇄로 이어진다. 이는 혁명의 유일한 합법자로 '그'를 규정하는 것이나 다름없다.

한국적 특수성이 그 내부에 고착되어 비역사적인 본질로 유형화되는 과정과 조응하는 박정희의 이러한 혁명의 독식과 전용을 뒷받침하는 것은 이조 시대부터 축적된 한국의 불변하는 악유산과 구태이다. 한국의 불변하는 악유산과 구태는 불변하는 것이기 때문에 조금만 허점을

---

[27] 『지도자도』에서 『우리 민족의 나갈 길』로 이어지며 달라지는 박정희의 면모를 그가 국가재건위 의장에서 1962년 3월 대통령권한대행에 취임한 것과 대응시켜 생각해 볼 수도 있을 것이다. 하지만 시기가 정확히 일치하지는 않기 때문에 면밀한 조사와 검토가 필요하다.

[28] 박정희, 『국가와 혁명과 나』(지구촌, 1997), 151쪽.

보여도 우리를 잠식해 들어와 이전의 퇴영과 조잡과 퇴폐로 몰아갈 것이라는 항상적인 위기와 불안의 폐쇄적이고 순환적인 '독백'의 체계가 정초되는 것이다. 민족과 국가를 위해 제3의 혁명을 사전 차단해야 한다는 그의 역사적 소명의식에 따르면 5·16을 지속시키는 것 외에 다른 방도가 없다. 제3의 혁명을 차단하고자 거꾸로 지속적인 정신 개조와 무장이 촉구되는 이른바 '영구혁명'의 숨 가쁜 쳇바퀴는 4·19가 남긴 구세대/신세대, 보수/혁신의 분절선이 냉전 오리엔탈리즘의 외적 시선과 조우해 '독백'의 체계로 화하는 역사의 아이러니를 낳는다.

이러한 혁명의 독식과 '독백'의 체계는 1972년 유신체제 직후 박정희가 펴낸 책자인 『한국 민주주의』[29]에서 1884년 갑신정변의 실패를 현재에 되풀이하지 않는, 그가 지닌 역사적 소명의식의 표출인 '임자유신壬子維新'으로 구체화된다.[30] '임자유신'이란 곧 박정희의 유신체제로서, 그는 '임자유신'이 "외세에 의존하지 않고 외세의 간섭도 받지 않는"(25) 민족적 대과업임을 역설한다. 그가 '임자유신'을 주장하는 까닭은 1950, 60년대에는 상상하지도 못했던 일들이 안팎에서 밀려드는 엄중한 현실을 극복하고 위기를 타개하기 위함이다. "적과 동지를 구분할 수도

---

[29] 박정희, 『한국 민주주의』는 정확한 출판 연도가 밝혀져 있지 않다. 황병주는 이 책이 인쇄 직전까지 가고도 출판되지 않은 것은 의구심을 불러일으킨다고 지적한다. 황병주, 「국민교육헌장과 박정희 체제의 지배 담론」,(『역사문제연구』, 역사문제연구소, 2005), 138쪽. 이 부분은 불분명하지만, 해외 공보처의 낙인이 찍혀 있고 대출한 사람의 이름이 적혀 있는 것으로 보아 비매품으로 출판되었을 가능성도 높다. 다만 이 책이 유신체제를 전후로 씌어졌음은 의심의 여지가 없다. 1962년 『우리 민족의 나갈 길』을 저술한 지 10년이 지났다는 표현이 책 본문에 명시되어 있기 때문이다. 이후 인용 면수는 본문으로 대신한다.

[30] '임자壬子'는 60간지 중 49번째로, 이 임자에 해당되는 1972년에 10월 유신을 단행하고 유신헌법을 공표했다.

없고 전선과 후방도 혼란 속에 우리가 말려 들어가 있는 감마저 있는 이때" "영원한 맹방이 없고 오직 자기 이익의 영원한 추구만이 있을 뿐인 이 냉혹한 국제사회에서"(22-23) 살아남기 위한 필수적인 자위책이 '임자유신', 곧 유신체제이다. 이러한 긴박한 정세에서 서구식 민주주의는 그야말로 '국적 없는 모방'에 불과하다. '자왈子曰'이 '선진국에서는'으로 대체되었을 뿐인 사대주의의 형식적 모방만으로는 이 절박한 위기에 대처할 수 없다는 위기의식이 책 전체를 관통하여 강조된다.[31]

박정희가 『한국 민주주의』에서 유독 방점을 두는 점도 서구식 민주주의를 형식적으로 모방하는 것이 아닌 '국적 있는' 민주주의 그것이다. 1960년대 '민족적 민주주의'와 1970년대 '한국적 민주주의'가 유사한 듯 다른 이유가 바로 '국적'에 대한 그의 이러한 파상적인 공세와 추구에 있다. '국적 있는' 민주주의를 위해 그는 각 나라의 고유한 전통과 문화에 입각한 개별 국가 및 국민의 토착 민주주의를 주장한다. 서구식 민주주의가 아닌 토착 민주주의를 주장하는 그의 논지가 귀결되는 지점은 대의정치와 의회정치에 대한 부정과 거부이다. 10년에 걸쳐 대의정치와 의회정치를 실행한 결과는 온갖 부패와 부정의 양산이었다는 설명에서 대의정치와 의회정치에 대한 짙은 불신과 거부감을 읽기 내기란 그리 어렵지 않다.

박정희는 대의정치와 의회정치는 능률과 생산을 저해하는 낭비와 소모의 정치에 불과하므로 능률의 극대화를 꾀할 수 있는 제도 개선이 시급하다고 말한다. "생산하고 건설하고 수출하는 이 구체적인 우리 민족

---

[31] '子曰'은 중국을 추동하는 이조(조선) 시대의 사대주의를 일컫기 위해 박정희가 이 책에서 쓰고 있는 말이다. 이 이조(조선) 시대의 사대주의가 현재의 서구식 민주주의에 대한 무조건적 추종과 모방을 낳고 있다고 비판하는 것이다.

의 당면 과업들을 수행해 오면서 비생산적인 입씨름을 일삼는" 대표적인 분야가 정치라는 지적에서, 더 나아가 이 낭비와 비능률 속에서도 우리가 "건설하고 생산하고 가난의 굴레에서 벗어난 것은 차라리 우리 민족의 우수성 때문"이라는 언급에서 그가 대표/재현의 대표적인 기관인 의회를 부정하고 그 대신에 국민 참여 확대=여론 창출이라는 집단 의지와 통합 역량을 강화하는 쪽으로 선회하고 있음을 쉽게 간취할 수 있다. 국민을 대표/재현하는 유일한 대표자/대변자로 '그'를 자리매김하기 위해서는 집단 의지의 표현체인 국민을 대신하여 국민의 뜻과 의사를 간접민주주의의 형태인 국회나 국회의원이 아니라 박정희 그 자신이 국정에 직접 반영하는 효율성과 능률성이 필요하다는 행정의 압도적 우위가 제창되고 있다.

한국적 민주주의가 표방되던 이 시기에 전 국민적인 운동으로 새마을운동이 요구된 것은 이와 긴밀하게 연관된다.[32] 박정희는 새마을운동을 농산어촌을 막론하고 지방 말단까지 온 국민이 참여하여 국가 건설과 발전에 이바지하는 집단 의지의 총화로 간주하고, 이 운동을 통해 국민이 양과 질의 면에서 진정한 주권자로서 국정에 참여하게 된다고 공언한다. 박정희는 주권자인 국민이 전국적인 선거와 투표만을 주권자의 자기표현으로 인식하는 태도를 비판하며, "도시 중심의 소수 정치인과 지식인 중심의 전유물로 화한"(232) 선거 위주의 의례적이고 수동적인 참여에서 벗어나 아래로부터 위로 올라가는 상향식 참여를 적극 유도하기에 이른다. 이것이 바로 자치라는 그의 주장은 '한국적' 민주주의가 지방적이고 일상적인 차원의 참여와 동일시되고 있음을 보여 준

---

[32] 새마을운동에 대해서는 김대영, 「박정희 국가동원 메커니즘에 관한 연구─새마을 운동을 중심으로」(『경제와 사회』, 2004년 3월)에서 자세하게 다루었다.

다. 우리 주변의 일상생활에서 출발하는 자치와 자립의 생활 개혁이야
말로 참여를 통한 정신 혁명이다. 명목적이고 의례적인 참여가 아니라
실질적인 참여가 지역과 개인 차원에서 펼쳐짐으로써 국민은 자발적이
고 창조적으로 국가와 지역과 개인의 생활수준을 향상시킴은 물론 정
신 함양을 꾀할 수 있다.

이러한 취지를 담아 새마을운동이 고안 · 창출되었다. 박정희에 따르
자면 새마을운동은 "우리 민족의 정치 · 경제 · 문화 모든 면에서 우리
의 빛나는 장래를 약속하는 가장 바람직한 새 생활 운동이요, 정신 혁
명의 구체적 표상"(265)으로 이 운동에 국민이 모두 참여하는 총력전의
임전 태세가 요구된다. 이를테면 새마을운동은 국민이 모두 지지하고
실천하는 집단 의지의 가시화된 증거로 언제든 소환될 채비를 마쳐야
한다는 뜻이다. 그 결과 새마을운동에 대한 체제 내적 통제와 관리가
전 국민적인 실천운동 차원에서 라디오와 텔레비전 등의 대중매체를
통해 문자 해독력이 떨어지는 저소득계층에까지 파고들었으며, 그 성
패 유무와 상관없이 현장의 목소리로 국민들의 안방에 생생하게 전달
되었다.

새마을운동이 가장 한국적인 전통과 유산을 되살린 한국적인 것의
표본으로 고양된 이유도 이 때문이다. 박정희가 새마을운동을 한국적
민주주의의 '협동적 융화'를 실현하는 대표적인 사회운동으로 정의하고,
한국적 민주주의에 분리와 대립의 서구식 민주주의와 상반되는 협동과
조화의 한국적 전통의 가치를 부여한 것은, 새마을운동이라는 한국적
인 것과 유신체제, 냉전 오리엔탈리즘이 복합적으로 착종된 한국의 사
회역사적 전개 과정의 한 사례로, 이러한 사회역사적 지층을 따라 새마
을운동은 역사적 부침을 거듭하게 된다. 이른바 민족적인 것에서 한국
적인 것으로의 전환과 이동은 그가 대표/재현을 독점하는 일련의 과정

과 정확하게 겹치며, 이에 비례하여 국민의 참여와 동원에 대한 독려와 촉구 역시 더욱 강화되었다.

박정희의 군부가 혁신과 신세대의 자리를 전취할 수 있었던 1960년 대 한국 지식계의 전반적인 인식 구조와 담론 체계는 미국의 시선과 입 장이 내화된 냉전 오리엔탈리즘을 중층적으로 드러내지만, 박정희는 이를 '민족적'이고 '한국적'인 것으로 특화시켜 보이지 않는 심연 저편으 로 밀어 버렸다. 하지만 바로 이 때문에 그의 '민족적'이고 '한국적'인 것이라는 수사는 거꾸로 냉전 오리엔탈리즘의 사회역사적 관계망에 깊 숙이 빠져드는 역설을 피할 수 없었다. 그의 '국적 있는' 한국적 민주주 의 주장은 서구를 대타항對他項으로 하여 서구와는 다른 한국적인 제도 와 양식을 만들겠다는 의지의 피력이었지만, 사실은 국민과 국가의 유 기적 일체화를 통해 국민의 집단 의지를 오직 '그'만이 대표/재현하겠다 는 독백의 체제, 즉 유신체제의 다른 이름에 지나지 않았다. 그의 '국적 있는' 한국적 민주주의는 서구식 민주주의를 반사경으로 하여 '그'만이 국민의 전체 의사를 대변한다는 독백의 일방향적인 전체주의로 변질된 채 한국적인 것의 이율배반을 온몸으로 증거했던 셈이다.

냉전 오리엔탈리즘과 '영구혁명'의 재신화화

대한민국의 보수와 진보를 가르는 척도는 무엇일까? 여기서 그 명확한 척도를 제공할 수는 없지만, 보수와 진보라는 동일한 기표에는 다양한 기의들이 담지되어 여러 층위를 넘나든다는 점만은 분명하다. 대한민 국의 진보와 보수에 대한 연구에서 대한민국의 출생과 전개 과정을 모 두 되짚는 역사적 고찰과 탐색이 필요한 이유도, 그 작업이 우리의 사후적 개입과 해석을 요청하는 미확정의 영역인 이유도 여기에 있다. 대한민국의 보수와 진보가 동일한 정의와 위상을 내포했던 적이 없다고 한다면, 그 사회역사적 맥락에 대한 진단과 규명이 일차적으로 선행되어야 함은 물론 사회역사적 맥락에 따라 스스로를 대표/재현해 온 보수와 진보의 재현 체계와 메커니즘에 대한 검토도 함께 동반되어야 한다.

재현 및 대표성과 관련하여 박정희의 군부는 혁신과 개혁 그리고 진보를 선점/전용했다. 4·19를 계승하는 유일한 세력으로 스스로를 정립해 갔던 박정희의 폐쇄적이고 순환적인 독백의 체계는 제3혁명에 대한 차단과 배제로 이어졌다. 그런데 제3혁명을 차단·방어하고자 거꾸로 끊임없는 정신 개조와 무장을 도모한 영구혁명의 외연이 박정희를 진보와 개혁의 대표자/담지자인 양 인식하게 만드는 원인이 되었다. 현재 진보와 보수 진영 공히 박정희를 기념하고 추억하는 공통된 향수의 근저에는, 진보와 개혁에 대한 박정희와 박정희를 지탱했던 4·19 지식인들의 일정한 이해와 시각이 짙게 그림자를 드리우고 있다. 기존 정치 세력을 대체할 신진 정치 세력의 부재와 공백을 지속적으로 환기하고 유포했던 4·19 지식인과 지적 담론 체계는 미국이 구상했던 로스토우와 「콜론 보고서」의 군부 세력에 대한 이해관계와 합치되어 박정희의 집권과 연장을 승인하는 내적 기제가 되었다.

그렇다면 과연 당시 한국은 군부가 출현할 수밖에 없는 현실적 기반과 토대를 갖추고 있었던 것인가? 이른바 아시아와 한국의 '현실'은 이러한 군부 출현의 비옥한 토양이었는가? 이는 담론과 현실이 착종되는 앎-권력의 쉽지 않은 문제를 제기한다. 로스토우와 「콜론 보고서」의 한국판 '현실'은 창조된 현실과 실제 현실 사이를 오가는 해석의 다층적 균열과 틈새를 남긴다. 저개발국가인 한국은 군부가 아니었다면 이러한 발전을 이루지 못했을 것이라는 일부 식민지 근대화론의 주장들은 한국적 '근대'에 대한 사후 추인이자 긍정으로, 한국적 '근대'가 냉전 오리엔탈리즘의 특수성론과 공모·밀착되는 보편과 특수의 적대적 공존을 상기시키기에 충분하다.[33] 하지만 박정희의 군부가 진보와 혁신을 대표/대변할 수 있었던 것은 실제 현실이 그러했기 때문이 아니라 그 대상을 구성하는 지식과 담론의 효과이자 재생산의 결과였다는 점을 결코 잊어서는 안 될 것이다.

여기에 덧붙여 해방 직후 벌어진 이념의 대립과 한국전쟁은 한국 사회의 진보와 보수의 스펙트럼을 극도로 축소시켜 그 역사상을 굴절시켜 왔다. 이러한 점을 고려할 때 박정희의 대표/재현에 대한 더 적실한 평가는, 박정희의 한국적인 것의 창출과 계보는 자유 민주주의라는 협소한 틀에서 자유를 곧 서방 자유 진영과 동일시해 온 한국의 냉전 구도와 냉전 오리엔탈리즘이 만나 창출한 특정한 사회역사적 정세의 산물로 보는 것이 더 온당할 것이다. 이 말은 박정희의 진보 혹은 혁신의 전용은 반공 체제와 냉전 구도에 포박된 한국의 지식 생산 주체들과 체계가 어떻게 구축되고 정립되었는지를 묻는 일과도 일맥상통한다는 뜻이다.

전 지구적인 신자유주의가 세계를 재편하는 요즘, 미국화를 체제 내화시키고 있는 한국의 현 정부와 진보 진영의 분열상을 한국의 진보와

---

[33] 한국의 이른바 보수 세력들이 박정희의 한국적이거나 민족적이라는 것에 과도한 의미를 부여하고 있지만, 박정희의 한국적이거나 민족적인 것은 냉전 오리엔탈리즘의 바깥에 있지 않다. 한국적인 것을 강조할수록 미국에 대한 선망과 동일시가 강화되는 이러한 내적 모순은 보편(서구식 민주주의)과 특수(한국적 민주주의)가 공모·유착하는 적대적 공존의 일례로, 한국 보수 세력의 분열상을 보여 주는 심리적 증후라고 할 수 있다.

보수라는 사회역사적 맥락에서 재성찰하는 일이 현재 우리에게 던져진 과제이자 쟁점이라 하지 않을 수 없다.[34]

---

[34] 이와 관련해서 이 책 2장의 「빨치산과 월남인, 이승만의 재현/대표성의 두 기표」를 함께 참조하여 읽었으면 한다. 지금 세계는 빠르게 다극 체제로 변해 가고 있음에도 한국의 보수 세력은 여전히 미국에 고착된 시선을 벗겨내지 못하고 있다. 계속적으로 불거지는 아프간 파병과 수시로 대립과 대화를 오가는 남북 간의 긴장 관계는 미국이라는 대타자를 매개로 해서만 설명 가능한 영역이다. 거기다 신자유주의의 주술에 갇힌 한국의 일부 진보 세력(혹은 자청하는?)과 보수 세력은 공히 신자유주의로 대변되는 자본주의만이 유일한 길임을 내세우고 있다. IMF와 현재의 경제 불황이 가져다준 쓰디쓴 교훈에도 불구하고 아직 한국은 그 대가를 충분히 치르지 않았나 보다. 미국과 일본 등의 세계 경제가 회생하기 위해 그 희생물을 찾는다면 현재의 한국이 될 가능성이 가장 높은데도 말이다.

7

'**전향**'의 일상화 혹은 생존의 **협력**

집단 전향이 생겨나려면 전향 자체가 사회의 '집합표상' 속에서

하나의 목적 관념이 되어야 한다.

그때에야 비로소 전향이라는 상징 아래서 집단이 형성되기도 하고,

혹은 기존의 집단이 새로운 전향을 위해 활동하기도 하는 것이다.

이리하여 일본 전역에 걸쳐 사회의 각 영역을 망라한 집단 전향의 분출은

전향이 '시대적 요구'가 되었을 때,

일본 내에 있는 모든 요소가 방향 전환을 강요받았을 때,

따라서 전향이 표어('혁신')가 되었을 때 일어났다.

그때가 중일전쟁과 태평양전쟁 기간이었음은

두말할 나위가 없다.

후지타 쇼조, 『전향의 사상사적 연구』[1]

'전향'이란 말이 함축하는 다양한 질감

이 글은 전향 사회주의자들의 전향 논리의 일단을 살펴보는 데 주안점을 둔다. 전향에 관해서는 많은 연구가 이루어지고 있으므로,[2] 전향에 대한 검토는 기존 연구 성과를 충분히 활용하는 차원에서 이루어질 가능성이 크다. 기존의 연구 성과를 계승함으로써 새로운 지형을 탐색하는 것은 중요한 일임이 틀림없다. 이런 점을 인정하면서도 전향을 말하는 것이 쉽지 않은 이유는, 전향이라는 단어에 함축된 다양한 질감 때문이다.

전향은 전향한 당사자만의 문제도, 이미 지나간 과거의 문제만도 아니다. 전향은 사회역사적 맥락에 따라 그 의미망을 달리해 왔다. 누구나 전향을 말하면서 동시에 전향과 관련해서 서로 다른 의미를 부여해 온 것이 사실이라면, 전향이라는 단어에는 전향을 둘러싼 현재까지의

---

[1] 후지타 쇼조, 『전향의 사상사적 연구』(최종길 옮김, 논형, 2007), 106쪽.

[2] 전향과 관련해서 주목할 만한 논의는 홍종욱, 「중일전쟁기(1937-1941) 사회주의자들의 전향과 그 논리」(서울대학교 석사논문, 2000)와 차승기, 「근대의 위기와 시간-공간 정치학」(『한국근대문학연구』, 2003), 이진경, 「식민지 인민은 말할 수 없는가?-'동아신질서론'과 조선의 지식인」(『사회와 역사』, 2006), 고다고메 다케시, 『식민지 제국 일본의 문화통합 : 조선·대만·만주·중국 점령지에서의 식민지 교육』(오성철·이명실·권경희 옮김, 역사비평사, 2008) 등이 있다.

모든 해석의 역사가 담겨 있다고 해도 과언이 아닐 것이다. 전향이라는 단어를 차용하면서도 굳이 인용부호를 붙일 수밖에 없는 이유가 여기에 있다. 이 글에서 사용하고 있는 '전향'은 보편적인 의미가 아닌 그야말로 특정한 해석과 시각을 전제로 한 '전향'임을 먼저 밝힌다.

이런 점에서 '전향'에 관해 나카노 도시오의 "전향이라는 규문이 은폐하는 것"은 주목을 요한다. 그는 '전향' 연구라는 주제 설정에는 전시 체제에 대해 물어야 할 중요한 문제를 은폐해 버리는 커다란 함정이 있는 것은 아닌지 의문을 제기한다.[3] 그는 주체의 주체성이란 권력에 맞서는 형태로 제출되는 것이 아니라, 오히려 권력이 개인들의 자발성을 육성하고 또 그 개인들의 자발적 행위가 권력의 구성 요소가 되기도 한다는 일견 자명한 명제를 그 근거로 든다. 한 개인의 주체성은 제도화의 메커니즘을 통해 구성되고 재생산되는 구조의 산물임을 날카롭게 예시하고 있는 것이다. 이런 입장에서 (지배하는) 권력과 (저항하는) 개인이라는 이분법적 대립 구도가 전시 사회를 '비합리적이고 전제적인 제국주의 파시즘의 시대'로 특수화시켜 전후 사회를 그것과의 단절과 전환으로 파악하는 역사 인식을 초래하고 말았다는 것이 그의 주된 설명이다.[4]

---

[3] 나카노 도시오, 「미키 키요시와 제국적 주체의 형성」(『동아시아 지식인 회의 관련 자료집』, 연구공간 수유너머, 2004년 5.2~5.4), 287쪽.

[4] 이에 대한 반박도 만만치 않다. 이준식은 일본의 전전戰前을 파시즘이나 군국주의가 아닌 체제론적으로 이해하는 최근 일본 학계의 동향은 일본 제국주의의 침략전쟁에서 '침략'이라는 측면을 빼 버린 채 일본의 발전만을 보려는 것이라는 아주 가혹한 평가를 내린다. 개인적으로는 전전과 전후의 연속성을 제대로 포착하지 않는 한, 현재 벌어지고 있는 이 다르지만 닮은꼴의 세계 진행 양상을 설명하기가 상당히 어렵다고 본다. 이준식, 「파시즘기 국제 정세의 변화와 전쟁 인식」(『일제하 지식인의 파시즘 체제 인식과 대응』, 혜안, 2005).

이는 '전향'을 둘러싼 이 글의 문제의식과도 맞물린다. 전전戰前과 전후戰後를 나누고 전후의 사회를 전전과 완전히 단절·전환된 것으로 파악하는 이런 역사 인식은 한국전쟁과 전후 재건기를 관통하는 지속과 분리의 복합적인 상호 관계망을 차단하는 데 어떤 식으로든 일조할 수 있다. 따라서 전전과 전후를 단절된 것으로 보지 않고, 전전의 사회가 이후 한국전쟁과 전후 재건기에 미친 영향력을 면밀하게 규명하는 것은, '전향'이 한 시대의 특수한 문제가 아니라 현재까지도 우리 삶의 형식을 결정짓는 제도화의 메커니즘이라는 점을 분명하게 인지하는 일로부터 시작되어야 한다. 그래서 '전향'이 한 시대만의 특수한 사례가 아니라는 점을 명확히 하는 것이 이 글의 일차 목적이다.

'전향'에 함축된 (지배하는) 권력과 (저항하는) 개인이라는 이분법적 구도는 때로 지식인의 내면을 구제하려는 집요한 시도로 나타난다. 압제와 탄압으로 인해 어쩔 수 없이 전향했다는 지식인의 내면 풍경은 "살고 싶었다. 살고 싶었다기보다 살아 견디고 싶었다."는 즉자적 심정의 논리를 수락하는 후대 연구자의 현재적 욕망을 고스란히 반영하고 있다. 즉자적 심정에 대한 이런 후대의 추수와 긍정은 원초적 심정의 저항성이라는 문학·문화사적 평가로까지 이어진다.[5] 지식인의 내면을 구제하는 것이 그들에게 단순히 면죄부를 주는 것이 아니라, 문학·문화사를 포함한 역사 인식과 긴밀하게 연동되는 현재진행형의 사건임이 여기서 충분히 재확인된다.

---

[5] 이 논의를 가장 전형적으로 보여 주는 예가 김윤식의 『한국근대문예비평사연구』(일지사, 1976)일 것이다. 김윤식은 원초적 심정의 거부라는 말로 『문장』파로 대변되는 전통주의자를 구제하려는 일면을 드러낸다. 이후 이 논의는 계속 재생산되며 권력과 개인의 이분법을 변주하고 있다.

만주사변(1931)을 기화로 1937년 중일전쟁, 1941년 태평양전쟁의 지속적인 전개와 확산은 이미 일 국가(혹은 일 민족)의 경계와 범주를 뛰어넘고 있었다. 전쟁은 기존 사회의 총체적인 모순과 갈등이 폭발적으로 분출된 것이긴 하지만, 전쟁이 실제 삶에 미치는 영향력은 애초의 상상력을 훨씬 뛰어넘는 미증유의 것이기 쉽다.

전쟁은 일단 시작되면 의도하든 의도하지 않든 전황의 격화와 더불어 그것을 어떤 식으로든 해결하고 극복하려는 노력을 배가시킨다. 더구나 현대전의 성격에 걸맞게 전쟁은 총력전의 형태를 띠게 된다. 총력전이라는 것은 법적 강제와 억압적 국가기구를 통한 물리적인 구속뿐만 아니라, 사유와 의식 구조에 미치는 광범위한 파급력을 의미한다. 이에 대한 연구는 활발히 진행되고 있는 만큼 새삼 거론할 필요는 없을 듯하다. 그러나 적어도 전쟁이 본격적으로 제 궤도에 오르면서, 식민 본국 일본과 식민지 조선 간의 구분은 상당 부분 그 실효성을 상실하게 된다. 실제로 그랬다는 것이 아니라 제국으로의 급격한 공간적 편재는 아시아와 세계의 대면을 강제케 하는 제국 주체의 탄생을 도래시킨다. 아시아와 세계를 시야에 넣는 제국 주체의 탄생은 신-인류에 대한 요청과 함께, 아니 그 요청을 가능케 한 전쟁이라는 강제적인 세계 재편의 정세 속에서 거부할 수 없는 핵심 과제로 부상하기 시작한 것이다.

이런 상황의 변동을 어느 누구보다 민감하게 알아차린 이들이 식민지 조선의 지식인들이었다. 식민지 조선의 지식인들은 '전향'이라는 주어진 현실에 복종하기만 한 것은 아니다. 그들은 이 변화된 지형 속에서 제 지위를 확보하고자 주어진 현실을 최대한 활용한 능동적 행위자였으며, 이런 그들의 능동성은 자발적 신민이기를 요구하는 제국의 정책과 긴밀하게 조응하였다. '전향'을 말하려면 이처럼 '전향'이라는 외적인 계기에 내포된 다면적인 반응들을 포함한 일련의 연쇄 작용을 모두 고려해야 한다. '전향'은 전향이라는 외적 조건과 상황에 기대어 그것을 변용하고 입안하는 세력 구축과 주체 형성을 동반한 적극적인 계기로 사고되어야 하는 것이다. 이는 '전향'이 당시의 상황에서 예외적이고 특수한 것만이 아닌 총력전 체제가 만들어 낸 전체 지형 속에서 파악할 필요성을 단적으로 제기한다.

일제는 조선朝鮮과 조선인朝鮮人 대신 '반도인半島人' 혹은 '반도 동포'라는 호명으로 차별이 아닌 적극적인 동화를 모색하게 된다.[6] 제국의 이런 파상 공세는 제국 일본이 설파한 제국의 지도 속에서 식민지 조선이 그려야 할 미래 전망과 직결되는 것이기도 했다. 식민지가 아닌 제국으로, 식민지인이 아닌 제국 주체로서 설 수 있는 이 변화된 지형은 식민지 조선의 지식인들에게 과거와 미래의 상관성 아래서 현재를 자리매김해야 하는 어려운 과제를 부여한다. 그리고 이는 우위에 선 자가 자기보다 하위에 있는 자에게 선의의 손길을 내밀 때 생겨나는 그에 대한 반응과 응답이라는 복잡한 심리의 착종을 함의하고 있다. 너와 나는 동등하고 우리는 한 동포라는 포용의 몸짓이 이미 헤게모니 쟁탈전에서의 차등화를 전제하고 있지만, 이 헤게모니 쟁탈전에서 가능한 한 최대의 이익을 얻어 내려는 소리 없는 싸움이 벌써 진행되고 있었기 때문이다. 차별과 지배의 주도권을 선점한 자는 지나간 과오에 대해 용서와 화해를 청한다. 너희는 선인이나 조선인이 아닌 반도인이자 반도 동포라는 격상된 물질적 보상과 함께, 지나간 과거를 청산하고 다가올 미래를 건설하자고 호소하는 것이다. 이 초청에 자의

---

[6] 小熊英二, 『日本人の 境界』(新曜社, 1998) 참조.

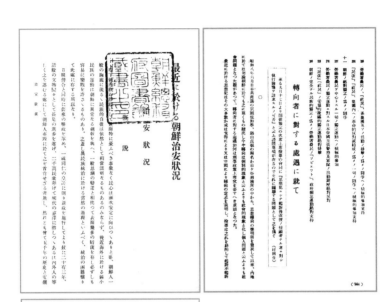

1934년 조선총독부에서 펴낸 조선의 치안 상황(위 왼쪽)과 전향자에 대한 처우에 관해서 상세히 서술한 1935년 9월의 『사상휘보』(위 오른쪽). 아래 자료는 1936년 12월 12일에 고지된 조선사상범 보호관찰령 발포에 대한 조선총독부 관보.

1931년 만주사변 이후 1941년 태평양전쟁까지 전쟁은 물리전뿐만 아니라 사상전 형태를 띠며 일상의 삶을 통제·단속하게 된다. 이 사상전의 구체적 표현태가 바로 '전향'이다.

든 타의든 응대하는 '전향'은 따라서 양심의 포기나 방기가 아닌 세계인, 이른바 '코스모폴리탄'이라는 이념형을 실현하는 절호의 기회로 다가온다.

이처럼 '전향'은 경제적인 측면뿐만 아니라 정치·사상적인 측면에서 지속과 단절의 계기를 아우르고 있다. 동아 신질서 건설이 대동아 공영권으로 변모하고 재편되는 과정에서 '전향' 사회주의자들의 발언 역시 미묘하게 변해 갔고, 이들이 가진 경제·정치·사상적인 복합성은 '전향'의 안팎을 가로지르는 배제와 포섭의 내셔널한 정체성의 문제를 파생시켰다. 경제적인 이익 못지않게 '전향' 사회주의자들에게 이념형의 실현이라는 목적론은 이 배제와 포섭의 내셔널한 정체성을 횡단하여 해방 후의 정신 구조와 이어지는 연속성과 차이의 쌍곡선을 그리게 된다. 이것을 '전향'과 코스모폴리탄이라는 열쇳말로 추적해 보려 한다.

주변부 식민지 지식인과 '코스모폴리탄'이라는 이념형

'전향'은 내외적 조건의 산물이기도 하다. 1931년 만주사변 이후 1941년 태평양전쟁까지 전쟁은 물리전뿐만 아니라 사상전의 형태를 띠면서 일상의 삶을 통제하게 된다. 이 사상전의 구체적 표현태가 바로 '전향'이다. '전향'이 사상전의 형태를 띠고 있음을 잘 보여 주는 것이 현영섭, 인정식, 박치우, 신남철, 서인식에 이르는 '전향' 사회주의자들의 지속적인 담론 개입과 공격적인 의제 생산이다. 이들을 추동하는 밑바탕에는, 되고자 했지만 한 번도 실현하지 못한 그래서 언제나 미완의 과제로 남겨졌던 코스모폴리탄, 이른바 세계인의 욕망이 꿈틀대고 있었다. 코스모폴리탄으로 나아가는 가장 유효한 통로를 무엇으로 인식하는지에 따라 이들은 각기 다른 대응 태도를 보이지만, 코스모폴리탄이라는 궁극적인 지향점을 염두에 두지 않는 한 이들이 해방 후 곧바로 공산주의 운동에 가담한 것을 놓고 '위장 전향' 운운하는 언어의 빈곤을 자초하게 된다. 현영섭과 인정식이 서로 분리되는 지점은 이 보편성 혹은 세계성을 획득하는 속도의 조절과 완급에 있었을 뿐, 둘은 표면상의 대립만큼 그렇게 다르지 않았다.

왜 나는 철저일체형을 주장하는가. 반도 지식계급의 대부분이 협화적 내선일체론자라고 나는 생각하는 까닭에 이 기회에 내선일체에 대한 소견을 간명히 발표하려 한다. (중략) 세계 통일의 이상은 공산주의와 일본 황도사상뿐이다. 영국도 세계를 통일하려고 하나 일본 때문에 독일 때문에 실패하였다. 공산주의의 오류를 해설한다는 것은 나의 논제에서 너머 떨어지므로 생략한다.

지나 민족은 영원히 일본 민족과 동화할 수 없다고는 하지만 나는 그런 민족정신을 감상적, 봉건적 잔존물이라고 단정한다. 한족이나 반도인의 선조의 피가 일본 민족에 다수혼입多數混入하여 있는 것을 무엇으로 증명하려는가. 이 근소한 선례는 모든 예가 되고 만다. 반도인은 완전한 일본 민족이 될 수 있고 또 전 세계의 민족이 일 민족, 일 국가를 형성할 수도 있다고 믿는다. 이것은 현대의 공상이지만 인류가 신신앙神信仰을 철저히 할 때 반드시 실현되고 만다. 일대 가족으로서의 인류, genus humanum이 성립할 때가 있다. 팔굉일우八紘一宇의 신칙神勅이 그것이다.[7]

---

[7] 현영섭, 「내선일체와 조선인의 개성문제」(『삼천리』, 1940년 3월), 36~37쪽.

현영섭은 '팔굉일우八紘一宇', 곧 온 천하가 한집안이라는 제국의 언어를 빌려 코스모폴리탄을 꿈꾼다. 코스모폴리탄을 실현할 수 있는 두 가지 길은 공산주의와 천황 중심의 일본 황도皇道사상뿐이다. 이 글에서는 공산주의의 오류에 대해 기술하지 않지만, 여하튼 그는 일본 정신이 신神 중심의 세계, 일가一家의 이상향을 건설하는 것이라고 말한다. 그는 이 이상향의 건설이 각 민족이 협화協和하는 것이긴 하지만, 여기에 머물지 않고 완전히 일심동체가 되는 것이야말로 인류가 바라고 바라는 길이라고 본다.

내선일체의 공적 포섭과 이에 맞서는 배제의 기제가 상호 충돌하는 지점에서, '전향' 지식인들의 '전향'은 그래서 언제나 사상적 곡예가 된다. 코스모폴리탄이 되고자 제국이 내민 선의와 시혜에 응답하는 제국 주체로의 탄생과 동시에, 이 '전향' 사회주의자들에게 내선일체는 코스모폴리탄이라는 이념형을 완성하려면 반드시 거쳐야 할 전前 단계로 위치지워진다. 이 전 단계가 지양·통일됨으로써 세계인이 된다고 하는 단계적 목적론의 관점에서 이들의 '전향'은 '전향'이라는 매개를 통해 코스모폴리탄이라는 이념형을 확증하고 코스모폴리탄이라는 이념형을 통해 '전향'을 정당화하는, 논리의 폐쇄된 순환성에 스스로를 유폐시키는 결과를 가져온다.

세계를 통일한다는 것은 세계 정복이나 착취와는 다르다는 것이 이들의 공통된 주장이었던 만큼, 이 이념형은 한 번도 회의와 의심의 대상이 된 적이 없다. 혹 의심을 했다손 치더라도 그것은 지젝의 말처럼 죽은 문자, 이해되지 않은 문자에 대한 '믿음'으로 봉쇄되어야 한다.[8]

---

[8] 슬라보예 지젝, 『이데올로기라는 숭고한 대상』(이수련 옮김, 인간사랑, 2002), 75~76쪽.

따라서 이들에게 '전향'이란 세계사적 대사명을 자각하고 이를 실천하는 적극적인 행위자로서의 선언문과도 같다.

바라건대 나의 공개장으로 하여금 제군과 나를 영원히 결별袂別케 하는 분기分岐의 도표道標가 되지 안케 하여 주소서 과거 십년 동안 피와 땀으로 쌓아온 자기의 전과거全過去와 철창鐵窓에서 맺어진 동지적同志的 우정友情을 폐부蔽履와 같이 버린다는 것은 어떠한 우부愚夫에게 있어서도 결코 유쾌의 일은 안일 것이다. 그러나 쌓아놓은 과거의 업적이 오류에 찬 것이며 걸어온 과거의 노선이 민중을 글으치는 마魔의 길이었다는 것을 명확히 자각하게 될 때에는 우리들이 적어도 한 개의 이상인理想人인 한으로 태양을 응시하는 맹취猛鷲와 같이 새로운 진리眞理와 신념信念을 향해서 용감하고 대담하게 매진邁進할 줄 알아야 한다. 요새 사람들은 이러한 신념상의 변화를 가리켜 소위 전향이라고 한다.[9]

인정식은 이 공개적인 전향 선언서를 발표하며 그는 일종의 참회와 기도의 예식을 차용해 온다. 이런 절절한 참회와 기도의 예식을 재연한 그의 공개 전향서에는 세계사적 대사명에 대한 자각과 이를 앞서 선취하겠다는 지식인의 긍지와 임무, 그리고 그가 전유하는 소위 이상인으로서의 코스모폴리탄적 위치가 서로 교직된다.

이것은 결별에 대한 그 자신의 강력한 의지에도 불구하고, 그의 '전향'이 이전의 사유와 연속성을 지닌다는 점을 보여 준다. 마르크스주의의 세계성이 지닌 식민주의에 대해서는 요네타니 마사후니의 선행 연

___

[9] 인정식, 「아등我等의 정치적政治的 노선路線」(『삼천리』, 1938년 11월호), 51~52쪽.

구가 있거니와 세계성의 시각에서 침략, 식민지화라는 악을 통해 어떤 역사의 진로가 결과적으로 도출되어 간다는 점, 서구 자본주의는 사리사욕을 추구하면서도 무의식 속에서 '의도하지 않은 결과'로서 역사의 전개를 촉진해 가는 것이라는 세계 시장과 근대적 생산력에 대한 마르크스주의의 신념은 결국 추구하는 절차와 방식만을 달리한 채 존속된다.[10] 인정식이 아시아적 정체성을 일관되게 주장한 것에서도 알 수 있듯이, 그는 후진적인 아시아적 정체성(퇴영성)을 세계 시장과 근대적 생산력으로 확충·발전시킴으로써 코스모폴리탄으로의 진입이라는 근대 기획의 최종점에 도달하고자 한다.[11]

여기서 코스모폴리탄은 비非자본 비非공산의 근대 초극론과 결부되지만, 그는 오히려 아시아적 정체성에 대한 확고한 인식을 바탕으로 근대적 생산력의 필요성을 일관되게 주장한다는 점에서, 근대(자본주의)의 보편성이 세계를 균질적으로 재조직해 가는 가운데 결과적으로 이를 극복하고 초월하는 새로운 보편성이 창출된다고 하는 마르크스주의의 사유 틀에 기대어 대동아 공영권의 논리를 완성했다고 할 수 있다.[12] 코스모폴리탄에 대한 식민지 주변부 지식인들의 채워지지 않은 욕구는 그들이 근대의 딜레마에 이미 봉착해 있었다는 것, 코스모폴리탄을 욕

---

[10] 요네타니 마사후미, 「마르크스주의의 세계성과 콜로니얼리즘」, 앞의 자료집, 241~242쪽.

[11] 인정식, 「아세아亞細亞적 정체성停滯性의 문제問題」(『청색지』, 1939년 12월호), 「『대지』에 반영反映된 아세아亞細亞적 사회」(『문장』, 1939년 9월호)와 「경주지방慶州地方의 농촌생활農村生活－다치바나 시라키橘樸 선생先生을 동반同伴하야」(『조광』, 1942년 4월호) 등을 들 수 있다. 인정식과 관련된 자세한 사항은 이수일, 「일제강점日帝强占. 해방기解放期 인정식의 경제사상經濟思想 연구研究」(연세대학교 석사논문, 1992 참조).

[12] '아시아적 정체성'이라는 측면에서 김남천이 인정식과 똑같은 입장이었을 가능성에 대해서는 채호석이 『김남천 문학연구』(서울대학교 박사논문, 1999), 49쪽에서 지적했다.

망하는 크기만큼 그들이 내선일체의 충실한 대행자로서 복무했음을 말
해 준다. 그들이 운명과 숙명을 별개의 것인 양 나누고 '운명'을 내선일
체의 지렛대로 삼아 일원화해 간 데에는 이런 코스모폴리탄이라는 이
념형이 자리 잡고 있었다. 이 운명의 논리가 발화된 것에서 발화하는
주체로 전이되는 과정에서 어쩔 수 없이 솟구치는 동요와 길항을 김남
천이라는 작가를 통해 점검해 보고자 한다. 김남천은 문학가라는 점에
서 현영섭·인정식과 유사하지만, 그럼에도 다른 발화의 징후들을 드러
낸다. 전향 사회주의자들 내에서 김남천이 보여 주는 지식인의 초상은
문학=권력의 장場 안에서 어떻게 다른 방식으로 '전향'이 생산되는지를
고찰하는 데 많은 시사점을 제공한다.

자기의 서발턴화와 차등화된 여성의 물신화

　이광수의 일항一頁, 이기영의 일항一頁을 보고 곳 양자兩者의 문학적 개성
을 말하기 어렵다. 물론 지하志賀,[13] 유도有島,[14] 이광수, 이기영은 개성을
가진 것이다. 이상적思想的으로나 문장적文章的으로나 개성을 가진 것은 사
실이다. 그런데 여기에 문학이 무엇인지 모르는 사람에게 소설을 일킨다면,
그 소리가 그 소리지 무엇 색다른 것이 있나 할 것이다. 개성個性이란 이와
같이 박약薄弱한 것이다. 문학을 모르고도 넉넉이 생을 도모하고 사는 실업

---

[13] 시가 나오야(1883~1971), 일본 소설가. 사건보다는 심경을 주로 다루어 사소설을 심
　경소설화했다는 평가를 받았다.
[14] 아리시마 다케오(1882~1923), 일본 소설가·평론가. 개성의 자유롭고 창조적인 발전
　과 확충을 인생의 제일 과제로 삼았으나 이후 사회주의 사상에 공명하여 지식인으로
　서의 역할을 고민했다.

254

가가 있는 것은 이 세상에 얼마나 개성個性이 없고 생존 즉 성욕과 식욕을 만족시키는 유형적 존재가 많다는 것을 설명하고도 남는다. 문학, 예술, 이 것이야말로 진실한 개성의 세계다. 이것의 존재가 얼마나 멸시蔑視되어 있는 현現 세계世界를 상상想像하야도 현대에 있어서 개성이 얼마나 박약한 존재 인 것을 가히 상상想像할 수 있다.[15]

현영섭이 이와 같이 말했을 때, 그의 본뜻은 개성이 시대정신에 걸 맞지 않는 만큼 개성에 집착하지 말고 내선일체의 대의를 구현하자는 것이었다.

그러나 그의 본의와는 상관없이 이 글의 기저를 관통하고 있는 것은 문학가에 대한 일정한 차별화와 거리 두기이다. 여기에서 주목할 만한 것은 문학가에 대한 차별화와 거리 두기가 특정한 정체성을 구질서의 표상으로 만들어 신질서에 적합한 정체성들을 규정하는 것과 맞물려 돌아간다는 점이다. 현영섭의 논지대로라면 문학가는 구질서의 표상이 다. 조그마한 개성을 고집하여 미래 세계를 창출하지 못하는 개성론자 들은 참으로 피곤한 족속들일 뿐이다.

그가 "개성을 너무 차지면 피곤할 뿐이다."라고 호명한 개성론자들의 대표적인 표상이 문학가라는 사실은, 문학가가 처한 당시 현실에 대한 일면의 진실을 드러낸다. 그들은 생의 활력과 열정으로부터 퇴각한 무 기력한 시대의 열패자들이며, 그들의 자유주의적이고 개인주의적인 기 질은 그야말로 구질서의 이데올로기인 개인주의와 자유주의를 대변하 는 퇴행적인 시대의 징표로 낙인찍힌다. 이 개인주의와 자유주의가 어

---

[15] 현영섭, 앞의 글, 36쪽.

디와 접목되는지에 따라 조금씩 함의를 달리하며 변주되긴 하지만, 어쨌든 자유주의적이고 개인주의적인 기질은 때로 자본주의의 병폐로 때로 서양 문명의 질병으로 간주되어 제거되고 척결되어야 할 대상으로 소환된다.

여기에는 구질서의 부정적인 속성들을 가시화함으로써 신질서의 정체성을 확립하려는 파시즘의 동력이 존재한다. 파시즘은 아웃사이더를 유표화함으로써 정상성을 인지시킨다. 정상성이 아웃사이더라는 가시화된 타자를 준거로 삼는 한, 구질서는 신질서의 건설 일꾼과는 정확히 대척되는 바로 그 지점에 자리 잡는다. 이것이 낭비와 소모의 도상학이다.[16] 낭비와 소모의 도상학은 과도한 성적 방종과 퇴폐로 에너지를 고갈해 버린 무능력자를 검열하고 분류하는 여과 장치로 기능한다. 따라서 이런 에너지의 소모와 낭비의 도상학은 주변인을 낙인찍는 가장 편리한 분류화의 표지들로, 아웃사이더들에게 각인된 소모와 낭비의 도상학은 열등한 인종의 유표화된 외적 자질로 변환되고 이에 따라 구질서와 신질서 간의 첨예한 차이화가 만들어진다.

문학가는 신질서에 매진하는 군인—노동자의 형상과 달리 삶의 태만과 피곤에 찌든 하릴없는 기생충 같은 존재로 손쉽게 대체된다. 권명아가 날카롭게 묘파하고 있듯이, 신질서의 군인—노동자의 형상은 기존 청년 담론을 전유하되 기존의 것과는 다른 변별점들을 강화함으로써 군인—노동자의 전형을 창출하고자 하기 때문이다.[17] 적극적으로 '장려'

---

[16] 조지 모스, 『내셔널리즘과 섹슈얼리티』(서강여성문학회 옮김, 소명, 2004) 참조. 또한 여기에 대해서는 공임순, 「민족 그리고 섹슈얼리티」(『식민지의 적자들』, 푸른역사, 2005)와 김예림의 「소진과 고갈의 미학」, 『1930년 후반 근대인식의 틀과 미의식』(소명출판, 2004)에서도 자세히 다루었다.

[17] 권명아, 「전시동원 체제의 젠더 정치」(『일제 파시즘 지배 정책과 민중생활』, 혜안,

된 새 시대 군인-노동자의 모습에서 특기할 만한 것은, 군인과 노동자는 물론이고 실업가와 기술자(공학자)의 변화된 위상이다. 현영섭이 문학가와 대비되는 지점에 내세운 실업가와 더불어 기술자(공학자)는 전쟁의 가속화된 파괴와 건설의 시대적 사명을 반영하는 군인-노동자의 형상에서 중심적인 위치를 차지한다. 이미 관료에 대한 뿌리 깊은 선망 의식이 실제 조선 사회의 저변을 장악하고 있었다고 할지라도, 한 시대를 풍미한 실업가와 기술자(공학자)에 대한 열광적인 소비와 찬미는 뿌리치기 힘든 매력으로 시대를 압도한다.

김남천은 이런 시대의 중압을 예증이나 하듯이, 건설 기술자와 실업가, 전향한 사회주의자와 문학가를 소설의 중심인물로 삼아 서사를 주조해 나간다. 김남천의 대표 연작인 「경영」과 「맥」에서부터 『사랑의 수족관』과 미완으로 끝난 『낭비』가 모두 그러하다. 1939~40년의 『사랑의 수족관』과 1940~41년의 『낭비』, 1940~41년의 「경영」과 「맥」은 모두 태평양전쟁을 전후한 시기에 씌어졌다.

이 작품들은 시대와의 접촉 면에서 비교적 뚜렷한 내적 대화성을 드러내고 있다. 1940~41년에 집중적으로 씌어진 작품들은 겹쳐 읽어도 무방할 만큼 다시-쓰기의 흔적이 짙다. 쓰고 난 글 위에 다시 써서 이전의 글을 보충하되 이전의 글과는 다른 차연의 흔적을 지닌 김남천의 세 작품들은, 내면으로 침잠한 단편들과의 상호 관계성 속에서 다면적인 독해를 요구한다. 그러나 김남천에 대한 본격적인 작품론과 작가론은 이후를 기약하고, 이른바 코스모폴리탄과 '전향'이라는 키워드를 중심으로 이 작품들이 보이는 시대와의 내적 대화성과 자기를 타자화함

2004), 298쪽 인용.

으로써 결국 시대에 협력하면서도 어쩔 수 없이 균열되는 지점을 검토하고자 한다.

김남천의 『사랑의 수족관』[18]은 토목 기술자(공학자) 이광호, 이신국 사장의 딸 이경희, 실업가 송현도 그리고 이경희의 계모와 여급 양자의 동생 현순이 주요 등장인물이다. 이들은 오해와 반목을 거듭하는 애정 서사의 구도를 충실하게 따른다. 이 다섯 명의 인물이 합주하는 애정 서사와 내적 대화성의 흔적을 담지하고 있는 인물이 바로 '전향' 사회주의자로 짐작되는 광호의 형 광준이다. 기술자(공학자)인 광호에 의해 광준은 '생명의 낭비자'로 규정된다. "생에 대한 애착이 없어진 것이 아니라 그 애착을 키워 갈 만한 신념이 없어진"[19] 그는 '생명의 낭비자'로 에너지를 소모하고 탕진한다. 그는 카페 여급인 양자와 '질서없고 비위생적인' 동거 생활을 함으로써 소모와 탕진의 전형적인 모습을 보인다. 생산과 건설의 군인-노동자와 상반되는 지점에 서 있는 그는 타락한 도시의 공간을 떠도는 도시의 기생충과도 같다. 이 낭비와 소모의 도상이 타락한 도시의 병폐를 상징한다는 점에서 시대적 분위기와 조응하는 측면이 있지만, '생명의 낭비자'로 지목된 카페 여급 양자와 광준이가 광호와 같은 주위 인물들에게 어느 정도 동정을 받는다는 점에서 특기할 만한 일면이 있다. 광호가 신질서의 정체성에 어울리는 기술자(공학자)의 지위를 점하고 있음에도 그가 형 광준에게 보이는 동정의 시선은 꽤 복합적이다. 광호는 신질서의 정체성을 선점한 인물이지만, 그의 자기 긍정성은 자기 자신이 아닌 그의 동정의 대상인 광준에게서 확보되기 때문이다.

---

18 김남천, 『사랑의 수족관』(대동출판사, 1940)을 주 텍스트로 삼았다.
19 김남천, 앞의 책, 70쪽.

시선과 동정을 쥔 자가 시선과 동정을 받는 자에게서 자기 긍정성을 확보한다는 이 자가당착은, 타자 안에 내장된 주체 구성의 메커니즘을 독파하지 않고는 설명 불가능하다. 신질서의 정체성은 앞에서도 말했듯이 구질서의 정체성과 대립되는 지점에서 구축된다. 구질서의 정체성과는 변별되는 신질서의 정체성은 구질서의 정체성을 거리화시켜 낯선 타자처럼 응시하는 데서 출발한다. 현재의 자신 혹은 자기가 바라는 미래의 자신은 과거의 자신을 타자화하여 구경거리로 전시하는, 이른바 레이 초우Rey Chow가 말한 원시적인 페티시fetish를 동반하는 것이다.[20]

사카이 나오키는 원시적인 것이 시각 영역에서의 근대적 시간성의 한 변이로 나타난다는 레이 초우의 주장에 주목한다. 원시적인 것은 문자 그대로 이국적인 것을 의미하며, 이 이국화에는 사회적으로 주어져 있는 것을 객관화하고 그래서 반성적으로 주체를 상정하며 그것을 아직 도래하지 않은 어떤 것으로 변형시키는 부정성의 운동이 작용한다. 사회적으로 주어져 있는 것을 원시적이라 여기는 것은 그것을 변형될 수 있는 것으로 보는, 사회구성체를 자연적으로 주어진 것이 아니라 제조된 어떤 것으로 인식하는 데 필요한 전제 조건이다. 따라서 원시적 열정이라는 개념은 그 시간성의 관점에서 자신의 현실을 원시적이라고 여기는, 이에 따라 자신과 함께 환경을 바꿈으로써 자신을 구성하는 주체 형성의 기제와 불가분의 관계를 맺는다.[21]

---

[20] 레이 초우, 『원시적 열정』(정재서 옮김, 이산, 2004), 43쪽. 이 책은 이 글의 입론을 세울 때 기본적인 참조로 삼았다. '자기의 서발턴화'라는 용어 역시 레이 초우의 용어를 빌린 것이다.

[21] 사카이 나오키, 「서구의 탈구와 인문과학의 지위」(『흔적』 1호, 2001), 153쪽. 이 글에서 사카이 나오키는 레이 초우의 견해를 빌려 원시적인 것을 서구와 비서구의 이항 대립에 적용시킨다.

레이 초우와 사카이 나오키의 견해를 길게 서술한 것은 보편성과 특수성의 공모를 이 지점에서 읽어 내는 재미있는 발상 때문이다. 코스모폴리탄이라는 보편적 이념형은 식민지 주변부에서는 특정한 특징 부여와 언제나 연관되어 있다. 제국과 식민지 간의 관계가 식민지 내부로 돌려질 때, 코스모폴리탄과 나머지 대중을 나누고 그 각각에게 할당되는 특정한 특징 부여는 시대에 따라 조금씩 변모하지만, 한 사람은 있다고 여겨지는 것과 다른 사람은 결여되었다고 하는 '추정'된 대비가 만들어진다. 이것은 '추정'되고 '가상'된 것이기 때문에 어떤 식으로든 그 대비가 이전부터 실재했던 것처럼 가시화되어야 한다. 여기서 '자기의 서발턴화'가 초래된다. 자기의 서발턴화는 자기의 이국화와 동궤이며, 이국화된 자기를 구경거리로 하여 자기의 긍정성을 확증하는 이런 식의 관찰자적 시선은 보는 주체의 위치를 안정시키고 공고히 하는 데 기여한다.

　　광호는 광준에게 결여된 특정한 특징을 소유하고 있다. 그는 불건강하고 지나치게 과민한 정신세계를 지닌 광준과는 다른 특징을 갖고 있다고 가시적으로 '보여진'다. 현순이가 첫째인 광준과 셋째인 광호를 저울질하며 광호에게 이끌리는 것은 '보여짐'의 문제에서 중심적이다. 첫째 광준이 머리는 비대하나 불건강하고 비위생적인 반면, 광호는 몸도 건강하고 머리도 형을 닮아 명석한 것 같으나 아직 몸이나 생각이 틀이 잡혀 있지 않아 평론할 여지가 없다고 현순이는 광호를 보는 '순간' 그렇게 판명한다. 현순이 광호를 '보는' 순간 각인되는 이런 보여짐의 순간적인 위계화는, 광준 형제가 갖는 얼굴의 특성이 가장 아름답게 나타나면서도 그것이 균형 잡힌 몸집과 옷매무새와 어울리게 조화를 이루어서 현순의 눈에 거의 완벽하게 비친다는 광호의 특정한 자질을 실체화하는 것이다. 광호의 완벽한 조화와 절제의 미는 신질서가 요구하는 정체성에 다름 아니다.

『사랑의 수족관』에서 광준의 죽음은 이런 점에서 여러모로 해석의 여지를 남긴다. 광준이 구질서의 표상인 것은 앞에서도 말했거니와, 광준의 죽음은 광준 한 개인의 죽음이 아닌 그의 죽음을 통해 구질서를 종식하려는 시대의 요구를 중층적으로 매개하고 있다. 광준의 죽음은 광호가 신질서의 정체성을 획득하기 위해 치러야 하는 일종의 희생 제의이다. 광호가 신질서의 모범적인 초상이 되려면 이미 구경거리로 전락한 과거의 자기를 죽이는 폭력적인 단절이 필요하다. 광준의 죽음으로 광호는 레이 초우가 말한 제조와 건설의 단계로 진입하게 된다. 사회적으로 주어진 과거의 것이 원시적인 것으로 전시되고 관찰자의 눈앞에서 부정되어야 할 것으로 정리되는 청산과 건설은 광준의 죽음과 광호의 시선이 교차하는 가운데 이루어진다. 광호는 광준이 이미 거기 있었다는, 즉 사회적으로 주어졌던 과거의 자기를 구경거리로 응시하는 관찰자의 시선으로 광준의 죽음을 담담하게 받아들인다.

광준이 죽어 화장되는 마지막 이별의 순간에 광준의 곁을 지키고 있는 것은 광호와 현순뿐이다. 현순이 도착했을 때, 모든 뒤처리는 광호가 마무리한 상태이다. 마지막까지 광준의 뒤처리를 광호가 도맡아서 한다는 것, 광준이 사회에서 격리되고 고립된 채 쓸쓸한 최후를 맞았다는 것을 증명이나 하듯이 광준의 마지막을 지켜본 사람은 과거 그의 동료도, 가족 전부도 아닌 동생 광호 한 명뿐이다. 과거 광준의 친구들은 광준과는 다른 세상에서 산다. 그들이 "각각 직업들을 갖고 그리고 생활을 갖고 그리고 그만큼 자기의 가치를 새로이 발견한" 반면, 광준은 "끝까지 신념을 찾지 못하고 돌아가신" 이제는 돌이킬 수 없이 멀어져 그 둘을 이어줄 끈은 어디에도 없다. 과거 친구들의 '전향'은 이처럼 과거의 동지였던 광준의 상실을 슬퍼하는 애도의 능력마저 빼앗아 간다.

애도의 능력은 과거와의 폭력적인 결별이 아니라 과거와의 대화적 상호성이다. 현재는 과거와의 대화적 상호성으로 과거와 미래를 잇는다. 다시 말해 과거를 애도하는 것은 과거 자체의 문제이기도 하지만, 과거를 되돌아보는 현재의 문제라는 점에서 현재와 어떻게 대면할 것인가라는 현재의 문제이기도 하다. 과거뿐만 아니라 현재를 대면하는 소통의 능력을 빼앗겼다는 것은 내면을 성찰할 능력을 잃어버렸다는 것과 일맥상통한다. 애도의 능력을 잃어버린 혹은 빼앗긴 자는 프로이트의 표현대로라면 멜랑콜리를 가속화하게 된다. 멜랑콜리는 상실한 대상이나 존재에 대해 말하는 듯이 보이는 그때조차도 실은 상실과 죽음에 대한 부인과 공격성을 상흔처럼 안고 있다.[22] 따라서 자기에 대한 불만은 상실한 대상에 대한 불만이며, 타인에 대한 학살로 위장된 죽음은 곧 자기에 대한 폭력적인 죽음의 공격성을 깔고 있는 것이다.

광준의 죽음이 간단하게 처리된 이 장면에서 제대로 애도할 능력을 갖춘 사람이 한 사람도 없다는 것은 현재 자기를 뒤돌아볼 성찰의 동학이 사라지고 없다는 것을 의미한다. 과거 한때를 함께했던 사람들은 화장장에 오지 않으며, 그나마 유일하게 광준을 떠나보내는 광호는 그 죽음을 자기와 동떨어진 별개의 세계에 유폐시킴으로써 자신을 보존하기 때문이다. 광준을 동정하긴 하지만 그를 자기와는 별개의 세계에 살았던 존재로 격리하여 바라보는 광호의 냉정한 시선은, 상실한 대상을 떠나보내는 애도 능력의 부재 혹은 결핍의 증거이다. 그에게 광준으로 대표되는 과거는 이미 있다 하더라도 죽어 버린 것에 불과하며, 그는 이

---

22 엘리자베스 라이트, 『페미니즘과 정신분석학 사전』(한신문화사, 1997)과 줄리아 크리스테바, 『우울증과 멜랑콜리』(김인환 옮김, 동문선, 2004) 참조.

미 죽어 버린 것을 떠나보내는 데서 어떤 고뇌와 통증도 느끼지 않는다. 그에게는 지금 현재 그의 삶만이 중요할 뿐이다. 그의 관심과 이해의 반경은, 죽어 버려 그의 것이 되기에는 너무나 거리가 멀다고 '믿는' 원시적인 구경거리인 광준이 아니라 사장 딸 경희와의 당면한 애정 문제에 집중된다.

따라서 이 소설은 '전향자'를 주인공으로 한 단편소설과는 다르게 '전향'을 정면으로 다루고 있지 않음에도 불구하고 '전향'의 내면 풍경에 관해 더 많은 것을 징후적으로 드러낸다. 신질서의 정체성은 적어도 과거 자신을 구경거리로 바라보는 무감각한 신경 체계와 당면한 현재와 미래에 몰입하는 특정한 자질을 특권화한다. 이들이 가졌다고 자부되는 특권화된 자질은 그러나 과거의 자신에 대한 애도 능력을 잃어버린 결여의 이면일 따름이다. 과거를 애도하지 못하고 과거를 격리하고 유폐시켜 마치 현재의 자기와는 무관하다는 듯이 위장하는 변신술만이 '전향'이라는 이름으로 횡행한다. 현재의 자기는 과거와 철저하게 분절되었다는 것을 증명하는 자기 증명과 인정투쟁은 기만에 찬 사기꾼들을 양산하는 제국의 식민주의적 패권화의 음화이자 거울쌍이다.[23] 김남천의 『낭비』[24] 역시 이런 점을 잘 보여 준다.

광준이 사라짐으로써 광호가 서사의 중심에 서는 『사랑의 수족관』과는 대조적으로, 김남천의 『낭비』는 군인−노동자형의 결정체라고 할 비행기 조정사 구웅걸(관덕의 약혼자)이 사라지고 대신 문학가(광범위한 의미에서) 관형과 관형을 둘러싼 연애 사건이 중추를 이룬다. 구질서의

---

[23] 여기에 대해서는 공임순, 「'공익'이라는 이름의 허구, '파병'에 깔린 무의식」, 앞의 책, 참조.

[24] 김남천, 「낭비」(『인문평론』, 1940년 2월~1941년 2월).

표상인 광준과 신질서의 전형인 광호가 별개의 세계에 존재해야 하는 까닭에 광준이 원시적인 구경거리가 되어 사라져야만 하듯이, 김남천의 『낭비』에서 구웅걸은 이 몰락과 퇴폐의 구질서에 함께 몸담을 수 없다. 신질서의 총아인 그는 구질서의 퇴폐적인 분위기와는 거리를 두어야 하기 때문이다.

나중에 「맥」에서 이관형의 회고를 통해 구웅걸은 비행기 사고로 죽은 것으로 처리되는데, 이는 구질서의 표상인 광준의 죽음과 기묘하게 엇물리는 부분이 있다.[25] 구질서의 표상인 광준이 죽음으로써 광호를 구질서의 억압으로부터 자유롭게 만드는 것과 신질서의 총아인 구웅걸이 죽음으로써 관형 형제가 구질서의 나르시시즘적인 폐쇄 회로에 자족하는 것은 서로 다르지만 닮은꼴이다. 이를 시대의 외압으로 독해하는 것은 충분히 타당하다. 구질서와 신질서의 차이화와 거리 두기를 통해 이 두 선택지 외에 다른 길을 봉쇄해 버린 시대의 출구 없는 압박이 한쪽의 죽음을 대가로 다른 한쪽의 삶을 온존하는 기형적인 인물 군상들을 양산해 낸다.

그러나 여기에는 몇 가지 유보 조항이 따라야 한다. 『낭비』에서 관형으로 대변되는 구질서의 퇴폐와 낭비는 원시적인 것의 페티시를 제 하위에 두는 이중의 위계화를 정초하게 된다. 관형은 자신이 무기력하고 나태한 삶을 살아가고 있다는 것을 '안다'. 그의 이 앎이란 거리를 둔 관찰자의 시선에서 만들어진다. 구질서의 표상인 그가 관찰자의 시

---

25 김철은 피로와 권태에 절어 있는 이관형도 구웅걸에 호의적인 시선을 보인다는 점에 주목한다. 거의 모든 작중인물과 사건들에 체념과 불만을 표시하는 이관형에게 이는 특별한 경우라는 지적이다. 이것은 비행기와 같은 최첨단 기계문명에 대한 애호와 연관되었으리라는 것이 김철의 추론이다. 김철, 「근대의 초극, 『낭비』 그리고 베네치아 — 김남천과 근대초극론」,(『민족문화연구』, 2001), 379쪽.

선을 유지할 수 있는 것은 그의 앎=권력이 원시적인 것의 페티시를 다른 대상에서 조달하기 때문이다. 그의 앎=권력을 지탱하는 원시적인 것의 페티시는 향락에 몸을 던지는 소위 도시의 타락한 신여성들이다. 문난주를 바라보는 그의 감각적이고 관능적인 시선은 마치 그녀의 몸 전체가 사회적 욕망의 배출구인 양 묘사하고 있다.

매뉴큐어를 한 긴 손가락으로 담배를 부비어 꽂고 그 팔로 머리를 고인다. 코도 아름답고 윤곽도 어울렸으나 입술과 눈가상에 깃드린 보랏빛의 그늘로 하여 그가 과거에 제의 정력을 적지 않게 향락했다는 것을 느끼게 한다. 어덴가 피로한 빛이 결코 육체에가 아니라 그의 표정에 나타나 있는 것이다. 누은 채 잡지를 보고 있다. 활자를 따르고 있는 그의 눈은 그러나 문짜文字에 대하여 그다지 매력을 느끼는 것 같지도 않다. 표정 한 구퉁이에 어덴가 비인 곳이 있는 것 같다. 그것이 무엇인지를 언뜻 알아마칠 수가 없을는지 모른다. 그러나 치밀한 관찰을 하는 사람은 그의 표정에서 결여된 것이 윤리적 신경임을 알아 마칠 수 있을 것이다. 대전 이후의 새로운 타잎으로 등장한 아름다움, 일찍이는 마리-네 딧드리히 구리고 최근에는 따니엘·따류-로써 일층 세련된 백치미를 발휘하고 있는 그러한 아름다움이 문난주에게는 있었다.[26]

문난주의 신체를 훑듯이 지나가는 관찰자(=서술자)의 시선(이관형의 시선과 거의 구별되지 않는)은 관능적이지만 동시에 차갑다. 손가락에서부터 머리, 코, 입술과 눈가에 깃든 보랏빛까지 문난주의 신체 곳곳을

---

[26] 김남천, 「낭비」, 앞의 잡지, 1940년 2월, 225쪽.

치환해 가며, 서술자는 그녀의 신체에서 도시의 타락하고 퇴폐적인 욕망을 강박적으로 읽어 낸다. 이 시선이 곧 앎의 시선이라는 점에서 문난주는 앎=시선을 위해 구경거리로 전시되어야 하는 원시적인 것의 페티시가 된다. 그녀는 이관형이 탐구하는 헨리 제임스Henry James의 '부재의식'과 암암리에 상통한다. 이관형은 그가 연구하는 헨리 제임스를 넘어뜨리지 않고서는 새로운 세계가 열리지 않는다고 믿는다. 아메리카의 헨리 제임스는 그가 기대고 서 있는 발판이나 또한 이것을 넘어서야만 새로운 세계로 진입할 수 있다는 것이 이관형의 판단이다. 이관형은 자신을 헨리 제임스와 동일시하는데, 그가 부조한 헨리 제임스는 "인생으로부터 멀리 떠나서 그들의 일분자가 되지 아니하고 이것을 관찰하였다. 그는 주로 구라파에서 만나는 아메리카인을 통하여 아메리카를 알았다. 또한 그는 타곳에서 온 만유객으로서 구라파의 사회를 알았다. 그러므로 그는 진정한 의미에서는 아무것에 대해서도 공감을 가지지 못"했다.

이관형이 헨리 제임스와 자신을 동일시하는 이유는 이 구절에 모두 함축되어 있다. 바로 관찰자적 시선을 갖는 것, 타곳에서 온 만유객처럼 구라파 사회를 바라보는 것, 때문에 아무것에 대해서도 공감을 갖지 못한 헨리 제임스는 곧 이관형의 시선이다. 이관형은 헨리 제임스를 빌려 자신을 이야기한다. 이관형이 헨리 제임스에 집착하는 것은 헨리 제임스 그 자체가 아니라 헨리 제임스를 빌려 이야기하는 이관형 자신이다. 그는 아무것에도 공감하지 않는 헨리 제임스의 시선으로 구질서의 정체성이라고 질타되는 자신의 일부를 타자화시킨다. 그는 노동과 행동의 세계에서 격리되어 있다. 신질서에서 척결해야 할 구질서의 정체성은 이관형 그 자신이다.

그러나 이관형은 헨리 제임스 연구에 몰두하는 것으로 시대와의 불화를 모면한다. 헨리 제임스를 넘어서야 새로운 세계로 진입할 수 있다는 자기 합리화가 그를 강제적인 균질화의 위험에서 가까스로 벗어나게 해 준다. 구질서의 정체성을 보유한 그가 그 안에서 또 위계를 나눌 수 있다면 그것은 관찰자적 시선이 이관형에게 주어져 있기 때문이다. 그는 시선=앎을 소유함으로써 원시적인 것의 페티시를 다른 대상으로 이월시킨다. 여기에 동반되는 것이 여성의 물신화이다. 여성, 특히 여성적인 것의 사회적 침투에 대한 공포와 두려움은 전쟁이 가속화될수록 더욱 기승을 부린다. 이를 가시화된 구경거리로 만들어 그가 시선의 우위를 유지하는 것은 나르시시즘적인 폐쇄성에 자신을 가두는 한 방식이다.

문난주 같은 타락한 여성뿐만 아니라 연이처럼 자기가 사랑하는 여성을 구경거리 삼아 끝까지 관찰자적 시선을 유지하는 그는, 이 타락한 공간에 갇혀 버린 자기를 연민에 찬 시선으로 바라본다. 이 타락한 자들과 동질적인 공간에 존재한다는 불만과 공격성이 타인들뿐만 아니라 자기 내부로 전이되어 그것이 더욱 그를 자기 연민과 혐오로 몰아가는 형국이다. 그가 온갖 애욕이 들끓는 별장을 떠나 헨리 제임스 연구에 전력하고자 다른 곳으로 떠나는 것은 이 동질화된 공간에서 자기를 분리시키는 것이지만, 자기가 사랑하던 연이가 "교양도 있어 보이고 인품도 좋은 것 같은" 실업가와 약혼했다는 소식은 그의 자존심에 치명타를 입힌다.

연이는 장차 그의 가정생활에서 얼마던지 행복을 발견할 수 있을 것이다. 그의 안해가 된다거나 제수가 된다거나 하는 것보다 연의 행복이란 그런 곳에 있었을런지도 알 수 없다. 아니 정녕 그럴 것이다. 그러나 아 여자의 결정이란 이대로 좋을 것일까. 이관형이는 뼈아프게 제의 상처를 부더 안으며

여관으로 돌아왔다.[27]

　이 장면에서 이관형이 결국 연이를 놓친 것은 그의 수동성과 연이의 순종적인 태도 탓이다. 그러나 그보다 더 핵심적인 것은 그가 신질서의 일꾼에게 밀려났다는 엄정한 현실이다. 현실에서 이미 경쟁력을 상실한 구질서의 표상인 그는 '연애의 대상'인 정결한 연이를 선택하지 않은 것이 아니라 선택하지 못한 것이며, 그에게는 타락한 문난주만이 허락된다.

　「맥」에서 그가 문난주의 원조에도 불구하고 문난주를 거부하는 이중성은 이로부터 말미암는다. "작년부터 약 일 년 가까이 내 주위에는 참말 아무 짝에도 쓸모가 없는 사람들이 욱적거리고 있었습니다. 가령 문난주 같은 여자가 그중의 한 사람입니다. 이 사람은 약 일 년 전에 우연히 알게 된 사람인데 처음부터 나는 이 여자를 데카당스의 상징처럼 느껴 왔습니다. 그 사람들이 들으면 노할는지 모르고 또 그 자신 그렇지 않은 사람인지도 모르나 나는 그를 볼 때마다 퇴폐적이고 불건강한 자의 대표자처럼 자꾸 느껴지게"[28] 된다고 그는 최무경에게 토로한다. 정복욕에 사로잡힌 윤갑수와 문난주의 지기인 최옥엽과 최옥엽의 남편 백인영 등 아무 짝에도 쓸모없는 퇴폐적이고 불건강한 집단의 대표자가 문난주인 것이다.

　그러나 그가 이런 퇴폐적인 분위기와 싸우며 연구한 그의 유일한 성과물(헨리 제임스의 논문)은 교내의 파벌과 학벌 다툼으로 폐기 처분되고 만다. 이제 그가 다른 사람과 구별되는 위치를 점할 수 있게 해 주던 최

<hr>

27 김남천, 『낭비』, 앞의 잡지, 1940년 8월, 187쪽.
28 김남천, 「맥」(『한국해방문학전집』, 삼성출판사, 1988), 334쪽.

소한의 지지대마저 상실한 것이다. 그가 위생적인 데도 더 이상 머물 수 없다고 고백하는 장면은 그가 처한 현실의 심리적 반영이다. 그 역시 쓸모가 없기는 마찬가지라는 절박함과 위기감이 그를 짓누른다.

그는 연이가 결혼한 교양과 성품이 좋은 실업가가 될 수 없다. 신질서에서 배척된 구질서의 딱지가 그를 옭아맨다. 비록 구질서의 퇴폐와 문란의 집단들과 함께해도 결코 그들과 똑같지 않다는 자위에도 불구하고, 그가 그들에게서 벗어날 방책은 보이지 않는다. 이 이중적인 몸짓은 문난주와 같은 원시적인 것의 페티시가 그를 위해 존재하기 때문이다. 그녀가 실제로 그런 것이 아니라 그가 그녀를 '퇴폐적이고 불건강한 자의 대표자'로 보려 하기 때문에 그녀는 그렇게 규정된다. 문난주를 물신화함으로써 그는 신질서의 정체성을 대변하는 자들과의 관계에서는 열등한 위치에 놓이지만, 문난주와 같은 여성을 하부에 배치함으로써 그의 의지가 아니라 주위의 외적 환경으로 타락해버린 연민에 가득 찬 자기애를 향유할 수 있다. 그의 이런 연민에 찬 자기애는 소위 위생적인 데에 속해 있는 '건강한' 최무경에게 다시 한번 심문된다.

이처럼 복합적으로 착종된 김남천의 소설에서는 그 복수의 시선으로 인해 미묘한 동요가 감지되는 것이 사실이다. 그러나 복수의 시선이 곧 의미의 다중성을 생성한다고 보기는 힘들다. 그의 소설은 정확히 젠더의 위계화된 이분법에 입각해 있다. 젠더의 위계화는 분절된 공간의 위계화이고, 그 분절된 공간은 다시 시간의 가치론적 위계로 수렴된다. 신질서의 정체성을 대표하는 자는 위생적인 데에, 그렇지 않은 자는 비위생적이고 불건강한 데에 거주한다는 공간적 도상은 또한 현재와 미래를 선취하는 자와 과거에 안주하는 자와의 예리한 구분선을 작동시킨다.

문난주와 같은 원시적인 것의 페티시는 여성적인 자질의 부정성과 합치되어 이분법적 대립을 가시화한다. 전향의 자기 합리화가 젠더화된 육체의 지형학에 기초해 있다고 말하는 이유는 이 때문이다. 젠더화된 육체의 지형학은 전향의 자기 합리화가 여성적인 것을 페티시하는 그래서 사회적 약자의 형상을 전유하여 데카당스의 심미성에 제 자신을 위치시킴으로써 자기 연민과 자기도취의 양 극단을 오간다. 외부 환경으로 타락의 길로 빠져든 사회적 약자의 형상과 신질서의 제국 주체 사이에서 '전향'의 곡예는 계속된다. 자기에게 퍼부어진 오욕을 타자에게로 투사하고 그 타자에게 어쩔 수 없이 끌려들어간 것처럼 상상된 사회적 약자로서의 '전향'은 과거의 자신과 대화적 소통의 관계를 구축하지 못하고, 또한 신질서의 제국 주체가 되고자 열망한 '전향'은 과거의 자기를 격리하고 유폐시켜 과거의 자기를 성찰할 통로를 빼앗아 버린다.[29]

---

[29] 물론 섣부른 판단은 금물이다. 일정한 시대적 억압이 존재한 것은 사실이기 때문이다. 김남천의 소설 「등불」은 '전향'과 관련하여 그의 신변에 관한 몇 가지를 알려 준다. "고정한 수입이 생겨서 생활의 계획을 세울 수 있는 것이 살림하는 안사람들에겐 즐거움인 것 같습니다. 지난 오륙년 동안 빈약한 붓 한 자루로 가족의 입에 풀칠을 한다고 모진 애를 썼으나 거기까지 가족을 이끌고 오기에도 나의 노력은 결코 평범치 않았습니다. (중략) 이제 내가 문학을 떠나 직업에 나섰을 때 가족에게 오랫동안 요구해 온 희생의 높은 목표는 그림자를 감추었습니다. 나는 문학한다는 것을 떼어버린 그저 그것뿐인 한 가정의 남편이오 아버지입니다. 나는 그러한 관계의 변화를 명확히 깨달았습니다." "성인成人의 원숙하고 침착한 아름다움은 이런 종류의 것이 아닐까 하고 생각해 볼 때가 있습니다. 장사하는 회사에 다니는 이상 그 회사에서 영위되는 장사에 대해서 한 사람 몫의 지식과 수완을 가져야 하는 것은 당연한 일입니다. 주판도 잘 놓아야 하고 장부조직도 알아야 하고 자기 부서이든 아니든 언제 어느 때에 맡겨도 대차대조표나 결산보고서쯤 어렵지 않게 꾸며 밷힐 실무적 수완을 가져야 되리라고 봅니다." 여기에서 그가 하나를 버리는 것이 곧 하나를 구제하는 것이라는 인식을 갖고 있었음은 분명하다. 그리고 노동과 직업의 세계를 성인의 원숙하고 침착한 아름다움으로 숭배하

신질서의 제국 주체와 사회적 약자의 곡예에서 한 번도 과거를 제대로 애도하지 못한 주변부 식민지 지식인들의 이런 과도한 자기애는 해방 후 기원에 대한 끝없는 갈증을 낳는다. 코스모폴리탄이라는 채워지지 않은 욕망과 사회적 약자로 심미화된 자기애는 그들이 뭔가를 박탈당했다는 공통의 경험과 정조를 인민에게 투여함으로써 새로운 기원에 대한 공동체적 귀속감으로 표출된다. 이것은 남북한 공히 새로운 기원, 즉 민족과 세계의 정통성을 전쟁이라는 극한의 무력을 통해서라도 확보해야 한다는 고착된 욕망으로 변형되어 되돌아온다. 이것은 애도의 능력을 빼앗기고 잃어버린 '전향'이 가져온 필연적인 결과일지도 모른다.

코스모폴리탄 이념형이 남긴 몇 가지 문제들

박치우는 새로운 시대의 이념을 '운명'이라고 정의한다. "운명의 동일성이라는 것을 매개로 한다면 피나 흙의 경우에서 우리가 경험經驗하는 여러 가지의 장벽을 비교적 용이하게 뛰어넘을 수 있다."[30]

피나 흙이 '숙명'이라면 '운명'은 '숙명'과 동일하지 않다. 다 같이 명命이지만 운명은 숙명에 비해 가능성의 계열에 속한다는 것이 그의 해

는 것은 노동과 문학에 대한 일정한 가치 평가를 깔고 있을 뿐만 아니라, 미적인 것이 문학의 무가치함과 별개로 노동과 상호 결부되어 노동과 기술에 대한 무한 예찬으로 전화되는 양상을 드러낸다. 직업과 노동의 세계가 찬미되면 될수록 문학은 이에 비례하여 무가치한 것으로 추락하고, 미적인 것의 이념은 기술적 테크놀로지로 일상화되는 특정 시기의 면모가 보인다. 김남천, 「등불」(『한국근대단편소설대계』, 태학사, 1988).

[30] 박치우, 「동아협동체론의 일성찰」(『인문평론』, 1940년 7월), 18~19쪽.

석이다. '운명'은 인간의 노력 여하에 따라 뜯어고칠 수도 있는 그러한 가능성이자 언제나 획득되는 어떤 것이며, 운명의 시간성은 미래에 해당될 것이라는 박치우의 견해는 '전향'에 작동하는 논리의 핵심을 압축하고 있다. '전향'은 미래성과 가능성으로 개방되는 행위의 문제이고, 그는 이 중간 단계로 '사명'을 상정한다. '사명'은 숙명과 같은 과거적인 필연성을 자기의 것으로 부하負荷한 위에서 운명과 같은 미래적인 가능성을 현재에까지 끌어당기려는 강렬한 자극을 의미하는 것으로, 그에 따르면 '사명'은 가장 '현실적'인 명命인 자각이자 가장 윤리적인 명命이다. '숙명'과 '운명'을 매개하는 '사명'은 '전향'이 서 있는 위치와 관련해서 중요한 시사점을 던져 준다. '운명'은 미래성이자 가능성이고, '숙명'은 과거성이자 보수성이다. 숙명은 운명에 포섭된 일부일 뿐이지만, 운명이 성취되기 위해서는 그 중간 지대가 필요하다. 이것이 '사명'이라고 본 것인데, 이 사명은 곧 운명과 숙명을 매개하는 생활 감각이다.

생활의 감각이 코스모폴리탄과 비대칭적으로 결합될 때, 코스모폴리탄은 생활의 감각이라는 정서의 공동체로 전위되고 만다. 다시 말해 정서의 공동체가 코스모폴리탄이 되는 기이한 전도가 발생하는 것이다. 한 제국 안에 사는 정서의 공동체, 아시아인이라고 하는 공통 감각이 코스모폴리탄을 실현시키는 최적의 조건으로 내세워진다. 동양 정신의 본래성에 대한 강조, 공통된 정서의 공동체에 대한 귀속감은 뒤집어 말하면 제국에 속하느냐 안 하느냐 하는 국적에 대한 판가름이다. 국적이 코스모폴리탄의 자격을 결국 결정한다. 일본 제국의 국적을 가지느냐 아니냐가 코스모폴리탄의 자격 여부를 가늠하는 자격증이 된다. 주변부 식민지 지식인들은 코스모폴리탄의 공인된 자격증을 획득하고자 제국의 국적에 기꺼이 편입한다. 편입에 따르는 첫 출발의 불평등을 어떻게든 무징화無徵化하는 것이 그들에게는 지상 최대의 과제로 떠오른다. 주변부라는 표시를 내지 않는 것, 명시적으로 드러난 것을 말끔히 없애는 것만이 무징화를 완성하는 방법이다. 여기에서 '전향'의 길은 갈라진다. 무징화를 완벽하게 실천하고자 했던 자와 무징화의 완벽한 실천은 현실에서 아직 불가능하다고 여긴 자가 분리되는 것이다. 만약 이것이 외부와 내면의 갈등이라면 당연히 무징화가 아직 불가능하다고 여겼던 자가 해방 이후에 구제될 여지가 더 크다. 그것이 특히 대다수 민중의 궁핍한 현실에 기반한 것이라면 더욱 그러하다. 그러나 상황은 사후에 행해진 이 구제의 서사만큼 그리 간단치 않다.

그렇다면 문제는 누가 더 무징화의 실천에 적극적이었느냐의 여부가 아닐 수도 있다. 무징화에 내재된 차이를 없애려는 시도와는 전혀 별개의 차원에서, '전향'의 논리 구조는 철저하게 심문되어야 한다. '비'전향자와 대다수 식민지 민중의 입장에서 이들의 '전향'은 곧 친일이었다. 이들의 친일을 누구나 그럴 수밖에 없었다는 원죄 의식으로 포장하는 것은 지식인의 책임 회피에 불과하다.

인정식이 해방 후 "주관으로는 조국과 민족을 마음껏 사랑한다고 하면서 그 실제의 행동에 있어서는 도리어 나라를 망치고 민족을 팔아먹는 결과를 빚어내는 일이 대단히 많다."며, 이를 과학적 이론의 부재 탓으로 돌리는 것은 지식인의 책임을 면제하는 자기 합리화로 기능할 가능성이 상당히 높다. 과학적 이론이 부재했기 때문이 아니라 이론이 있었음에도 불구하고 '전향'을 통한 친일이 가능했다고 한다면, 그들이 제출한 이론의 문제점을 치열하게 파고드는 엄정한 이론적 실천이 필요한 것이다.

따라서 문제는 무징화의 적고 많음 자체가 아니라 코스모폴리탄이 국제성=대화성의 상호 응답에서 멀어진 채 정서와 감각의 본래성에 호소하는 제국의 국적에 대한 문제로 수평 이동했다는 데에 있다. 제국의 국적은 세계성의 외피를 뒤집어쓴 제국주의이다. 이 제국주의의 패권화가 그럼에도 코스모폴리탄의 실현이라고 믿었던 것은, 당시의 억압적인 시대 상황 못지않게 제국의 국적과 코스모폴리탄간의 시소 게임이 작용하고 있었기 때문이다. 주변부와 코스모폴리탄은 서로를 되비추는 거울로 언제든 공모할 수 있다. 주변부 지식인들이 코스모폴리탄이 되고자 하는 것에는 한 번도 코스모폴리탄이 되지 못했다는 과도한 상실감이 거꾸로 코스모폴리탄으로 인지받고 싶다는, 이 과정에서 침략과 식민지화라는 악을 통해서라도 '의도하지 않은 결과'로서 역사의 전개를 촉진해 갈 것이라는 믿음과 곁눈질이 제국주의와 코스모폴리탄의 공모를 가능하게 만들었다.

'전향'은 이를 압축적으로 보여 주는 한 계기라는 것이 이 글의 주안점이다. 이 글은 '전향'에 교차하는 모든 복합적인 논리와 시선을 담아내지는 못했다. 다만 '전향'을 현재와 유비적으로 검토하는 좀 더 열린 시각을 갖고자 노력했다. 보편성과 특수성 사이에서, 코스모폴리탄의 세계사적 이상과 제국의 실제적인 권력 사이에서 '전향'은 곡예를 거듭했다. '전향'이 코스모폴리탄이즘의 허구성에 대한 자기 승인과 폭로로 귀착되고 말았다고 하더라도, 그것은 사후의 해석일 뿐 '전향'에 내재된 코스모폴리탄의 이상 자체는 '전향'을 추동하는 원동력이었다.

코스모폴리탄의 이상이 제출되는 한편, 실제로 남은 것은 생활과 현재였다. 생활과 현재는 '전향'을 통해 직면한 현실 그 자체였다. '전향'과 현실의 밀접한 상관성은 이론의 형태로 제출된 전향의 논리보다는 김남천의 소설에 등장하는 여러 인간 군상을 통해 더 직접적으로 드러난다. 전향을 정면으로 다루고 있지 않지만, 배면에 흐르는 '전향'과 생활 간의 첨예한 긴장 관계가 김남천의 소설을 관통하고 있다. 김남천의 소설을 통해 드러난 '전향'의 문제가 많은 연구와 검토를 필요로 하는 것은 이 때문이다. 이 직업이 함께 수행될 때, '전향'에 대한 총체적인 논의가 가능할 것이다.[31]

---

[31] '전향'이 반드시 부정적이기만 한 것은 아니다. 인간은 일상적으로 자기반성과 통찰로 지속적인 전향을 경험할 수도 있기 때문이다. 이러한 소극적인 의미에서의 전향과 한 시대와 국가의 강압적인 요구에 따른 '전향'은 구분해서 바라봐야 한다. 일제에 의한 전시 총력전 체제는 최말단에 이르는 사회의 전 분야에 항상적인 '전향'을 강제하고 요구했다. 신질서에 걸맞는 인간 형상의 최적의 형태는 전사의 상이며, 이러한 전사의 상에 걸맞는 존재들이 환영받았다. 세계와 부단히 투쟁하는 존재로서 이러한 전사의 상은 코스모폴리탄이라는 세계인으로서의 존재 형태와 합치되어 결국 태평양전쟁으로 나아가는 동력이 되었다. 이 힘은 소극의 형태로 해방 이후 대한민국/남한에 이식되는데, '전향'을 경험한 자들이 그 누구보다 열렬한 세계주의자가 되는 현상은 주위에서 흔하게 발견할 수 있다. 지금이라면 김문수와 이재오, 뉴라이트 계열의 사람들이 여기에 속한다고 할까?

8

여성의 육체에 찍힌 **멸망**의 표지

특이하게도 비밀이 지니는 매력은

그것과 논리적 대립 관계에 있는 폭로의 매력과 연결된다.

비밀은 공개되는 순간에 해소되는 긴장을 지니는데

그것이 공개되는 순간은 비밀의 발전에 있어서 극치에 이른다.

왜냐하면 비밀이 지니는 모든 매력은 바로 그 순간

다시 한 번 집결되고 정점에 이르기 때문이다.

게오르그 짐멜 「짐멜의 모더니티 읽기」[1]

역사소설의 전성기를 풍미한 흥망사 이야기

식민지 시대의 흥망사라고 할 때의 '흥망사興亡史'는 엄밀한 의미에서 정확한 개념 규정은 아니다. 그 비중의 측면에서 현저한 차이를 드러내기 때문이다. 1930년을 전후로 한 흥망사 이야기는 주로 '멸망사'에 초점이 맞추어졌다. 특히 신라와 백제의 멸망이 중심 소재였다. 그러므로 흥망사는 상대적인 관계를 말할 때만 존재하는 개념이라고 할 수 있다. '망亡'은 언제나 '흥興'을 전제한다. 설사 '흥興'이 텍스트의 표면에 명시되지 않는다 해도, 망亡은 흥興과의 상대적인 차이를 통해서만 그 의미가 구체화된다. 이런 변별적이고 상대적인 관계망이 곧 담론 체계라고 한다면, 서사 역시 이런 제약에서 자유로울 수 없다.

1930년대는 분명 역사소설의 전성기였다. 이 시기에 폭발적으로 증가한 역사소설과 역사소설가는 문단 내에서 확고한 지위를 차지하게 된다. 이광수를 필두로 김동인, 박종화, 현진건, 홍명희, 윤승한, 이태준, 윤백남 등이 역사소설가라는 분업화된 전문성으로 입지를 굳힌 대표적인 인물들이다. 이런 역사소설의 비약적 성장은 역사소설 장르를 확립하는 결정적인 계기가 된다. 동시에 1930년대를 역사소설의 정점으

---

¹ 게오르그 짐멜, 『짐멜의 모더니티 읽기』(김덕영 · 윤미애 옮김, 새물결, 2005), 244쪽.

로 삼는 특정한 연구 경향이 만들어진다. 이른바 역사소설의 전형적 상이 구축되는 것이다. 이 상에 비춰 각 시대와 작품의 질적·양적 수준이 가늠된다. 그러나 이렇게 작품의 가치를 평가하고 그 위치를 배분하는 연구 경향은 때로 너무 자명해서 역사소설 이외의 역사물은 논의 대상에서 삭제되는 문학 연구 유형을 구축해 왔다.

1930~40년대 역사소설 연구가 항상 역사소설의 틀 안에서만 맴도는 것은 이 때문이다. 흔히 야담野談·사화史話와 같은 역사물은 역사소설과는 별개로 논의되거나 보조적인 참조 대상에 그치는 경우가 많다. 야담 및 사화는 그래도 역사소설과 친연성이 있다는 점 때문에 역사소설 연구에 자주 등장하는 편이다. 그러나 다른 역사물들, 가령 희곡은 역사소설과 밀접하게 연관되어 있음에도 희곡 전공자들의 전유물로 간주된다. 역사소설에 편중된 문학사적 평가는 역사소설에 내재된 동시대의 구체적인 역사성과 정치성을 은폐하는 역할을 한다. 1930년대 역사소설의 전형적인 상은 사실 역사소설과 이웃해 있던 야담 및 사화와 희곡 같은 여타의 역사물을 배제한 위에 형성된 것이라고 할 수 있다. 역사소설의 통속성을 비판하면서도 다른 한편으로 이런저런 잣대로 역사소설을 폄하하는 경향에 볼멘소리가 나오는 것도 문학사적 시각이 낳은 또 하나의 단면이다.[2]

홍망사 이야기는 역사소설 위주의 문학사에서 쉽게 포착되지 않는다.

---

[2] 박상준은 1930년대 역사소설이 여성주의적 시각의 유효한 대상인지에 대해 문제를 제기한 바 있다. 그는 '역사의 사사화私事化'라는 문학사적 평가만으로 충분하다고 본다. 역사소설 위주의 문학사적 관점에서 역사소설을 판단한다면 그의 지적은 일면 타당하다. 그러나 역사소설 이외의 다른 역사물들을 함께 고려하면, 그가 미처 보지 못한 당대의 특정한 역사성과 정치성이 발견된다. 필자는 이 점에 주목했다. 공임순, 「1930~40년대 쇄국과 개국 담론의 은폐된 성적 차이화」, 박상준 토론(『동서문학』, 2004년 봄).

이광수의 『마의태자』와 김동인의 『제성대』(이후 1942년 박문서관에서 '견훤'으로 개칭되어 재출간)와 『백마강』 등은 왕조사 중심의 역사소설로 분류될 뿐이다. 그러나 야담과 사화, 희곡과 유성 음반을 함께 배치해 보면 흥망사 이야기가 1930~40년대 얼마나 많이 제작·유포되었는지를 분명하게 알 수 있다. 민병욱의 『한국연극공연사연표』,[3] 김호연의 「1930년대 서울 주민의 문화 수용」에 관한 연구,[4] 기타 자료를 조사·정리한 바에 따르면 1930~40년대 출간된 흥망사 이야기는 다음과 같다.[5]

최병화의 〈낙랑공주〉 | 이광수 『마의태자』가 원작소설. 『학생』 1930년 2월~3월(희곡 대본 有). 〈낙랑공주〉를 각색한 최초의 희곡

유치진의 〈개골산-마의태자와 낙랑공주〉 | 이광수 『마의태자』가 원작소설. 《동아일보》 1937년 12월 15일~1938년 2월 6일(희곡 대본 有). 이후 〈낙랑공주와 마의태자〉로 재공연

김동인의 〈제성대〉 | 『조광』 1938년 5월~1939년 4월. 이후 '견훤'으로 개칭

한상직의 〈장야사〉 | 이광수 『마의태자』가 원작소설. 『조광』 1939년 6월(희곡 대본 有)

함세덕의 〈낙화암〉 | 이광수 「낙화암」이 원작시. 『조광』 1940년 1~3월호(희곡 대본 有). 1944년 부민관에서 공연

함세덕의 〈무영탑〉 | 현진건 「무영탑」이 원작 역사소설. 연출 유치진. 극단 고협이 1940년 상연

박생남 연출 〈백제와 낙화암〉 | 극단 조선성악연구회가 1940년 동양극장에서 상연

유치진의 〈낙랑공주와 마의태자〉 | 나웅 연출. 극단 고협이 1940년 부민관에서 상연

이석훈의 〈사비루의 달밤〉 | 『문장』 1941년 4월(희곡 대본 有)

---

[3] 민병욱, 『한국연극공연사연표』(국학자료원, 1997).

[4] 김호연, 「1930년대 서울 주민의 문화수용에 관한 연구-부민관을 중심으로」(『서울학 연구』, 2000).

[5] 본문 도표에서 제시한 자료는 대단히 한정적이다. 공연물(연극·악극·창극 등)의 특성상 남아 있는 희곡 대본이 적고 각색자가 정확히 밝혀져 있지 않기 때문이다. 더구나 필자의 부족한 역량으로 인해 이에 대한 접근이 쉽지 않은 점도 한몫을 차지한다. 그럼에도 이 부족한 목록을 제시한 것은, 식민지 말기 흥망사 이야기의 현황을 보여 주기 위해서이다.

김태진 연출 〈백마강〉 ｜ 김동인 『백마강』이 원작소설. 1942년 동양극장에서 상연

무라야마토모요시(村山知義) 연출 〈아편전쟁〉 ｜ 1942년 동양극장에서 상연

1943년 동양극장에서 〈片阿の港〉 상연

1942년 조선악극단이 〈백제의 칼〉 부민관에서 상연

박영호의 〈왕자호동〉 ｜ 이태준 「왕자호동」이 원작소설. 1943년 극단 아랑과 1944년 극단 황금좌가 상연

함세덕의 〈에밀레종〉 ｜ 『국민문학』 1943년 1~2월 'エミレ の 鐘'으로 게재. 1944년 『신반도문학선집』에 전문이 일본어로 실림(희곡 대본 有)

김열진의 〈화랑도〉 ｜ 안영일 연출. 극단 태양이 1944년 상연

함세덕 〈낙화암〉 ｜ 안영일 연출. 1944년 현대극장에서 상연

박영호 〈김옥균의 사〉 ｜ 『조광』 1944년 3~5월(희곡 대본 有)

이외에도 「왕자의 최후(야담)」, 「왕부의 낙조」 등과 같은 야담과 사화가 곳곳에 산재되어 있다.[6] 대략 검토해 봐도 흥망사 이야기, 특히 멸망사 이야기가 당시 얼마나 큰 인기를 누렸는지를 짐작할 수 있다. 함세덕이 각색한 〈낙화암〉에 대해 함대훈은 다음과 같이 논평했다.

또 역사극 상연에 대해 세간에서는 구구한 해석이 있는 모양이지만, 현재 역사적 재료 소설, 희곡 제작에 있어서 극적 요소가 많은 것은 아니지만, 역사적인 것은 움직임이 크다. 또한 재미있다. 그리고 과거의 문화를 알 수 있다. 현대극장의 차회 레퍼토리 낙화암도 백제 멸망의 역사적 사료를 희곡화한 것인데, 이에 대한 나의 해석은 두 가지로서 이 두 가지 요소는 현재 조선의 국민 연극에 아주 필요한 것이라 생각한다. 첫째로 백제와 일본은 예부터 문화적 교류가 있어온 것으로 일반에 인식되었다. 즉 역사적인 내선관

---

[6] 명성황후와 관련된 조선조의 멸망은 필자의 책 『식민지의 적자들』(푸른역사, 2005)에서 충분히 논의했다. 이 부분까지 염두에 둔다면, 멸망사 이야기의 진폭은 상당히 크다고 할 수 있다.

계가 이와 같이 친숙했던 과거를 생각하게 함으로써 현재 내선일체 운동에 비상한 쇼크를 주고, 보다 밀접한 관계를 가질 수 있게 될 것이다. 둘째는 국방을 등한히 하면 결국 국가가 망한다는 사실을 암시하고, 고도국방국가 건설을 확립하고 이 가을에 있어서 일반 민중의 국가의식을 강화할 수 있게 한다. 일시 신라를 항복시킨 백제가 멸망함은 국방상 불비함이 있었기 때문이며, 연극을 통해 백제의 멸망을 이야기하는 것은 실로 국방의식의 강화를 의미하는 특별한 감명을 줄 것이다.[7]

함대훈의 말은 1941년을 전후로 한 역사극의 존재 양상을 보여 준다. 함대훈의 설명에 따르면, 역사극 상연을 놓고 여러 구구한 해석이 있지만, 역사적인 이야기는 규모가 크고 재미있으며 과거의 문화를 알려 주기 때문에 신체제에 적합한 '국민극'의 요건을 갖추고 있다. 국민극(국민연극)은 유치진이 "정치 경제 문화가 신체제라는 새로운 정치 체제 아래에 혁신됨에 따라서 문화의 일익—翼인 연극도 재음미하지 않을 수 없게 된" 때, "국가라는 커다란 명제 앞에다가 우리의 예술을 내놓지 않으면 안 되게 되었다. (중략) 그것은 국가가 이념하는 정치적인 방면이 그것이다. 이 방향으로 정비되어 있는 신극을 우리는 오늘날 국민극이라 부른다."[8]고 했을 때, 신체제에 적극 협조하는 차원에서 연극계가 제출한 체제 협력적 예술운동이라고 할 수 있다.

일제의 전시동원 체제가 가속화되면서 연극을 비롯한 문화·예술계

---

[7] 함대훈, 「演劇界の現狀」(『國民文學』, 1941년 11월), 58쪽. 이 부분은 박영종, 「함세덕의 「에밀레종」에 관한 연구」를 함께 참조해서 번역했다. 이상우 엮음, 『함세덕』(새미, 2001), 58쪽.

[8] 유치진, 「신극新劇과 국민극國民劇」(『삼천리』, 1941년 3월), 166~168쪽.

역시 국가의 일원적인 감시와 지배의 통제망을 벗어날 수 없게 되었다. 실제로 1940년 식민 당국이 공포한 〈조선영화령〉은 법률적·행정적 제재를 수반한 문화·예술계에 대한 국가의 직접적인 억압과 통제의 성격을 강하게 띠고 있었다.[9] 이에 부응하여 나온 것이 바로 '국민극' 운동이었다. '국민극'을 실제 무대에서 어떻게 현실화할 것인지를 놓고 여러 논자들의 의견이 분분한 와중에 역사극의 문제가 표면화되었다. 함대훈은 〈낙화암〉을 예로 들어 국민극의 방향을 제시했다. 첫째로 과거 백제와 일본의 내선 관계를 통해 현재의 내선일체 운동을 촉진하고, 다음으로 멸망한 이야기를 통해 일반 국민들에게 국방의 중요성을 인식시켜 고도국방국가를 건설하고 확립하는 데 도움을 준다는 것이다.

함대훈은 국민극의 전체 지향점 속에서 멸망사 이야기의 가능성을 타진한다. 그는 멸망사 이야기의 효용성에 착목한다. 멸망사 이야기의 효용성과 구성 원리의 연관성을 그가 얼마나 인식했는지는 미지수이다. 다만 멸망사 이야기는 과거가 현재에 소환되는 전형적인 이야기 생성 방식을 보여 준다. 현재와 미래의 영광을 앞당기고자 과거의 실패한 경험을 생생하게 그려 내는 것, 그래서 과거는 현재의 부정적인 거울상으로 자리 잡는다. 멸망사 이야기가 이데올로기성을 탈각한 옛이야기의 재판인 듯 보이지만 이데올로기의 유효한 선전 수단으로 기능할 수 있는 이유가 여기에 있다. 과거의 좌절된 경험을 현재에 되살려 다시는

---

[9] 식민 당국이 공포한 〈조선영화령〉의 주요 내용은 "영화 제작의 허가제, 영화 제작 종사자의 등록제, 영화배급업의 허가제, 외국 영화의 배급 및 상영 제한과 문화영화와 계발 선전영화의 강제 상영, 대본 사전 검열과 검열기관의 중앙통일화" 등이었다. 이는 영화의 경이적 발전과 더불어 영화가 국민의 중요한 오락물임을 감안하여 '국민문화(제국문화)'의 전진을 도모한다는 전시기 총동원 체제의 연장선상에 있었다. 오카다 준이치岡田順一, 「조선영화령개설」(『문장』, 1941년 3월) 참조.

과거의 실패를 되풀이하지 않아야 한다는 네거티브(부정적인)의 비대칭성이 멸망사 이야기를 관통한다. 과거를 유표화함으로써 현재의 바람직한 형상을 창출하는 멸망사 이야기의 네거티브한 비대칭적 구성은 해야 할 것과 하지 말아야 할 것을 엄격하게 분절하고 구획한다.

여기서 중요한 것은 해야 할 것 못지않게 하지 말아야 할 요주의 사항들이다. 이른바 금지된 것과 허용된 것의 경계선을 인지하는 일이 긴요하다. 하지 않아야 할 것 혹은 해서는 안 되는 행동을 했기 때문에 한 국가나 왕조가 멸망한 것이다. 하지 않아야 할 것 혹은 해서는 안 되는 행위가 무엇인지를 적시하는 멸망사 이야기는, 파멸할지도 모른다는 내면적 공포와 위기 심리를 파고든다. 멸망사 이야기를 식민지의 전시동원 체제라는 구체적인 사회역사적 맥락 안에 위치시켜 놓고 보면, 그전에는 보이지 않던 복합적인 측면들이 드러난다.[10]

이광수의 『마의태자』, 비밀의 사회학적 형식과 육체성

이광수의 『마의태자』는 1926년 5월부터 1927년 1월까지 《동아일보》에 연재된 작품으로, 그가 단편 역사물 「가실」을 분기점으로 『허생전』, 『춘향전』 등 역사소설을 의욕적으로 창작하던 시기에 발표되었다. 『마의태자』는 삼국과 후삼국 시대를 재조명한 작품이다. 삼국시대와 후삼국 시대가 본격적인 창작 무대에 오르며 역사적 상상력의 새로운 보고로 각광받기

---

[10] 필자가 홍망사 이야기를 전부 조사하지 못한 상태이기 때문에 여기서는 이광수의 『마의태자』와 이것을 각색한 유치진 희곡 〈개골산〉과 한상직의 〈장야사〉에 초점을 맞출 예정이다. 이 글이 전체를 아우르는 분석 틀을 마련하지 못한 점에 대해 양해를 구한다.

시작한 것이다. 이런 점에서 이광수의 『마의태자』가 역사물 전반에 끼친 영향력은 자못 의미심장하다. 특히 『마의태자』는 이광수가 동아일보사에 취직하고 나서 연재소설 형태로 발표한 일련의 소설 가운데 하나라는 점에서 주목을 요한다. 신문출판 시장과 신문 연재소설의 대중성과 통속성, 1922년 발표되어 물의를 일으킨 「민족개조론」에 대한 국내외의 비난과 이를 타개할 외형적인 성과물 등의 다양한 대내외적 상황이 이광수의 『마의태자』를 에워싸고 있다. 일단 다른 점은 제쳐 두고 『마의태자』만을 중점적으로 살펴보자.

1926년 4월 26일자 《동아일보》는 이광수의 장편 연재소설 『마의태자』의 연재 예고를 꽤 상세하게 싣고 있다. "마의태자는 신라 경순왕의 왕자로서 신라가 망하게 되매 부왕에게 최후의 결전을 권하다가 듣지 아니함으로 어머니되는 이를 모시고 금강산에 들어가 일생을 마친 이"로, "궁예와 견훤과 왕건 등의 절세 영웅들"이 등장하는 장편 연재소설 『마의태자』는 "소설인 동시에 역사이며, 비극인 동시에 활극"[11]이라고 소개한다. 《동아일보》의 기대대로 『마의태자』는 독자들에게 큰 환영을 받는다. 이후 『마의태자』가 다른 역사물에 끼친 영향을 생각한다면, 『마의태자』는 단순히 읽고 즐기는 독서물의 수준을 넘어섰다고 해야 더 정확한 표현일 것이다.

《동아일보》는 『마의태자』가 마의태자뿐만 아니라 다른 절세 영웅들이 각축하는 시대물이자 역사물이라고 선전한다. 궁예와 견훤(《동아일보》에서는 현훤이라고 소개된)과 왕건, 이 세 영웅들의 경쟁과 활약상을 박진감 있게 그려 낼 것이라는 《동아일보》의 예고 기사는 독자들의 호

---

[11] 「연재소설예고-춘원작 역사소설 마의태자」, 《동아일보》, 1926년 4월 26일자).

기심을 자극하기에 충분했다. 과연 『마의태자』의 첫 장면은 파국과 멸망의 징조를 진하게 드리운 불길한 징조들로 가득 차 있다.

"하늘에는 구름 한 점 없고 무엇이 타는 듯한 누린 냄새를 머금은 까만 안개가 천지에 자욱하여 바로 반월성 대궐 위에 비치인 해는 피에 찍어 낸 듯이 빨갛다. 바람 한 점 없고 장안 이십만 호의 지붕 기왓장에서는 금시에 파란 불길이 팔팔 일어날 것 같다."[12] 이 괴이하고 섬뜩한 징조들은 차츰 하나로 수렴·압축된다. 그것은 바로 궁정 지배층들의 애정 행각이다. 왕과 위홍 등을 둘러싼 여성들 간의 시기와 질투는 근친상간의 기본적인 도의마저 무너뜨린다. 언니와 동생, 어머니와 딸이 한 남자를 놓고 서로 경쟁하며, 이 무분별한 애정 행각의 와중에 설 부인과 설 부인 소생의 용덕왕자는 억울하게 희생되고 만다. 왕의 애정이 설 부인에게 집중되자 두 왕후가 시기와 질투로 설 부인을 음해하여, 왕이 결국 설 부인과 용덕왕자를 죽이라고 한 것이다. 결국 설 부인은 자결하고, 용덕왕자는 용케 유모의 손에 살아남지만 이 과정에서 한쪽 눈이 상해 애꾸눈이 된다.

용덕왕자 미륵은 친어머니로 믿고 자란 유모에게서 자신의 출생과 관련된 비밀을 듣고 복수를 결심한다. 궁정의 성적 문란과 타락이 본인들도 모르는 복수의 씨앗을 키운 셈이다. 여기서 흥미로운 것은 비밀의 사회학적 형식과 권력의 전도된 비대칭성이다. 비밀의 진정한 매력과 가치는 내용보다는 그 형식에 있다. 비밀은 그 내용과는 무관하게 '나는 네가 모르는 것을 안다'는 무언의 형식에 존재하기 때문이다. 이런 점에서 비밀은 내용의 윤리적인 의미를 초월해서 가장 높은 가치들을

---

[12] 이광수, 『마의태자』(이광수 전집, 우신사, 1979). 이후에 전개될 『마의태자』 분석은 이 텍스트 참조.

소유할 수 있다. 비밀은 '남들이 모르는 것'을 내가 소유한다는 사실만으로도 남들을 배제하는 기제로 작용하기 때문이다.[13] 소유 자체가 특권화를 보장하는, 말하자면 많은 사람들의 접근을 차단한다는 점 때문에 특별한 가치를 지니는 비밀의 사회학적 형식은 영웅 서사를 추동하는 핵심 동인이라고 해도 과히 틀린 말이 아니다.

비밀은 개인에게 예외적인 지위를 제공한다. 용덕왕자 미륵은 비밀을 소유한 순간부터 이미 예외적인 개인이다. 용덕왕자 미륵이 유모에게서 자신의 출생 비밀을 듣고 집을 떠날 채비를 갖추는 것은 서사 구성상 당연한 귀결이다. 비밀을 소유한 그는 그가 이전에 속한 환경 또는 인물들과 더 이상 동일하지 않기 때문이다. '네가 모르는 것을 아는' 그는 고독한 영웅으로 거듭난다. 비밀은 서사를 움직이는 힘이며 의미를 구성하는 중심축이다. 그런데 이 비밀이 궁정의 방탕한 육욕에 대한 집요한 응시와 결부되어 있다는 점에서 비밀과 권력의 전도된 위계화를 더 깊이 들여다볼 필요가 있다.

용덕왕자 미륵의 비밀은 궁정 내 지배층의 과도한 애정 경쟁이 빚어낸 한 편의 비극이라는 점에서 궁정을 매개로 한다. 그의 비밀은 궁정의 은밀하고도 깊숙한 안채 그곳에서 비롯된다. 그의 비밀은 궁정 안에 있되 그가 궁정 안에 있지 않다는 점 때문에 드높은 가치를 점할 수 있다. 궁정 안의 과도한 애정 경쟁은 과잉된 성욕을 동반하며, 지배층들의 흘러넘치는 성욕은 비단 용덕왕자 미륵의 축출만으로 끝나지 않는다. 지배층들의 과잉된 육욕은 왕들의 때 이른 죽음과 '비밀스럽게' 연루된다. 이 때문에 궁정 내 비밀은 용덕왕자의 비밀과는 차원이 다르

---

13 게오르그 짐멜, 앞의 책, 241~249쪽 참조.

다. 비밀은 가장 고상한 가치의 담지물이 되는 한편으로 사악한 것과 직접적인 관계를 맺기 때문이다. 사악한 것은 비도덕성을 함축한다. 따라서 비도덕적인 비밀의 집약지인 궁정은 비밀 아닌 비밀로 가득 찬 공간으로, 여기서 발생한 저주와 탄식과 불길한 징조는 궁정을 경유하여 온 나라로 퍼져 간다. 궁정 내 '비밀'은 대다수 백성을 배제하는 부도덕한 권력의 중심지가 바로 궁정이며, 이곳이 육체의 난잡한 향연으로 이미 제 기능을 상실한 타락의 온상지임을 유표화한다.

대다수 백성의 배제와 백성들의 외면은 궁정 내 육체의 비밀스런 향연과 연관되지만, 이미 비밀이 아니라는 점에서 특기할 만하다. "우리나 마누라 어느 임 따라가리 한 몸을 둘에 내 두 임 다 따를까. 우리나 마누라 두 임 다 따라 가도 우리나 아기씨 어느 임 따라 가리 머리칼 올올이 그 임 다 따르려나."라는 시중의 동요는 궁정 내의 비밀이 이미 비밀이 아님을 단적으로 예증한다. 지극히 비밀스럽지만 비밀이 아닌 '궁정', 말하자면 사적이지만 동시에 공적인 궁정의 스캔들은 비밀이지만 비밀이 아닌 이른바 공개된 은밀함으로 용덕왕자 미륵(궁예)의 대척점에 선다. 궁예는 궁정 출신이지만 동시에 궁정과 거리를 두고 있다. 궁정의 비밀 아닌 비밀이 타락의 도를 더하면 더할수록, 궁예는 저절로 가치의 우위를 점하게 된다. 궁정은 권력의 최중심부이지만, 가치상 맨 밑바닥에 있다. 권력과 가치가 전도된 상태인 것이다.

권력과 가치의 전도된 위계는 신라의 파국과 멸망을 꿰뚫는 중심 주제소이다. 드러난 것은 물론 궁정의 타락상과 가시화된 육체 이미지라고 할 수 있다. 이 섹슈얼한 육체의 전시는 궁정 내 부도덕한 비밀을 엿보는 관음증적 즐거움을 선사한다. 피터 브룩스Peter Brooks가 『육체와 예술』에서 주장한 것처럼, 육체에 대한 관음증적 시각은 지식애와 밀접한 연관성이 있다.[14] 궁정의 비밀 아닌 비밀이 세인의 눈과 귀에 포착된다는 것은, 궁정이 가치 생산자로 더 이상 기능하지 못하는 현실을 생생하게 각인시킨다. 가치 생산의 주도권을 상실한 신라 궁정은 다만 권력의 형식적인 외연만을 유지할 뿐이다.

권력과 가치의 전도된 위계와 파열은 신라 조정을 위기로 몰아넣는 주범이다. 권력의 형식적 완강함이 어느 정도 조정을 지탱하지만, 가치를 선점하지 못하는 조정은 외부의 침입에 취약할 수밖에 없다. 세간의 눈과 귀에 포착된 조정은 성적 욕망의 주체가 아닌 관음증적 응시의 대상으로 전락하고 만다. 관음증적 응시의 대상으로 전락한 조정은 조정의 비밀을 엿보고자 하는 욕구를 부추긴다. 조정의 비밀을 공공연히 말하고, 조정의 비밀을 엿보려는 욕구가 만연한다는 사실은 조정의 위신과 권위가 땅에 떨어졌음을 입증한다. 지식애는 곧 소유욕과 지배욕을 상징한다. 알고자 하는 욕구는 소유하고 정복하고자 하는 욕구와 뒤엉켜 있다. 궁예가 무엇보다 신라 조정에 집착하는 이유는 궁예의 관음증적 응시가 신라 조정에 완전히 포박되어 있기 때문이다. 관음증적 응시와 매혹 그리고 궁예 자신의 비밀을 간직한(혹은 간직하고 있다고 믿는) 조정의 진실을 폭로함으로써 신라 조정을 손아귀에 넣으려는 궁예의 끝없는 소유욕과 지배욕은 기실 신라 조정이 성적 흥분과 욕망의 육화된 장소임을 새삼 일깨워 준다.

궁예를 예외적인 개인으로 만드는 비밀의 기원은 관음증적 응시를 부추기는 신라 조정의 이런 섹슈얼한 육체의 전시와 성적 문란에 있다. 따라서 궁예의 예외적 영웅성은 그의 모험과 탐색을 정당화하는 타자, 즉 땅에 떨어진 신라 조정의 취약한 육체성을 기반으로 한다. 다시 말

---

14 피터 브룩스, 『육체와 예술』(이봉지·한예경 옮김, 문학과지성사, 2000), 34~37쪽 참조.

해 궁예의 예외적 영웅성은 영웅적 덕성의 있음/없음이 아니라 성적 타락의 있음/없음이라는 부정성에 기대어 정초된 것이다. 신라 조정의 부정적 타락상과 대립한다는 점만으로 궁예는 예외적 영웅성을 획득한다. 그의 모험과 탐색 서사는 신라 궁정의 무너지기 쉬운 육체성으로 인해 더욱 빛을 발한다. 여기서 흥미로운 점은 신라 조정이 본능적이고 원초적인 육체성을 대변한다는 사실이다. 육체는 흔히 이성으로 제어되지 않는 본능의 축소판으로 간주된다. 인간의 정신으로 통제되지 않는 감정의 폭발처럼, 육체는 인간을 저속한 동물의 차원으로 떨어뜨린다. 인간 자율성의 척도인 정신/이성과 달리 제어되지 않은 육체와 통제되지 않은 감정은 인간의 고귀한 자율성을 위협하고 훼손하는 최대의 적으로 자리매김된다.

신라 조정이 이런 저속한 육체와 감정의 표상체로 호출되는 한, 신라 조정의 파국과 멸망은 피할 길이 없어 보인다. 신라 조정의 성적 문란과 방탕은 신라 조정의 변경 불가능한 육체성을 적나라하게 회수하여 보여 주기 때문이다.[15] 신라 조정이 생물학적 육체성의 징표를 강하게 띠면 띨수록 신라 조정의 유약성 또한 증대한다. 물리적 육체는 외부 환경에 쉽게 좌우되는 특징이 있다. 말하자면 지극히 가변적이고 유동적이다. 신라 조정의 육체성에 대한 강조는 정치적 이해관계를 섹슈얼한 성적 담론으로 치환·전위한다. 신라 조정의 첨예한 사회정치적 복합성이 신라 조정 내 지배층들의 도덕적인 자질 문제로 치환되고 마

---

[15] 한국 근대소설에 나타난 하층민의 형상에 주목한 이혜령은 하층민이 벌이는 육체의 가학과 피학이 육체에 달라붙은 정체성의 성격과 그것의 변경 불가능성을 암시한다고 본다. 이혜령, 「동물원의 미학—한국근대소설의 하층민의 형상과 섹슈얼리티에 대하여」(『한국근대문학연구』, 2002).

는 것이다.

이렇게 재현된 신라 조정의 특정한 성적 표상은 타락한 지배층들의 치유 불가능한 문란상을 극명하게 드러낸다. 절제되지 않은 성적 과잉과 타락은 윤리적 타락으로 직결되고, 가치 생산자로서의 기능을 상실한 신라 조정은 대상을 가리지 않는 성적 문란으로 제 혈통적 순수성과 사회적 구분의 지표를 없애 버린다. 이에 따라 신라 조정은 누구나 드나들 수 있는 시정잡배들의 집합소가 된다. 이러한 신라 조정의 허약성은 정치체의 패덕한 여성화를 웅변한다. 사적 영역이 지나치게 비대해져서 공적 영역을 침범하는 일련의 파괴적인 연쇄는 음모가 성행할 수 있는 맞춤한 환경을 조성하기 때문이다.[16] 궁정 내 여성들의 성적 방종 및 왕들의 무기력함과 때 이른 '비밀스런' 죽음은 최소한의 도의와 수치심마저 제거한다. 수치심이 제거된 신라 조정은 사적 이익을 위해 언제든 외부와 내통할 수 있는 통로를 곳곳에 열어 놓는다.

마의태자와 낙랑공주가 소설 중반부에 등장하는 이유도 이와 멀지 않다. 신라 조정의 패덕한 여성화가 손댈 수 없는 정도로 처치 불능 상태에 도달했을 때, 마의태자가 출현한다. 따라서 그의 비극성은 서사 구성상 너무나 당연하다. 몰락 직전의 배에 어쩔 수 없이 올라타 그 배와 운명을 함께할 수밖에 없는 상황 자체가 이미 충분히 비극적이기 때문이다. 물론 몰락해 가는 신라 조정을 혼자서 되돌리려는 힘겨운 노력이 그의 비극성을 배가시키는 것이 사실이지만, 패덕한 신라 조정에 속한다는 것 자체가 그의 비극적 운명성을 부동의 사실로 만든다. 그는 이 절망적인 현실 앞에서 방황을 계속한다. 그의 행동과 사고는 철저하

---

[16] 여기에 대해서는 명성황후와 조선조의 몰락을 등치시킨 김동인의 역사소설을 해명하며 필자의 앞의 책에서 제시한 바 있다.

게 상황에 종속되어 있다. 그럼에도 그의 비극성이 전혀 손상되지 않는 것은 그의 행위와 사고의 일관성 때문이 아니라 그의 비극적 운명성을 떠받치는 신라 조정의 패덕한 여성화 덕분이다. 이 패덕한 여성화를 단적으로 예증하는 인물이 마의태자와의 엇갈리는 사랑에 괴로워하는 낙랑공주라고 할 수 있다. 낙랑공주는 여리고 순진한 어린(젊은) 여성이다. 그녀는 마의태자를 흠모하여 그를 만나겠다는 일념으로 아버지 왕건을 따라 신라 조정에 온다. 그러나 신라 조정에 발을 들이는 순간, 그녀는 자신도 모르게 음모의 중심에 서게 된다. 그녀의 어여쁜 외모와 순진성에 신라 왕은 마음을 빼앗기고, 신라 왕은 낙랑공주의 매력에 빠져 신라 조정을 통째로 왕건에게 갖다 바칠 결심을 굳힌다.

"밖으로는 진헌과 왕건에게 쪼들리고 안으로는 아무 힘없는 나라를 맡아 가지고 있는 것보다는 차라리 세상을 잊고 아름다운 낙랑공주와 즐거운 꿈을 맺을 일이 기쁘기도 하다."는 구절은 낙랑공주가 외부와 내통하는 내부 교란자로 기능하고 있음을 잘 말해 준다. 외부의 침입에 무방비로 노출된 신라 조정의 오염된 육체성은 고려 공주 낙랑의 성적 매력으로 인해 마침내 천년 사직에 종지부를 찍는 역할을 하게 된다. "정사에는 뜻이 없고 주야로 낙랑공주만을 생각하는 왕이 색에 미친 꼴은 차마 못 보겠다고 사람들이 비웃을" 만큼 낙랑공주는 치명적인 아름다움을 간직하고 있다. 순진무구하기에 더욱 도발적인 낙랑공주의 이중성과 외국 공주라는 불분명한 주체 위치가 서로 교직하는 가운데, 낙랑공주의 표상이 변주되며 재생산된다. 유치진의 희곡 〈개골산〉은 낙랑공주를, 한상직의 〈장야사〉는 신라 조정의 왕후들을 전경화하며 연극과 보여짐의 문제를 제기한다.

유치진의 〈개골산〉, 낙랑공주의 재현과 성별 권력화

유치진의 희곡 〈개골산〉은 1937년 12월부터 1938년 2월까지 《동아일보》에 연재된 유치진 최초의 창작 역사극이다. 이 희곡에는 "마의태자와 낙랑공주"라는 부제가 붙어 있다. 이후 〈개골산〉은 부제인 '마의태자와 낙랑공주'로 재상연되었고, 해방 후에는 '마의태자'라는 제목으로 연극 무대에 올려졌다.[17] 유치진 전집에 실린 〈마의태자〉는 〈개골산〉의 개작본으로, 〈마의태자〉는 〈개골산〉의 완성본으로 흔히 간주된다. 실제로 〈개골산〉은 총 4막으로 구성된 데 반해, 〈마의태자〉는 총 5막으로 마지막 5막인 개골산 장면이 추가되었다. 유치진은 "희곡 〈마의태자〉는 애당초부터 전체 5막으로 쓸 계획이었으나 1935년에 제4막까지 쓰고 붓끝이 맥혀 종막을 쓰지 못한 채" 있다가 "이번에야 겨우 제5막을 써부쳐 완성된 작품"라는 후기를 덧붙인다.[18] 유치진의 말을 그대로 받아들인다고 해도, 〈개골산〉의 마지막 4막은 〈마의태자〉의 4막과 현저하게 다르기 때문에 별개의 텍스트로 보고 접근해도 무방하리라고 본다.

1935년에 씌어진 〈개골산〉의 마지막 4막이 개작본 〈마의태자〉와 갈라지는 부분은 낙랑공주의 역할이다. 이 부분은 〈개골산〉의 전체 윤곽을 살피고 나서 다시 검토하기로 하자. 우선 〈개골산〉의 서막은 고려왕 왕건을 환영하는 신라 조정의 분주한 모습으로 시작된다. 신라 조정을 방문한 왕건의 목적은 단 하나, 무력과 병력을 사용하지 않고 삼국

---

[17] 유치진, 〈개골산〉《동아일보》, 1937년 12월 15일~1938년 2월 5일). 유치진의 〈마의태자〉도 동시에 참조했다. 유치진, 〈마의태자〉(『동랑유치진전집』, 서울예대출판부, 1992).

[18] 이상우, 『유치진 연구』(태학사, 1997).

《동아일보》 1937년 12월자에 실린 유치진의 희곡 〈개골산〉 20회. 이 희곡은 유치진 최초의 창작 역사극으로 "마의태자와 낙랑공주"라는 부제가 붙어 있다. 고려 왕 왕건의 딸 낙랑공주와 신라 왕의 아들 마의태자 간의 엇갈린 사랑 이야기가 주요 내용이다.

통일의 대업을 이루는 것이다. 왕건은 이를 위해 신라 신하들의 환심을 사는 한편, 마의태자와 유렴을 자기편으로 끌어들이고자 애쓴다. 왕건의 선물 공세에 신라 신하들은 대부분 마음이 기울어진 상태에서 태자와 상대등 유렴만이 골치 아픈 존재로 남아 있다. 왕건은 이들을 낙랑공주의 자색으로 무너뜨릴 계획을 세우고 신라 조정을 방문한다. 태자와 공주가 자주 접촉할 기회를 만들고, 공주로 하여금 항상 태자를 칭찬하게 하여 태자와 공주를 결합시킬 계획이었다.

그러나 마의태자 곁에는 심성이 고운 자기희생적인 여성 백화가 있다. 백화는 상대등 유렴의 딸로, 마의태자의 충절을 뒤에서 떠받치는 정숙한 여성이다. 백화는 마의태자의 뜻을 따라 자기를 희생할 각오까지 한 헌신적인 여인이다. 백화의 정숙함과 낙랑공주의 표상은 연동해서 움직인다. 백화가 지아비의 뜻을 따라 자신을 희생하는 현숙한 여인으로 그려지는 한편으로, 마의태자를 향한 낙랑공주의 폭발적인 애정과 집착이 펼쳐진다. 백화는 도탄에 빠진 백성과 신라, 아버지와 마의태자가 모두 사는 길은 자신을 희생하는 길밖에 없다고 말한다. 백화가 자기희생과 절제의 미덕을 발휘하는 프로파간다로 기능한다면, 낙랑공주는 성안으로 침입하려는 고려 군사를 혼자 힘으로 막아 내는 막후 권력의 대행자로 자리매김한다. 그녀는 고려 공주의 신분으로 5천 명에 달하는 고려 군사의 침입을 가로막고, 태자 일당을 죽이려고 수배한 자객을 모두 물리쳐 달라고 아버지에게 간청한다. 그러지 않으면 자결하겠다는 낙랑공주의 협박에 왕건은 그 요청을 들어준다.

낙랑공주가 적극적인 행위자로 고려 왕과 마의태자를 중재하는 성별권력의 전도된 비대칭성은, 마의태자가 낙랑공주에게 이끌리는 가장 중요한 심리적 동인이다. 낙랑공주는 현실의 배치를 바꿀 수 있는 강자의 권력을 등에 업고 있다. 반면 아무리 애써도 현실에서 아무것도 이루지 못하는 무력한 실패자인 마의태자는 낙랑공주를 떠받치는 배후의 강력한 힘을 욕망한다. 주변 동료들이 우유부단하다며 힐책하자, 태자는 백화도 이 나라처럼 도저히 잊지 못하지만 "내가 이 모양으로 된 바에야 백화는 이 몸의 힘은 될 수 없소. 백화의 사랑보다도 더 간절한 힘이 필요하다."며 권력에 대한 갈망과 욕구를 드러낸다. 낙랑공주에 대한 마의태자의 애정은 이런 성별 권력의 전도된 위계화와 결부되어 있기 때문에, 희곡 〈개골산〉은 이광수의 『마의태자』와 달리 복잡한 심리적 갈등과 동요를 보여 주게 된다.

낙랑공주가 마의태자를 압도하는 전체 극의 상황은 마의태자가 처한 현실의 결핍을 가시화한다. 신라 백성마저 추앙하는 고려 왕의 강력한 지도력과 대조적으로 신라 왕은 색에 빠져 허우적대는 무기력한 군주일 뿐이다. 그런 왕의 아들이자 신라 조정의 태자라는 현실적 장벽이 그의 자존심에 상처를 낸다. 고려 왕에 대한 동경 어린 분노와 아버지에 대한 혐오에 찬 연민이 뒤섞여 그는 매 순간 위축된다. 그의 이런 거부와 매혹의 양가적 시선은 낙랑공주에게 그대로 전이된다. 낙랑공주에 대한 마의태자의 독설과 냉담한 태도는 낙랑공주에게 투사된 그의 양가적 심리를 상징하는 외적 표현태에 다름 아니다. 낙랑공주는 정복자인 고려 왕의 권력과 피정복자의 수치를 표상하는 하나의 '징후'가 되는 것이다.

낙랑공주는 고려 왕과 신라 조정의 경제적 교환 회로 속에 유폐되어 있다. 낙랑공주가 마의태자를 연모하는 이유는 고려에 있을 때부터 아버지 왕건이 주입한 마의태자의 주조된 상 때문이다. "너 아직 사람 보는 눈이 없어 그러니라. 아바마마께오서는 말할 것도 없거니와 남의 일이라면 좀처럼 치켜 말할 줄 모르는 상보 선필 늙은이까지도 아주 입을 맞추어 태자의 인품을 내게 칭송"했다는 공주의 말은, 마의태자에 대한 공주의 애정이 공주 본인의 선택이었다기보다 주위 사람들, 특히 공주와 태자를 결혼시켜 신라 조정을 정복하려 한 왕건과 그 측근들의 사전 포석이었음을 짐작케 한다.

이런 점에서 낙랑공주는 남성 경제의 이성애적 체계를 떠받치는 교환 대상이다. 그녀는 남성 간의 관계를 표시하는 성적 대상으로 존재할 따름이다. 텍스트는 남성 경제의 교환 회로 속에 갇힌 그녀의 성적 타자성을 유아적인 미성숙함으로 치환한다. 극히 개인적인 자질 문제로 돌려 버리는 것이다. 그녀의 유아적인 미성숙함은 마의태자에 대한 과도한 이상화와 맞물려 원초적인 욕망에 충실한 그녀의 이후 행동을 암시하는, 이른바 전조로 기능한다. 마의태자에 대한 낙랑공주의 이상화된 자기애(자기동일시)는, 마의태자를 '오라버니'라 부르며 마의태자와 자신을 오누이로 위치짓는 그녀의 태도에서 뚜렷하게 드러난다. 그녀는 자기가 '믿는' 이상화된 이미지를 마의태자에게 투사한다. 마의태자에 대한 낙랑공주의 이런 이상화된 자기애(자기동일시)는 마의태자가 처해 있는 현실의 결핍을 메우고 위기와 곤경에서 그를 구출해 주는 동력이기도 하다. 그래서 마의태자에 대한 이상화된 자기애가 깨지는 순간, 낙랑공주는 원초적인 공격성을 고스란히 표출한다.

공주는 태자를 부르나 태자는 뒤돌아보려 하지 않고 퇴장. 태자의 뒷모양을 꾹 노리고 동치 않고 있더니 공주는 무엇을 결심한 듯이 들었던 부채를 내던진다.

김부 : 공주!

공주 : (이를 바드득 갈며) 두고 보라. 여자의 마음을 이대도록 짓밟고서! 흥 원수의 자식이라 하여 미워하였으니 그 원수의 매서움을 보여 주리라! 고려 계집아이의 차가운 맛을 보여 주리라. (중략)

공주 : 놓아 주오소서. 소녀의 품은 뜻은 이 칼로 태자를 해하고 이 몸마저 죽일 작정이오이다.[19]

　그녀의 유아적 미성숙함은 파괴적인 공격성을 내면에 깔고 있다. 〈개골산〉의 제4막 결말부는 태자와 공주의 상호 욕망이 접합되는 극의 절정을 보여 준다. "공주는 나의 가슴에 불을 질르고 말엇나이다. 불같이 불어 올라오는 공주의 사랑은 나에게는 막어 낼 힘이 없나이다."라는 태자의 고백은 낙랑공주의 불같은 애정 공세에 무너지는 태자의 외마디 비명처럼 들린다. 태자는 낙랑공주에게 자기에게는 백화라는 여자가 있는 줄 아느냐고 묻는다. 그리고 이어 백화는 "지금까지 나의 가슴과 내 핏줄기 속에서 나의 넋을 길러준 여자"이며 자신은 백화를 도저히 버릴 수 없노라고 말한다. 이때 자결하려던 백화가 들것에 실려 들어온다.
　태자의 말대로라면 자신의 가슴과 핏줄기 속에서 넋을 길러 준 백화는 고귀한 정신/이성을 대변한다. 백화가 "독사 같은 고려 계집"에게 홀려 버린 동궁 마의태자의 유약성을 꾸짖자, 태자는 불현듯 정신을 차리게 된다. "한 몸의 안락을 사려든 이 더러운 사나이를 용서하라."는 태자의 각성은 곧 본능을 감시하는 정신/이성이 그에게 보내는 경고 메시지와도 같다. 물질적 쾌락과 무질서는 자기통제의 내부 메커니즘으로 계속 규율되어야 한다. 자기-규제적이고, 자기-통제적인 정신/이성을 지닌 사람만이 참된 개인의 자격을 갖춘 것이다. 태자의 각성은 낙랑공주의 외면과 배척이라는 네거티브의 비대칭성을 포함한다. 낙랑

[19] 유치진, 앞의 작품《동아일보》, 1938년 1월 23일자).

공주에 미혹되어 현실의 결핍을 메우고자 했던 자신의 오류를 깨닫고 신라 왕자라는 본분을 회복하는 긍정성의 계기는 이처럼 낙랑공주의 어린애 같은 들뜬 (성적) 욕망의 부정성을 추방함으로써 이루어지는 것이다. 〈개골산〉의 제4막은 낙랑공주를 사랑에 눈먼 악녀(철부지)의 형상으로 급전직하하며 종결된다.

　태자 : (숙연히) 백화 나를 용서하오. 그 몸을 팔아서 이 한 몸의 안락을 사려든 이 더러운 사나희를 용서하오.

　공주 : 동궁마마.

　태자 : 나를 괴롭게 하지 마오.

　공주 : 이 몸은 어쩌시랴오.

　태자 : (밀치며) 저리 비키오. (공주 엎어져 운다) 나는 꿋꿋내 백화의 사람이오.

　공주 : 아! 분하여는! 분하여라! (소스라치는 우름 참으려고 애쓴다)

　공주 : (결심한 듯이 눈물을 씻고 부르짖는다) 아바마마는 어디 계시오?

　공주 : (이때 왕건을 발견하고) 오 아바마마! 이 자리에서 이 태자와 백화를 함께 죽여 주오. 그리고 대군을 몰아 신라를 단박에 뭇질러 주오시오. (쓰러져 운다)

　왕건 : 왕시중, 태자와 그 일당을 묶으라. 태자 듣거라. 짐에 대한 태자의 이 몇일 동안의 그 불의의 거동, 마땅히 거열車裂하여야 할 것이로되 짐이 특사하야 개골산으로 귀양 보낼 터이니 그리 알고 마의초식이나마 달게 하라. 그리고 왕시중, 백화를 비롯하야 이 태자 일당은 빨리 끄을고 나아가 단박에 목 버히라.

　공주 : 아바마마 이 몸도 제발 이 몸도 죽여 주오. 이 자리에서 죽여 주오.

　왕건 : (친히 공주를 붙들어 일으키며) 자 공주 인제 고집은 그만 세고 짐

300

의 말을 들을지어다. 눈물을 씻고 짐과 같이 궁전으로 가서 오늘 밤 안으로 신라 왕과 백년가약을 맺어 신라통일의 대공을 성취하여 줄지어다.

(공주 말없이 느끼며 왕건에게 처량하게 딸려만 간다. 태자가 끄을려 나가니깐 반대편으로 선필 외 고려 군사들도 뒤에 딸허 나간다.)

－막－[20]

이 마지막 장면 뒤에 등장인물에 관한 짧은 감상 겸 노트가 뒤따른다. 잠시 살펴보면, 마의태자는 김전의 아들로 불행히도 사기史記에는 이름이 지워져 있다. 성격이 용맹하고 가슴에는 불덩이 같은 포부를 지녔다. 백화는 유렴의 따님으로 태자가 사랑하는 고결한 아가씨이다. 마음이 선량하여 자기희생의 미덕을 아는 인물이다. 반면 낙랑공주는 왕건의 장녀로 출중한 미모에, 백화와는 정반대로 성격이 매섭고 독한 인물로 소개된다. 그러나 어린애처럼 쾌활하고 사랑스럽고 무사기無邪氣하다. 백화가 덕성의 권화權化라면, 낙랑은 예지叡智의 권화라는 것이 작가의 마지막 인물평이다.

이러한 작가의 평가는 지금까지 검토한 낙랑공주의 상을 재확인시켜 준다. 낙랑공주는 고려 왕과 마의태자를 중재하는 능동적 행위자 역할을 수행하지만, 이런 능동성은 그녀의 어린애 같은 쾌활함에서 우러난 자연스런 본성의 결과이다. 어린애 같은 그녀의 과도한 열정과 찬탄은 결국 서사상 처벌/징계로 끝난다. 서사는 마의태자와 백화의 이별과 죽음을 암시하지만, 두 사람은 이별과 죽음으로 각자의 본래적 가치를 회복하기 때문이다. 마의태자와 백화는 이른바 각자에게 할당된 적절한

---

[20] 유치진, 앞의 작품《동아일보》, 1938년 2월 6일자).

자리를 되찾고, 그 절제와 충절의 미덕은 공식적으로 승인받는다. 이들의 미덕은 낙랑공주의 변덕스러움과 대척되는 지점, 낙랑공주의 시기와 질투를 초월한 지점에서 구축된다. 따라서 낙랑공주는 역동적인 동시에 정적인 도상으로 시각화되는, 여주인공의 재현과 보여짐이라는 연극성과 성별 권력화의 첨예한 문제를 제기한다.

연극의 보여 주기는 화려한 볼거리를 필요로 한다. 낙랑공주는 남성 경제의 유폐된 성적 대상으로 화려한 볼거리를 선사한다. 신라 사직에 종지부를 찍을 정도로 아름다운 그녀의 외적 매력과 내면적 악덕이 공적 영역과 사적 영역을 넘나드는 그녀의 불안정한 주체 위치와 맞물려 치명적인 독성을 발한다. 어린애 같은 천진성이 이런 자유로운 활보를 가능케 한다. 그러나 남성 경제의 이성애적 회로 속에 편입된 그녀는 이미 어린애가 아니다. 이 회로에 편입되는 순간, 그녀는 교환되어야 할 여자―처녀이기 때문이다. 그럼에도 불구하고 그녀를 굳이 어린애로 명명하는 것은 교환 대상인 그녀가 내장한 위협적인 파괴력을 어린애다움으로 순치하고, 본능에 충실한 아이 같은 존재(자의식과 분별력이 부족한 미성숙한 존재이자 동시에 교활한 간지奸智의 소유자라는 이 양립 불가능한 모순은 어린아이라는 표상으로 가까스로 봉합된다.)임을 부각시키기 위해서이다.

어린애 같은 여자로 명명된 그녀는 서사가 지배하고 통제할 수 있는 범위 내에 안전하게 포섭된다. 명명은 허물어진 경계를 재정립하는 텍스트적 지배와 복종을 내포한다. 사회적 경계와 차이를 용해하는 치명적인 거세의 위협과 미덕에 정초한 사회적 질서를 재설정하려는 강력한 재건의 기획이 낙랑공주의 호명을 둘러싸고 있다. 따라서 타고난 소여의 산물로 낙랑공주를 형상화하는 것은 그녀가 처해 있는 사회적 신체(육체)를 은폐·봉쇄하는 것이다. 전쟁의 전리품으로 남성 경제의 성적 대상인 그녀의 사회적 신체는 지워지고, 그녀의 생물학적 신체만이 도드라진다. 이광수의 『마의태자』가 열어 놓은 관음증적 응시는 유치진의 〈개골산〉에서 변형·굴절되며 새로운 면모를 드러낸다. 이것이 유치진의 〈개골산〉이 한상직의 〈장야사〉와 변별되는 지점이다. 그렇다면 한상직의 〈장야사〉는 이광수의 『마의태자』를 어떻게 수용·굴절했을까.

한상직의 〈장야사〉, 자연의 순환성에 기댄 여성 인물의 유형화

한상직의 〈장야사〉는 1939년 5월 『조광』에 실린 작품이다.[21] 각색자인 한상직은 이 희곡을 "춘원 이광수 씨의 원작 마의태자 상편 상반부 중에서 여女인물만을 뽑아내어 희곡적인 구성 밑에서 시대적인 분위기, 성격 더구나 극적인 효과를 주점主點으로 각색한 것이다."라고 밝혔다. 사료에 남은 몇 줄 안 되는 기록을 춘원이 소설적 구상으로 임의로 해석한 창작물이 소설 『마의태자』라며, 한상직은 춘원 원작에서 '플로트'만을 빌렸다고 말한다. 그러나 장면과 인물 배치 더구나 대사는 모두 각색자의 창작이라는 한상직의 부기는 소설 『마의태자』의 내용을 선택·배제한 특정한 이야기 구성 방식을 보여 준다. 한상직은 무엇보다 "신라 말기의 여인들로만 된 이 희곡은 한 새로운 각도와 견지에서 더구나 극적인 새로운 형型에서 한 좋은 경험이라고 본다."는 말을 덧붙이는데, 그의 말대로라면 소설 『마의태자』의 전반부가 무대 상연에 적합한 요

---

[21] 한상직, 〈장야사〉(『조광』, 1939년 5월, 342~369쪽).

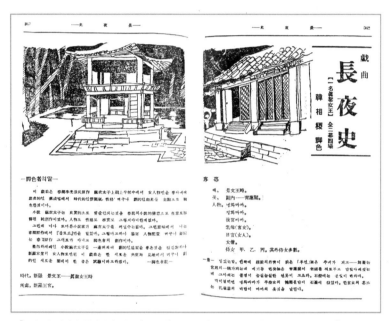

『조광』에 연재된 한상직의 희곡 〈장야사〉. 한상직은 이 희곡을 춘원 이광수의 원작 『마의태자』를 각색한 것이라고 밝혔다. 〈장야사〉는 궁정 내 비밀, 즉 궁정 비사秘事를 무대에 올림으로써 궁정을 부도덕한 권력의 집합소이자 육체의 난잡한 향연지로 공공연하게 유표화한다. 〈장야사〉의 부제가 '일명 진성여왕'인 데서 알 수 있듯이, 여인들 간의 시기와 질투와 알력과 다툼이 이 희곡의 주 플롯을 형성한다.

소들을 내장했다는 말이 된다. 전체 소설에서 소설의 상편 상반부를 발췌·선택했다는 점은 앞에서 살펴본 소설 『마의태자』의 구성과 연관해서 규명해야 할 여러 문제들을 던져 준다.

소설 『마의태자』의 전반부가 비밀로 가득 찬 궁정을 관음증적으로 응시했음은 이미 앞에서 지적했다. 궁정 내의 혼란상은 궁정을 경유하여 온 나라로 퍼져 간다. 궁정 내 '비밀'은 궁정이 부도덕한 권력의 집합소이자 육체의 난잡한 향연지로 이미 제 기능을 상실한 타락의 온상지임을 공공연하게 유표화한다. 희곡 〈장야사〉는 이런 궁정 내 비밀, 즉 궁정 비사祕事를 무대에 올린다. 〈장야사〉의 부제가 '일명 진성여왕'인 데서 알 수 있듯이, 여인들 간의 시기와 질투와 알력과 다툼이 이 희곡의 주 플롯을 형성한다.

무대의 서막은 녕화마마와 정화마마가 뒷대궐마마(후궁마마)인 설 부인을 음해·모함하는 장면으로 시작된다. 녕화마마와 정화마마는 상감의 총애를 둘러싸고 서로 모함해 온 사이다. 녕화마마는 정화마마가 "원궁에 상감을 모실 때 무당판수로 예방을 하고 복술점쟁이로 죽여 버릴여구 방자"를 했고, 정화마마는 녕화마마가 "상감의 총애를 빼앗고 궁녀들을 틈틈이 세를 너서 동궁에 신하들을 들게 한다는 소문"을 퍼뜨렸다. 임금의 총애를 잃지 않으려는 이 여성들, 더군다나 자매들 간의 다툼은 강력한 경쟁자인 뒷대궐마마가 등장하며 새로운 국면을 맞는다. 뒷대궐마마의 등장으로 자매들 간에 일시적인 공모와 화해가 이루어지기 때문이다. 더 정확히 말하면, 정화마마가 녕화마마의 시기와 질투를 이용하여 녕화마마를 자신의 음모에 끌어들인다.

정화마마는 일관日官과 여승을 자기편으로 삼아 임금의 분노를 자극한다. 후궁마마의 행실이 불측하여 용덕왕자가 이손 윤흥의 자식이며, 왕자의 탄생이 불길하다고 왕에게 둘러댄 것이다. 왕은 예상대로 격노하

여 용덕왕자와 후궁마마를 죽이라고 명령한다. 왕에 대한 두 자매의 애
욕은 결국 무고한 후궁마마의 자진과 용덕왕자의 축출로 마감된다. 녕
화마마는 왕에 대한 자신의 애욕을 '청춘'으로 명명한다. "나는 이렇게
젊고 아름답지 않느냐! 내 청춘 내 불탈 듯한 정을 시드려 버리는 것이
밤마다 아깝다. 밤마다 원한에 찬다." "너희들에게는 청춘이 없느냐? 정
이 없느냐? 질투가 없느냐?" 이렇듯 그녀의 시기와 질투는 '청춘'의 자연
적이고 본능적인 소산으로 규정된다. 청춘의 정념에 사로잡힌 녕화마마
와 정화마마는 통제되지 않은 자신들의 욕망을 후궁마마에게 고스란히
되돌린다. 적을 정복/제거하려는 적대적 감정은 '청춘'이 흔히 저지르기
쉬운 함정과도 같다. '청춘'의 열정에 사로잡힌 두 자매는 자신들의 애욕
을 가로막는 모든 장애물을 제거하는 무분별한 행동으로 조정을 유린하
고 황폐화시킨다. 조정은 두 자매의 무분별한 성적 욕망이 초래한 추악
한 쟁투로 점점 더 타락의 길로 빠져들고, 두 자매에 반기를 든 많은 충
신들은 자매의 손에 목숨을 잃는다. 〈장야사〉의 1장은 "청춘은 한 번이
요, 권세는 한때"라는 녕화마마의 말처럼 청춘과 권세의 절정기를 지나
조금씩 허물어지는 두 자매의 극도의 타락상을 장場을 달리하며 보여 준
다. '청춘'이 본능의 소산이듯이, 〈장야사〉의 1장은 자연의 법칙에 대단
히 충실하다. "그 일도 일장춘몽이지 백 년 이백 년 늙지 않은 봄이 있
나?"는 정화마마의 대사는 이후의 사건을 압축하는 전조로 기능한다.

　봄과 여름이 지나면 반드시 가을과 겨울이 찾아온다. 자연의 순환적
법칙성은 닫힌 시간의 폐쇄성이다. 이 자매의 행동 역시 자연의 반복적
순환성과 폐쇄성에 포박되어 있다고 보면, 자매의 정욕을 '청춘'의 죄악
으로, 더 나아가 이 여성들의 흥망성쇠를 자연의 순환적 법칙성으로 환
원하는 것은 여성 개개인의 구체적인 개별화가 아니라 여성에 대한 추
상적 유형화를 정립하는 데 일조하게 된다. 정화마마와 녕화마마의 지

위와 신분의 차이에도 불구하고 자매가 별다른 차별성을 드러내지 않는 것은 이 때문이다. 자매는 청춘의 열정에 사로잡힌 무분별한 정념의 포로들이라는 점에서 하등 다를 바가 없다. 희곡 〈장야사〉의 순환적 플롯 구성과 여성 인물의 유형화는 이런 점에서 긴밀한 연관성이 있다. 일장춘몽의 봄이 끝나고 나면 몰락과 쇠퇴의 가을(겨울)이 도래한다. 무절제한 육욕과 과잉된 감정, 비대한 상상력(백일몽)[22]은 이제 돌이킬 수 없는 부메랑이 되어 이 여성 인물들을 찾아온다. 죽음과 파국의 징조가 자매를 옥죄는 것이다. 자매의 추락과 대조적으로 젊은 여왕 만공주는 자매와 은밀한 관계를 맺던 상대등 위홍과 성적 향락에 빠져든다. 젊은 여왕은 '청춘'의 시기에 접어들고, 넝화마마와 정화마마는 '청춘'을 마감하고 젊은 딸(혹은 조카)에게 위홍을 빼앗기는 것이다.

"벌써 그 어리든 만공주도 나이 차게 자라고 이 신라의 여군주가 되었을까! 그 청춘을 누가 따르며 그 권력에 누가 머래랴."라고 정화마마는 진단한다. '청춘'에 접어든 만공주와 '청춘'의 막바지를 향해 가는 두 자매의 암투는 동일한 것의 반복이다. 막 불붙기 시작한 젊은 여왕의 정욕은 자매의 이전 행로를 똑같이 되밟고 있기 때문이다. 따라서 젊은 여왕은 넝화마마와 정화마마의 축소판이라고 해도 과히 틀리지 않다. 사건이 진행되는데도 〈장야사〉의 전체 구조는 여성 인물들의 성적 향락을 '청춘'의 무분별한 정념과 등치시킴으로써 순환적이고 폐쇄적인 플롯 구성을 보인다. 〈장야사〉의 동일한 플롯 구성과 여성 인물의 유형

---

[22] "유령 오인 한꺼번에 악을 질으고 몰려든다. 넝화마마는 쓰러진다. 유령 깔깔 우스며 물러났다 닥어섰다 한다. 암용暗湧 속에 사라진다. 넝화마마 다시 제자리에 가서 두러 눕는다. 신음한다. 쭉 흘린 땀을 씻으며 이러앉는다." 이 예문에서 알 수 있듯이, 넝화마마의 상상력은 극도의 신경쇠약으로 이어져 그녀를 괴롭힌다. 한상직, 앞의 작품, 356쪽.

화는 관객들에게 감각적인 호소력을 발휘한다.

　조지 모스는 개체가 아닌 유형화(스테레오 타입)는 남성과 여성의 동질화를 초래한다고 갈파한 바 있다. 변하지 않는 심상에 의존하는 유형화는 개인적인 변수가 존재할 여지를 없앤다. 유형화는 개인에게 그가 속해 있는 것으로 간주되는 집단의 모든 특성을 부여하는 것으로, 이런 유형화는 부정적인 형상과 대비되어 긍정적인 전형들을 창출하게 된다.[23] 조지 모스는 긍정적이고 부정적인 유형화가 시청각과 관계 맺는 양상을 언급하는데, 그는 부정적 유형, 특히 아웃사이더의 동질화를 주로 시청각적 텍스트로 규명한다. 모스에 따르면 긍정적인 유형은 항상 카운터 타입(부정적 형상)과의 대비로만 존재할 수 있다. 그는 이런 카운터 타입이 캐리커처와 연극과 같은 시청각적 삽화들로 널리 유포되었다고 본다.

　연극과 보여짐의 문제에서 조지 모스의 견해는 경청할 만하다. 두 자매와 젊은 여왕의 반복되는 성적 문란과 방탕은 조정을 극도로 피폐화시킨다. 이 때문에 용덕왕자의 출현은 우연이 아닌 필연, 즉 조정의 타락과 퇴폐에 상응하는 당연한 결과로 인식된다. 밤마다 벌어지는 음탕한 연회가 여왕을 비롯한 모든 조정 대신들의 정신적 해이와 손상을 불러왔기 때문이다. 용덕왕자가 거침없이 신라 조정으로 돌진할 수 있었던 것도 신라 조정의 이러한 무능력 탓이다. 이른바 '성적인 무정부 상태'에 빠진 신라 조정은 허물어진 사회질서를 바로잡을 강력한 지도자 혹은 수호자가 절실히 필요한 상황이다. 〈장야사〉에서 용덕왕자는 신라 조정을 쇄신할, 비非가시화된 질서의 수호자로 떠오른다. 극에서

---

[23] 조지 L. 모스, 『남자의 이미지』(이광조 옮김, 문예출판사, 2004), 15쪽.

용덕왕자는 한 번도 모습을 드러내지 않은 채 조정 신하와 궁녀들의 소문으로만 회자되지만, 카운터 타입인 신라 조정의 문란한 여성들과 대립된다는 점만으로 긍정적인 위상을 확보하게 된다.

'청춘'의 열정에 사로잡힌 조숙한 육체와 과잉된 신경증의 이 두 가지 카운터 타입의 여성 표상은 여성 개개인이 처해 있는 개별성을 지우고 여성 일반으로 환원하여 인생 주기의 반복적인 유형을 차용·답습한다. 두 자매와 젊은 여왕의 성적 방탕은 '청춘'이라는 추상적이지만 익숙한 기표를 통해 자연화된다. 자연의 순환적 법칙성에 기댄 여성의 유형화는 여성을 전통 혹은 자연과 동일시하는 것이기도 하다. 이에 반해 남성은 질서와 창조의 구현자로 정립된다. 이런 성적 이원론은 무시간적인 것이 아니라, 특정 시기의 사회적·역사적 맥락 속에서 여러 친숙한 기표들과 결합해 여성과 남성의 성적 차이와 구분을 정당화한다. 자연 혹은 전통은 진보나 창조와 상치된다. 전통은 여성의 수동성을 강조하고, 자연은 순수하지만 길들여지지 않은 야생의 혼돈을 상징하기 때문이다. 자연은 질서의 체현자이자 구현자인 남성에 의해 일정한 분류와 호명을 받아 인간 문명과 질서에 '적합하도록' 교정·순치되어야만 한다. 희곡 〈장야사〉는 여성의 직분에서 벗어난 이런 카운터 타입의 여성을 처벌·교정하고자 '청춘'의 무분별한 열정이 남긴 회한과 후회를 다음과 같이 강조한다.

넝화마마 : 아아! 어찌하잔 말인고? 죽어서 혼백이 있다 하면 삼도천三途川을 건널 때에 내 손으로 죽인 영혼들을 어떻게 헤여나며 황천에 들어가서 먼저 가신 대왕마마를 무슨 면목으로 보이랴? 이 몸의 목숨을 끊을 칼은 있것만 혼백의 목숨을 끊을 칼은 없던가? 아! 혼백까지 태워 버릴 불은 없단 말이냐? 혼백의 괴로움을 어떻게 면하랴. (목을 놓아 운다)

정화마마 : 일생에 찾는 영화가 지나가고 마니 회한뿐이로구나! 한 찰나의
　　쾌락과 미움이 영겁의 지옥일 줄 몰났고나!

여왕 : (후회한다) 청춘도 갔소. 영화도 갔소. 쾌락도 가고 모도 지나간 것이
　　였소. 악신 위홍도 가고 충신 신홍도 가고 열녀 란희도 가고 다 덧없이
　　흘러갔소. 천년종사의 정사도 헐되고 모든 충신이 원망에 차니 나의 갈
　　길이 어디오리까?[24]

　자매의 탄식은 때늦은 후회를 드러낸다. 육체적 쾌락이 사라지고 남
은 것은 뒤늦은 회한뿐이다. 더구나 육체의 소멸만으로 지워지지 않는
영혼의 죄악은 자매의 회한을 가중시킨다. '혼백의 목숨을 끊을 칼은 없
다'는 넝화마마의 말은 육체보다도 정신(영혼)에 드리운 죗값의 무게를
상기시킨다. 그들은 '청춘'의 본능에 충실했다는 이유로 죽어 가면서까
지 영혼의 죄를 짊어지는 가혹한 형벌을 받는다. 청춘/본능/육체의 등
식은 이성/훈육/규율과 대척되는 지점에서 청춘의 무분별한 향락에 빠
져든 여성들의 허약한 의지력을 적나라하게 보여 준다. 어머니에서 딸
로 이어지는 세대의 연속성은 여성 일반의 고유한 속성으로 윤색되어
치유/변경 불가능한 육체성을 여성에게 되돌린다. 이 같은 여성의 유형
화는 자연의 반복적 순환성과 결부되어 여성의 허약한 의지력과 성적
본능의 파괴성을 여성 일반의 이름에 선명하게 새겨 놓는다.

　사실 자연의 보편적인 특징인 '청춘'이 반드시 부정적인 것만은 아니
다. 인간이라면 누구나 한 번쯤 거치는 공통 불변의 단계로서, 오히려
가치의 위계상 우위를 점하기도 한다. 누구나 한 번은 겪어야 할 통과

---

[24] 한상직, 앞의 작품, 368쪽.

의례라는 점에서 '청춘'은 인간 일반의 공통적인 속성이라고 할 수 있다. 그런데 누구나 경험하는 청춘의 열정과 성적 욕망이 '고상함'을 지키는 개인 특유의 도덕적이고 심리적인 자질로 다시 특수화·개체화된다.[25] 누구나 겪는 청춘의 폭발적 열정을 인간 정신의 엄격한 규율과 의지력으로 명예롭게 극복하는 것은 인간 보편을 뛰어넘는 개개인의 고유하고 특수한 자질로 재구축된다. 그 자신만의 본래적인 가치로, 개인 고유의 자산으로 간주되는 개성은 인간으로서 존중받을 권리를 부여해 준다는 점에서, 이른바 도덕적 품위라고 하는 자산은 출생·가족·부·직업·재산권에 따른 사회적 지위와는 구별되는 공민으로서의 자격을 가늠하는 척도로 작용한다. 도덕적 고결함인 이것은 인간다운 인간과 그렇지 않은 인간을 나누는 첨예한 구분선이다. 보편성 속에서 차이를 만들어 내는 차별화의 근거는 도덕성을 잣대로 한 남녀의 성차性差로 환원되고, 공적 영역을 훼손한 여성들의 무분별한 정욕이 마땅히 처벌받아야 할 것으로 주제화되는 이유가 여기에 있다.

희곡 〈장야사〉에서 이 여성들은 쇄신과 재생의 기회마저 박탈당한다. 청춘의 열정이 흔히 저지르기 쉬운 과오와 죄악은 시련과 고통 속에서 자기반성과 성찰의 계기를 갖기 마련이다. 미성숙한 청년기는 청춘의 방만한 열정을 순화하고 정화함으로써 성숙한 어른의 세계로 진입한다. 이런 교정과 개조의 기회마저 박탈당한 〈장야사〉 속 여성들은 질서의 파괴자, 카오스의 체현자로 등장하여 텍스트에서 철저하게 배척당한다. 그리고 파괴된 질서의 새 건립자인 용덕왕자의 출현을 예정하며 텍스트는 끝난다.

[25] Michal Inwood, "Property, Possession and Person", *Hegel Dictionary* (Blackwell, 1992), pp. 228-230 참조.

질서의 파괴자이자 카오스의 체현자인 여성 인물의 유형화는 질서의 유지자이자 창조자인 남성과의 변별점을 통해 그 정적이고 고정된 역할 모델로 일원화된다. 사회적 지위와 위상이 어떠하든 그녀들은 청춘의 열정에 사로잡힌 그야말로 카오스의 체현자로 등장하여 극의 마지막에 죽음으로써 자신의 잘못된 열정을 처벌받는 평면적인 인물로 무대에 세워진다. 연극은 일회적인 보여 주기를 목적으로 삼는 장르적 특징이 있다. 연극의 장르적 특성과 아울러 섹슈얼한 여성들의 육체의 전시와 성적 방탕은 장르를 변형하며 『마의태자』의 변주된 판본을 보여 준다. 이 과정에서 조정(국가)의 멸망과 여성의 가공할 만한 성적 위협은 여성 일반의 특성으로 환원되어 여성＝파괴자＝비정상성의 가능성을 열어 놓는다. 이성과 의지력이 거세된 여성들의 공적 활보는 사회 전체에 대한 치명적 위험으로 간주되고, 과거의 잘못된 역사를 반면교사로 삼아 더 나은 현재와 미래를 창출하는 멸망사 이야기의 부정성은 고쳐야 할 것을 구체적으로 적시함으로써 사회 내부의 적들을 가시적으로 호명하는 이데올로기적 효과를 생산한다.

멸망사 이야기와 여성 육체의 시각화는 이런 점에서 다양한 해석의 여지들을 남긴다. 이광수의 『마의태자』를 차용한 한상직의 〈장야사〉를 공시적이자 통시적으로 면밀히 독해해야 할 필요가 여기에 있다.

시대에 따라 변주되는 멸망사 이야기의 정치적 함의

역사 이야기는 '과거'의 이야기라는 점에서 이데올로기가 탈각된 것으로 인식되기 쉽다. 역사 이야기에 대한 이런 사고는 역사소설을 비롯한 여타 역사물을 평가하는 준거 틀로 기능해 왔다. 마찬가지로 학문 장의 분업화된 체계는 학제 간 연구를 가로막는 근본 동인이 되어 역사 이야기의 사회적 · 역사적인 맥락을 조망하는 데 어려움을 가중시켜 왔다.

이광수는 "조선사에서 고려와 이조를 삭거削去하고 싶다. 그리고 삼국으로 소거遡去하고 싶다. 그중에도 이조시의 조선사는 결코 조선인의 조선사가 아니오. 자기를 바리고 지나화支那化하고 말랴는 엇던 노예적 조선인의 조선사다. 그것은 결코 내 역사가 아니다. 나는 삼국시대의 조선인이다. 고구려인이요 신라인이요 백제인이다. 고려를 내가 모르고 이조를 내가 모른다. 서양의 신문명이 고사상 부활에 잇다는 것과 동일한 의미로 조선의 신문명은 삼국시대의 부활에 잇슬 것이다."[26]라고 할 만큼 삼국시대에 유별날 정도의 애착을 보였다. 그는 전체 조선사에서 최고의 황금기를 삼국시대라고 보았다. 고려와 이조의 역사를 삭제하고, 역사를 추급하여 삼국시대의 조선인으로 자신을 규정한 데서 알 수 있듯이 그는 삼국시대의 소멸을 회한에 찬 심정으로 반추한다. "황혼의 청초靑草 속에 묻힌 세 왕릉 전前에 회고의 열루熱淚를 뿌리고 무상無常의 감정"[27]에 북받친 그에게 삼국시대는 절대지 그것이다. 삼국시대를 제외한 역사를 오욕과 굴욕의 역사로 칭하는 이러한 역사 인식은 삼국시대의 멸망을 곧 조선 전체의 멸망과 동일시하는 결과를 가져온다.

삼국시대의 멸망이 곧 조선 전체의 멸망과 등치될 때, 삼국시대의 멸망은 조선 전체의 영화로웠던 한때를 마감하고 오욕의 역사를 연 참으로 비통한 사건일 수밖에 없다. "삼국시대의 장려하고 건전한 숭고하던 정신"은 완전히 소멸하고, "쇠퇴하고 타락하고 추악하고 무능무위"한

---

26 이광수, 「문인文人의 반도팔경기행半島八景紀行 제일편第一篇, 아아 · 낙화암落花岩」(『삼천리』, 1933년 4월), 59~60쪽.

27 이광수, 앞의 글, 60쪽.

이조의 역사만이 오롯하게 남기 때문이다. 여기에서 삼국시대의 멸망을 안타까워하는 진한 비애의 감정이 묻어 나온다. 화려했던 한때는 저물고 남은 역사는 떠올리기도 싫은 부정과 청산의 역사일 때, 삼국시대의 멸망은 비애에 가득 찬 심미적인 영역으로 자리 잡는다. 아름다웠던 한때를 상실의 경험과 채워지지 않는 충족감으로 직조하는 이런 역사적 기억을 마릴린 아이비Marilyn Ivy는 "소멸의 담론discourse of the vanishing"[28]이라고 명명했거니와, 소멸의 구체적 대상이 여성 혹은 여성적인 것과 연관되는 것은 여성이 잃어버린 순수성과 비애의 교차점에 위치해 있기 때문일 것이다.

공적인 남성들의 세계에서 안전하게 보호받던 여성들은 전쟁의 폭력 앞에서 갈가리 찢겨진다. 그녀들의 여리고 순수한 사적이고 친밀한 세계는 무너지고, 그녀들의 육체는 멸망해 가는 나라의 비극을 한 몸에 껴안고 한 떨기 꽃처럼 스러진다. 화려했던 삼국시대의 영화를 뒤로한 채 한 떨기 꽃처럼 스러져 간 여성들의 육체에 비애와 채워지지 않은 충족감을 모조리 쏟아 붓는 멸망사 이야기가 양산되는 한편으로, 여성들이 부정과 오욕의 역사를 초래한 성적 욕망의 체현자로 등장하게 된다. 그들의 과잉된 성욕과 파괴적인 열정은 "장려하고 건전하며 숭고하던" 삼국의 정신을 와해시켰다. 멸망해 가는 신라 궁정을 추악한 욕망의 집합소로 만든 것이 이 여성 인물들이다. 이광수는 『마의태자』에서 사료가 거의 남아 있지 않는 삼국시대를 배경으로 멸망의 회한을 여성의 가공할 만한 섹슈얼한 육체의 전시로 가시화하여 보여 준다.

이광수는 "비상시의 비상한 사업을 하랴는 야심을 가진 청년은 반드

---

28 H. D. Harootunian, *Mirror Of Modernity* (California : University Of California Press, 1998), p. 150.

시 재산욕과 아울러 연애욕을 제거하여야 할 것이다. 가정의 행복을 얻으면서 동시에 비상한 인물이 되자는 것은 너무도 염치없고 분수없는 허욕이다."[29]라고 경고할 정도로 성욕에 대한 극도의 혐오감을 드러낸다. 이런 이광수의 사상과 세계관이 용덕왕자와 마의태자에게 그대로 이어진다. 비상시의 비상인은 가정의 행복까지도 버릴 수 있는 자기절제와 금욕의 초인이 되어야 하는 것이다. 다시 말해 자기와 관련된 일체의 것을 희생해야 한다. 따라서 이광수의 『마의태자』에 나타나는 섹슈얼한 여성 육체의 전시와 소문에 대한 관음증적 응시는 역사소설의 대중성과 교훈성을 획득하는 원동력이자, 전시 총력전 체제에서 국민극의 대중적 선동성과 계몽성을 확보할 맞춤한 소재거리로 재가공된다. 국민극의 멸망사 이야기가 실패한 과거, 특히 유일무이한 영광의 시대였던 삼국시대를 파국으로 이끈 뼈아픈 과거를 무대에 상연할 때, 하지 말아야 할 것과 해야 할 것의 바람직한 형상이 만들어진다.

이처럼 멸망사 이야기의 부정적인 비대칭적 구성은 이광수 『마의태자』와 유치진의 〈개골산〉, 한상직의 〈장야사〉뿐만 아니라 다른 멸망사 이야기들을 탐구하는 밑받침이 된다. 이후 좀 더 많은 멸망사 이야기를 종합적으로 연구해 보면 흥망사 이야기의 구체적인 시대사적인 의미도 밝힐 수 있으리라고 본다.

---

[29] 이광수, 「비상시非常時의 비상인非常人」(『동광』, 1932년 11월), 2~3쪽.

9

식민지기 **고대사**의 재발견과 **여성**의 타락

대체로 남북한이나 중국의 역사학계에서의 고대 일본상은

부정적이든 긍정적이든 근대 일본이 '현재'를 투영하여

과거 속에서 읽고 만들어 낸 일본상(자화상)의 구속을 받고 있다.

자기와의 관계 속에서 일본을 어떻게 자리매김할 것인가 할 때

근대 일본의 해석 도식이나 평가 기준이 전제가 되어 버리는 것이다.

그런 의미에서 동아시아 각국에서의 근대 이야기는

근대 일본의 태내에서 자라났다고 말할 수 있을 것이다.

이성시, 『만들어진 고대』[1]

흥망사 이야기가 드러내는 타협과 균열의 흔적

이 책의 전술한 글에서 식민지 시대 흥망사 이야기의 이야기 생성 원리
를 이광수의 『마의태자』와 유치진의 〈개골산〉, 한상직의 〈장야사〉를
중심으로 살펴보았다.[2] 이 세 작품은 모두 섹슈얼한 여성 육체의 시각
화를 통해 멸망의 표지들을 구체적으로 적시한다. 여성 인물들은 왕조
(혹은 궁정과 조정)의 타락과 쇠퇴를 구현하고 현시하는 적대적 인물로
주조된다. 이광수는 『마의태자』에서 과도한 애정 행각이 가져온 조정
의 문란과 방탕을 여성 인물들 간의 성적 탐욕과 이기심으로 가시화한
다. 언니와 동생, 어머니와 딸이 한 남자를 놓고 서로 경쟁하는 과정에
서, 신라 조정은 근친상간의 반인륜적 범죄를 서슴없이 저지르는 타락
의 온상지로 유표화된다. 최소한의 도의와 수치심마저 저버린 신라 조
정의 멸망은 비밀과 관음증 같은 관습화된 소설적 장치들과 맞물려 독
자들의 호기심과 흥미를 자극하기에 충분하다.[3]

---

[1] 이성시, 『만들어진 고대』(박경희 옮김, 삼인, 2001), 33쪽.

[2] 이 책 8장 「여성의 육체에 찍힌 멸망의 표지」 참조.

[3] 비밀과 관음증 등을 관습화된 소설적 장치라고 말하는 것은 이것들이 사생활과 근대소
설의 탄생에 결정적인 요소로 작용했기 때문이다. 이는 게오르그 짐멜과 피터 브룩스의
논의에서 확인할 수 있다.

이광수의 『마의태자』가 신라 조정을 저속한 육체와 감정의 표상체로 호출하여 신라 조정의 파국과 멸망을 정당화하는 이야기 구성 방식은, 사회정치적 이해관계를 성적인 배치와 교환의 담론으로 전치·환원하는 것이다. 신라 조정의 첨예한 사회정치적 복합성이 신라 조정 내 지배층들의 도덕적이고 심리적인 자질 문제로 치환되기 때문이다. 이렇게 재현된 신라 조정의 특정한 성적 표상은 타락한 지배층들의 치유 불가능한 문란상을 극명하게 드러낸다. 절제되지 않은 성적 과잉과 타락은 윤리적 타락으로 직결되고, 가치 생산자로서의 기능을 상실한 신라 조정은 대상을 가리지 않는 성적 문란으로 제 혈통적 순수성과 사회적 구분의 지표를 없애 버린다. 이에 따라 신라 조정은 누구나 오갈 수 있고 누구나 궁정의 내밀한 침실에 드나들 수 있는 온갖 시정잡배들의 집합소가 된다. 궁정의 문이 이처럼 자유롭게 개방되어 있다면, 신라 조정의 오염은 불을 보듯 뻔하다. 과잉된 성욕과 감정의 사적 영역이 지나치게 비대해져 결국 공적 영역의 패덕한 여성화를 초래한다. 감정/육체/사적인 것/여성적인 것이 이성/정신/공적인 것/남성적인 것을 압도하는 이항 대립이 이광수의 『마의태자』를 관통하고 있는 것이다.

이광수의 『마의태자』는 1926년 5월부터 1927년 1월까지 《동아일보》에 연재된 작품으로, 이 글에서 다루려고 하는 식민지 말기와 분명 거리가 있다. 그럼에도 이광수의 『마의태자』를 먼저 언급하는 이유는 이후 흥망사 이야기의 기본 유형에 그가 끼친 영향력이 적지 않기 때문이다. 흥망사 이야기는 특정 시대와 맥락에 따라 양상을 달리하지만, 이광수가 개척한 흥망사 이야기의 기본 유형은 지속적으로 재생산된다. 유치진의 희곡 〈개골산〉과 한상직의 희곡 〈장야사〉는 이광수의 『마의태자』에 그 연원을 두고 있다. 장면, 인물 배치, 대사는 각색자의 창작이지만, '플로트'는 이광수의 『마의태자』에서 차용했다는 한상직의 주장에서 각색자의 일정한 선택과 배제를 발견하기란 어렵지 않다.[4] 동시에 '플로트'가 이야기 자체라는 서사 이론에 기댄다면, 이광수의 『마의태자』는 여타의 희곡들을 선先결정한 셈이다. 따라서 식민지 시대 흥망사 이야기 속에 담긴 선택과 배제, 지속과 변동 간의 내적 긴장을 면밀하게 탐구해 볼 필요가 있다.

식민지 시대 흥망사 이야기를 식민지 지배자의 정책과 연관해서 살펴보려는 이유도 여기에 있다. 때로는 분명하게 때로는 암묵적으로 조우되는 흥망사 이야기와 식민지 지배자의 정책은 타협과 균열의 미세한 흔적들을 곳곳에 새겨 놓았다. 이런 점에서 백제(부여)를 중심 무대로 삼은 이석훈의 희곡 〈사비루沙沘樓의 달밤〉과 김동인의 장편 연재소설 『제성대』의 사례는 식민지 시대 흥망사 이야기의 전체 구도를 조망하는 데 필요한 다양한 접근 및 해석 방식을 제공한다. 부여(백제)에 관한 공적 발언들과 흥망사 이야기는 어떻게 상호 침투하고 조응했을까. 이를 고찰하면 두 작품이 놓인 위치가 좀 더 분명하게 드러날 것이다.

완결을 기다리는 미완의 영역 '고대사'

1939년 『문장』지 3월호에 눈길을 끄는 평문이 있다. 백철이 쓴 보고문으로, 이 글에서 백철은 부여신궁扶餘神宮 공사에 문화인들이 대거 참여하여 근로봉사를 한 소회를 상세하게 기록한다.[5] 그에 따르면, 매일신

---

[4] 한상직, 〈장야사〉(『조광』, 1939년 5월), 342쪽.

[5] 백철, 「내선유연內鮮由緣이 깊은 부여산성扶餘山城—일석일와一石一瓦에 옛날이 방불髣髴하다, 부여신궁어조영扶餘神宮御造營 문화인부대근로봉사기文化人部隊勤勞奉仕記」(『문장』,

보사의 주선으로 총 30여 명에 이르는 문인들이 부여를 찾았다. 소화昭和 14년, 즉 1939년 봄 "내선內鮮의 인연이 특별히 깊은 부여성지를 택하여 관폐대사官弊大社 부여신궁의 어御창립에 착수한 해"(111)에 30여 명에 이르는 문인들이 2월 8일 서울을 출발하여 다음 날 아침 일찍 부소산에 올랐다고 한다. 부소산 동편 산대상山臺上에 부여신궁 영지가 조성될 예정이었기 때문이다.[6]

"봉제사를 행하기 전에 몬저 부여신사에 참배를 한 뒤에 신궁어조영 근로봉사에 착수하는 행사를 어조영사무국에 있는 국원의 지휘로써 행하였다. 몬저 동방을 향하여 궁성요배를 경건히 행하고 국가봉창, 황국신민서사 제창, 헌화가 있은 뒤에 우리들은 근로봉사에 착수하기 위하여 (중략) 일행은 각자 삽을 메고 괭이와 들것을 들고서 어조영장을 향하여 행진하는 광경은 실로 금일 반도의 시국을 어깨에 떠메고 있는 건전한 문화인들의 기세를 보여 주는 장한 일경이었다."(112-113)

이러한 백철의 보고는 일제의 부여신궁 건립에 문인들도 예외일 수 없음을 보여 주는 식민지 시대의 한 풍경이라고 해도 과언이 아니다. 백철은 '건전한' 문화인이라는 표현으로 이전의 문인 관념을 탈피하는

1939년 3월), 111~114쪽. '부여신궁'은 일제 말기에 일본이 내선일체 이념을 선전하고자 고대 일본과 관련이 깊은 백제의 수도 부여에 건설하려 한 신사이다. 1943년 완공될 예정이었으나, 공사가 지연되고 태평양전쟁에서 일본이 패배하면서 완공되지 못했다.

[6] 총독부의 공식 발표는 다음과 같았다. "기원 2600년을 맞이함에 있어 소화昭和 14년(1939)부터 5개년 간 계속 사업으로 당시의 일본과 백제·신라·고려와의 관계에 있어 특히 교섭이 깊었던 應神天皇, 齊明天皇, 天智天皇, 神功天皇 등 4위位의 신을 권청하여 부여의 땅에 관폐사의 창립을 앙출하여 한편으로는 보본반시報本反始의 제장齊場으로 하고 또 한편으로는 내선일체 강화·철저의 정신적 전당으로 하려는 것이다." 총독부 문서과, 「夫餘に官弊社御創立」(『조선』, 1939년 5월), 12~17쪽. 손정목, 「일제 하 부여신궁 조영과 소위 부여신도 건설」(『한국학보』, 1987) 참조.

일제가 한국 식민 지배의 상징으로 서울의 남산 중턱에 세운 조선신궁神宮(위). 부여신궁 건립에 대한 고시가 실린 조선총독부 관보(아래). 부여는 신궁 건설과 함께 내선일체의 성지로 자리매김되었다. 백제가 부여로 도읍을 옮기면서 상고上古 일본과 활발하게 교류했고, 이를 통해 혈연적·문화적 동질성의 단초가 마련되었으며, 백제 멸망 시 일본의 구원병이 백제를 도와 피를 흘림으로써 두 나라의 관계는 선린우호를 넘어 피로 맺어진 혈맹국이 되었다는 논리가 만들어진 것이다.

새로운 문인 초상을 제시하고, 이를 부여신궁의 근로봉사와 결부짓는다. "문화인의 부여신궁 어조영근로봉사에 참가한 사실"을 "대체로 문화인이라면 서재 속에서 묵필로 한세월을 보내는 한인閑人으로 생각하는 일반의 오해를 깨뜨리고 나선 문화인의 행동"(111-112)으로 평가한 백철의 발언 속에는 '한인閑人'으로 세월을 낭비하고 탕진하는 기존의 문화인에 대한 거부가 담겨 있다. 새로운 시대에 걸맞는 새로운 인간상(더 구체적으로는 문인상)은 서재에서 묵필로 한세월을 보내는 이가 아닌, 현장에 투입되어 근로봉사를 몸소 실천하는 행동가적 인물이다. 백철을 비롯한 이 문인들에게서는 독자 아니 당국의 불신과 오해를 씻어내고자 하는 불안과 초조감이 진하게 묻어난다. 당국의 시책에 협력하고 있음을 보여 주는 자기증명은 눈에 보이는 가시적인 성과를 필요로한다. 부여신궁이 내선일체를 상징하는 외적 조형물인 것처럼, 문인들은 부여신궁 건설에 집단적으로 참여하여 두 시간여에 걸친 '성스러운' 땀방울을 흘림으로써 가시적인 집단 의례를 거행했던 것이다.

3월호에 백철의 「부여신궁어조영 문화인부대근로봉사기」가 실리고 나서, 『문장』 4월호에 이석호의 희곡 〈사비루泗泚樓의 달밤〉과 야나베 에이자부로矢鍋永三郞의 「부여회상기」가 나란히 배치된다. 사비루는 백제 제26대 왕인 성(명)왕이 백제의 부흥을 꾀하고자 웅진에서 천도하여 새로 건설한 백제의 마지막 수도 부여의 옛 지명으로, 여느 역사 유적지와 크게 다를 바가 없다. 그러나 1941년 『조광』지에 실린 총력연맹 총무부장 烏川僑源(창씨개명 전 이름은 정교원)의 「성지 부여와 내선관계」[7]와 매일신보사 사장 김천성이 쓴 「부여신도의 사적」[8]을 겹쳐 읽으면,

---

[7] 烏川僑源, 「성지聖地 부여夫餘와 내선관계內鮮關係」(『조광』, 1941년 7월), 30~32쪽.
[8] 김천성, 「부여신도의 사적」(『반도사회와 낙토만주』, 滿鮮學海社, 1942), 33~36쪽.

사비(루)의 의미망은 확연히 달라진다. 이 두 글에서 백제 성왕과 사비(루)는 특정한 의미망을 내포하고 있기 때문이다.

정교원은 "원래 백제는 금일의 경성 부근에서 공주로 천도할 때부터 일본과의 교류가 빈번해서 군사적, 정치적으로 일본의 구원에 의지하여 발달하고 존립까지 해 온 경우가 많았던 것이다. 이러한 배후의 지원에 의해 백제는 나라로서의 기초가 견고해졌으며, 문화도 배양되었다. 특히 성명왕(성왕)에 이르러 공주에서 부여로 천도한 것은 일본과의 교류 상 큰 의의를 가진 것이다."(30쪽)라며 성명왕(성왕) 시대를 특별히 강조하고, 이 "사비루(부여)로 이동한 것은 일본에 일 보라도 근접해야 한다는 의미가 무엇보다 컸다."(30)고 주장한다.

김천성 역시 "백제 제26대 성왕 때 백제가 고을을 사비=부여로 옮긴 후 나라 일흠을 남부여라 하고 고구려에 대하야 공세를 취하고 나가든 당시부터 일본에는 가장 많은 문화가 수입되었고 흠명천황 시대에는 종교 과학 예술 등이 속속 수입되어 그 기술을 가지고 온 사람은 그저 일본에 머물러서 그 방면의 시조가 되고 또는 그 기술의 혁신을 도모하였고 백제가 멸망한 후에는 많은 백제 유민들이 일본에 귀화하야 보호를 받어 백제 문화는 전국에 퍼지는 동시 오늘 문화의 기초를 이루게 된 것인데 이로서 내선일체의 연원은 유원한 것을 미루어볼 수 있을 것이다."(35)라며 부여(사비)의 천도가 내선일체의 연원임을 논구한다.

정교원과 김천성의 글은 똑같은 역사 기술 방식을 따르고 있다. 우선 성지聖地 부여로 백제가 도읍을 옮긴 시기는 백제의 완숙기(또는 전성기)였다. 이때 백제와 상고上古 일본의 교류가 급증했다. 이러한 백제와 상고 일본의 활발한 교류로 혈연적·문화적 동질성의 단초가 마련되었다. 이로써 내선일체의 연원은 유원하며, 백제 멸망 시 일본의 구원병이 백제를 도와 피를 흘림으로써 두 나라의 관계는 선린우호를 넘어 피로 맺어진 혈맹국이 되었다는 결론이 자연스럽게 도출된다.

이런 사회적·역사적 맥락을 감안하면, 이석훈의 희곡 〈사비루의 달밤〉[9]을 단지 순수한 창작적 동기의 소산으로만 보기 어려워진다. 희곡 〈사비루의 달밤〉은 현재를 시공간적 배경으로 삼지만, 현재를 정당화하는 '기억의 터전'으로 과거가 수시로 개입해 들어오기 때문이다. 피에르 노라Pierre Nora의 예리한 통찰대로 옛 사비루는 한 공동체가 지닌 기념 자산의 상징적 요소, 즉 국민적 기억이 구현되어 있는 터전으로 창조·재생산되는 것이다.[10] 홉스봄은 현재가 소환하는 이러한 과거의 복원을 '현재가 되어 가는 과정으로서의 과거'라고 명명한 바 있다. 과거의 복원은 실제 시도 못지않게 강한 상징적 요소를 내포하기 때문에, 정서가 담긴 잃어버린 과거 부분들의 복원은 마술magic과 같은 일체성을 제공한다고 홉스봄은 지적한다.[11]

〈사비루의 달밤〉은 시인 김문학金文學과 자살하려고 하는 젊은 여인 이애라李愛羅가 그 주인공이다. 김문학은 자살하려고 부여 사비루를 찾은 이애라를 만류한다. 김문학은 자살의 권리를 주장하는 이애라에 맞서 "생명을 개인의 소유로 해석하는 그릇된 관념"을 비판하고, "애라 씨의 생명은 국가의 것이요, 사회의 것임"을 역설한다. 나아가 "백제가 망한 것은 당나라와 신라의 연합군을 막기에 충분한 군비를 게을리하고 위로는 임금으로부터 아래로 백성에 이르기까지 향락에 도취되었기" 때

---

9 이석훈, 〈사비루沙批樓의 달밤〉(『문장』, 1939년 4월).

10 이용재, 「해외 석학과의 대화─피에르 노라와 『기억의 터전』 : 프랑스 국민 정체성의 역사 다시 쓰기」(『역사비평』, 2004년 봄), 324~342쪽.

11 여기서 홉스봄이 쓴 '복원'은 있는 그대로의 복원이 아니다. 복원하려는 욕망 자체는 이미 현재화된 재창조 혹은 혁신이다. 여기에 대해서는 에릭 홉스봄, 『역사론』(강성호 옮김, 민음사, 2002), 39~40쪽 참조.

문이라고 말한다. "먼 수로를 건너 일본군이 도와주러 왔지만 이미 대세는 어쩔 수가 없어서 백제는 멸망"하고 말았다. 그러나 "백제의 문화는 일본으로 이식되어 찬란한 비조문화飛鳥文化[12]를 이루어 후세에까지 남아" 이 "부소산에 부여신궁을 건설하기 위한 큰 공사"로 면면히 이어지고 있다.

김문학은 향락(성적 문란)에 도취된 백제의 멸망은 필연적이지만, 이 멸망이 새로운 탄생의 밑거름이 되었다고 말한다. 이런 점에서 김문학은 홉스봄의 '현재가 되어 가는 과정으로서의 과거' 역할을 충실하게 수행한다. 그는 백제의 흥망을 허무적 감상주의가 아닌 쇄신 또는 재생으로 구축함으로써, 백제의 멸망을 끝이 아닌 재창조의 적극적인 계기로 만드는 일련의 서사 문법을 주조해 낸다. 이는 공적 담론의 반복, 이른바 수행적performative 실천[13]으로 황국신민으로서의 '일본인 됨'을 각인시키는 이야기하기의 이데올로기적 재생산이다.

조선인의 '일본인 됨'은 조선인이 천부의 자질을 타고난 일본인이 아니라는 점에서, 인위적이고 가공적인 수행적 실천을 요구한다. 그런데 이 인위적 수행성이 사랑이나 출산과 같은 여성적 자질들과 결부되면서 자연화되는 양상을 보인다. 사랑하는 남자가 기혼자라는 사실을 까맣게 모른 채 결혼을 한 이애라는 뱃속의 아이로 인해 더욱 절망하고 급기야 자살을 결심한다. 그 장소가 왜 하필이면 부여 사비루였는지는 여러 가지 해석의 여지가 있지만, 그녀의 사랑과 뱃속의 아이는 부여

---

[12] 아스카문화. 쇼토쿠 태자聖德太子의 섭정시대를 주로 일컫는다. 당시에 백제와 일본의 문화 교류가 대단히 활발했다. 7세기 전반을 중심으로 나라분지 아스카 지방에 중심적인 정치체제가 성립되었던 데서 연유했다.

[13] 이진경, 「수행적 민족성─1930년대 식민지 한국에서의 문화와 계급」(『한국문학연구』, 2005), 31~65쪽.

사비루와 함께 수행성 자체를 감추는 효과적인 서사 장치로 기능하게 된다. 흔히 전통의 상속과 세대의 계승은 한 공동체의 자연적이고 물질화된 영역으로 간주되기 때문이다. 고대로부터 이어진 고귀하고 영웅적인 공통의 조상(역사)과 뱃속의 아이는 타 집단과 구별되는 혈통적이고 문화적인 계보를 이룬다. 이애라와 그녀의 아이가 개인적 차원이 아닌 국가 혹은 사회의 소유가 되는 이유가 여기에 있다. 이애라의 사랑과 그 사랑의 결실인 아이는 사적인 관계의 산물이지만, 이런 사적 관계는 국가 또는 사회로 유기적으로 통합된다. 아니 김문학의 능동적이고 자발적인 중재로 그녀와 그녀의 아이는 죽음의 위기를 딛고 고대로부터 이어지는 찬란한 문화의 계승자로 새롭게 호출·규정된다.

이런 점에서 김문학은 그의 이름이 노골적으로 상징하듯, 시대가 요구하는 모범적인 신지식인상이다. 이애라의 입을 통해 김문학이 현재 "「아세아의 여명」이니 「광명은 동아」니 하는 논문 같은 시"를 쓰고 있음이 밝혀진다. 문학자의 달라진 위상과 진정성의 장소인 '일본인 됨'은 아시아적 주체라는 자기 쇄신과 변형을 거쳐 시대에 적극 대응하고 실천하는 행동가적 인물로 체현된다. 김문학의 이런 주체적 결단과 의지를 보증하고 뒷받침하는 것은 과거 역사이다. 고대 과거는 단지 흘러간 옛이야기가 아닌 현재의 자기를 구성하는 주체 구성의 적극적인 내적 승인 기제가 되기 때문이다. 이성시의 지적처럼, 고대 왕조는 일본이 아시아적 정체성을 확립하고 구축한 토대 하에 성립되었다. 원래 아시아라는 것은 외부인인 유럽인이 편의적으로 명명한 지역 테두리로, 일본인들에게 역逆 전이된 아시아라는 일체화된 가상의 시선이 대동아공영권大東亞共榮權·만선일체론滿鮮一體論·일한일역론日韓一域論과 같은 일본 제국의 제국사를 통어하고 재창출했다.[14] 완결되지 않은 그래서 언제나 완결되기를 기다리는 미완의 영역으로서의 고대사에는 고대사를 서사화하는 현재의 체험이 투사 · 반영된다. 사람은 자기 체험으로 고대를 구성하고, 이렇게 해서 얻어진 고대로써 자기 체험을 평가하고 짐작해 왔다는 니체의 말처럼,[15] 고대사는 아시아적 주체의 내적 승인과 부인이라는 복합적이고 역동적인 주체 구성 기제와 밀접하게 연관되어 있다.

멸망의 여성화와 기원의 재설정

일반적으로 김동인이 1941년에 쓴 『백마강』은 '내선일체'의 이데올로기를 노골적으로 선전한 작품으로 평가되고, 이보다 앞서 발표된 『제성대』는 흥미 위주의 역사소설로 분류된다. 1938년과 1941년 사이에는 3년의 시간 차가 존재한다. 이 차이를 반영이라도 하듯, 『백마강』과 『제성대』에 대한 연구 경향과 시각은 변별점이 많다. 한수영은 김동인의 집필 동기와 포부를 인용해 김동인의 『백마강』을 내선일체의 이데올로기를 담은 작품으로 규정한다.[16]

"내선일체의 성지聖地 백제를 배경으로 신체제에 적응하여 역사소설의 신기원을 만든다."는 신문의 『백마강』 소개 기사는, "오늘날 같은 천황 아래 대동아 건설의 위대한 마치를 두르는 반도인의 조선祖先의 한 갈래인 백제 사람과 내지인의 조선祖先인 야마도 사람은 그 당년(1천 3백 년 전)에도 서로 가깝게 지내기를 같은 나라나 일반이었다. …… 바

---

[14] 이성시, 앞의 책, 135~138쪽.

[15] 이성시, 앞의 책, 19쪽.

[16] 한수영, 「고대사 복원의 이데올로기와 친일문학 인식의 지평」(『실천문학』, 2002년 봄).

1941년 《매일신보》에 연재된 김동인의 『백마강』(위). 『백마강』은 '내선일체'의 이데올로기를 노골적으로 선전한 작품으로 평가받는다. 『백마강』보다 먼저 발표된 『제성대』(왼쪽)는 '진헌'(견훤)을 주인공으로 한 장편 역사소설로 김동인은 주인공 '진헌'을 영웅으로 만들고자 이 작품을 썼다고 밝혔다.

야흐로 쓰러지려는 국가를 어떠케든 붙들어 보려는 몇몇의 백제 충혼과 밋 딴 나라일망정 친근히 사귀던 나라의 위국危局에 동정하여 목숨을 아끼지 않고 협력한 몇몇의 야마도 사람"[17]의 미담을 줄거리로 하겠다는 김동인의 집필 동기와 어우러진다. 1941년 7월 24일부터 《매일신보》에 연재된 『백마강』은 이처럼 집필 동기가 분명하다는 점에서 그 친일적 면모를 재삼 거론할 여지는 없어 보인다.[18] 그런데 한수영은 김동인의 소설 『백마강』의 문제성이 "단지 소설에 일본에 대한 찬양이 나오고 일선동조론에 부합하는 목적이 선명하다는 데 있지 않다."고 주장한다.

한수영은 오히려 이 소설이 내선일체 이데올로기와 접목되는 순간 파열되는 지점을 추적함으로써 현재 진행되고 있는 친일 논리의 단선성을 재고하려는 뚜렷한 주제 의식을 드러낸다. 『백마강』의 친일성이 문제의 쟁점이 아니라, 김동인의 『백마강』이 애초 스스로 설정한 이념에도 미달할 뿐만 아니라 이념과 서사의 전개가 서로 모순되는 지경에까지 이르고 마는 논리적 파탄을 문제 삼는 것이다. 그 증거로 그가 드는 것이 선/악의 이분법이다. 즉, 『백마강』을 배후에서 조종하고 있는 선/악의 이분법적 구도가 서사 전개상 설득력이 떨어진다는 점을 주요하게 지적한다. 그에 따르면, 『백마강』은 백제가 왜에 가깝다는 것과 신라가 당에 가깝다는 단 한 가지 사실에 근거하여 모든 인물이 배치되고 행위의 선/악이 가늠된다. 이런 점에서 『백마강』은 동상이몽

---

[17] 임종국, 『친일문학론』(평화출판사, 1966), 196~197쪽에서 재인용하였으나 부정확한 부분은 1941년 7월 20일자 《매일신보》의 「작자의 말」을 찾아 보충했다.

[18] 김동인의 『백마강』은 《매일신보》에 1941년 7월 24일부터 게재되기 시작하여 1942년 1월 30일까지 장기간에 걸쳐 연재된 대표적인 신문 장편 연재소설이다.

의 산물이다. 한쪽에서는 저항을 무마시키고 식민지 경영을 통한 초과 이윤의 안정적인 확보를 위해 '한 핏줄'임을 내세우고, 다른 쪽에서는 '한 핏줄'이 되었을 때 얻게 되는 동등한 지분과 권리를 꿈꾸기 때문에 텍스트의 내적 일관성이 파괴되었다.[19] 결국 한수영은 『백마강』의 텍스트 내적 모순과 파탄을 텍스트 외적인 맥락으로 보충하고 충당하는 셈이다.

한수영의 논의를 다소 길게 인용한 이유는 김동인의 역사소설 『백마강』을 심층적으로 다룬 논문이 거의 없기 때문이다. 그리고 현재 연구자들의 일반적인 연구 경향, 즉 친일 문제를 국민국가의 이데올로기로 포섭해 온 기존 시각에 의문을 제기하고 새로운 대안을 모색하려는 연구자들의 욕망이 텍스트를 내적 분열과 모순의 집적체로 간주함으로써 오히려 텍스트 분석의 균질화를 초래하고 있다는 점을 지적하기 위함이다. 연구자들의 이런 공통된 무의식은 『백마강』의 텍스트 분석에도 여지없이 관철된다. 총독부의 '내선일체' 정책을 노골적으로 지지하고 옹호했던 『백마강』의 이념은 일본인보다 더 일본인답기를 꿈꾸었던 김동인(혹은 식민지 조선의 지식인)의 상승 욕구로 내적인 파열을 일으킨다. 그러나 이런 식의 독법대로라면, 모든 텍스트는 내적인 모순과 균열의 집적체일 수밖에 없다.

물론 이런 독법이 잘못됐다거나 틀렸다고 말하려는 것은 아니다. 텍

---

[19] 한수영의 이 말은 식민지 지배자와 식민지 피지배자의 욕망이 어떻게 중첩되고 어긋나는지를 보여 주는 진술이다. 식민지 지배자는 식민지 피지배자의 지배와 동원을 위해 식민지 피지배자의 상승 욕구를 부추기고, 식민지 피지배자는 식민지 지배자의 발언을 똑같이 모방함으로써 이를 초과하는 잉여물을 만들어 낸다. 그러나 이런 식의 해석은 텍스트 외적 맥락으로 텍스트의 내적 메커니즘을 회수하는 단선적인 텍스트 독해의 위험성을 여전히 내포하고 있다.

스트의 내적 모순과 균열을 읽어 내는 연구자의 날카로운 통찰은 연구자의 소중한 자산임이 틀림없기 때문이다. 그러나 텍스트의 내·외를 가로지르는 예각적인 분석이 좀 더 빛을 발하려면 김동인의 다른 역사소설뿐 아니라 여타 역사물들 간의 연관성이 폭넓게 숙고되어야 할 것이다. 더구나 1937년을 기점으로 문단뿐 아니라 독자들에게도 엄청난 인기를 끌었던 흥망사 이야기와의 내적 상관성은 반드시 탐문되어야 한다. 흥망사 이야기는 흥興과 망亡의 대립으로 구축된다. 흥이 텍스트의 표면에 명시되지 않는다 하더라도, 망은 흥과의 상대적인 차이를 통해서만 그 의미가 구체화된다.[20] 역사소설 장르뿐만 아니라 역사소설과 이웃해 있던 야담 및 사화와 희곡 같은 장르와의 연관성을 고려할 때 한수영의 논의도 더 설득력을 지닐 수 있을 것이다.

여기서 총독부의 '내선일체' 이념에 투철한 『백마강』보다 1938년 『조광』에 연재된 『제성대』를 더 주목하는 이유도 이와 무관하지 않다.[21] 『제성대』는 '진헌'(견훤)을 주인공으로 한 장편 역사소설이다. 김동인은 주인공 '진헌'을 영웅으로 만들고자 이 작품을 썼다고 『삼천리』 기자에게 밝혔다.[22] 어떤 문헌을 참고했느냐는 기자의 질문에, 김동인은 문헌이라고 할 만한 것은 없고 다만 조선 역사가 늘 반대되는 사실만을 기록하니 그것을 수정하려고 이 작품을 썼노라고 답한다. 『제성대』는 이러한 김동인 특유의 역사 뒤집어 읽기를 잘 보여 준다. 『대수양』

---

[20] 여기에 대해서는 흥망사 이야기의 제작 양상을 조사·정리한 이 책의 8장을 참조할 수 있다. 또한 조선조의 멸망을 재건의 기획으로 통합한 '김옥균'의 표상과 '명성황후(당시 민비)'는 이의 연장선상에 있다. 공임순, 『식민지의 적자들』(푸른역사, 2005).

[21] 김동인, 『제성대』(『조광』, 1938년 5월~1939년 4월). 『제성대』는 이후 1942년 박문서관에서 '견훤'이라는 표제를 달고 단행본으로 출간되었다.

[22] 「장편작가방문기-김동인」(『삼천리』 1939년 4월), 218쪽.

에서 『홍선대원군』에 이르기까지, 그는 정전으로 알려진 공적 역사를 거꾸로 읽음으로써 항상 이광수와 대척점에 섰다. 이광수의 『마의태자』와 김동인의 『제성대』를 상호 참조할 근거도 이런 김동인과 이광수의 오랜 숙적 관계에서 찾을 수 있다.

앞에서 언급했듯이, 이광수의 『마의태자』는 신라 조정의 타락과 쇠퇴를 형상화했다. 성적 타락은 곧 윤리적 타락으로 직결되고, 이 모든 것의 중심에는 인륜지도를 위반한 여성 인물들의 성적 과잉과 탐욕이 깊숙이 자리하고 있다. 성적 탐욕에 사로잡힌 그녀들의 육체적 전시는 조정의 내부를 비밀 아닌 비밀로 만들어 버렸다. 조정의 타락이 극에 달할수록 그 조정을 엿보고자 하는 관음증적 욕망도 증대한다. 시정市井에 급속도로 퍼져 가는 추악한 성적 스캔들이 백성들의 공포와 불안을 부추기는 동시에 그 내부의 실상을 확인하려는 전도된(도착된) 욕망을 자극하는 것이다. 신라의 멸망과 파국에 대한 이런 성적 시각화는 이광수의 『마의태자』에서 마의태자의 비극성을 높이는 데 일조했다. 이 몰락하는 조정과 한 배를 탈 수밖에 없는 마의태자의 비극적 운명성이 소설의 후반부를 장식한다. 앞서 지적했다시피 이광수가 『마의태자』에서 구현한 흥망사 이야기의 기본 유형은 이후 흥망사 이야기에 지속적으로 영향을 미쳤다. 적어도 망亡은 성적 방종과 음란의 생물학적 육체성과 연결되고, 이런 생물학적 육체성의 강조가 육체에 달라붙은 성적 정체성과 그것의 변경 불가능성을 함축하고 있기 때문이다.

신라의 망亡은 구제할 길 없는 지배층의 무능함과 타락에 대한 고발이다. 동시에 생물학적 육체성에 고착된 변경 불가능한 정체성은 흥興으로 대변되는 마의태자와 대조되는 지점에서 성적 위계화와 도덕적 위계화를 새겨 놓는다. 이런 생물학적이고 원초적인 육체성에 달라붙은 성적 표지는 여성 혹은 여성적인 것이다. 생물학적 육체를 대변하고 상징하는 표상체는 여성이고, 이런 여성적인 것의 육화를 통해 망의 추상적 함의도 가시적으로 재현할 수 있다는 점에서 여성적인 것의 형상화 없이 홍망사 이야기는 만들어지지 않는다. 이광수의 『마의태자』는 이런 홍망사 이야기의 기본 틀을 마련했고, 김동인의 『제성대』는 『마의태자』의 기본 유형을 반복·재생산한다.

김동인은 '진헌'을 주인공으로 하여 공적 역사의 해석을 과감하게 전복하고자 했다. 그러나 그가 표방한 만큼 『제성대』가 공적 역사를 역전시켰는지는 의문이다. 오히려 그는 『마의태자』의 기본 유형에 편승하여 '진헌'의 기원을 재설정하는 새로운 시도를 보여 준다. 『마의태자』로 선先지식을 획득한 독자들은 신라를 적으로 하여 진헌을 영웅화하는 『제성대』의 서사 구성에 일부 반발하지만,[23] 신라의 멸망 자체를 문제 삼지는 않는다. 신라의 멸망은 피할 수 없는 과거 사실임이 분명하지만, 성적 타락과 오염으로 신라의 멸망이 가속화되었다는 이광수의 역사 해석은 특정 시대의 산물이다. 그런데 김동인은 이런 이광수식 역사 해석을 아예 전제한 채 진헌을 고토古土 회복의 신기원을 연 영웅으로 축조한다.

『제성대』는 신라의 비장 신분이었던 진헌이 신라에 맞서 스스로 왕이 되는 모반의 이야기를 재구한다. 신라의 제51대 왕인 진성여왕 시대에 큰 흉년이 들고 국정이 어지러워 도처에 도적의 무리가 들끓었다. 진헌도 신라 조정에서 보면 큰 도적에 지나지 않았다. 김동인은 진헌에 대한 공적 역사의 비난을 의식한 듯, 진헌을 고귀한 집안의 적장자로 재상정한다. 진헌은 부여 아자개阿慈介의 아들이다. 아자개는 "백제 왕

---

[23] 「장편작가방문기─김동인」, 앞의 잡지, 129쪽.

족으로—더욱이 태자 융隆의 정통 갈래의 8대손"이다. 따라서 진헌은 태자 융의 정통 갈래의 9대손에 해당한다. 진헌이 태자 융의 정통 갈래를 잇는다는 진술은 텍스트상 중요한 의미를 지닌다. 왜냐하면 융은 백제 왕실의 마지막 태자였고, 이런 융의 직계 후손인 진헌은 백제 왕조를 부흥할 적자로서 그 자격을 갖추었다는 뜻이 되기 때문이다. 더구나 융은 "의자왕이 당나라로 잡혀간 뒤에 공식으로는 백제는 망한" 때 "백제부벽운동을 끊임없이 하였고, 그때 일본에 가 있던 백제왕자 풍豊 등도 또한 귀국하여 칭왕을 하며 백제 재건에 퍽이나 노력한" 저항적 정신과 기개를 상징하는 인물로 소개된다. 그리고 풍의 이야기는 1941년 작인 『백마강』으로 이어진다.

『백마강』은 일본에 가 있던 백제 태자 풍을 더욱 부각시킨다. 종실宗室인 복신福信[24]이 태자 풍을 모시고 일본 구원병과 함께 그의 아들이 죽음으로 항쟁하고 있던 주류성에 극적으로 입성한다. 『백마강』은 이들의 출현이 백제 왕실의 끝이 아닌 새로운 시작임을, 절망이 아닌 희망임을 암시한 채 끝난다. 백제 왕자 풍은 이런 새로운 시작과 희망을 선사하는 사도이다. 그는 일본과 백제의 근친 관계를 증명하는 산 증인이기 때문이다. 이로써 『백마강』이 백제 왕자 융보다 풍을 더 부각시킨 이유를 충분히 짐작할 수 있다. 하지만 『제성대』와 『백마강』의 차이를 강조하다 보면, 두 작품의 동일한 서사 구조를 놓치기 쉽다. 『제성대』와 『백마강』은 둘 다 주인공의 영웅적 면모를 정당화하는 서사 장치로 백제 태자 융과 풍을 적절하게 활용한다. 주인공의 영웅성은 물론 이들

---

[24] 복신은 의자왕의 사촌동생이자 무왕의 조카이다. 나당연합군이 공격해 오자 임존성에서 항전하였고, 백제가 멸망하자 승려 도침과 함께 주류성을 근거로 하여 백제부흥운동을 일으켰던 인물이다.

의 천부적인 자질에 기인한 바 크다. 그러나 그것만으로 진헌의 모반과 후백제 건국이 정당화되지는 않는다. 이러한 부족한 부분을 채워 주는 것이 바로 그의 혈통, 즉 고대 '료하遼河'를 주름잡던 "고구려의 지족支族" 백제의 정통 부계父系이다. 지금은 비록 신라에 복속되어 일개 촌부로 전락하고 말았지만, 그의 핏속에는 고귀한 선조들의 유구한 전통과 업적이 연연히 이어지고 있다.

따라서 고귀한 혈통을 고스란히 물려받은 진헌의 출생 '비밀'은 그를 고향에서 떠나게 하는 추동력이다. 고향을 떠나 새로운 출발점에 선 그는 금의환향을 약속하는 가족 로망스의 회귀형 여정을 따라 순환한다. 주인공 진헌은 촌부의 아들이기를 거부하고 자신의 '진정한' 기원을 찾아 모험과 탐색의 길에 오른 가족 로망스의 사생아인 것이다.[25] 비천한 현실과 고귀한 탄생의 심리적 거리가 크면 클수록, 그는 가족 로망스의 사생아로 공적 명분을 자동적으로 획득하게 된다. 고귀한 출생의 '비밀'을 간직한 그는 비천한 현실을 뚫고 자신의 고귀한 기원을 재확인할 공적 장소가 필요하기 때문이다. 비천한 현실에 대한 그의 사적 증오가 공적 명분과 합치되는 지점이 여기이며, 이런 사적 증오가 곧 가족 로망스의 상상적 플롯을 탄생시키게 된다.

『제성대』의 서술자는 "이 소년 왕손에 대한 사상史上 기록은 매우 모

---

[25] 근대소설의 영웅은 객관적인 기반을 잃어버린, 헤겔이 말한 한낱 환상이나 주관적인 소망을 담지한 인물들이다. 마르트 로베르는 근대소설은 현실의 재현 능력이 아니라 삶의 요소들을 재분배하고자 삶을 자세히 검토하는 능력으로 생겨난다고 말한다. 그에 따르면, 소설은 환상을 통해서 우회적으로 리얼리티에 도달하는 것이다. 따라서 근대소설의 모든 작중인물은 가족 로망스의 업둥이거나 사생아이다. 마르트 로베르, 『기원의 소설, 소설의 기원』(문학과지성사, 1999)과 영문판인 *Origins of the Novel* (Indiana University Press, 1980)도 함께 검토했다.

호하다. 그의 출생에 대하여서도 어떤 책에는 상주 가은현에 사는 농부 아자개의 아들이라 하였으며 다른 어떤 기록에는 광주에 사는 부잣집 딸이 자의동자紫衣童子로 화한 지렁이蚯蚓와 밀통해 낳은 바란 아주 고약한 것까지 있다. 짐작컨대 그의 이름이 진헌이라 지렁이와 흡사하므로 어렸을 때 아이들끼리의 별명이 지렁이었는지도 모른다. 하여간 후일 기록을 남긴 사람이 다 신라의 계통 사람이라 진헌에게 호의를 가질 자는 없었으므로 그의 위대한 백제 부벽 운동을 한낱 도둑행사로 곡필曲筆을 했을 것이다."라고 제시한다.

이 서술자는 과거 기록을 객관적으로 전달하는 듯하지만, 이것을 권력자의 농간으로 치부하는 이중 전략을 택하고 있다. 이는 결국 주인공 진헌을 고귀한 탄생의 '비밀'을 지닌 영웅으로 만들기 위해서이다. 그의 고귀한 출생에 얽힌 '비밀'이 진헌을 영웅으로 만드는 동시에 현실에 대한 그의 증오와 분노를 정당화한다. 신라에 대한 그의 사적 원한과 복수는 그의 고귀한 출생으로 인해 비로소 이해 가능한 것이 된다. 완산주에 새 터를 잡고 왕위에 오르는 것으로 진헌은 "공적인 복수는 끝났다"고 천명한다. 그럼에도 그가 이런 공적 복수에 만족하지 않는 이유는 개인적인 원한에 있다. "하나 개인적─즉 신라의 선조가 백제의 선조에게 대하여 한 야비하고 참담한 행동에 대한 복수를 반드시 하여야 할 것이다. 그러기 위해서는 지금의 이 자리만으로 만족할 수 없고 동벌 또 동벌의 싸움이 계속"되어야 하는 것이다.

신라 조정에 대한 진헌의 끝없는 복수심은 백제 왕실을 상속하는 그의 부계 혈통으로 확보되고 지지된다. 사적인 것과 공적인 것이 거의 구분되지 않는 진헌의 야심과 열정은 가족 로망스의 사생아들이 공통되게 함유하는 속성이기도 하다. 이 사생아들은 사적인 원한과 증오를 공적으로 대리 · 배설한다. 사적인 원한과 증오가 공적인 명분을 합리화하는 자기동일성의 메커니즘에서 실제로 지워지는 것은 자기동일성의 환상을 떠받치는 은폐된 타자들이다.[26]

　고귀한 출생의 소유자인 진헌은 고향의 안정된 삶에 만족할 수 없다. 고귀한 출생의 비밀이 그의 등을 떠밀기 때문이다. 관성화된 공간과의 분리와 이반은 가족 로망스의 사생아들이 제 기원을 재설정하는 과정에서 반드시 거쳐야 할 단계로 자리매김한다. 그들은 익숙한 것과의 분리, 즉 고향과 이별하고서 세속의 온갖 욕망이 뒤끓는 중심으로 나아가야 한다. 그 중심에는 세속적이고 물질적인 욕망이라는 거부할 수 없는 유혹이 그를 기다리고 있다.

　전헌이 신라의 비장 신분으로 임금의 부름을 받아 임금과 대면하는 장면은 그가 세속적 욕망의 중심부에 들어섰음을 의미한다. 세속적 욕망이 뒤끓는 용광로인 신라 조정에서 그는 여왕의 성적 유혹에 기꺼이 응대한다. 여왕은 임금이 아닌 '여자'로 다가온다. 신라를 구원할 충성스런 신하로 진헌을 부른 임금과 임금 앞에 부복한 진헌의 공적 위치는 분명 위계 서열적이다. 명령과 복종의 일방향적이고 수직적 관계가 이들이 처한 공적인 주체 위치이다. 이런 임금과 신하의 위계 서열적인 신분과 질서는 진헌이 여왕을 임금이 아닌 '여자'로 호명하면서 역전된다. 여왕은 공적인 위계질서에서 진헌보다 우위에 있었으나, 진헌이 그녀를 임금이 아닌 '여자'라고 부르는 순간 이 질서는 전도되어 한 남자로서의 진헌이 한 여자로서의 임금을 순치하고 조종하는 권력 구조의

---

[26] 가족 로망스의 사생아들이 어머니(여성)의 부정과 타락을 타자화하여 고귀한 영광의 자리에 오르는 가족 로망스의 서사 구성 방식과 정체성 간의 상호 작용에 대해서는 Christine van Boheemen, *The Novel as Family Romance* (Cornell University Press, 1987) 참조. 이 책은 가족 로망스라는 틀로써 소설이 주체성을 확인하는 거울로 기능하는 양상을 이론적으로 고찰한다.

재편을 가져오게 된다.

『제성대』의 서술자는 이런 역전된 권력 구조를 성과 애정 등의 사적 영역으로 치환함으로써 자연적이고 원초적인 인간 본능의 발로인 양 이를 채색한다. 인간의 본능은 인간의 의지로 제어하기 힘든 무의식적인 욕망과 충동들로 가득 찬 인간 본연의 모습을 담지한다. 따라서 진헌이 단지 한 명의 '여자'에 지나지 않는 여왕과 사사로운 애정 행각을 벌였다고 한들 그것이 문제될 리 없다. 인간의 원초적 본능과 욕구에 충실하게 그는 한순간의 성적 유희를 즐겼을 뿐이다. 더구나 여왕이 진헌을 한 남자로 대하며 노골적으로 유혹하는 마당에 그가 마다할 이유는 전혀 없다. 그 역시 오랫동안의 외지 생활로 "저축貯蓄되었던 정력을 처치할" 맞춤한 기회였기 때문이다. 그와 여왕의 성적 향연은 그의 입장에서 보면 "임시적 쾌락, 임시적 흥취"이다. 여왕으로서도 이 일은 "일상의 다반사"로, 둘은 암묵적인 동의 하에 서로의 육체를 탐닉한다.

서술자의 표현대로라면, 둘의 관계는 두 사람에게 모두 일시적인 쾌락으로 피차 동등하다고 할 수 있다. 그러나 여왕이 진헌의 육체를 탐하는 것은 "일상적 다반사"로 규정되어 그녀가 임금의 본분을 상실한 지 오래되었음을 암암리에 시사한다. "일상적 다반사"로 "성적 놀음"에 빠진 여왕과 일시적 "오입"을 즐기는 진헌 간의 차이는 대단히 크다. 진헌은 여왕과 성적 쾌락을 즐기는 순간에도 "이백 수십 년 전 나라가 깨어지고 종사가 무너지는 날 진헌 자기의 직계조상直系祖上인 의자왕이 멀리 당나라로 잡혀가고 그의 비빈이며 궁녀들은 신라와 당나라 장졸들에게 갖은 욕을 다 보고 용용히 흐르는 사자수를 향하여 낙화암에서 몸을 던져 목숨까지 끊었던" "그 원수를 그때의 비극에 지지 않게 참혹하게 갚으려고 나선 자기"의 뜻을 잊지 않는다. "천만 대까지라도 잊지 못할 큰 수치"를 내려 주고 "백제의 조상에게 내려 준 그 품갚음"을 다짐하는 진헌의 의지는 확고부동하다. 이에 반해 여왕은 "이상히도 이 음침하고 애교 없고, 예절 없고 말이 적고 어떻게 자진하여 말을 한다는 것이 그것은 도리어 감정 날 말이나 하"는 이 "뭉퉁한 사나이"에게 온통 마음이 쏠린다. 하룻밤이면 갈아 치우던 미소년이나 젊은 재상들과 달리, 여왕은 진헌을 위해서는 매일 야연을 베풀고 이튿날이 되어서야 내보내는 일을 되풀이한다.

여왕이 진헌을 임소에서 부른 이유는 중대하고 시급한 임무를 맡기기 위해서였다. 따라서 하루바삐 도로 길을 떠나보내어 변방의 어지러운 소요를 진압해야 함에도, 여왕은 성적 향락에 빠져 좀처럼 진헌을 놓아주지 않는다. 그러다가 신하들의 성화와 재촉에 못 이겨 겨우 진헌에게 병사 1천 명을 주어 떠나보낸다. 이러한 서술적 형상화의 견지에서, 진헌과 여왕의 인물 구성은 다를 수밖에 없다. 진헌이 사적으로 축적된 성욕을 마음껏 해소하고 여기에다 군사 1천 명까지 거느리고 아홉 살에 떠나 온 고향으로 돌아가는 회귀형 가족 로망스의 성공담을 보여준다면, 여왕으로 대표되는 신라 조정은 성적 탐욕과 쾌락으로 이미 회생의 여지가 사라진 몰락과 쇠퇴의 온상지로 유표화된다. 진헌의 일시 '오입'은 이런 점에서 신라 조정의 성적 방종과 타락을 예증하는 중요한 서사 구성 장치로 기능하며, 고토 회복에 대한 그의 강렬한 소망은 여왕의 성적 열정을 타자화하는 방식으로 공적으로 용인되고 충족되는 이중의 움직임을 보인다. 그의 영웅적 자율성과 주체성은 여성 육체의 시각적 대상화와 억압적 재전유를 통해 얻어진 성적 차별화의 결과인 것이다.[27]

---

[27] 인간의 자율적 주체성이란 배제되고 억압된 타자들을 만듦으로써 실행된다. 이 타자성은 여성성 혹은 여성적인 것이다. 다시 말해서 여성성 혹은 여성적인 것은 일구이언,

마르트 로베르Marthe Robert가 개진한 것처럼, 가족 로망스의 사생아는 여성으로 대변되는 성적 욕망을 초월·극복한 자리에 자신들의 왕국을 건설한다.[28] 이들의 영광은 세속적이고 물질적인 욕망을 여성들(여기서는 성적 문란과 퇴폐한 신라 조정)에게 돌린 채, 기원의 새로운 정초자로서 자신들의 이름을 새겨 놓는다. 진헌은 백제인과 비백제인이 공존하는 현재의 복합적 정체성을 지우고, 고토 회복의 기치 아래 현재의 땅을 옛 백제의 영토로 분절·구획하여 역사적이고 문화적인 배타적 독점권과 소유권을 주장하게 된다. 이는 고토를 성화聖化하여 백제의 정체성을 공고히 하는 기원의 재확정과 재명명하기이다. 김동인의 『제성대』가 궁예(가족 로망스의 사생아라는 똑같은 자격을 갖추었음에도)가 아닌 진헌에 초점을 맞춘 이유를 짐작케 해 주는 텍스트의 무의식적 징후로 이를 적극적으로 해명하고 분석해야 할 단초가 여기서 마련된다. 고토를 회복하는 일은 백제의 정체성을 확정하는 가장 분명한 공적 표식이다. 이렇게 견고하고 확실한 물적 토대, 즉 지리적 영토의 배타적 구획화에 기초한 옛 백제의 회복은 이미 사라져 버린 백제를 대체하는 상실의 보충물이라고 할 수 있다. 상실했다는 사실을 부인하고 회피하는 이러한 자기 위안의 대체물은 기원의 단절 혹은 균열을 봉합하여 매끈한 왕조적 연속성을 만드는 폭력적 동질화를 배면에 깔고 있다. 이러한 봉쇄 전략으로 진헌은 옛 백제의 정통성을 계승한 후백제를 재창립하고, 옛 백제

초월적인 기원을 모호하게 하는 물질적인 그리고 위협적인 자연으로 구현되고 지시된다. 따라서 소설의 작중인물들, 가족 로망스의 사생아들은 타자의 한 상징인 여성적 자질을 초월적으로 거부함으로써 자아와 성숙을 향해 가는 도정을 명시적으로 보여 준다. Christine van Boheemen, 앞의 책, 7쪽.

[28] 마르트 로베르, 앞의 책, 제3부 「인생의 단편들」 중 제2장 '소설에 대한 증오'에서 주로 원용했다.

342

의 정통 적장자로서 권능을 획득 · 과시하게 되는 것이다.

이 억압된 기원의 재설정에서 지워지는 것은 여성 육체의 시각화와 타자화라는 흥망사 이야기의 기본 유형이다. 이미 상실한 백제를 되불러 내고 진헌을 백제의 적장자로 소환하는 불연속성의 강제된 연속성은 여성으로 표상되는 신라 조정을 성적 문란과 방탕의 진앙지로 재현했던 흥망사 이야기의 기본 유형을 고스란히 반향한다. 김동인의 『제성대』가 이광수의 『마의태자』를 반복하는 동시에 1941년에 발표된 『백마강』을 예비한다고 할 수 있는 것은 이 때문이다. 김동인의 대표적인 친일 협력 소설로 꼽히는 『백마강』은 『제성대』를 거쳐 그 구체적인 외현을 드러낸다. 이런 점에서 김동인의 『제성대』와 『백마강』은 동일한 구조적 메커니즘을 함축하고 있는 셈이다.

이처럼 이광수가 설정한 흥망사 이야기의 기본 유형은 이후에도 반복 · 변주되었다. 이념적 색채가 거의 드러나지 않는 김동인의 『제성대』는 김동인이 『백마강』에서 식민지 정책자의 공식 이념이었던 내선일체를 체화해 '보여 줄 수 있었던' 경로를 제공한다. 여기에는 흥망사 이야기를 특징짓는 여성 육체의 시각화와 타자화가 매개 · 중첩된다. 하나의 텍스트를 둘러싼 구조적 역학들은 여러 복합적인 흔적을 개별 텍스트에 새겨 놓는다. 이를 면밀하게 탐구하는 일은 물론 후대 연구자의 몫이다. 식민지 말기를 관류했던 일상과 비일상(일상에서 체험되지 않는 이론 · 이념과 같은 추상적인 영역)의 상호 관여는 드러난 것과 드러나지 않은 것 간의 내적 긴장으로 더 풍성하게 드러나기 때문이다. 이런 점에서 김동인의 『제성대』는 자못 흥미로운 텍스트이다. 『제성대』는 대표적 친일 협력 소설인 『백마강』의 드러나지 않은 효력으로, 그리고 흥망사 이야기의 매개된 효과로서 중층적으로 결정된다. 흥망사 이야기의 전체 메커니즘과 개별 텍스트의 메커니즘을 분리해서 다룰 수 없는 이유가 바로 여기에 있다.

'타락'의 표지가 갖는 이데올로기적 효과

홍망사 이야기는 역사가 생산·구성·소비되는 방식을 살피는 하나의 참조점으로 다룰 만하다. 역사 담론은 과거를 재현한다는 본래적 기능에 근거해 탈−이데올로기적 성격을 공공연히 주창하지만, 역사 담론만큼 이데올로기적 성격을 강하게 담지하는 영역도 드물다. 식민지 말기까지 유일하게 생명력을 잃지 않고 지속적으로 생산·소비된 것이 역사 담론이라는 사실이 이 점을 증명한다. 그중에서도 홍망사 이야기는 통通시대적인 보편성을 지니면서도, 어떤 것이 홍이고 어떤 것이 망인지를 규정하는 상호 변별적 체계는 특정 시대의 산물이다. 홍은 망을, 망은 홍을 경유해 그 구체적인 모습을 나타낸다. 말하자면 홍은 망과, 망은 홍과 대척되는 지점에서 구축되는 것이다.

따라서 한 시대가 홍과 망을 무엇으로 규정하는지에 따라 홍망사 이야기의 이야기 구성 방식은 달라질 수밖에 없다. 하지만 여기서 간과할 수 없는 것은 홍의 일반적이고 추상적인 이념성이 망의 육화된 타락과 문란상을 구체적인 증거로 소환한다는 점이다. 파멸로 치달아 가는 망의 예정된 귀결이 홍의 고귀한 이념성을 재확언한다. 예정된 파국의 가시성은 홍의 추상적 이념성을 구체적인 자질로 변모시키는 원동력이기도 하다. 망과 대비되는 요소로 홍이 재정립된다는 점은 홍과 망의 반비례적 상관성을 말해 주는 것으로, 이는 홍의 드높은 이념성이 망의 적대적 타락상을 더 강하게 요구하기 때문이다. 홍의 이념적 고귀함이 재확증되려면 망의 적대적 타락상과 도덕적 징벌의 수위가 높아야 하

고, 이런 반비례적 상관성 하에서 흥과 망은 서로를 강제하는 도립상倒
立像으로 자리매김하게 되는 것이다. 이러한 흥과 망의 이항 대립적 지
형을 밑그림으로, 고대사는 식민지 당국의 지배 이념과 맞물려 역사적
으로 새롭게 재배치되었다. 고대 백제는 내선일체 혹은 일선동조日鮮同
祖를 뒷받침하는 역사적 전거로 고안되고, 식민지 피지배자는 여기에
호응 · 응답함으로써 고대사의 새로운 의미망을 주조했다.

   황기 2600년을 맞아 내선일체의 기념비적 조형물로 부여신궁이 창건
되고, 문인들을 비롯한 지식인들이 보국대를 결성해 신궁 공사에 힘을
보탠 일련의 정세와 흥망사 이야기는 각기 다른 층위에서 구조적 동형
성을 보여 준다. 따라서 흥망사 이야기의 내적 메커니즘을 파악하는 일
은 식민지 말기의 구조적 메커니즘을 규명하는 계기로 부족함이 없다.
특히 김동인의 『제성대』는 흥망사 이야기의 내적 메커니즘과 식민지
지배자의 공식 이념과 정책, 여기에 여성 육체의 시각화와 타자화를 통
해 기원을 재설정하는 남성 주체의 강력한 입신출세욕이 서로 착종되
는 양상을 보여 주는 좋은 사례이다. 고대사의 기원을 재설정하는 행위
는 단순히 과거 역사의 재판이 아니다. 여기에는 동시대의 지배적 욕망
과 갈등이 중층적으로 부식되어 있다.

   이러한 흥과 망의 상대적인 변별화가 '기능적 일체성'을 강조한 일본
의 전시 총력전 체제와 조응하는 측면이 많다는 점도 생각해 볼 대목이
다. '기능적 일체성'은 전시 총력전 체제를 유지하는 틀로, 직분에 따른
효율성을 극대화하는 여러 물질적 · 제도적인 실천과 (재)생산을 가리키
는 용어이다. 만주사변을 기화로 1945년 태평양전쟁의 패배까지 15년
전쟁에 돌입한 일본은 '기능적 일체성'을 통해 자본과 노동 그리고 인력
에 이르는 모든 사회자원을 효율적으로 배치 · 활용하여 전쟁을 승리로
이끌고자 했다. 이런 상황에서 직분에 따른 개개인의 효율적인 역할 수

행이 강조될 수밖에 없었다. 이러한 '기능적 일체성'에서 벗어나는 조그만 움직임까지도 반란죄를 뒤집어씌워 가차 없이 매도하고 처벌했다. 이러한 사회역사적 현실에 직면하여 당시 잡지와 신문 등의 대중매체와 연극과 영화 등의 대중예술이 홍망사 이야기를 통해 공적 영역과 대비되는 사적 영역을 국가의 직접적인 지배와 통제 아래 두고자 했음은 자못 흥미롭다. 국가의 전일적인 시선에 포착되지 않는 은밀함은 이제 개인의 자율성과 독립성을 드러내는 표지가 아니라, 국가를 위협하는 음모와 술책의 파괴적 징후로 변모되고 만 것이다. 비밀스런 개인의 공간을 투시하려는 국가의 억압적 지배와 통제가 관음증적 외설의 징후를 진하게 노정하며 사회의 최말단까지 파고드는 이 특정한 움직임이 제국과 식민지의 관계를 재편성하며, 홍망사 이야기의 이야기 구성 원리를 새롭게 구조화했다.

이러한 점에서 홍망사 이야기는 단순한 대중문화적인 통속담이 아니라 사적 영역과 관계된 특정한 권력적 배치와 재편성의 산물로 읽어야 한다. 이 때문에 홍망사 이야기는 다양한 논의의 여지를 남기며, 사적인 것이 공적(특히 억압적 국가)인 시선에 불온하게 비춰질수록 홍보다는 망의 자질들이 예각화되기 쉽다. 망이 보통 성적이고 육체적인 여성적 자질로서 환기되고 단죄될 때, 여성의 육체에 대한 타자화와 남성들의 새로운 기원에 대한 욕망과 명명은 이러한 사적인 것의 배척과 투명성 그리고 감시의 전일적인 시선과 통제로 귀결된다. 따라서 사적인 것의 '비밀'을 공적인(국가적인) 보이지 않는 감시의 시선으로 '비밀스럽게' 염탐한다는 역설은 이른바 일제의 전시 총동원 체제와 같은 전체주의 국가의 한 특징을 이룬다고 할 수 있다. 그렇다면 여기서 드는 의문은 오직 한 가지, 지금 우리는 어떠한가이다.

10

지금 **역사소설**은 세계 텍스트를 꿈꾸는가

과거 상실의 또 다른 징후는

우리의 역사적 관심이 체계적이지 않은 절충주의라는 것이다.

우리의 전통은 더 이상 조직된 역사적 총체가 아니라

지금까지 일어났던 모든 것을 그러모은 것에 지나지 않는데,

그 안에서 1930년대 영화는 파르테논과

동일한 정도와 동일한 유형의 관심을 끈다.

원숭이의 두개골에서 마야 사원에 이르기까지

우리는 이들 강력한 파편들, 떨어진 출입문,

그리고 가라앉은 갤리선들로부터

현재의 교훈을 전혀 전달받지 못하는 관광객들처럼

시간의 잡다한 파편들을 응시한다.

데이비드 로웬델David Lowenthal[1]

왜 역사가 팔리는가?

지금 역사가 폭증하며 우리를 향해 돌진하고 있다. 이러한 시대를 흔하디흔한 얄팍한 상흔으로 읽어 내는 일은 무의미할 것이다. 과문한 탓인지는 모르겠지만, 지금의 소설 비평은 현재를 과거로 무한 확장하고 있는 소설 경향과 출판 시장을 제대로 따라잡지 못하는 것 같다. 엄청난 지적 잡식성을 드러내며 비평가들을 유연하게 따돌리는 소설가들의 언변에 비평가는 박수 쳐 주기와 장단 맞추기로, 현재 유행하는 최신 이론을 끊임없이 들이대며 그것을 재확인하는 차원에 머물고 있다.

요즘 소설(가)들은 과거로 눈을 돌렸다. 과거는 경쟁력을 갖춘 상품으로 무궁무진한 저장소가 된다. 데이비드 로웬델은 이러한 상품화된 과거를 '길들여진 낯선' 나라라고 부른다.[2] '길들여진 낯선' 나라라는 말은 이중의 의미를 담고 있다. 낯설다는 것은 우리 눈에 낯설어야 한다는 뜻이다. 우리가 아예 판독할 수 없거나 통제할 수 없다면 과거는 더 이상 낯선 나라가 아니기 때문이다. 우리의 인식과 이해 범위를 넘어서는 과거는 낯선 나라가 아니라 의미가 함몰되는 불가지의 영역이다. 동시에 과거는 현재와 똑같아서는 안 된다. 현재와 다른 무언가를 갖고

---

[1] 데이비드 로웬델, 『과거는 낯선 나라다』(김종원 · 한명숙 옮김, 개마고원, 2006), 800쪽.
[2] 데이비드 로웬델, 앞의 책.

있지 않다면, 과거는 낯선 나라가 될 수 없다. 현재와는 다른, 아니 현재와는 달랐다는 위로와 욕망이 투여된 현재 너머의 현재, 지나간 삶의 흔적이 손에 잡힐 듯 아른거리는 이국적인 낯선 나라가 곧 과거이다. 과거는 현재의 도구와 기호에 길들여진 낯설고 이국적인 나라로, 현재의 사회정치적인 증상을 담고 있는 현재 너머의 현재인 것이다.

그러니 길들여진 낯선 나라를 잘 가공하고 변주하면 대중적인 성공을 거둘 확률이 높아진다. 물론 과거를 다룬 모든 재현물이 다 성공하는 것은 아니다. 전반적인 소설의 부진과 침체에도 불구하고 최근 일부 역사소설이 대중적인 인기를 얻고 있다면, 그건 그 소설들이 통상적인 성공의 요건을 갖추었다는 방증이 된다. 여기서 전제로 해 둘 것은, 지금 대중은 기꺼이 과거를 받아들일 마음의 준비가 되어 있다는 점이다.

도처에 편재한 과거는 역사소설이 흥성할 수 있는 토대를 충분히 마련해 놓았다. 역사소설뿐 아니라 역사를 소재로 한 재현물들이 서로 참조하고 모방하며 상상의 풍경을 적극적으로 창출하고 재구성하고 있는 중이다. 역사소설은 역사서를, 역사서는 역사소설을, 역사 드라마는 역사소설을 상호 모방하고 차용하며 전유하는 삼중사중의 격자망을 통해 현재의 다양한 내적 역학과 동력이 만들어지고 있다.

역사소설에 감춰진 후기 자본주의의 비밀

현재 소비되는 과거는 과거와의 분리를 전제로 한다. 길들여진 낯선 과거는 과거와의 분리가 필수적이다. 그렇지 않다면 낯설어질 수가 없다. 낯선 만큼 현재가 개입할 여지가 커진다. 그래서 과거는 길들여지고, 현재는 과거로 무한 증식해 간다. 과거와 현재의 이러한 불투명한 의사

소통은 우리가 흔히 말하는 '확고한 전통'에서 해방되어 기호의 해방과 사유의 가변성을 낳는다. 전통의 공식성은 사적인 '진실들'로 변형되어 다양한 해석들로 산포되는 것이다.

황석영의 『심청』을 예로 들어 보자. 심청은 더 이상 효孝의 표본이자 전형이 아니다. 심청의 공식적 전통은 가볍게 전복되고 위반된다. 그녀, 심청은 효라는 공식 전통의 '자명성'은, 효와 심청이 실은 관습적이고 자의적인 기호 체계일 뿐이라는 점을 노골적으로 드러내며 효와 심청의 공식적 권위를 해체한다. 효와 심청의 공식이 와해되면 언어는 침묵하는가. 그렇지 않다. 효와 심청의 자명한 공식이 깨지면, 재현되는 '심청'은 재현하는 '기호들'로 대체되어 심청의 무수한 이본異本들을 산출하기 때문이다.

'심청'을 재현하는 '기호들'은 선택의 가능성에 열려 있다. 주관적 해석들의 연쇄적인 반응들이 과거를 현재의 다양한 '진실들'로 변형시킨다. 그래서 심청은 효녀라는 판본에서 창녀라는 해석으로 비약하게 된다. 더 정확하게 말하면 심청은 효녀이자 창녀이며, 선이자 악을 동시에 의미할 수 있게 된다. 『미실』도 다르지 않다.

『화랑세기花郎世紀』의 진위 여부가 여전히 사학계의 논란거리임을 작가 김별아도 모르지 않았을 것이다. 그러나 김별아는 이 진위 여부에 대한 내적 판단은 중지한 채 마치 『화랑세기』가 과거에 실재했던 것인 양 독자들에게 제시한다. 그녀가 필사본을 후대에 남긴 남당南堂 박창화朴昌和 선생께 감사의 인사를 바칠 때, 『화랑세기』는 진짜 아니면 가짜가 된다.[3]

---

[3] 박창화가 필사한 『화랑세기』는 그 진위 여부를 둘러싸고 아직도 논란이 끊이지 않고 있다. 박창화는 1889년 5월 9일에 태어나 1962년에 사망한 것으로 알려져 있는데, 1930년

『화랑세기』가 진짜 아니면 가짜인 한, 미실의 역사적 실존 역시 진짜 아니면 가짜이다. 미실의 이러한 불투명한 실존이 미실을 선과 악, 성녀와 창녀의 양의적 경계선에 서게 한다. 심청이나 미실이라는 과거는 사라지지 않는다. 다만 과거와의 확고한 연계가 상실된 이 느슨해진 틈을 비집고 상이한 해석들이 빈자리를 채울 뿐이다.

후기 자본주의가 요구하는 판매 상품으로서의 유연성과 자족성은 역사소설에서 이런 방식으로 실현된다. 자본이 국경의 장벽을 무화하고 자족성을 획득하듯이, 전통의 족쇄에 묶여 있던 과거는 재현하는 '기호들'로 증식되어 후기 자본주의의 상품 가치를 획득하게 되는 것이다. 낯선 판본인 '심청'과 '미실'은 현재를 과거로 무한 확장하는 후기 자본주의 사회의 한 단면을 단적으로 증거한다.

하지만 오버하지는 말자. 양 극단의 오버는 현상을 직시하는 데 가장 나쁜 방향으로 작용하기 마련이다. 창녀 심청에 분노한 일군의 사람들은 황석영의 『심청』에 불편한 심기를 감추지 않았다. 더구나 심청을 직계 선조로 소중하게 모셔 온 심씨 가문은 심청이 창녀로 표상되자, 이를 심씨 가문 전체에 대한 모욕으로 받아들였다. 이들은 효녀 심청이

대 그가 일본 궁내성에서 근무하던 당시에 『화랑세기』를 필사했다는 주장이 대체로 설득력을 얻고 있다. 신라 귀족 출신으로 많은 저술을 했다고 알려진 김대문의 『화랑세기』를 과연 박창화가 그대로 필사했을까? 그 진위 여부는 고대 역사와 문학 연구에서 대단히 중요한 지점이기 때문에 이 논쟁이 쉽게 끝날 것 같지는 않다. 하지만 김별아가 이를 소설적 소재로 삼은 것은 과거를 무한 증식하는 현재의 전반적인 흐름과 무관하지 않다. 더구나 그녀가 이 진위 논란에 눈감고 박창화에게 감사하다고 인사할 때, 그녀는 학계의 소동과 무관하게 자신의 주관적 진실을 표명한 셈이다. 특히 요즘 MBC에서 방영 중인 드라마 〈선덕여왕〉의 인기가 이 논란을 재점화하고 있어서, 박창화의 『화랑세기』 논쟁은 소설적 진실과 역사적 진실이 접속·이접되는 다층적 격자망을 보여 주는 사건으로 우리의 관심을 끈다. 드라마 〈선덕여왕〉과 다시 불거진 『화랑세기』 진위 논쟁은 신문 기사를 참조해 보아도 쉽게 알 수 있다.

창녀 심청의 주관적 '진실들'로 대체되자, 현재가 과거의 전통적 권위에 돌이킬 수 없는 훼손과 위해를 가했다고 여겼던 것이다. 법정 소송은 이 훼손에 대한 적극적인 대응이자 실천이다.(이승만 후손들이 고인의 명예를 훼손했다며 역사드라마 〈서울 1945〉를 검찰에 고소한 사건도 이와 같은 논리다.)

이것은 『다빈치 코드The Da Vinci Code』에 대한 국내 기독교의 황당한 반응에서도 고스란히 반복된다. 『다빈치 코드』는 과거 신성神聖의 확고한 전통에 흠집을 낸 대표적인 신성모독 사건으로 불려 나온다. 일부 기독교계의 반발이 외려 『다빈치 코드』의 판매 부수를 올리는 데 혁혁한 공로를 세우긴 했지만 말이다.

이렇게 공적 권위가 사적인 '진실들'로 대체되면 천태만상의 반응들이 나타난다. 과거의 공적 권위를 '보존'하려는 이들은 대체로 과거가 현재보다 훨씬 좋았다고 느끼는 사람들이다. 아니면 과거에 대한 보존 혹은 애착으로 현재의 기득권을 방어하고자 하는 이들이거나. 지금 과거의 혜택을 누리는 이들은 과거가 깨어져 나가는 걸 결코 원하지 않는다. 오히려 과거가 신성한 권위를 간직한 채 초시간적인 추앙과 공경의 대상이 되기를 바란다. 그러나 이들이 누리는 과거의 혜택은 다른 사람들에게 박탈과 침해로 나타난다. 사회 전체의 이익은 항상 일정한 제로섬게임인 만큼, 누군가 혜택을 받으면 다른 누군가는 반드시 손해를 입는다. 따라서 과거의 혜택을 입지 못한 측에서는 과거를 거부하고 부정하는 태도를 취하기 쉽다. 나이든 세대가 고수하는 전통을 집착이나 시대착오적인 것으로 치부하며 거부하는 젊은 세대의 불신도 같은 맥락에서 이해할 수 있다.

여기서 더 나가면 오버가 된다. 재현하는 '기호들'의 새로움은 과거와 무관한 것이 아니라 과거를 철저하게 이용하고 전유하는 방식으로 이루어지기 때문이다. 심청의 새로움은 효녀가 창녀로 전락했다는 사실에 있지만, 창녀라는 문학적 형식이 완전히 새롭거나 낯설지는 않다. 효녀 심청이 창녀 심청으로 변모하자, 창녀 심청은 독자들에게 볼거리를 잔뜩 선사한다. 황석영의 『심청』은 그야말로 관음증적 쾌락으로 가득 찬 시각의 향연장으로 전시되는 것이다.

'확고한 전통'이 깨진 자리를 볼거리가 대신 메우면서, 황석영의 『심청』은 대중의 소비 욕구를 자극한다. 섹슈얼리티는 감추어야 할 것이 아니라 최대한 드러내야 하는 것이며, 볼거리는 이 섹슈얼리티의 물량 공세와 별반 다를 바가 없어진다. 볼거리를 최대한 많이, 그래서 대중들이 눈을 뗄 수 없도록 만들어야 한다. 왜 최근의 역사소설이, 더 정확하게 말하면 대중적으로 성공한 역사소설이 과잉 섹슈얼리티를 적극적으로 구현하는지에 대한 하나의 답이 여기에 있다. 역사소설의 과잉 섹슈얼리티가 주체성의 실현이라는 고상한 언어로 포장되고 있지만, 이 대중적 볼거리와 고상한 주제 의식 간의 경계는 참으로 모호하기만 하다.

① 연수는 왜 이 모든 일들이 왜 이렇게 익숙한 것인지. 이 모든 감각들이 왜 이렇게 생생한 것인지, 기이하게만 생각되었다. 몸의 저 깊은 곳에서부터 고통이 밀려들었지만 한편 감미로웠다. 어두운 창고에서 그의 얼굴을 부여잡으며 연수는 딱 한 번 길고 날카로운 비명을 질렀다. 미지근한 체액이 주르륵 허벅지를 타고 흘러 내렸다. 그녀는 그대로 누워 방금 자신을 스쳐 지나간 운명에 대해서 생각했다. 벌린 다리를 오므렸다. 골반이 뻐근하고 살갗 여기저기가 옷자락에 쓸려 따가웠다.

② 구름이 몸을 덮더니 그 끝자락이 줄처럼 늘어져서 젖가슴을 간질이자

청이의 가슴은 위로 부풀어 하늘로 솟구쳐 올라가는 듯했다. 견딜 수 없는 안달에 허리가 반월교처럼 휘어져오르고 청은 매끄러운 구멍 속으로 한없이 빨려 들어갔다. 이제 아랫도리가 열리기 시작했다. 사타구니가 새큰하고 철렁, 하면서 궁둥이가 한없이 부풀더니 일시에 터지면서 뜨거운 기운이 몸 안으로 들어와 가득 차며 허벅지를 타고 발가락 끝에까지 뻗쳐 내려갔다. 그런 느낌이 계속해서 아랫배와 허벅지를 타고 몇 번이나 되풀이해서 흘러 나갔다.

③ 미실은 땀이 흘러 짭조름해진 세종의 얼굴을 핥았다. 파르르 떠는 눈꺼풀과 왕족의 자존심인 양 우뚝한 코, 거무스름한 수염이 돋은 푸른 턱에 일일이 입을 맞췄다. 음과 양의 조화는 신비로워라! 옷을 갖춰 입고 법도와 예절에 맞추어 살게 된 후 한 번도 누군가의 손길이 닿지 않았던 몸이 낯선 상대 앞에서도 긴장감 없이 절로 열렸다. 그는 분명히 내가 아니라 그일 뿐인데, 나는 분명히 그가 아니라 나일 수밖에 없는데, 서로 손을 뻗는 순간 자타의 구분이 사라지고 분별이 무의미해졌다.

예시한 ①, ②, ③은 각기 김영하의 『검은 꽃』, 황석영의 『심청』, 김별아의 『미실』의 일부이다. 편의상 작품의 일부를 폭력적으로 잘라 내긴 했지만, 그래도 너무 흡사하지 않은가. 연수, 청이, 미실이 다름을 지시해 주지 않는다면, 어떤 소설이 어떤 소설인지 구분하기가 쉽지 않다. 전경린의 『황진이』도 마찬가지이다. 김훈의 『칼의 노래』 역시 이러한 섹슈얼리티가 드물긴 해도 없다고는 할 수 없다. 김훈의 경우 『칼의 노래』보다 다른 단편들이 이런 징후를 더 잘 드러내기 때문에 『칼의 노래』나 『현의 노래』를 예로 들지는 않았다. 모두 공모한 것이 아니라면 어떻게 이런 현상이 나타날 수 있을까.

역사소설이 폭증하고 있다. 대중
적으로 큰 성공을 거둔 김별아의
『미실』, 김영하의 『검은 꽃』, 황
석영의 『심청』. 역사를 소재로
한 재현물들은 서로 참조하고 모
방하며 상상의 풍경을 적극적으
로 창출하고 재구성하고 있다.
'확고한 전통'에 얽매이지 않으며,
전통의 공식성을 사적인 '진실들'
로 변형시켜 다양한 해석을 양산
한다.

전경린은 『황진이』에 대해 "이 이야기는 엄정한 역사물이라기보다는 허구적 자유로움을 확보한 소설"이라고 분명하게 못 박는다. 전경린의 말처럼 허구적 자유로움은 이제 역사적 과거의 중압감에서 벗어나 현재와 미래의 지평을 확장시킨다. 현재에 가중된 역사적 과거의 무게를 덜어 내고 과거가 현재와 분리되자, 현재는 뒤늦은 통찰(과거보다 항상 뒤늦게 온다는 차원에서 현재는 언제나 과거보다 많은 것을 알고 있다.)로 과거를 해체하고 재건하며 확정한다.

그리고 그 결과 역사가의 권위가 모든 영역에서 통용되는 시대는 지났다. 매체의 다변화는 역사 지식의 팽창을 가져와 누구나 역사가가 될 수 있는 기회와 가능성을 제공하고 있다. 이에 맞서 역사가는 늘어나는 역사 지식의 팽창에 수세적으로 저항하며, 자신의 협소한 전문 분야에서 권위를 확보하고자 힘겹게 분투하고 있다. 이마저도 쉽지는 않다. 공적 권위가 사라지고 나면, 역사가의 역사서나 역사소설 또는 역사드라마 모두 대중들에게는 똑같은 읽을거리에 지나지 않기 때문이다. 역사드라마와 함께 역사소설의 대중적 성공이 그 어느 때보다 달콤해 보이는 근저에는 이 같은 후기 자본주의의 비밀이 숨어 있다.

이순신의 '결백의 수사학'

김훈의 『칼의 노래』는 역사소설의 최전성기를 이끈 일등 공신이다. 『칼의 노래』에 대한 반향은 그만큼 컸다. 그러나 과거의 '확고한 전통'이 사적인 '진실들'로 변형되는 이 시대의 사회정치적인 증상을 규명하는 차원에서 나는 천정환의 논의에 초점을 맞추고자 한다. 김훈의 『칼의 노래』를 남성들의 동지적 결합이자 동성애적 애증으로 분석한 필자의 견해에 대해 천정환은 이렇게 반박했다.

"어떤 마초들은 돈 버는 일이든 권력과 맞서는 일이든 외롭다고 말하지 않는다는 점이다. 그들은 말없이 싸우다, 소설 바깥의 진짜 이순신이 그랬던 것처럼 방패로 제 앞을 가리고 혼자 죽어 간다. 그래서 센티멘털리즘과 자기 연민에 늘 빠져 있는 이광수나 외롭다고 떠들어 대는 김훈의 화자들이 보여 주는 것은 흔들리는 경계에 선 남성성이다. 김훈과 이광수의 화자들은 남자 중에 숨어 있는 일종의 여자들, 즉 아니마적 주체들이거나 '남자/어른'이 덜 된 유아들이다. (중략) 그러나 공임순은 너무 쉽게 '동성애적 관계'라는 '젠더'적 시각으로 (이를) 환원한다. 남자들의 수평적 관계는 동성애만이 있는 것은 아니다. 예컨대 동서同壻 관계 같은 성적 관계도 있다."[4]

이 지적은 경청할 만한 가치가 있다. 천정환의 주장처럼 지금 여기에는 남자/어른이 덜 된, 그러나 스스로는 남자/어른이 다 되었다고 믿는 사람들이 넘쳐 나기 때문이다.

이광수와 김훈은 똑같지 않다. 외견상 동일해 보여도 그들은 똑같은 범주로 묶이지 않는다. 이 부분은 이후를 기약하며 넘어가자. 다만 김훈의 '이순신'이 천정환의 말처럼 지극히 수동적이라는 점은 지적하고 넘어가야 한다. 천정환은 이 수동성을 남자 중에 숨어 있는 일종의 여자들, 즉 아니마anima적 주체들이거나 '남자/어른'이 덜 된 유아들이라고 정의 내린다. 덜 자란 이 미숙한 남자들이 외롭다고 외쳐 댄다는 점에서 외롭다고 외치지 않는 마초들과 구분된다는 것이 그의 주장이다. 이 구분의 실효성에 전적으로 동의할 수 없지만, 지금 역사소설의 남성

---

[4] 천정환, 「어떻게 유영철은 계백이 되었나≠어떻게 노무현은 이순신이 되었나」(『역사와 문학』, 2006년 2월), 41쪽.

인물들이 대단히 수동적이라는 점에는 별 이견이 없다.

그들은 가장 적극적이고 능동적이어야 할 전장에서조차 지극히 내성적이며 사변적이다. 김훈의 '이순신'은 삶과 죽음이 결판나는 역사적 현장에서조차 행동하기보다 사색한다. 마치 행동이라는 것은 자기의 천성이 아닌 듯, 행동은 자기의 진짜 의도가 아닌 듯이 그들은 행동하되 이 행동을 사유 또는 지성으로 중화하는 것이다. 김훈의 『칼의 노래』뿐 아니라 조두진의 『도모유키』도 그렇고, 김영하의 『검은 꽃』의 남자 주인공도 똑같이 이런 특징을 공유한다.

명량에서 나는 이긴 것인가. 헤아릴 수 없이 많은 적들이 명량으로 몰려왔고 헤아릴 수 없이 많은 적들이 명량에서 죽었다. 남동 썰물에 밀려갔던 적의 시체들이 다시 북서 밀물에 밀려 명량을 뒤덮었다.

죽을 때 적들은 다들 각자 죽었을 것이다. 적선이 깨어지고 불타서 기울 때 물로 뛰어든 적병들이 모두 적의 깃발 아래서 익명의 죽음을 죽었다 하더라도, 죽어서 물 위에 뜬 그들의 죽음은 저마다의 죽음처럼 보였다. 적어도 널빤지에 매달려서 덤벼들다가 내 부하들의 창검과 화살을 받는 순간부터 숨이 끊어질 때까지 그들의 살아 있는 몸의 고통과 무서움은 각자의 몫이었을 것이다.

김훈의 『칼의 노래』 중 일부이다. 이 인용문에서 알 수 있듯이, 김훈의 '이순신'은 행동이 아니라 뇌가 비대해진 현대인의 형상과 빼닮았다. 그는 죽고 죽이는 냉혹한 산문적 현실에 지독한 피로감을 호소하며 '이건 뭐지'를 곱씹는다. 그는 현실에서 내면으로 자꾸만 후퇴해 들어간다. 그의 수동성은 전쟁의 잔인한 대치와 행동주의(살기 위해서든 뭐든, 전쟁의 논리는 행동주의를 고취한다.)를 묘하게 비틀며 서정성의 효과를 강화한다. 이러한 서정성은 현실을 평가하고 경우에 따라서는 공격하며 숙고하는 내면의 미학주의라고 명명할 만하다. 김훈의 '이순신'은 확정된 현실을 내면으로 회수하고 수렴함으로써 전쟁의 포악한 역사적 현실을 탈색하고 중립화한다. '이순신'의 사색과 고뇌는 세계와 소설을 매개하는 행위자가 이순신임을, 이로 인해 그가 주관적 총체성의 담지자로 기능하고 있음을 말해 준다.

고뇌하는 '이순신'은 세상의 이치를 투명하게 반향한다는 점에서 세상의 바로미터이기도 하다. 세상의 이치는 그런 거야라는 해답이 이미 주어진 상태에서, 그는 세상의 이치를, 세상의 원리를 우울에 가득 찬 시선으로 응시한다. 세상의 이치는 이순신 혼자 힘으로는 어찌할 수 없는 거대한 대타자이기 때문이다. 임금은 임금의 목소리로 그에게 복종을 강요했다. "임금의 언어는 장려하고 곡진하다. 임금의 언어는 임금의 울음을 닮아 있다. 임금의 언어와 울음은 임금의 권력이었고, 임금의 울음과 울음 사이에서 임금의 칼날은 번뜩였다. 따라서 임금의 전쟁과 나의 전쟁은 크게 달랐다."는 서술자의 목소리는 '이순신'이지만, 이순신을 지배하는 자는 임금의 언어와 울음이다. 더 정확히 말해, 울음과 울음 사이에 번뜩이는 임금의 칼날이다. 그러니 '이순신'은 임금의 언어와 울음에 따라 규정되는 한 개체일 뿐, 자신의 의지를 현실에 실현하는 능동적 행위자는 아닌 것이다.

재현되는 '이순신'이 재현하는 '기호들'로 무한 확장되는 사적 진실들은 '확고한 전통'의 권위를 해체하고 민주주의의 다원성을 활짝 열어젖힌 듯이 보인다. 과거의 위대한 영웅 이순신은 너무나 인간적인 이순신으로 변모해 이 세상으로 하강한다. 그는 아들의 죽음에 숨죽여 울기도 하고, 백성들의 고통에 함께 괴로워하며, 사랑하는 여인의 육체에 한없이 무너지는 약한 남자의 전형이다. 이러한 이순신의 인간적인 면모는,

외적인 구속으로 자유를 박탈당한 뒤에야 그의 내적 '진실'을 확증할 수 있는 이른바 21세기판 '감옥의 자유'이다.

이 외로운 개체들은 혼자 내버려 두면 결코 내면의 '진실'에 도달하지 못한다. 외적 구속과 굴레가 그나마 이들의 개체성을 보증하는 유일한 토대이자 원천이기 때문이다. 그래서 외적인 구속과 억압을 체현하는 모든 것은 적으로 동질화된다. 국가든, 임금의 울음이든, 국가 전복 세력이든(다섯 살짜리 아이라도 상관없다.), 결혼이든, 늙은 아내의 육체든, 뭐든 이들의 내면을 위협하는 적들은 이들의 내면적 '진실'과 '자유'를 보증하기 위해서라도 필요악으로 반드시 등장해야 하고, 감옥의 자유라는 형용어법은 영웅 없는 영웅주의의 전도된 이면을 구성하게 된다.

남자/영웅은 약하고 여자/관기官妓가 강한 것도 이와 무관하지 않다. 그 머나먼 길을 마다하지 않고 사랑하는 남자를 좇아, 단 하룻밤의 정사를 위해 적진에 사로잡힐지도 모르는 위험을 무릅쓴 것은 남자/영웅 이순신이 아니라 여자/관기 여진이었다. 그러면서 남자/영웅과 여자/관기의 위치가 전도되어 이 둘 사이의 거리가 빠르게 소멸된다. 남자/영웅의 권위가 해체된 '사적 진실들'의 자리에 임금의 울음과 언어가, 여자/관기가 김훈의 '이순신'을 에워싼다.

그가 순결하고 결백한 이유가 여기에 있다. 모름지기 세상의 이치는 임금의 울음과 울음 사이에 웅크린 임금의 권력이 규정하는 것이고, 그는 여자/관기 여진에게 아무것도 약속하지 않았다. 이순신은 오는 그녀를 막지 않았고 떠나는 그녀를 붙잡지 않았다. 마찬가지로 오는 백성을 막지 않았고 떠나는 백성을 붙잡지 않았다. 백성이 적과 내통한다고 생각되는 순간, 가차 없이 백성들을 베어 버리기는 했지만 말이다.

이런 방식으로 김훈은 '이순신'을 구제한다. 김훈의 '이순신'이 과거 어느 이순신보다 인간다운 것은 야만적 폭력과 법적 권위를 임금의 울음과 언어에 투사했기 때문이다. 임금의 울음과 언어는 그, 이순신을 호명한다. 호명은 호명된 자에게 종속적인 자리를 부여할 뿐 아니라 호명하는 자의 위치를 지정해 준다. 김훈의 『칼의 노래』에서 서술자 '이순신'은 임금의 언어와 울음을 재인용함으로써 법적 권위와 야만적 폭력의 기원을 재확정하고 표시한다. 임금이 이 대타자의 자리에 들어서는 순간, '이순신'이 자연스럽게 순결/결백해지는 이유이다. 상처입고 모욕당한 나 '이순신'은 바로 그 상처와 굴욕을 통해서 나를 추궁하는 그자, 임금에게 법적 권위와 야만적 폭력을 되돌린다.

이런 점에서 천정환이 말한 김훈의 화자들은 좋게 말해 덜 자란 유아일지도 모른다. 법적 권위와 야만적 폭력을 임금(아버지)에게 돌리고 본인은 행동하고 싶지 않은 순결한 어린 영혼으로 남기 때문이다. 나는 이렇게 잔인하게 행동하고 싶지 않았다. 임금의 울음과 언어가 나를 이렇게 잔인하게 만들었다. 그래서 나는 상처입고 모욕당했다. 진정 나는 억울하고 결백하다. 이 순결한 낭만적 영혼은 결백의 수사학을 등에 업고 때로는 방패막이 삼아 잔인한 행동주의를 고수하고 견지한다. 탈근대에 낭만적 영웅이 사라졌다고 한 비평가들을 유유히 조롱하며 화려하게 복귀하는 김훈의 이순신에서 후기 자본주의의 낯선 과거가 어른거린다. 과거 이순신은 임금의 명령에 불복종함으로써 자신의 목숨을 걸었지만, 과거 이순신을 현재에 불러낸 김훈과 그의 인물은 그렇게 하지 않았다. 이 차이가 현재 '이순신'이라는 기호가 과거 이순신을 삭제/망각하는 하나의 방식이다.

김영하의 『검은 꽃』은 다를까. 김영하의 『검은 꽃』의 대타자는 민족/국가이다. 민족/국가로 투사된 모든 야만적 폭력과 법적 권위는 민족/국가를 단일하고 거대한 실체/적대자로 만든다. 이렇게 동질화된 민족/국가는 민족/국가의 다성적이고 이질적인 서사를 폭력적으로 제거한 그 자리에 구축된다. 민족/국가로 되돌려진 야만적 폭력은 그래서 순결한 개개의 인간 군상들을 창출하며, 역사의 바깥에 이들이 오롯이 위치하는 양 독자들을 오도한다. 역사의 종언을 서둘러 선언하는 김영하의 『검은 꽃』은 민족/국가의 정체성을 둘러싸고 다양한 내적 갈등과 분기점들이 있었으며, 민족/국가의 정체성이 자아와 타자의 역동적 구축을 둘러싼 치열한 정치투쟁의 과정이었음을 너무 쉽게 간과해 버린다.

이것은 동질적인 것처럼 보이지만 민족/국가의 언어로 각기 다른 역사적 위치에서 다른 세상을 꿈꾸었던 제국과 식민지, 제국과 주변, 주변과 주변, 주변과 식민지, 여성과 남성, 인종과 인종, 지역과 지역, 계급과 계급 간의 이질성들을 뭉뚱그려 민족/국가에 모든 법적 권위를 되돌리려는 일원화된 강박적 해석에서 비롯된다. 조선에서 멕시코를 거쳐 과테말라까지 전 세계 공간을 섭렵하는 여정은 인물을 분산시켜 원심적 다양성을 확보하는 듯 보이지만, 민족/국가에 결박된 전체 플롯선은 구심적인 만큼 단선적이다.

『검은 꽃』은 민족/국가의 주술에서 빠져나왔다고 믿는 바로 그 순간, 민족/국가의 주술에 걸려든다. 재주술화라고 부를 만한 이것은 소설이 투사하는 민족/국가의 단일한 실체/적대자를 소설의 보이지 않는 핵으로 삼아, 이 텅 빈 핵을 개별 군상들이 회전하며 대타자의 실존을 강박적으로 확인하는 형식을 띤다. 이는 제 실존을 역사 바깥으로 무화하고자 하는 외형적인 욕망에도 불구하고 대타자를 통해 자신의 정체성을 확인받고자 하는 수동적 남성 주체의 인정투쟁이 여전히 작동하고 있다는 뜻이다. 그래서 이 순간에도 민족/국가의 역사는 계속된다.

이 수동적 남성/주체는 민족/국가라는 대타자를 끊임없이 환기하며 이들이 상상적으로 구축한 대타자에게 되묻는다. 당신이 나를 불렀습니까? 그들은 대타자의 호명을 받을 자격이 있다는 점에서 법적 주체이다. 다만 호명된 자이기 때문에 호명하는 대타자에게 종속되어 있고, 그래서 결백하다. 이 대타자의 호명을 받지 못한 연수가 자본주의의 성애화된 교환 회로에 편입되어 물화되는 것과는 완전히 다르다. 연수는 민족/국가라는 대타자를 환기하지 못했고, 그래서 당신이 나를 불렀습니까?라고 물을 기회를 차단당했다. 이정과의 사랑을 위해 기꺼이 신분을 버리고 온갖 위험을 감수한 강인한 여자였지만 말이다. 『칼의 노래』의 여자/관기 여진처럼.

이처럼 남성 인물들은 수동적인 법적 주체인 데 반해, 여성은 언제나 능동적이지만 법적 주체가 아니다. 그래서 여성들의 능동성은 늙고 추한 몸뚱어리라는 물화된 대상으로 전락하거나 변질된다. 죽은 여진의 육체는 "젖가슴은 말라붙어 있었고 메말라 보이는 음부가 이를 악물 듯 닫혀 있었다. 빗장뼈 아래로 구렁이 같은 상처 자욱이 이제 푸르게 변해가"는 역사 바깥의 불모화된 형상으로 되돌아온다. 마찬가지로 연수의 나이 듦은 자본주의의 '탐욕스러운 여성 판매자'라는 원초적 욕망의 가시화된 육체로 응결된다. 그녀는 모든 것을 집어삼키는 자본의 탐욕과 타락에 포획된 도착적 갈망의 소유자로 현현한다. 도덕적인 의무와 사회적 책임을 지닌 법적 주체가 아니라 자본의 무제한적인 이윤 추구에 본능적으로 반응하는 제2의 자연, 문명화된 원초적 자연의 형상이 그녀 연수이다.

그래서 능동적 여성 인물은 수동적 남성 인물이 자신의 수동성으로 은폐/삭제해 버린 냉혹한 현실 질서와 물질적 현존을 증언하는 생물학적인 육체성의 담지자가 된다. 그녀가 갖고 있던 성적 매력은 거세된 채 자본의 물화된 주체로 역사의 바깥으로 추방되는 것이다. 대타자에게 당신이 나를 불렀습니까?라고 발화할 수 없는 그녀(들)는 이러한 속악한 욕망의 가시화된 육체가 되지 않으려 성녀聖女로 변신한다. 창녀이자 색공지신色供之臣인 여성 인물들이 공통적으로 성녀 혹은 성모로 자기 변신을 꾀하는 것은 스스로 상징적 질서 내로 안전하게 연착륙하기 위해서이다. 심청은 창녀에서 보살로, 미실은 색공지신에서 성모로, 창녀였던 황진이는 도학자 또는 예술가로……. 이렇게 그녀들은 생물학적인 육체성의 흔적들, 즉 늙고 망가진 혼돈과 무질서의 육체로 환원되기보다 천지만물의 어머니이자 보살이라는 이름으로 이 육체를 지워버리는 쪽을 택한다.

"백발마저 빠져 정수리가 훤히 드러난 미실, 주름 진 피부에 살비듬이 날리는 미실, 아홉 개의 구멍에서 피고름이 흐르고 악취가 풍기는" 미실의 육체는 더 이상 치명적인 성적 매력을 뿜어내지 않는다. 미실을 대신해 죽어 간 설원의 헌신적인 사랑과 성녀의 특화된 자질이 이 불온한 성적 매력의 거세와 불모성에 대항한다. 더 이상 젊지 않은 자신을 끌어안으며, 미실은 '괜찮다, 괜찮다……'를 되뇐다. '괜찮다, 괜찮다……'. 강한 부인은 강력한 긍정이라는 프로이트의 명제를 떠올리지 않더라도, 이 능동적 여성 인물들을 바라보는 서술자의 목소리에는 미묘한 동요와 불안이 감지된다.

색공지신이나 창녀나 기생이나 이들에게 젊음이라는 육체적 자산은 곧 자본이자 권력이자 위신이자 사회적 인정이었다. 이를 잃는다는 것은 이 모든 상징적 질서 내에서의 위치 내지 좌표를 잃는다는 뜻이다. 이런 취약한 여성 인물들의 사회정치적인 지위는 사회가 공인하는 모성이나 신성으로 가까스로 방어된다. 육체로 세상을 거머쥐고 육체로 권력을 쟁취했던 그들은 이제 쓸모없어진 불모화된 육체로 서사의 바깥으로 추방되기보다, 육체적 표지들을 하나하나 지워 나가는 방식으로 상징적 질서 내부로 재진입하는 것이다. 육체가 이 여성들의 유일무이한 자산이기를 멈추는 지점에서 정신은 육체에, 이념은 물질에 승리를 거둔다. 이는 육체를 탈각한 정신의 승리이며, 고귀한 사회적 이념(어머니로서의 모성, 신성한 이념의 결정체?)의 재각인이다.

미실의 '결백의 수사학'

최근 역사소설은 과거의 확고한 전통에서 분리된 기호의 해방과 사유의 가변성을 수동적 남성 인물과 적극적 여성 인물로 체화하고 있다. 창녀와 기생이라는 극단적 기호가 역사소설의 중요한 소재로 부상하는 이유도 창녀와 기생이라는 기호가 갖는 서사적 매력 때문이다.

사회의 제도적 질서 안에서 창녀와 기생은 제도의 철저한 부산물이자 잉여물이다. 그들은 제도에 순응하면서 제도를 뒤흔드는 불온한 이중성의 소유자들이라는 점에서 서사의 플롯을 다채롭게 만든다. 이들의 불안정성은 길들여진 낯선 과거에 대한 대중의 모순된 갈망을 충족시키며, 이 열망을 후기 자본주의의 보편화 충동으로까지 승화시킨다. 물론 여기에는 몇 가지 단서들이 덧붙여져야 할 것이다.

남성 작가들과 달리 여성 작가들은 이른바 근대적 의미의 역할 모델을 정립하려는 열망이 강하다.(근대적 의미의 역할 모델과 경합하며 자신만의 독특한 모형을 주조하고자 하는 남성 작가들의 경쟁 심리와는 확연히 구분되는 차원에서, 여성 작가들은 근대적 의미의 역할 모델에서 벗어나기보다 그것을 정립하려고 애쓴다.) 이들은 세상 안에 있되 세상과 타협하지 않는 적극적 여성 인물을 창녀와 기생에서 추출해 내고 있다. 창녀와 기생이야말로 루카치György Lukács가 말한 예외적 개인의 요건을 간직하기 때문이다.

그러나 창녀와 기생은 여성 작가들에게는 독배가 될 가능성도 크다. 창녀와 기생의 육체성은 히스테릭한 육체로 귀환해 이들을 예기치 않은 불안에 빠뜨린다. 창녀와 성녀(성모), 기생과 도학자(예술가)가 짝을 이루며 육체의 흔적을 만들고 지우는 지루한 작업을 반복하는 상징적 합리화의 기제는 현재 상태로는 뿌리치기 힘든 덫으로 이 여성 작가들을 옭아맨다.

여체를 관음증적으로 응시하는 남성의 시선과 여체의 신비를 구석구석 탐색하는 여성의 시선은 어느 지점에서 갈라지고 어느 지점에서 조우하는가. 왜 나는 이 여성 작가들에게서 육체적 젊음과 아름다움에 대한 강박을 재확인하며 마음이 불편해지는가. 그 육체를 지우는 중년/노년의 우아한 정신세계는 더 기괴하다. 차라리 그 젊음과 육체의 열정을 한계 지점까지 밀고 나가 체제를 내파/분열하는 잉여의 향락이 이 유사(거짓) 조화의 세계보다 더 낫지 않을까. 적어도 이러한 육체의 극한적 실현은, 가족이나 가문 등의 사적 대변인으로서 여성 개인의 지위를 재확인하기보다 공적인 장 자체를 뒤흔드는 파괴력을 가질 수 있을 것이기에 말이다.[5]

에로틱한 여체의 신성성은 때로 타자에 대한 폭력을 정당화하며 생존의 욕구를 과대 포장한다. 온갖 대의명분에도 불구하고 생존의 욕구를 지상 명제로 삼았던 파시즘의 망령이 이 시대에 부활하고 있다는 불

---

[5] 이 지점에서 여성 정치인이나 여성 관료들이 이러한 가족적 가치의 대변자로 여성 할당의 수혜에 머무르는 현재의 정치제도를 떠올려 본다.(가령 여성단체들의 반대에도 불구하고 이명박 정권의 여성부 장관에 가정과 출신의 여성 장관이 임용된 사례) 이에 비하면 드라마 〈선덕여왕〉의 미실은 훨씬 파괴적이며 매혹적이다. 그녀는 오직 자신에게 금지된 권력만을 탐닉함으로써 어떠한 기존의 보호도 스스로 거절하는 위험한 길을 선택해서 죽음으로써 깨어져 나가기 때문이다.

길한 징조는 나 혼자만이 느끼는 착각 혹은 오인에 지나지 않는가. 약자들의 생존과 권력욕이 최소한의 공공성마저 파괴하며 반동의 보수성으로 회귀하는 지금, 미실을 우리(여성?)의 역할 모델로 인정하고 박수치며 환호해야 한다는 사실이 섬뜩하기만 하다.

권력의 중심에서 밀려나지 않으려고 에로틱한 육체를 권력의 도구 삼아 권력자보다 더한 권력자다움을 약자의 생존 욕구로 철저하게 위장하고, 그것이 고귀한 사회적 가치인 양 봉인하는 김별아의 『미실』은 결백의 수사학에서 얼마나 멀리 떨어져 있는지 의심스럽다. 현재 우리 사회의 일부 여성 지도자들이 보이는 후안무치한 행동과 이렇게 하면 출세한다류의 처세술의 과도한 유행을 떠올리면 착잡한 마음을 금할 길 없다. 어떠한 여성이냐는 물음이 삭제된 채 그저 '여성' 지도자면 무조건 좋다는 이 전율할 만한 결백의 수사야말로 수동적 남성 주체들의 내면적 진실과 순수만큼이나 또 다른 '마의 계절'을 예고하는 것은 아닐까? 과거는 현재의 사회정치적인 증상을 담고 있는 현재 너머의 현재로서, 우리의 비판적 성찰과 발본적 반성을 지금 이 순간에도 요구하고 있다.

11

한국 **인문학**이 처한 **감금**과 **자유**의 21세기판 역설

문화대혁명 이후의 '자연회귀'는

포스트모던하고 전 지구적인 문화 수집이 크게 유행함과 동시에 일어난다.

다른 많은 비서양 지역의 영화와 마찬가지로,

현대 중국 영화는 중국 내부에서 진행 중인 문제를

표상한다는 가정 아래 늘 제작되지만,

실제로는 해외의 관객에게 '중국'을 전시하는 공간이 되고 있기 때문이다.

이런 두 개의 지속적인 모티프 문화대혁명의 해체와

포스트모던 시대의 문화 수집 는 둘 다 자연 풍경, 농촌 생활,

억압받는 여성의 이미지를 묘사한다는 점에서 일치하고 있고,

이들 이미지가 1980년대와 1990년대 전반에

제작된 영화의 특징을 이루고 있다.

레이 초우Rey Chow

'인문학 위기' 선언이 드러낸 구멍

지금 문학(연구)의 안팎에서는 무슨 일이 벌어지고 있는가. 이른바 후기─근대라는 이 현기증 나는 속도의 시대에……

미증유의 근대가 낳은 가장 특징적인 현상 가운데 하나는 무엇보다 두터워진 현재일 것이다. 시간과 공간은 압축적으로 동질화되어 사회적 · 심리적인 거리 감각을 소멸시키고 있다. 이 축소된 '거리' 감각은 역사적 시간에 대한 우리의 지각에 심대한 변화를 초래한다. 가까운 과거와 먼 과거는 그것이 현재와 달랐다는 막연한 인식으로 분절될 뿐, 그 과거들 사이에 존재하는 차이와 대비는 그리 중요하지 않다. 그래서 과거는 놀라울 정도로 유사한 특징을 공유하게 된다.

이렇게 축소된 '거리' 감각은 개념의 폭력을 동반하기 쉽다. 단 하나의 잣대로 과거를 재단하려는 지적 욕망이 연구자들을 부추긴다. 현재의 학문 경향 역시 전반적으로 역사적 맥락을 강조하는 추세에도 불구하고, 개념을 둘러싼 폭력의 위험에서 결코 자유롭지 못한 것이 사실이다. 문학의 현재적이고 공시적空時的인 단면에 초점을 맞추어 보고자 하는 이유가 바로 여기에 있다. 한 대상의 전후 맥락을 모두 살펴야 한다

---

¹ 레이 초우, 『원시적 열정』(정재서 옮김, 이산, 2004), 67쪽.

는 엄청난 심적 부담감이 거꾸로 현재의 공시적인 단면을 부감(俯瞰)하는 날카로운 시선을 무디게 만들지도 모르기 때문이다.

현재 문학과 문학 연구자가 처한 위상을 단적으로 보여 주는 사건이 2006년에 시작된 '인문 주간(週間)' 행사이다. 한국학술진흥재단이 주관하여 매해 가을에 열고 있는 이 행사는, 2006년 9월 15일 고려대 인문학 교수들의 '인문학 위기' 선언을 계기로 현재 인문학이 처한 위기의 심각성을 알리고 인문학의 사회적 환원과 부흥을 도모하고자 마련되었다.

'인문학의 자율성'이란 테제

인문학의 위기가 거론된 것은 2006년이 처음은 아니다. 다만 1990년대부터 꾸준히 제기된 '인문학의 위기'가 인문 주간 행사와 전국인문대학학장단의 성명서로 가시화되고 정식화된 측면이 크다. 그런데 한 신문기사에 따르면, '인문 주간'은 주최 측의 기대와 달리 대학원생 및 젊은 연구자들의 호응을 이끌어 내지 못한 채 조용히 막을 내렸다고 한다.[2] 인문 주간에 맞춰 전국 인문대학 학장들이 공동 발의한 성명서에 담겨 있던 절박한 위기감에 비한다면, 실제로 인문학에 몸담고 있는 종사자들의 참여는 저조했던 셈이다.

이 인문 주간 행사는 다채로운 프로그램으로는 봉합할 수 없는 어떤 구멍을 드러낸다. 이른바 '감옥의 자유'라는 21세기판 모순어법이 그것이다. 감옥의 자유라는 말은 외적인 구속과 굴레로 자유를 박탈당한 이

---

[2] "겉 다르고 속 다른 인문 주간 행사"(《세계일보》, 2006년 9월 27일자).

2006년 9월 '인문 주간' 행사에서 정부에 인문학 진흥 대책 마련을 촉구하는 성명서를 발표하는 전국인문대학학장단. 이 성명서는 인문학 진흥을 위한 장기적이고 지속적인 지원 대책이 시급하다며 그 구체적인 방안으로 '인문학진흥기금'과 '인문한국위원회Humanities Korea' 설치, 국가의 주요 정책위원회에 인문학자의 참여를 제도적으로 보장할 것 등을 제시했다. 그러나 이 성명서는 인문학계 내부의 사람들에게조차 전반적인 공감을 얻는 데 실패했다.

후에야 비로소 자신의 내적 '진실'과 '자유'를 확인할 수 있다는, 감금과 자유의 불가피한 연루에 대한 우리 시대의 음화를 담고 있다. 자유는 무엇으로부터의 자유이자 부정이라는 점에서, 감금과 자유의 역설적 통합은 자본주의적 폭력의 기원을 고스란히 담지한다.[3] 다시 말해서, 자유로운(혹은 자발적인) 동의와 협조라는 물질적 이해관계가 '인문 주간'을 관통하고 있다는 뜻이다. 그래서 '인문 주간'의 역설과 아이러니는, 국가와 시장을 부정함으로써 인문학의 내적 '진실'과 '자유'를 획득하고 국가와 시장에 투항함으로써 인문학의 '자율성'과 '가치'를 확보하는 현재 자본주의의 일상화된 원칙을 재천명하기에 이른다.

김훈의 『칼의 노래』를 다룬 본 책의 다른 글[4]에서 나는 김훈의 '이순신'이 영웅 없는 영웅주의의 전도된 이면과 감옥의 자유라는 21세기판 모순어법을 체현하고 있다고 지적했다. 김훈의 '이순신'이 다른 어떤 '이순신'보다 더 인간적일 수 있는 이유는, 외적 구속과 굴레가 그나마 그의 개체성을 보증하는 유일한 토대이자 원천이기 때문이다. 이 외적 구속과 억압을 체현하는 모든 것이 敵으로 동질화된다. 국가든 임금의 울음이든 결혼이든 늙은 아내의 육체든 무엇이든지 간에 그의 내면

---

[3] 자본주의의 내적 '자유'란 외부 세계의 추상화된 부동성, 즉 화폐자본의 객관적이고 추상화된 법칙을 전제로 성립하기 때문이다. 단, 이 내적인 역설을 이해한다고 해서 그것을 없애거나 정정할 수 있다는 말은 아니다. 이 문제에 대한 해법은 여전히 현재 진행형이다.

[4] 본 책 10장 참고. 이 글은 『문학수첩』, 2006년 여름호에 처음 실렸다. 당시 이 글에 대한 비판도 존재했던 것으로 안다. 하지만 이 비판의 근거 자체가 굳이 따로 장을 마련할 정도로 핵심적인 것이 아니기 때문에 생략한다. 김훈의 '이순신'은 뇌가 비대해진 현대인과 닮았다는 필자의 주장에 대해 오히려 조선 시대 유학자들이 더 많이 사색했다는 주장은, 사회적이고 심리적인 '거리'의 축소와 이 축소된 거리에서 현대인이 느끼는 적대적 타자에 대한 불안과 공포 그리고 고립에 대한 기초적인 이해마저 결여하고 있기 때문에 답변할 가치를 못 느낀다는 점만 지적하고 넘어가자.

을 위협하는 적들은 그의 내면적 '진실'을 보증하기 위해서라도 필요악으로 반드시 등장해야 하고, 감옥의 자유라는 모순어법은 영웅 없는 영웅주의의 전도된 이면을 구성하게 된다는 것이 이 글의 핵심 요지였다.

이런 점에서 '인문 주간'은 김훈의 '이순신'이 작동하는 의미 생성 기제와 많은 부분 닮았다. 『칼의 노래』에서 김훈은 '이순신'의 내면적 '진실'과 '자유'의 원천을 임금의 언어와 울음에서 이끌어낸다. 말하자면 "임금의 언어는 장려하고 곡진하다. 임금의 언어는 임금의 울음을 닮아 있다. 임금의 언어와 울음은 임금의 권력이었고, 임금의 울음과 울음 사이에서 임금의 칼날은 번뜩였다. 따라서 임금의 전쟁과 나의 전쟁은 달랐다."고 토로하는 식이다. 이순신의 내적 진실과 자유는 이 적대적 타자와의 다름과 부정에서 적극적으로 창출되고 재구성된다.

김훈의 '이순신'이 과거에 재현되었던 다른 이순신'들과 다른 점은 이 적대적 타자에 대한 전율에 가까운 예민한 자의식과 감수성일 것이다. (오죽하면 그의 육체에 타자(임금)가 기생해 산다고 생각할까!) 그의 '이순신'이 내면적 진실과 순결한 영혼을 구제받게 되는 지점이 바로 여기이다. 김훈의 '이순신'은 이 적대적 대타자를 회전하며 자신의 내적 진실과 자유를 재차 확인한다. 김훈의 '이순신'은 결백의 수사학을 등에 업고 현재의 '문학장場'에 진입함으로써 문학이라는 상징적 영역의 대안 공간에서 사회적 인정과 가치를 획득하게 되는 것이다.

전국인문대학학장단의 성명서도 이와 마찬가지로 현재 인문학의 붕괴를 "인문학적 정신과 가치들을 경시하는 사회구조의 변화"[5]에서 찾는다. 인문학 내부에 책임이 있다는 자성을 동반하기는 하지만, 더 근본

---

[5] 「전국인문대학장단 성명 전문」,《연합뉴스》, 2006년 9월 26일자).

적인 책임은 사회구조의 변화에 있다. 그 구체적인 진원지로 "이런 상황을 주도해 온 정부 당국과 그 변화에 순응해 온 대학"이 불려 나온다. 인문학의 위기와 붕괴는 인문학 내부를 뒤흔드는 사회구조의 변화 때문이고, 이 사회구조의 변화를 주도해 온 정부와 대학이 현재의 위기를 책임지고 해결해야 한다는 전언이다. 이때 인문학 내부의 적대적 대타자가 환기되고, 이 적대적 대타자에 대한 '부정'과 '다름'은 인문학의 사회적이고 상징적인 가치를 재확인하는 준거점이 된다. 이른바 부정의 긍정적 구성력이라고 부를 만한 이것은, "자본과 테크놀로지가 질주하는 이 시대에 우리에게 필요한 것은 단편적인 기술이나 정보 위주의 지식이 아니다. 미래 사회를 위해서 인문 교육으로 다져진 인재를 키우는 것이 절박한 과제"라는 점을 재천명하는 데서 절정에 도달한다. 현재 인문학의 위기와 파국이 재도약과 변신의 낙관적 전망을 약속하는 이유도 여기에 있다. "인문학은 늘 인간과 문명에 대한 근원적인 통찰을 추구해 왔고, 이것은 오늘의 인문학이 재확인해야 할 소중한 자산"이기 때문이다.

위기를 재도약의 획기적 전환점으로 삼고자 하는 인문대학 학장단이 내놓은 처방과 대안은 그래서 다음과 같다. "대학은 소비자 욕구 또는 시장 논리에 영합하지 말고 충실한 인문 교육이 이루어질 수 있는 방안을 마련하고 실시하며", "정부는 인문학의 진흥을 위해 일시적인 미봉책으로 대응할 것이 아니라 장기적이고 지속적인 지원을 아끼지 말아야" 한다는 것이다. 나아가 "정부와 관계 기관은 '인문학진흥기금'을 설치하고, 인문학의 중장기적인 발전을 실천하기 위한 기구로서 교육부 총리 산하에 가칭 '인문한국위원회Humanities Korea'를 설치"하며, "국가의 주요 정책위원회에 인문학자의 참여를 제도적으로 보장함으로써 인문적 가치가 국가정책에 반영될 수 있도록 해야 한다."는 국가 장기 비전을 제시하는 것으로 이 성명서는 마무리된다.

그러나 이 성명서는 앞에서도 지적했듯이 인문학계 내부의 사람들에게조차 전반적인 공감을 얻는 데 실패했다. 유종호는 "반복되는 위기 선언은 대학의 위기라는 맥락"에서 들릴 뿐이라며, 작금의 사회 풍토가 인문학의 정신과 본질을 훼손시키고 있는 만큼 이러한 단기적인 처방이 아니라 인문학의 기본을 회복시킬 수 있는 "사회적인 장기 투자"가 현 시점에서 더욱 필요하다고 역설한다.[6] 여기서 인문대학 학장단의 성명서는 인문학 정신에 대한 추상적 원리를 반복하는 것만으로는 부족한, (인)문학의 당면한 역사적 생성 조건을 중층적으로 매개하고 있다. (인)문학의 '자율성' 테제에 내재된 역설, 즉 감옥의 자유라는 21세기판 역설의 딜레마는 현재 문학과 문학 연구자들이 처한 위상과 관련해서 우리가 규명해야 할 몇 가지 쟁점들을 구체적으로 명시하고 있기 때문이다.

위기를 진단하고 그 대책을 마련하려는 이러한 (인)문학 내부의 움직임은 현재 (인)문학이 처한 긴급한 위기 상황에서 긴요하게 다루어야 할 과제임이 틀림없지만, 이 위기를 둘러싼 전후 맥락과 연구자의 위상에 대한 몇 가지 쟁점들을 구체적으로 파악할 수 있을 때 (인)문학의 위기에 대한 단기적 처방이 아닌 근본적인 인식과 전망을 도출할 수 있으리라는 점에서, 이 몇 가지 쟁점들을 둘러싼 고찰과 탐구가 필요하다.

---

[6] 유종호, 「원로학자 유종호에게 듣는다」(《세계일보》, 2006년 9월 29일자).

'근대문학의 종언'이라는 테제

2006년 『현대문학』 8월호에 제51회 현대문학상 수상자 특집으로 황종연의 평론 「문학의 묵시록 이후 — 가라타니 고진柄谷善男의 「근대문학의 종언」을 읽고」가 실렸다.[7] 황종연의 평론은 가라타니 고진의 「근대문학의 종언」에 대한 일종의 반박문 성격이 짙다. 가라타니 고진의 「근대문학의 종언」은 일본 문학계뿐 아니라 한국 문학계에도 적지 않은 파장을 몰고 와서, 2004년 『문학동네』에 「근대문학의 종언」이 게재된 이래 2006년 『근대문학의 종언』[8]이 책으로 출간되자마자 황종연의 평론 등 일련의 연쇄 반응을 낳았다.

가라타니는 「근대문학의 종언」에서 근대문학, 더 엄밀히 말해 근대소설은 끝났다고 주장한다. 통상 '종언終焉' 주장은 결과적으로 상당한 충격을 양산하기 때문에, 다양한 종언 담론들은 억압적인 권력을 배후에 은폐하는 경우가 많다. 역사의 종언에서부터 이데올로기의 종언 그리고 근대문학의 종언에 이르기까지, 이 종언 시리즈는 종언할 대상을 분류·규정하고 여기에 부합하지 않는 이질적이고 불필요한 세부로 여겨지는 것들을 폭력적으로 잘라 냄으로써 단선적이고 획일화된 이념(들)('근대'와 같은 불균등하고 비대칭적인 개념을 동질화하는 식으로)을 보편적인 원리로까지 승격시키곤 한다. 그래서 '~에 대한 종언'은 근대화 논리를 비판하면서 그것을 확대 재생산한다는 비난을 면하기 힘들

---

[7] 황종연, 「문학의 묵시록 이후 — 가라타니 고진의 「근대문학의 종언」을 읽고」(『현대문학』, 2006년 8월호).

[8] 가라타니 고진, 「근대문학의 종언」(『근대문학의 종언』, 조영일 옮김, 도서출판 b, 2006), 43~86쪽 참조.

다. 어떤 것에 대한 이성적 자각은 그렇지 않은 것, 즉 비자각적이고 뒤떨어진 예외와 추방을 영속화한다는 점에서, '~에 대한 종언'은 '~에 대한 이성적 자각'을 진보와 동일시하는 근대화 논리와 일맥상통하기 때문이다.

황종연이 "근대문학은 끝났다는 가라타니의 주장이 타당하고 유용한 가설"[9]이라는 점에 일견 동의하면서도, 가라타니의 입론에 전적으로 찬성하지 않는 것은 어찌 보면 너무나 당연하다. 수잔 손택Susan Sontag이나 김우창을 모범적인 사례로 들어 그는 "문학의 시대가 끝난 이치를 냉철하게 인식하도록 요구하는 가라타니의 종언론은 문학의 존재 이유를 좀 더 깊이 생각하라는 도전으로 받아들일 필요가 있다."고 전제한다. 황종연은 이 종언 이후에 문학이 어떻게 생존할 것인지를 궁구하는 것이 지금 시점에서 훨씬 유용한 일이라는 점도 간과하지 않는다. "근대문학의 어떤 이상을 고집하며 문학 집단들의 무능과 타락을 고발하거나 근대문학의 어떤 자질이 한국 문학에 살아 있다는 증거를 찾아내려고 부심하는 일이 아니라 근대문학 이후에도 문학이 존재할 이유"[10]를 찾는 것이 가라타니나 김종철처럼 떠날 사람은 떠나고 남아 있는 사람들이 해결해야 할 향후 과제이다.

황종연의 이 지적은 누구나 공감할 수밖에 없는 우리 시대의 초상일 것이다. 문학 제도 내에서 문학 제도를 울타리 삼아 치열하게 쟁투해온 문학 연구자들에게 문학의 무의미성이란 문학의 파산선고 외에 아무것도 아니기 때문이다. 그래서 황종연의 이 평론이 가라타니와 가라타니 이후의 한국 문학으로 이어지는 매듭을 형성한다고 해도 지나치

---

[9] 앞의 평론, 196쪽.
[10] 앞의 평론, 198쪽.

지 않을 듯하다.

이 평론에 대한 심정적 공감과는 무관하게, 황종연이 가라타니의 「근대문학의 종언」을 읽는 방식에 문제가 없는 것은 아니다. 근대 네이션 nation과 근대문학의 기원을 추적하는 가라타니의 해석 체계에 대해 황종연은 "근대문학이 언문일치제도를 조건으로 성립한 이후, 그것을 계속 정통화하고 그 국민 이데올로기를 추인하거나 강화하는 역할을 해 왔다고 믿기는 어렵다."[11]고 반박한다. 근대 네이션과 근대문학의 형성을 동시적으로 파악하며, 20세기 후반이 되면 전 세계적으로 문학이 네이션의 기반이 되는 예를 더는 찾아보기 힘들어지리라는 가라타니의 견해와 분기되는 지점이다. 이러한 차이는 근대문학의 위상에 대한 두 사람의 서로 다른 시각에서 연유한다. 황종연은 근대문학이 네이션의 형성을 추동하기도 했지만 끊임없이 근대 네이션에서 이탈하는 왕복운동을 해 왔다고 보는데, 여기서 가라타니를 우회하는 사유의 굴절과 전위가 드러난다.

가라타니가 언문일치를 전제로 근대문학과 네이션의 형성을 동시적으로 파악하는 것은 사실이다. 하지만 가라타니는 황종연과 달리 근대문학의 존립 기반을 근대 네이션과 근대문학의 역학에서 도출하지 않는다. 오히려 '세계'와 맞서는 형태로 '세계'와 역동적인 긴장 관계를 형성해 온 근대 네이션의 특정한 역사적 전개 과정에 착목한다. 근대 네이션은 근대 이전의 제국이나 제국주의의 보편적 '세계상'에 포섭되면서도, 대립하는 역동적인 긴장 관계를 구축함으로써 '세계'의 내부이자 외부로서의 역할을 담당할 수 있었다. 루터의 『성서』가 세계어인 라틴

---

[11] 앞의 평론, 213쪽.

어를 속어로 번역하는 형태로 새로운 글쓰기(문어)를 창출했던 것처럼, 근대문학은 '세계'와 길항하는 공감의 공동체로서 근대 네이션을 형성하는 데 일조했다. "지식인과 대중 또는 다양한 계층을 '공감'을 통해 하나로 만들었던" 근대문학은, "세계 각지에서 네이션으로서의 동일성이 완전히 뿌리"를 내리고 "사람들이 현실적이고 경제적인 이해에서 네이션을 생각하는" 오늘날, 그 네이션의 동일성을 상상적으로 구축할 필요가 사라졌다. 이 지점에서 물음은 역류된다. 이제는 근대 네이션과 근대문학의 상호작용이 아니라, 근대 네이션과 '세계'의 상관성을 사유하는 일이 현재와 현재 이후에 과연 문학이 존립 가능할지를 묻는 일차적인 출발점이 되어야 한다는 뜻이다.

가라타니는 "현재 전 세계의 네이션＝스테이트가 자본주의적인 세계화에 의해 문화적으로 침투해 있지만, 그것에 대한 반발이 있다고 해도 이전처럼 노골적인 내셔널리즘은 등장하지 않는다."고 본다. "경제적으로 불리한 것이 있으면 맹렬히 반발"하겠지만, 근대 네이션이 '세계'와 동적인 긴장 관계를 구축해 왔던 특정한 역사적 시기는 지나갔다. 가라타니의 말대로라면, 이슬람과 기독교의 원리주의만이 오늘날 유일하게 '세계'와 동적인 긴장 관계를 형성하고 있을 따름이다. 황종연과 가라타니의 논의를 이처럼 길게 상술한 이유는 외재성을 인식하는 두 사람의 사유 체계가 근대문학의 종언 테제를 검토하는 하나의 입각점이 되리라는 판단에서이다. 외재성에 대한 인식이 '부정성'의 의미와 관련해서 핵심적인 관건인 까닭이다.

황종연은 문학이 현재와 현재 이후에도 존립 가능하다면, 그것은 근대문학의 역사에서 근대문학이 언제나 자신의 성립 조건을 불신하고 해체해 온 '부정성'의 운동을 기억하는 데서 존립의 근거를 찾을 것임을 시사한다. 문학의 현재와 현재 이후는 근대문학의 '부정성' 운동을 회복하고 상연하는 데서 시작된다. 근대문학의 '부정성'을 긍정적 구성력으로 자리매김함으로써 문학은 사회의 여타 하위 체제와는 다른 문학의 '자율성'을 계속 확보하게 되리라는 것이 황종연의 진단이다. 그러나 이 부정성이 가라타니가 말한 "모놀로그" 또는 루카치가 "부분 체계의 형식적 법칙화"로 정의한 독아적인 폐쇄성에 빠지지 않으려면, 외재성의 장소가 전제되거나 동반되어야 한다. 가라타니가 규정한 외재성이란, 자기가 속한 언설言說 시스템의 외부로 나아가 외부에서 내부를 전회回轉하여 탈구축하는 비판의 임팩트를 가리킨다. 말하자면 자기와 자기 아닌 것의 차이를 무한 누적하는 자기동일성의 폐쇄된 회귀나 수렴이 아니라 역사와 사회를 개시開始하는 교통 공간으로서 작용하는 것, 가라타니가 일관되게 주장하는 '외재성'은 바로 이것이다.

가라타니의 근대문학의 종언은 황종연이 규명했듯이 헤겔의 역사철학적 계보를 잇는 종언 테제의 반복으로 보이기도 한다. 그러나 가라타니가 데카르트나 헤겔을 비판적인 사유 대상으로 끌어들여 대화를 시도하는 것은 외재성을 고찰하려는 그 나름의 주제 의식을 근저에 깔고 있다. 이 외재성과 부정성은 근대문학의 '자율성'과 근대문학의 '종언' 테제와 연동되어 근대문학을 근대문학 아닌 것과의 차이를 무한 누적하는 자기동일성의 폐쇄된 시스템이 아니라 근대문학이 외부와 교섭할 비판의 임팩트를 계속 창출할 수 있느냐라는 당면 과제와 복합적으로 착종되어 있다. 만약 근대문학의 존립을 가라타니의 설명대로 근대 네이션과 '세계'의 역동적인 상호 작용에 둔다면 외재성은 사라져 버렸다는 그의 지적은 충분히 경청할 만하다. 근대 네이션과 '세계'가 역동적인 긴장 관계를 상실하고 근대 네이션이 이른바 현재 세계화로 표상되는 '세계'의 내부이자 외부로서 기능하기를 멈춘다면, 근대문학은 근대 네이션이 사라지는 것과 함께 그 외부를 잃어버리게 된다. 이 외재성이 사라지고 나면, 근대문학의 '부정성'의 운동이란 한갓 형해화形骸化된 형식 법칙으로 화할 뿐이다.

가라타니가 "포스트모더니즘이 더 이상 '비판'으로서가 아닌 하나의 단계 또는 상태처럼 간주될 때, 예를 들어 소비사회가 포스트모던인 것처럼 간주될 때 — 실제 일본에서는 그렇지만 — 그것은 더 이상 외부성을 가지지 않습니다. 그것은 디컨스트럭션이 형식화되어 누구라도 할 수 있는 방법으로서 아카데미즘에 의해 수용될 수 있을 때, 그 외부성을 잃는 것과 같은 것입니다. (중략) 현재 진행되고 있는 것은 그 비판의 임팩트나 그 외부성이 사라져 공동체 내부에 갇혀 가고 있는 것입니다."[12]라고 공표했을 때, 그는 근대문학의 외재성이 더는 존재하지 않는다는 사실을 근대문학의 종언 테제로 가시화한 셈이다.

그는 지금 문학이 근대의 특정 문학을 알리바이 삼아 연명하는 것은 자기기만에 지나지 않는다고 꼬집는다. 특정한 근대문학의 건재를 과시하며 근대문학을 구제하려는 사람들은 실은 근대문학의 죽음을 온몸으로 증거하는 것에 지나지 않는다. 특정한 근대문학을 구제하려는 헛된 노력으로 허우적대기보다 차라리 세계적인 상품으로 그 가능성을 구현하는 데 힘쓰는 것이 낫다. 추리소설의 경우를 봐도 그렇다. 추리소설류는 일본 국내에서 순수문학을 자처하며 일본에서만 읽히는 통속적인 작품보다 경쟁력 면에서 월등히 뛰어나기 때문이다. 지금 문학이 세계적인 상품으로 세계 시장에 뛰어든다면, 문학은 근대문학의 특정한 역사적 생을 마감하고 다른 역사를 개진할 수 있을 터이다. 근대문학의 과거를 기웃거리며 근대문학을 뜯어먹고 사는 것보다 이것이 훨

[12] 가라타니 고진, 「포스트모던에서 주체의 문제」(『언어와 비극』, 조영일 옮김, 도서출판 b, 2004년), 441쪽.

씬 더 생산적이고 유용하다.

가라타니가 포문을 연 근대문학의 종언 테제는 그나마 주변부였던 문학을 세계 시장으로 해소解消하는 참으로 문제적인 발언이 아닐 수 없다. 근대문학은 화폐자본이 도래시킨 시장의 자유를 부산물로 해서 탄생했다. 화폐로 표상되는 상품가치가 객관적인 사회법칙으로 현현하여 사회적 관계가 단지 양적인 화폐의 차이로 환원되면, 이 화폐 획득에 무능하다고 여겨지는 집단이 주변부에서 출현하게 된다. 화폐로부터의 소외 또는 무능력을 보여 주는 이 주변부 집단들은 정상적 의미의 생산 활동, 즉 화폐를 획득하려는 경제적 활동과는 구분되는 다른 가치들을 대변하고 이를 특화한다. 학문이나 자유직업 혹은 예술가 집단이 이의 대표적인 예증이다. 이 주변부 집단을 판단하는 기준은 소유한 화폐량이 아닌 다른 가치들, 이를테면 정신적인 가치라고 인식되는 것들을 중심으로 결정된다.

화폐자본은 개인의 인격과 무관하게 개개인의 업무에만 일면적으로 관계하기 때문에, 그 업무를 수행하는 개인의 인격에는 별 관심을 기울이지 않는다. 개개인의 인격적인 요소와 충돌하지 않으면서도 개개인의 인격을 배제하는 화폐자본의 이러한 추상적이고 외면적인 관계로 인해, 인간은 그 어느 때보다 서로 의존하는 한편으로 서로에게서 고립된다. 이처럼 '근접'과 '거리'가 인간 상호 간에 생겨나고 이 '근접'과 '거리'가 인간의 모든 물질적이고 정신적인 활동을 규정짓게 되면서, '근접'과 '거리'의 모순은 더욱 첨예화된다. 일상적으로 이 모순을 체험하는 집단이 바로 이 주변부 집단들이다. 이들은 화폐자본에서 고립된 '거리'의 가치를 상징하고, 이를 중심 가치로 전유하여 자신의 존재 의미를 재확증하기 때문이다.

경제적 생산 활동이 곧바로 화폐의 획득으로 이어지는 경제 부문의 종사자들에 비해, 주변부 집단들은 화폐자본의 획득을 부차적인 목적으로 둔다. 인격의 내적 완성이나 인간성 회복과 같은 이른바 화폐자본이 무화하거나 파괴한 가치들을 화폐자본의 획득보다 우선시하는 이 주변부 집단들은, 이에 따른 당연한 결과로서 화폐자본의 결여를 화폐자본에 적대적인 가치들로 상쇄하거나 보상하고자 한다. 경제적 보상과 이를 통해 사회적 인정과 지위를 확보하는 경제 활동 과정에서 배제/누락되어 있다는 점에서, 이 주변부 집단들이 화폐자본을 대하는 태도는 이중적이다. 화폐자본을 경시하는 한편으로 그들의 중심 가치가 화폐자본의 상실을 대체하지 못한다고 느낄 때 주변부 집단들의 심리적 고통은 배가된다.

이 상황이 반복되면 거꾸로 그들의 부차적 목적이던 화폐자본의 획득에서 중심 가치를 재확인하는 전도된 현실과 마주치게 된다. 화폐자본의 총량이 그나마 주변부 집단들의 중심 가치가 아직 유의미함을 확고하게 입증해 줄 것이기 때문이다. 부차적 목적인 화폐자본이 주변부 집단들의 중심 가치를 재공인하는 화폐자본의 전면적 도래는 '사물화'라고 하는 자본주의의 보편화된 소여성所與性 문제를 촉발한다. 아도르노Theodor Adorno와 호르크하이머Max Horkheimer가 사물화는 '망각forgetting'이라고 한 명제에 포함된 제2의 자연과 본래적 직접성의 욕망이 이 사물화의 근본 현상을 둘러싸고 있다.[13] 이제 이 제2의 자연과 본래적 직접성의 욕망이 어떻게 예기치 않은 방식으로 현실을 추인하고, '작품으로의 회귀'라는 실증주의로 드러나는지 좀 더 면밀하게 고찰해 보자.

---

[13] Steven Vogel, *Against Nature* (State University of New York Press, 1996), p. 78 참조.

리얼리즘과 모더니즘의 '회통'이라는 테제

"애니미즘이 사물을 정령화했다면 산업주의는 영혼을 (사)물화한다. 상품이 자유로운 교환의 종결과 함께 물신적 성격을 제외한 나머지 모든 경제적 질을 상실한 이래로, 이러한 물신적 성격은 사회생활의 모든 국면에 확산된다."[14]

아도르노의 『계몽의 변증법Dialektik der Aufklärung』에 나오는 한 구절이다. 그는 이 사물화의 진전이라는 렌즈를 통해 현대사회를 바라보고 이에 대한 음울한 전망을 내놓는다. "지배하는 과학에 의해 오인된 근원으로서의 자연이 기억될 때 계몽은 완성되고 스스로를 지양한다. 그러나 현재 세계에 봉사하고 있는 계몽은 이러한 가능성 앞에서 대중의 총체적인 기만으로 변질"[15]되고 만다는 것이다.

아도르노와 호르크하이머의 마지막 강조점은 자못 의미심장하다. 대중의 총체적인 기만은 문화산업의 그럴듯한 거짓 가상으로 표현되기 때문이다. 문화산업은 "충동을 승화하는 것이 아니라 억압하며", "소비자의 모든 욕구가 실현될 수 있는 것처럼 제시하지만 그 욕구들은 실은 사전 결정된 것"이다. 이러한 문화산업의 거짓 가상은 예술 작품의 가상, 말하자면 "인간의 거세당한 충동을 부정적인 것으로 형상화하며, 충동이 굴욕을 당하게 하기보다 내부로 철수시켜 거세당한 것을 매개된 것으로 만듦으로써 구제하는" 가상을 오용하고 탈취한다. 문화산업의 거짓 가상은 예술 작품의 가상과 달리 '필요와 통합된 가상'인 것이다.

---

[14] M. 호르크하이머·아도르노, 『계몽의 변증법』(김유동·주경식·이상훈 옮김, 문예출판사, 1995), 56~58쪽을 정리한 내용이다.

[15] 앞의 책, 76쪽.

현실의 사물화를 부정적으로 형상화하며 충동을 매개된 것으로 만들어 구제하는 예술 작품의 승화된 가상은, 문화산업의 일차원적인 가상으로 항상적인 위협에 처하게 된다. 그래서 예술 작품은 사물화의 효과인 거짓 가상의 폭발적인 증가로 가상을 포기할 지경에 이른다. '부정적' 지양으로써 유토피아적 계기를 간직하고자 하는 예술 작품의 가상이 이처럼 사물화의 실제 효과인 문화산업의 가상과 구별할 수 없게 되는 지점에서, 가상은 직접적인 현실 또는 산 경험으로 일상에서 실체화된다. 가상 자체가 현실이 되는 가상의 일차원화가, 그 가상에 매개된 인간 주체의 구체적인 활동과 역사적인 제 관계를 지우고 발생의 흔적들을 없애 버리는 방식으로 부동의 사실성으로 전환되는 것이다.

아도르노와 호르크하이머는 '사물화'로 망각된 이러한 사회성을 '망각(억압)되어진 자연의 귀환'과 같은 자연의 특수한 직접성에 기댐으로써 내면의 정관주의靜觀主義로 침잠하고 말지만,[16] 루카치는 이 사물화 개념을 끝까지 밀고 나가 직접성에 다가가려는 어떠한 욕망도 단호하게 거부하며 '매개' 개념을 사유의 중심 토대로 삼고 이론을 전개해 나간다. 루카치는 사물화의 근본 상황에서는 "직접적으로 주어져 있는 대상들의 사물 형식들, 대상들의 직접적인 현존재, 그 양상이 일차적인 것으로 나타나고, 실재하는 것, 객관적인 것, 대상들의 '연관들'은 이에 반해서 이차적인 것, 단순히 주관적인 것으로 현상한다. 이에 따라서 직접성의 입장에 서 있는 한, 모든 현실적 변화는 개념 파악할 수 없는 것으로 나타난다. 어떤 것이 변화한다는 사실의 차원에서도 부인할 여지가 없는 사실이, 이러한 직접성의 입장에 매몰되어 있는 의식 형태에게는 하나의 파

---

[16] 이 부분은 논란의 여지가 있다. 그러나 아도르노가 반성적 사유의 토대로 억압된 자연의 회귀에 기대고 있다는 점은 분명하다.

국으로 모든 매개 장치를 절단하면서 돌연 외부에서 첨예하게 밀려 들어오는 격변으로 비치게 된다."[17]는 점을 예리하게 파고든다.

루카치가 이 인용문에서 말하는 바는, 인간이 사물화의 근본 현상인 직접성에 매몰되어 있을 때 파국이나 격변(위기)은 돌이킬 수 없는 운명처럼 인간에게 인식된다는 점이다. 루카치는 인간은 사물화와 매개의 상대화된 규정에 따라 매개를 통해서만 직접적으로 주어져 있는 대상들의 역사화된 왜곡과 폭력의 잔상殘象을 발견할 수 있을 뿐이며, 그것이 이전에는 어떠한 형태였는지는 알 수 없다고 설득력 있게 제시한다.[18] 그런데 현대사회는 마치 모든 세계가 인간 활동과 무관하게 영원히 변경할 수 없는 '자연'인 양 출현하고, 그 결과로 사물화된 제2의 자연이 객관성으로 치환되는 여하한 실증주의가 학문의 분업화와 함께 전면화된다고 루카치는 주장한다.

이러한 실증주의는 다양한 양태로 분출된다. 사물화의 근본 현상인 기성旣成의 세계를 있는 그대로 긍정하는 조야한 실증주의(추수주의)부터 이를 '부정'하는 더 고차원적인 직접성의 욕망까지 그 스펙트럼은 폭넓다.[19] 이 후자의 태도를 한 마디로 압축하는 현재의 (인)문학 경향 중

---

[17] 게오르그 루카치, 『역사와 계급의식』(박정호·조만영 옮김, 거름, 1986), 280쪽.

[18] 이 지점이 아도르노와 루카치가 갈라지는 핵심적인 부분이다. 아도르노가 사물화의 망각된 사회성을 인정하면서도 인간 고유의 본원적 육체로 환원되는 것과 달리, 루카치는 억압된 자연의 실체나 토대를 믿지 않는다.

[19] 지금 학계에서 기성 세계를 있는 그대로 긍정하는 가장 대표적인 이론이 근대화론일 것이다. 근대화론은 기성 법칙들의 있을 수 있는 가능한 결과들을 수량적으로 계산하는 수량화에 매몰되어 있으며, 이 기능화된 수량화를 절대 법칙으로 추인한다. 따라서 더 정밀한 계산으로 이전의 오류를 수정한다는 근대화론의 입장은 사물화의 기능화된 법칙에서 한 발자국도 벗어나지 못한 채 부분적인 오류를 제거하는 데 전력을 기울인다. 이것은 마치 식민 지배자가 식민지에 도착해 "우리가 그런 게 아니야. 저들은 원

하나가 '환멸'의 심리이다.

"이제는 거의 지쳤다고 할 수 있다. 특히 2000년대의 벽두부터 터져 나온 문단 주변의 이러저러한 추문들과 《조선일보》 문제를 둘러싼 상업주의와 문단 권력과 관련된 부끄러운 현상들을 관찰하고 그에 개입하는 동안 한국의 근대문학 제도에서는 더 이상 지성과 윤리를 갖춘 문학은 산출되기 어렵다는 비관적 결론이 고개를 드는 것을 어쩔 수 없었다."[20]고 토로하는 김명인의 글은 이를 잘 보여 준다.

그는 현재 한국의 문학이 근대문학으로서의 성찰적 활력을 소진하고 제도적 타락으로 앞길이 막혀 있는 환멸적 상황에 처해 있다고 규정한다. 문학이 한갓 쇼핑의 대상이고, 문학평론이 광고 문구 혹은 장식물과 다르지 않다면 문학의 미래는 어디에도 없다. 이렇게 생각하는 그가 현재 한국 문학의 가능성을 떠올리는 것은 그리 쉽지 않아 보인다. 제도화된 문학적 글쓰기를 포기하고, 대중의 일상에 좀 더 쉽게 접근할 수 있는 언론 매체의 칼럼류로 전환함으로써 그는 대중과 직접 소통할 수 있는 직접성에 대한 욕망, 말하자면 사물화의 한 단면이라고 할 수 있는 대중과의 직접적 접촉 및 설득을 갈구하는 심리를 강하게 드러낸다.

이처럼 한편에서 현재 문학에 대한 '환멸'의 심리가 제출된다면, 다른 한편에서는 '대상으로 회귀하고자 하는' 또 다른 형태의 실증주의가 고개를 들고 있다. 조정환은 현재의 이러한 실증주의적 연구 경향을 최원식의 '회통會通'을 예로 들어 비판적으로 바라본다. 그는 리얼리즘/모더니즘의 창안된 정체성을 떠나 작품의 실상으로 직핍直逼하려는 최원식의 '회통'을 두고 이름(명명)의 포기, 나아가 비평의 방기이자 유언과

래 저렇게 가난하고 궁핍했어. 가난은 저들의 탓이야."라고 말하는 것과 유사하다.

[20] 김명인, 『환멸의 문학, 배반의 민주주의』(후마니타스, 2006), 12쪽.

다름없다고 질타한다.[21]

조정환이 비평의 임무에 대한 파산선고로 간주한 최원식의 '회통'은, "리얼리즘과 모더니즘이 차이 속에 얻어진 상상적이거나 창안된 표지일 가능성"이 크다는 자각에서 출발하여, 지금 문학에 긴급하게 요구되는 "담론으로부터 대상을 창안하기보다는 담론으로부터 대상으로 귀환"하여 참된 비평 정신을 회복하려는 그의 최근 행보와 긴밀하게 조응한다. "리얼리즘/모더니즘의 창안된 정체성을 떠나 작품의 실상으로 직핍하면, 리얼리즘의 최량最良의 작품들은 통상적 리얼리즘을 넘어서는 순간 산출되었으며, 모더니즘의 최량의 작품들도 통상적인 모더니즘을 비월飛越하는 찰나에 생산되었다는 것에 다시금 주목하게 된다."고 최원식은 주장한다.[22]

이러한 그의 논리 전개에 따라 양자의 회통이 모색된다. 리얼리즘과 모더니즘이 비록 가상일지라도 한번 생긴 것은 그 가상을 성립시킨 업이 소멸되지 않는 한 쉽게 사라지지 않기 때문에 우선 양자의 회통을 통해 작품의 본질에 육박하는 최량의 비평 정신을 회복하는 것이 필요하다는 진단을 거쳐, 그는 '회통'을 현재와 현재 이후의 문학을 위한 일시적 거처이자 교정책으로 자리매김한다.

최원식의 '회통'은 동일성의 비동일성이라는 아도르노의 '자연' 개념, 즉 동일성으로 환원되지 않는 그 무엇의 출현을 기다리는 '자연' 개념과 상당히 흡사하다. 아도르노가 고통이나 공포의 미세한 감각을 기억하는 육체에서 사유(정신)의 한계와 '부정성'의 영원한 운동을 엿보았던 것처럼, 최원식은 오용된 비평 개념들을 철회하고 비평의 본원인 작품

---

[21] 조정환, 『카이로스의 문학』(갈무리, 2006). 나머지 인용문은 이 책으로 대신한다.
[22] 최원식, 『문학의 귀환』(창작과비평, 2001), 57~58쪽.

으로 되돌아가 작품에서 최량의 비평 정신을 자연스럽게 유도하는 원형질의 감각을 요청한다. 정적이고 체계적인 사유가 놓치기 마련인 '남아 있는 어떤 것'을 작품에서 포착하여 이 파국을 헤쳐 나갈 동력을 발견하려는 최원식의 '회통'은, 작품에 대한 무한한 기대를 반향하는 한편 창작자들에게는 창작의 엄중한 책무를 상기시킨다.

이에 대한 조정환의 비판은 신랄하다. 최원식의 회통은 그야말로 "언어적 제스처에 불과하며 창작과는 독립적으로 사유하고 표현해야 할 비평의 임무를 창작에 떠넘기는" 행위에 불과하다고 보기 때문이다. 덧붙여 조정환은 "리얼리즘/모더니즘 논쟁은 모더니즘의 승리로 끝났다기보다 리얼리즘의 자결로" 마무리되었다고 단언한다. 리얼리즘론만이 아니라 비평 담론 일반까지 무덤으로 끌고 들어가 버린 이 비평의 방기 또는 포기는 비단 최원식만의 문제는 아닌 듯하다.

'리얼리즘', '민족문학', '세계문학'은 아직 그 쓸모가 남아 있는 개념이요 방편이라고 설파한 백낙청은 최원식과는 분명 다른 입장에 서 있다. 하지만 그는 '통일시대 한국 문학'을 전망하며, "'통일시대'의 총체상을 점검하고 분단 체제 극복에 획기적으로 기여하는 대작이 되려면 소재나 작가의 알음알이 차원에서도 분단 문제가 적극적으로 제기되지 않을 수 없으리라는 점"을 전제한 후, "이런 대작의 생산은 먼저 개개인의 작가가 자신에게 절실한 소재 또는 과제를 잡아서 자기가 알고 느끼는 만큼 정직하고 치열하게 수행해 나가는 작업이 축적되는 가운데 자연스럽게 이룩되는 것이지 욕심을 앞세울 일은 아니라고" 슬쩍 한 발을 뺀다.[23] 다른 장에서는 비평가의 평가 행위도 평범한 독자가 작품을 읽

---

[23] 백낙청, 『통일시대 한국문학의 보람』(창비, 2006), 142~143쪽.

다 보면 자연스럽게 하게 되는 가치판단과 본질적으로 다르지 않다는, 비평가의 비평 행위를 독자의 취향과 동일시하는 뉘앙스의 발언을 개진하기도 한다.[24] '통일시대'와 '분단 체제' 등 한국 문학의 굵직한 사안들을 주도해 온 대표적인 비평가의 발언 치고는 현재 문학에 대한 수세적인 태도가 여지없이 묻어나는 발언이 아닐 수 없다.

그렇다면 이토록 막중한 책임이 부과된 작품은 비평가들의 바람대로 문학의 현재와 현재 이후를 열어 줄 신성한 '사제'가 될 것인가? 비평은 예술(작품)을 옹호할 임무에서 벗어날 수 없다는 수잔 손택의 말대로, 작품은 과연 비평이 포기한 현재와 현재 이후 문학의 새로운 가능성들을 출현시킬 수 있을 것인가? 현재와 현재 이후의 문학은 이제 그 공이 작품(창작)들로 넘어갔다. 비평(가)과 작품(창작자)이 맺는 이러한 비대칭적인 관계는 비평이 현실의 난관을 작품(창작)에 떠넘긴 데 따른 필연적인 결과로서, 이제 비평이 담보할 수 있는 최소한의 약속이나 어떠한 보증도 사라졌음을 의미한다. 당연히 비평이 제도화된 강단 내로 고립되는 경향이 심화될 수밖에 없다. 하지만 작품이라고 해서 이 사물화의 일차원적인 가상에서 진정 자유로운 것인가? 오히려 사물화의 근본 현상에 내재된 역사적 제 조건들을 지우고 기성의 세계를 전도된 방식으로 추인할 위험성은 작품(창작)이 더 크지 않을까?

---

[24] 황종연, 「무엇이 한국문학의 보람인가─문학 평론가 백낙청과의 대화」(『창작과 비평』, 2006년 봄호), 311~312쪽 참조.

침묵하는 신식민지의 객체들

현재 한국 문학을 대표하는 작가를 꼽으라면 단연 김영하일 것이다. 연이은 화제 속에 그는 이른바 문단에서도 출판계에서도 잘나가는 작가로 부상했다. 2006년 『작가세계』 가을호가 '오늘의 작가' 특집으로 김영하를 집중 조명한 것이 오히려 뒤늦은 감이 있다고 말할 정도였다. 김영하는 1990년대 말부터 문단과 출판계의 지속적인 상찬의 대상이 되었다. 여기서 김영하의 이야기를 꺼낸 것은 그의 작품을 평가하기 위함이 아니라, 앞에서 얘기한 '작품(대상)으로의 회귀'가 과연 비평의 대안이 될 수 있는지를 김영하의 '작가 인터뷰'를 중심으로 규명해 보고자 함이다.

김영하는 이 인터뷰에서 10년 동안 글을 쓰면서 자신의 말들에 휩쓸린 적이 없느냐는 대담자의 질문에 다음과 같이 대답한다.

> 2000년대에 들어서면서 뭔가 다른 게 필요하다고 생각했어요. (중략) 한동안은 강력한 서사에 매료돼 있었는데 『엘리베이터에 낀 남자는 어떻게 되었나』, 『아랑은 왜』, 『검은 꽃』까지요. 그런데 이런 생각이 들었어요. 소설은 이야기가 다가 아니지 않느냐. 현대문학에선. 『오빠가 돌아왔다』 시절부터는 이야기성에서 좀 벗어나게 되죠. 이야기만으로 의미가 있는 것은 아니잖아요. 현대문학에선. 이야기를 비우기 시작했어요. 전엔 누가 죽거나, 벼락을 맞거나, 남편이 흡혈귀이거나 등등의 강력한 이야기가 지배했는데 『오빠가 돌아왔다』부터는 이야기에 공간이 생기게 됩니다. (중략) 의미가 구멍 사이로 지나가는 소설이 없을까 생각하게 되었죠. 그러면 그곳에서 발효도 일어나고 화학적 변화도 생기게 되고 의미의 충돌도 생기게 되고.[25]

딱히 흠잡을 데 없는 발언이다. 그런데 이 발언은 서사와 서사의 공백 사이에 자리한 중요한 쟁점을 함축하고 있다. 김영하는 서사(이야기성)에서 벗어나, 서사와 서사의 빈틈에서 창출되는 예기치 않은 의미의 출현을 향후 그의 문학의 방향성으로 제시한다. 꽉 찬 서사가 아니라 서사와 서사가 침묵하는 여백의 공간은, 서사가 포착할 수 없는 "남아 있는 어떤 것"이 도래하는 비동일성의 공간일 것이다. 서사의 비워 냄과 흩뿌림은 서사가 강제하는 억압적 동질화를 벗어나 차이와 다양성을 텍스트(아니면 독자?)에 새겨 놓는다. 이러한 찰나의 섬광은 최원식이 '회통'에서 말한 비월飛越하는 찰나의 순간과 다르지 않다. 비평가는 지금까지의 비평/언어인 리얼리즘과 모더니즘 대신에 작품(대상)으로 회귀하여 작품(대상)이 찰나적으로 뿜어내는 의미의 생성을 정관적으로 기다리며, 작품의 실제 창작자인 작가는 서사가 비워 내는 서사의 빈틈에서 제3의 무언가, 억압된 무언가가 귀환하는 찰나의 순간을 조용히 응시한다.

물론 억압된 것의 귀환과 알려지지 않은 것의 찰나적인 드러남은 고도로 조직화되고 합리화된 세계에서 이름/개념이 갖는 폭압성을 드러내고, 그 이름/개념이 붙잡지 못한 차이를 보존하려는 '대안'적 타자성의 전략적 장소로 기능한다는 것을 모르는 바 아니다. 그러나 차이를 보존하는 이 비동일성이 이름/개념에 대한 불편한 긴장을 포기하고 자동화된 사물의 세계를 억압된 자연의 회귀인 양 인식할 위험에서 완전히 자유로운 것은 아니다. 아니 어떠한 인식도 대상을 전부 파악할 수 없다는 상대주의적이고 허무주의적인 입장을 미학의 이름으로 정당화

---

25 김이은, 「그가, 몸을 바꾸다」(『작가세계』, 2006년 가을호), 87쪽.

하고, '남겨진 어떤 것'의 이름/개념(이것도 인식일 수밖에 없을 텐데)으로 지금까지 전개된 비평의 인식적 매개마저 부정하는 고도의 실증주의와 주관주의로 함몰될 위험성마저 엿보인다.

김영하의 인터뷰가 예증하듯, 작품(소설)은 서사성을 포기하고 비평은 비평 개념을 대신하여 작품(대상)으로 회귀한다. 그런데 이 막중한 책임을 짊어진 작품(혹은 작가)은 서사를 포기하고 서사의 공백에서 무언가가 출현할 것이라며 기다리라고 말한다. 이러한 무한 누진의 악순환이 거듭되면, 현재와 현재 이후의 문학을 담당할 복잡한 인식의 매개를 찾기란 거의 무망해 보인다. 김영하가 『검은 꽃』은 강력한 서사이며, 『오빠가 돌아왔다』는 서사가 비워진 작품이라고 말한 내용 역시 액면 그대로 믿기 힘들다. 외견상 『검은 꽃』이 『오빠가 돌아왔다』에 비해 서사성이 강한 것은 사실이다. 그러나 (상품)가치는 노동의 표상이기도 하지만 차이가 만들어 내는 차이화의 산물이라는 점을 염두에 둔다면,[26] 『검은 꽃』이 제3세계 문학으로 제 기원을 상정하는 문화 횡단적인 차이화의 매개를 이미 거쳤음을 간취할 필요가 있다. 다시 말해서 『검은 꽃』은 서사를 추동하는 시각 이미지의 매개된 분절을 따라 인간이 사라진 신성한 땅을 신비한 장대함과 완강한 침묵이 공존하는 자연 풍경으로 담론화하는 제3세계 특유의 가치 생산과 밀착·연루되어 있다는 뜻이다.[27]

---

[26] 여기에 대해서는 레이 초우, 앞의 책 참조.

[27] 이러한 징후는 비단 김영하로 그치지 않는다. 동양의 관능적이고 신비로운 궁중 무희가 전 세계를 무대로 동양의 상품 가치를 재생산하는 김탁환의 『리심』 역시 이와 별반 다르지 않다. 한류와 접목된 신종 오리엔탈리즘은 세계 표준으로서의 공통성과 문화적 개별성으로서의 차이에 대한 현재의 복합적 이질혼교성을 새롭게 재구축한다. 전 지구적 상품경제와 지역 문화 간의 분절과 결합을 탐구하는 것이 현재 무엇보다 필요한 이유가 여기에 있다.

야생의 밀림과 문명화되지 않은 원시적인 마야인과 식민지 조선인이 황량하지만 순백의 자연 풍경으로 현현하는 『검은 꽃』의 결말은, 물질적이고 사회역사적인 제 조건들을 지우고 마치 침묵하는 자연 풍경이 민족국가(네이션=스테이트)의 외부에서 진정한 의미를 섬광처럼 발산시키리라는 '자연'에 대한 매혹을 재생산한다.[28] 그래서 『검은 꽃』은 이른바 서구가 제3세계에 기대하는 고요하고 투쟁하지 않는 제3세계의 제3'세계다움'을 충실히 재현하게 된다. 이는 신종 오리엔탈리즘의 재판이자, 토착 지식인과 '세계'의 위계화된 권력/지식의 공모이다. 이 고유하고 투쟁하지 않는 자연 풍경 같은 제3세계가 이슬람 근본주의자들처럼 자신의 역사와 존재 근거를 주장할 때 이 세계는 참으로 번거롭고 성가신 타자가 되지만, 서사가 비워 내는 침묵하는 자연 풍경과 닮아 있는 제3세계는 언제든 포섭 가능한 받아들일 만한 차이로 문화 횡단적인 상품 가치를 보존하고 지탱하는 것이다.

이렇게 보면 아프가니스탄과 이라크 같은 현재의 이슬람 지역과 국가들은 서구가 기대하고 요구하는 침묵하는 객체로 남아 있기를 거부하고, 들리지도 듣고 싶지도 않은 끊임없는 잡음과 소란의 진원지가 된다. 그러니 이 지역들과 국가들이 침묵하는 자연 풍경으로 재조직될 때까지 서구는 문명과 민주화의 이름으로 이들의 목소리를 거세하고 순치된 서구의 모방적 아류로 남을 수 있도록 개입과 간섭의 시도를 멈추지 않을 것이다. 이러한 제3세계의 제3'세계다움'을 작품(대상)이 충실

---

[28] 이는 현재 한국 (인)문학에서 풍속 연구가 빠져들기 쉬운 함정이다. 때로 식민지 근대성은 이 풍속 연구와 결부되어 객체화된 자연 풍경처럼 식민지 시대를 홍밋거리로 구성하고 소비하는 양태를 보여 준다. 전봉관이 벌인 일련의 작업은 이러한 풍속 연구를 통해 식민지 시대도 지금과 다르지 않았다는 본질주의적 태도 아래 그 구체적인 역사성을 소거하는 세련된 보수주의자의 면모를 진하게 풍긴다.

히 수행한다면, 비평이 비평을 배반하고 작품은 비평을 배반하는 영속적인 추방과 단절이 재생산되는 악순환의 고리를 끊기는 참으로 어려울 수밖에 없다.

'순정한' 인문학적 가치와 386세대 책임론

지금까지 (인)문학의 자율성 테제와 근대문학의 종언 테제, 그리고 리얼리즘과 모더니즘의 '회통' 테제까지 한국 (근대)문학이 직면한 세 가지 쟁점을 구체적으로 점검했다. 이를 통해 문학과 비평(문학 연구)이 처한 현실을 근본적인 개념/이름으로 접근해 보고자 했다.

가라타니가 (근대)문학의 종언을 선언하고 세계 상품으로서 (근대)문학의 존재 가능성을 역설했을 때, 이에 대한 반反작용으로 (근대)문학의 유의미성을 주장하는 것은 동일한 논리의 악순환에 빠져들거나 가라타니가 제기한 유효한 비판점마저 무화할 위험성을 다분히 안고 있다. 가라타니의 주장에서 우리가 간과할 수 없는 것은 (근대)문학의 외재성이 사라졌다는 엄연한 사회역사적 생성 조건이기 때문이다. 그의 통찰을 우리의 사례로 전유하여 숙고해야 할 징후들은 이미 곳곳에 산재했던 것이 사실이다. 다만 공적인 학문 장에서 촉발된, 가령 '인문대학장단의 성명서'와 같은 우연하고 일회적인 사건이 공적인 권위와 위신을 갖추고 눈앞에 당면한 현실로 제출됨으로써 더 선명하게 드러났다는 점이 과거와 다른 점이다. 이는 인문학 연구의 후진 양성, 현재 유행하는 학제 간 연구, 한국학술진흥재단의 여러 지원금을 포함한 국가 지원 체계, 마지막으로 지금 위기의 주범이자 모든 "비생산적인 갈등"의 원천으로 지목된 386세대 문제와도 맞물려 있다.

강상중이 일본에서 전후 고도성장이 끝나고 도래한 거품경제로 일컬어지는 깊은 불황이 '일본형 복지사회'를 지탱하는 토대로 간주된 가족·지역·기업 등 소규모 공동체의 함몰을 재촉했다고 주장했을 때, 그는 소규모 공공 공간이자 개인과 국가를 잇는 중간 영역의 소멸이 민족─국가의 퇴장과 민족─국가의 과잉이라는 모순된 양상을 빚어내고 있음을 염두에 둔 것이었다.[29] 이것은 우리 대학에도 마찬가지로 적용된다. 자립과 자율성이란 환상이 깨지고 중간 영역으로서 대학이 갖는 위상이 흔들리며, 국가로의 투항과 개입이 그 자리를 대신하고 있기 때문이다. 이제 국가의 지원금은 모든 연구자의 로토(로또!)이자 대리 충족물이 되었다. 지원금이 연구의 질과 성과를 결정하는 절대자로 자리매김하는 전도된 현실이 도래하고 있는 지금, 이 글이 제시하는 네 가지 민감한 사안들은 근대'문학'의 외재성이 과연 존재하는지의 문제를 되짚게 한다.

근대 네이션이 세계화로 표상되는 지금의 '세계'와 아무런 긴장 관계를 형성하지 못하고 '세계'로 자진 투항하는 지금, 문학(연구)이 내셔널리즘을 붙잡고 치고받고 하는 것은 마치 싸울 의지가 없는 한 놈을 붙잡고 그놈이 자진 실토할 때까지 팬다는 정말로 희극적인 상황을 연출할지도 모르기 때문이다. 내셔널리즘에 대한 현재 문학(연구)의 폭발적인 관심과 경도는, 내셔널리즘이 더는 우리의 일상적 안락에 위험이 되지 않는다는 사실을 거꾸로 입증해 준다. 그래서 문학비평과 (인)문학 연구는 안전하고 투명한 적대자들, 그것이 좌파이든 386세대이든 동질화되지 않은 집단을 뭉뚱그려 적으로 호출한다.

---

[29] 강상중·요시미 슌야, 『세계화의 원근법』(임성모·김경원 옮김, 이산, 2004).

학계의 '순정한' 인문학적 가치를 불결하게 만든 책임이 386세대에 있는 것처럼 형상화되고, 이 책임을 가시화된 386세대에 전가하려는 욕망은 김훈의 이순신이 임금의 울음과 울음 사이에서 자신의 내면적 순결과 진실을 찾는 것과 등가적이다. 하지만 실상은 그렇지 않다는 것을 그 누구보다 김훈을 비롯한 공격자들이 알 것이고, 만약 모른다면 그들은 무지를 가장하는 것이 아니라 그냥 무지한 것일 테다. 이 지점에서 물어야 할 것은 오히려 '순정한' 인문학적 가치의 내용들이 도대체 무엇인지, 그리고 이를 왜 (인)문학자 또는 학계가 담당해야 하는지 지금 이 자리에서 치열하게 고민하는 데 있지 않을까. 문제 설정의 방식이 바뀌지 않으면 그 해답 또한 이러한 문제 설정의 틀에서 결코 벗어나지 못한다.[30]

하지만 적들을 방패막이 삼아 "국가에 인문한국위원회라는 기관을 설치하고" (인)문학의 순정한 가치를 보호할 게토화된 생존을 요구하는 (인)문학의 자기 딜레마는, 감금과 자유의 21세기판 역설이 부메랑이 되어 고스란히 되돌아오는 역설적 상황을 빚어내고 있다. 더구나 인문학의 '순정한' 가치와 국제경쟁력이라는 모순과 역설의 학문 장은 현재 유행하는 '국제학술대회'라는 거창한 이름의 학술대회들을 양산하고 이를 유도한다. 제3세계의 문화 횡단적인 차이가 경쟁력 있는 상품 가치로 창출되는 현재의 지식/권력 장에서, 외부(흔히 말하듯 서구와 이를 장려하는 대한민국/남한의 정부)에 보여 주기 위한 가시적인 전시물로 전락

---

[30] 386세대를 동일화하여 자기 정당화의 기제로 삼으려는 주관적 소망이 투여되어 있지 않다면, 386세대를 동질화할 근거를 찾기가 어렵다. 순수 불결의 인식론적 위계와 이로부터 파생되는 헤게모니 쟁탈전은 필자의 책 『식민지의 적자들』(푸른역사, 2005) 참조.

할 위험성을 안고 있다. 차이와 다양성을 가로지른다는 이 문화적 다원주의는 제1세계의 제3세계 연구자들이 제3세계의 가공되지 않은 자료를 자원으로 제1세계의 이론으로 제3세계 학계에서 발언한다는 지식/권력의 위계화된 장을 확대재생산하기 때문이다.

세계 체제를 분석한 이매뉴얼 월러스틴Immanuel Wallerstein은 전체사와 단일학문성에 대한 자신의 옹호는 "경제적 토대를 이른바 문화적 토대로 바꿔치기하는 것에 대한 단호한 거부의 입장"[31]에서 정초되었음을 명확하게 밝힌 바 있다. 다多학제주의나 학제 간 연구에 대한 현재 (인)문학 연구자들의 강박증은, 차이 아닌 차이를 알리바이로 전체를 시야에 넣는 단일학문성에 대한 고도의 긴장을 포기하고 다多학문주의라는 문화적 다원주의를 통해 지금의 세계 체제에 안전하게 연착륙하려는 것이 아닐까? 그렇다면 앞으로 한국 문학에서 '세계'는 도대체 어떠한 모습을 띠게 될까? 후속 세대에게 '세계'에 대고 발언하라는 의미의 지향점은 어디이고 무엇을 이야기하라고 조언해 줄 것인가? 아니 '세계'에 나가 경쟁력 있는 인적 자원이 되라는 말의 뜻은 무엇인가?

이처럼 해결되지 않은 질문들만을 던진 채 이 글을 마무리지으려고 한다. 이 질문들에 대한 대답은 우리의 실천적 개입과 저항으로 달라질, 그리고 대상으로 회귀하는 관조적인 미학적 응시가 아니라 비평의 인식적 매개를 끝까지 움켜쥐고 대결하는 치열한 자기반성으로 구축될 미해결의 장으로 아직 열려 있기 때문이다.

---

[31] 이매뉴얼 월러스틴, 『월러스틴의 세계체제 분석』(이광근 옮김, 당대, 2005), 59쪽.

12

파괴된 것에 대한 동경, 그 **환상**의 식민주의적 정체

사실 놀이는 아무것도 생산하지 않는다.

재화를 만들어 내지도 업적을 낳지도 않는다.

그것은 본질적으로 열매를 맺지 못하는 것이다. (중략)

놀이의 이 무상성이야말로

그것의 가치를 가장 크게 떨어뜨리는 성격이다.

로제 카이와 Roger Caillois[1]

왜 '환상성'인가

환상이 한참 유행하는가 싶더니 어느 순간 한물간 주제가 되어 버렸다. 여러 계간지들의 첫 장을 장식하던 '환상성' 관련 특집들이 언제 그랬냐 싶게 사라졌다. 이따금씩 환상이 등장하긴 하지만, 어디까지나 '양념' 수준이다. 게다가 읽어 보면 새로울 것도 없는 내용들을 재탕, 삼탕하고 있어 읽는 사람이나 쓰는 사람이나 지겹기는 마찬가지다. 나 역시 환상과 관련해서 벌써 세 번째 글을 쓴다.[2]

물론 주제는 다르다. 그러나 환상만큼 논의의 질적 차별성을 꾀하기가 어려운 주제도 없다. 쉽게 쓰자면 한없이 쉽다. 외국의 이론을 짜깁기해서 적당히 끼워 맞추면 된다. 그래서 환상을 주제로 글을 쓰기가 쉽지 않다. 이론과 실제 작품 사이의 간극이 환상성 논의를 용두사미로 만들기 십상이다. 외국의 고급 이론들을 아무리 주워섬긴들 그 이론에 맞는 한국 작품이 없으니 거창한 이론만 늘어놓고 실제 작품 분석은 늘 하다만 꼴이다. 대중 판타지물을 제외하고 나면 기껏해야 황석영, 배수

[1] 로제 카이와, 『놀이와 인간』(이상률 옮김, 문예출판사, 1994).

[2] 역사소설과 환상성의 접점을 다룬 「환상적 역사소설 연구」(『한국문학과 환상성』, 예림기획, 2001)와, 「변신, 괴물, 사이보그의 정치학」(『문학마을』 특집, 2002년 봄호)에서 고찰했다.

아, 송경아, 백민석, 김영하[3] 정도가 남는다. 하지만 이들의 작품을 본격 환상소설로 취급하기에는 어딘가 모자란다. 단지 귀신이 등장한다고 해서 환상소설이라고 할 수는 없는 노릇이다. 따라서 기존의 관련 연구들을 재검토해 봐도 별반 신통한 결과를 얻지 못한 지금, 환상을 가로질러 읽어 가자면 곡예를 벌일 수밖에 달리 도리가 없을 성싶다.

환상성 자체가 곡예이긴 하다. 츠베탕 토도로프Tzvetan Todorov는 환상이 곡예임을 자신의 작업 과정으로 적나라하게 예증한 바 있다. 그는 장르로서의 환상을 다음과 같이 정의한다.

첫째, 텍스트가 독자로 하여금 묘사된 사건들을 자연적으로 또는 초자연적으로 이해할 것인지 주저하도록 만들 것. 둘째, 이러한 주저함이 작중 인물에 의해서도 경험될 것. 셋째, 독자가 텍스트와 관련하여 어떤 특정한 태도를 취할 것.[4]

여기서 토도로프가 핵심적인 요소로 꼽는 것이 독자의 망설임 혹은 머뭇거림이다. 그런데 그가 제시한 독자의 망설임이라는 척도마저 그의 논의에서 좌절되고 만다. 불확실함을 영속시키는 작품은 기껏해야 고티에Theophile Gautier(1811~1872, 프랑스 소설가)의 『죽은 여자의 사랑 Morte amoureuse』과 릴라당Auguste Villiers de L'Isle-Adam(1838~1889)의 『베라 Véra』 정도에 불과하기 때문이다. 나머지는 모두 순수 환상의 범주에서 벗어난다. 그것은 '환상을 떠나 이웃한 장르인 기괴한 것과 경이로운 것으로 옮겨 간다.'[5] 따라서 환상은 기괴함과 경이로움이라는 두 영역/

---

[3] 누구를 꼬집어 말하는 것이 아니다. 우리 '환상'의 현 주소가 그렇다는 말이다. 나 역시 이론과 작품 사이의 괴리를 드러내며 환상성 논의의 한계를 실감했다.

[4] 츠베탕 토도로프, 『환상문학 서설』(이기우 옮김, 한국문화사, 1996).

[5] 츠베탕 토도로프, 앞의 책.

세계 사이between에 위치할 뿐 제 공간을 확보하지 못한다. 환상적 기괴함, 환상적 경이로움(앞에서 언급한 고티에와 릴라당 역시 환상적 기괴, 환상적 경이로 분류된다.)의 하위 범주로만 환상이 분포하는 웃지 못할 상황이 벌어지는 것이다. 토도로프의 정의는 고정된 공식을 배반하기 위해서만 그 존재 의미를 지닌다. 이후의 평자들이 토도로프의 한계를 뛰어넘고자 한 것은 지극히 합당하다.

우리가 익히 들은 바 있는 여러 논자들은 토도로프의 정의를 개정하고 변형하는 데 심혈을 기울였다. 여기서 일일이 열거하지는 않겠다. 기존 연구들을 조금만 살펴보면 이 물음은 해결될 것이기 때문이다. 다만 토도로프의 이론에 내재된 모순이 환상의 범위를 무한정 확장시키는 계기가 된 것만은 확실하다. 환상을 모방과 함께 문학의 본질적 요소로 규정한 캐더린 흄Kathryn Hume[6]에서부터 순수 환상과 응용 환상의 다양한 스펙트럼을 제시한 로버트 크로슬리Rovert Crosseley[7]에 이르기까지, 환상은 모든 곳에 편재하는 동시에 그만큼 세속화된다. 모든 세속화는 엄밀한 범주와 규정을 거부하기 마련이다. 멜로드라마만큼이나 환상이 무엇인지를 묻는 것은 그래서 어리석다. 모든 것이 다 환상이라면, 환상을 한정짓기란 거의 불가능에 가깝다. 그렇다면 다른 식의 접근을 할 수밖에 없을 텐데, 어린이 동화는 과연 어떨까?

신화와 전설의 한 켠에서 동화는 끈질긴 생명력을 보여 준다. 동화가 아동문학으로 출판 시장에 편입된 것은 어린이가 보호와 훈육의 대상으로 관리 · 감시되기 시작한 때와 정확히 조응한다. 아동문학이 현

---

[6] 캐더린 흄, 『환상과 미메시스』(한창엽 옮김, 푸른나무, 2000).

[7] Rovert Crosseley, "Pure and Applied Fantasy or From Faerie to Utopia" (*The Aesthetics of Fantasy Literature and Art*, Univ Of Notre Dame Press, 1982).

재 거대한 출판 시장을 형성하게 된 것은 이러한 사회역사적인 흐름과 무관하지 않다. 아동문학이 근대 빅토리아 시대의 엄격한 도덕규범을 배경으로 탄생했다는 사실은, 아동문학의 유통과 소비를 단순한 여가와 오락거리 정도로 취급할 수 없는 이유를 설명해 준다. 이런 교육적인 측면의 강조가 어린이 동화의 환상적 요소에 대한 반발과 비판으로 이어지게 되는데, 다음의 언급은 자못 흥미롭다.

"이야기에 등장하는 거인, 마법, 요정, 그리고 모든 초자연적 도움은 너희가 지루하지 않도록 끌어들인 보조 장치다. 그러니 거인과 마법 등을 마음에 새길 필요는 없다."

이 같은 어느 부인의 충고와 "용과 요정, 거인과 마법사는 이성의 빛 아래 아이들의 방에서 추방시켜야 한다."는 루시 에이킨Lucy Aikin의 「아이들을 위한 시의 서문」[8]은 모두 어린이 동화의 환상적 요소에 적대감을 표시한다. 이 교육자들의 한결같은 주장은 아이들의 지나친 상상이 오히려 아이들의 건전한 성장을 가로막는다는 것이다. 어두운 방에 홀로 앉아 상상 속에 빠져드는 것은 아이들의 자위행위만큼이나 위험천만한 일이다. 따라서 아이들에게 요정과 거인 등은 그럴듯한 속임수에 불과하다는 사실을 일깨워 주고, 애초의 판본을 대폭 개정하여 전래 동화의 부도덕한 면을 금욕과 절제의 바람직한 태도로 전환시키는 것이 교육가들의 의무라는 주장이 공공연하게 대두되기 시작한다.

이런 일련의 공방에서 특히 눈길을 끄는 것은 거인과 마법에 대한 교육가들의 히스테릭한 반응이다. 그럴듯한 속임수라는 이유만으로 거인과 마법을 죄악시하는 태도에는 어딘지 모르게 과잉방어의 혐의가

---

[8] Colin Manlove, *The Fantasy Literature of England* (St. Martin's Press, 1999).

짙다. 부정은 '억압된 것의 귀환'이라는 프로이트의 말도 있거니와, 이같은 강한 부정은 부정이라는 방어기제를 통해 억압된 것의 징후를 드러낸다. 상징계의 빛으로 도달하지 못한 것은 실재에서 등장하며, 이것은 환각(환상)의 형태를 되돌아온다는 라캉의 지적도 참조할 만하다.

「잭과 콩나무」라는 전래 동화는, 게으름뱅이 잭이 소를 몇 알의 콩과 바꿔 버리는 데서 시작된다. 아들의 어리석은 행동에 화가 난 잭의 어머니는 이 콩을 유리창 너머 오두막집 마당에 던져 버리는데, 잭이 하룻밤 사이에 하늘까지 자란 콩나무를 타고 거인의 성에 몰래 들어가 수금竪琴과 금란金卵을 낳는 닭과 금주머니를 손에 넣고 거인을 퇴치하게 된다. 이 동화에서 잭은 게으르기 짝이 없는 소년이다. 게다가 소를 곡식과 바꿔 오라는 어머니의 말을 어기고 콩 몇 알과 바꾼 문제아다. 「알라딘과 요술 램프」는 또 어떤가. 알라딘은 소년 범죄자로 또래 깡패들과 어울려 윤락가를 드나드는 망나니이다. 그런데 이 게으른 범죄자들인 잭과 알라딘이 선행이나 미덕과는 거리가 먼 부도덕한 자질로 부와 명성을 획득한다. 이들이 부와 명성을 거머쥘 수 있었던 것은 마법과 기지(좀 더 적나라하게 표현하자면 술수) 덕분이다.

「잭과 콩나무」, 「알라딘과 요술 램프」에서 잭과 알라딘이 마법의 힘을 얻을 수 있었던 것은 그들이 주인공이었기 때문이다. 그 외의 합당한 근거는 어디에도 없다. 마찬가지로 거인이 무조건적인 배척과 원조의 대상이 되는 것도 잭과 알라딘이 주인공이기 때문이다. 잭과 알라딘은 개인의 미덕과 사회정의를 조롱하며, 반도덕적이고 비윤리적인 이야기를 천연덕스럽게 늘어놓는다. 이 단순하지만 이해할 수 없는 이야기는 거인과 마법의 신체정치학을 고려하지 않고서는 도저히 판독 불가능하다.

거인은 신체 크기의 측면에서 사회적 권력의 메타포에 다름 아니다.

사다리를 올라 그 위계 구조에서 상위 자리를 차지하고 싶은 잭은 허가받지 않은 수단, 곧 마법과 술수로써 성에 침입한다. 그리고 거인의 재물을 탈취할 뿐 아니라 그를 죽음으로까지 몰고 간다. 잭의 적대자로서의 거인은 사회정치적인 층위에서 수많은 잭(아이이자 프롤레타리아)을 방해하는 모든 금기와 사회적 제약의 집합체로 다가온다. 그것은 때로 현명한 체하는 어른이며, 근엄한 아버지, 사회 권력자, 가게의 주인이다. 아이들의 이러한 소망 충족의 시나리오에는 항상 위반의 불온함이 도사리고 있다. 배제되거나 억압된 리비도적 욕망이 회귀하는 이 지점에서, 거인과 마법은 상징계적 질서의 잉여물로 육체에 새겨진 트라우마의 흔적이다. 따라서 빅토리아 시대의 교육자들이 거인과 마법의 정치적 의미를 애써 축소하거나 무가치한 것(어쩔 수 없이 인정한다고 해도 교육의 보조 장치쯤으로)으로 재단한 것은 이런 억압된 실재에 대한 무의식적 방어의 산물이라고 해도 과언이 아니다. 마법은 억압의 실체를 까발리는 동시에 피억압자들의 소망을 대리 충족시켜 주는 유쾌하지만 음험한 환상의 이면을 간직한다. 아이들의 유쾌한 놀이가 어느새 무시무시한 악몽으로 전환되는 것만큼이나, 마법은 모순된 일면을 드러낸다.

전래 동화의 마법이 이처럼 양가적이라는 것은 대리 충족물로서 위안과 위반의 거리가 그리 멀지 않음을 말해 준다. 아니 둘은 서로 보완하고 되비춘다. 이런 위반의 역동성이 좀 더 순치되고 정화되기 위해서는 근대 낭만주의라는 역사적 단계가 필요했다. 근대 낭만주의 시대가 아이들, 더 정확하게 말하자면 유년기를 호출하는 방식은 전대와는 전혀 다른 양상을 띤다. 낭만주의 시대가 소환한 유년기는 밀실의 퇴폐적이고 불건전한 공상fancy이 아닌 창조적 상상력의 가장 원초적인 보고寶庫로 자리 잡는다. 그 지평 속에서 유년기는 이제 타락해 버린 인류와 어른이 결코 회복할 수 없는 '잃어버린lost' 황금시대 혹은 애도에 찬 목가적 풍경으로 되돌아온다.

이런 의미 생성 방식은 어린이 동화에 지속적인 영향을 미치게 된다. 그러나 빅토리아 시대의 엄격한 도덕규범 아래서도 어린이 동화는 이런 낭만주의적 사고를 자양분으로 영역을 팽창·확대시킬 수 있었다. 과거는 현재의 결핍과 불만을 보상하는 미지의 영토로 새롭게 발견된다. 그야말로 발견이다. 과거가 탐구되지 않은 신비롭고 이국적인 모험의 땅으로 재창안되면서, 과거는 어린이 동화의 지배적인 테마가 되었다. 물론 과거가 다양하게 분류·구획될수록 상품화 가능성도 그만큼 커질 것은 자명하다. 생산자와 소비자의 이해관계가 모두 충족되는 선에서, 아동문학은 더욱 세분화되고 정교해지기 시작한다. 빅토리아조 교육가들이 아동문학의 환상적 요소를 아무리 공격해도, 목가적 풍경으로 잘 정련된 아이들의 환상은 더 이상 위협적이거나 파괴적으로 받아들여지지 않았다. 자연히 아동문학에 대한 비판도 잦아들었고, 이런 와중에 맨러브Colin Manlove[9]가 말한 소위 '2차 세계의 환상물들'이 환상의 전범인 양 인식되었다. 판타지 고전으로 사랑받고 있는 톨킨J. R. R. Tolkin의 『반지의 제왕』은 이런 거대한 역사적 흐름의 한 소산이다. 그것은 파괴된 것에 대한 동경이며, 어둡고 불길한 충동을 제거한 정원의 키치kitsch 미학이다.

[9] Colin Manlove, 앞의 책. 그는 이 책에서 환상을 몇 가지 범주로 나누는데, 그중 하나가 바로 '2차 세계의 판타지'이다.

정원의 미학과 식민주의의 환상

환상문학의 대표적 작가로 손꼽히는 톨킨은 환상과 관련된 이론 분야에서도 독보적인 위치를 차지하고 있다. 그는 환상을 크게 '고급 환상high fantasy'과 '저급 환상low fantasy'으로 나눈다. 그리고 이 고급 환상의 요건으로 다음의 몇 가지를 나열한다. 2차 창조자sub-creator, 1차 세계Primary World, 2차 세계Secondary World, 압도적 기이함arresting strangeness, 모험의 영토Perilous Realm, 회복Recovery, 도피Escape, 위안Consolation, 행복한 결말Eucatastrophe[10]이 그것이다. 현재 환상과 관련된 대부분의 비평 용어들은 그가 만들었다고 해도 과히 틀리지 않다. 그는 자신의 이론을 『반지의 제왕』으로 현실화했고, 『반지의 제왕』은 전후의 암울한 분위기 속에서 엄청난 반향을 불러일으켰다.

　이런 압도적인 칭송으로 인해 2001년 개봉된 영화 〈반지의 제왕〉은 톨킨의 일부 열성 팬들에게 외면당하는 수난을 겪었다. 톨킨의 원작을 훼손시켰다는 팬들의 주장은 모든 것이 스펙터클화되는 이 시대의 풍경을 보여 준다. 톨킨의 원작과 영화 〈반지의 제왕〉은 문자와 이미지 시대를 각기 대표하며, 문자 시대의 소멸을 아쉬워하는 톨킨의 독자들은 모든 것을 시각화하는 현재의 디지털 테크놀로지에 극단적인 반감을 표시했다. 어윈W. R. Irwin이 '불가능한 것과의 게임'이라고 부른 환상의 기본 원칙은 영화 〈반지의 제왕〉에서 '불가능한 것의 완벽한 재현'으로 2001년을 화려하게 수놓았다.

　이 '불가능한 것의 완벽한 재현'이 주는 거짓 위안은 보드리야르Jean

---

[10] Kenneth J. Zahorski and Robert H. Boyer, "The Secondary Worlds of High Fantasy" (*The Aesthetics of Fantasy Literature and Art*, Univ Of Notre Dame Press, 1982).

영화 〈반지의 제왕〉. 2001년 개봉된 영화 〈반지의 제왕〉은 톨킨의 원작을 훼손시켰다는 비판에도 불구하고, 불가능한 것을 완벽히 재현함으로써 모든 것이 스펙터클화되는 이 시대의 풍경을 보여 준다.

Baudrillard와 아드르노[11]가 예리하게 포착해 낸 바 있다. 보드리야르는 모든 것이 이미지와 기호로 내파되는 소비사회의 징후를 디즈니랜드에서 밝혀낸다. 디즈니랜드는 미국 문화의 모든 것이지만, 그 바깥에 실재가 존재한다는 가상을 유포하기 때문에 환상적이다. 디즈니랜드 바깥에는 아무런 실재가 없음에도 불구하고 디즈니랜드는 이곳이 환상 공간이자 놀이 공간임을 공공연히 유포함으로써 실재의 부재를 은폐하고 포장한다는 보드리야르의 주장은, 문화산업으로서의 환상은 공장의 생산 라인에 적응할 수 있는 능력, 말하자면 노동 현장을 예비하는 경제 메커니즘에 인간을 규율하고 훈육하는 문화적 총체성의 실현이라고 신랄하게 꼬집은 아드르노를 경유한다.

그러나 영화 〈반지의 제왕〉에 쏟아진 대부분의 공격을 톨킨에게 그대로 되돌릴 수 있다는 사실을 그들은 애써 모른 척하거나 망각한다. 톨킨은 성공적인 환상이 이루어지려면 '2차 창조자'가 그 세계를 믿을 만한 것으로 만들 수 있어야 한다고 본다. 2차 세계에는 나름의 내적 리얼리티가 존재한다. 마찬가지로, 2차 세계 안에서 2차 창조자가 말하는 것은 진실 그 자체다. 왜냐하면 그의 이야기가 2차 세계의 법칙과 일치하기 때문이다. 따라서 독자가 그것을 믿는다면, 2차 창조자는 2차 세계 안에 거주하는 것이다. 그러나 의심이 일어나는 순간, 주문은 깨지고 독자는 1차 세계로 안전하게 귀환할 수 있다고 말한 사람 역시 톨킨이다. 톨킨의 말대로라면, 1차 세계와 2차 세계의 경계는 너무나 명확하다. 이 명확한 경계를 뛰어넘는 것은 '2차 창조자'의 마법과도 같은 창조 능력에 달려 있다. 마법과 주문 등의 환상이 2차 세계와 1차 세계

---

[11] 이 설명은 Lucie Armitt, *Theorizing the Fantastic* (St. Martin's Press, 1996) 참조.

를 나누고 1차 세계가 견고하게 존재한다는 가상을 유포한다는 점에서, 2차 세계는 보드리야르의 주장처럼 1차 세계(실제 현실)의 부재를 은폐하고 봉합한다. 2차 세계는 그 마술적 주문만큼이나 1차 세계의 견고함을 재확증하는 보조품이 되는 것이다.

이것의 반동성과 보수성은 이런 식이다. 한편으로 현재의 물질적 조건으로부터의 도피, 톨킨의 경우 익명의 군중들에 대한 혐오와 테크놀로지에 대한 거부와, 다른 한편으로 1차 세계의 질서를 그대로 보존함으로써 물질적 안락함을 놓치고 싶지 않은 이중의 욕구가 동시에 작동한다. 톨킨은 결코 2차 세계에 머물러 있기를 원하지 않는다. 잠시 동안만, 그것도 주문이 지속되는 동안만 행위자가 아닌 관람자로 즐기고 소비하기를 바랄 뿐이다. 이런 이중의 욕구는 톨킨의 글에서 쉽게 찾아볼 수 있다.

드래건dragon에 대한 나의 욕망은 매우 뿌리 깊은 것이었다. 당연할 테지만, 나는 너무나 겁이 많기 때문에 드래건이 이웃에 살면서 나의 상대적으로 안정된 세계, 다시 말해 공포에서 벗어나 평화로운 마음으로 이야기들을 읽는 것이 가능한 그런 세계 안으로 침범해 들어오는 것을 바라지는 않았다.[12]

드래건과 나의 거리는 곧 1차 세계와 2차 세계 간의 차이이기도 하다. 내가 2차 세계를 소비하는 관람자인 것처럼, 드래건이 나의 세계로 침투하는 그런 일은 벌어질 수 없다. 아니 벌어져서는 안 되는 일이다. 이런 심리는 근대의 회고적 취향과 유토피아적 충동을 뒷받침하는 파

---

[12] J. R. R. Tolkin, *Tree and Leaf* (Boston : Houghton Mifflin), 1965.

괴된 것에 대한 동경과 식민주의자의 환상을 상기시킨다. 폭력과 욕망, 동경과 환상은 서로 긴밀히 맞물려 돌아간다. 파괴된 것만이 동경을 불러일으키며, 영원히 잃어버린 것만이 끝없는 갈증과 욕망을 낳는 법이다. 이는 유럽에서 마녀사냥이 끝나고 나서야 좋은 여성(어머니)에 대한 낭만화 과정이 진행된 것과, 자연을 파괴하고 자연을 대상화하고 나서야 비로소 자연에 대한 향수가 싹트는 것과 같다.

이런 신비롭고 경이로운 자연과 모성에 대한 추구는 유년기에 대한 향수로 자연스럽게 이어진다. 유년기는 우리를 둘러싼 환경과 자연 세계 및 동료 인간에 대한 단순하고 자발적이며 개방적이고 신뢰하는 관계를 향한 그 무엇이다. 여기에는 보상으로 미리 무엇을 줄 필요 없이 그저 선물로서 경험되는 사랑과 보살핌과 온정이 내포되어 있다.[13] 이런 유년기에 대한 퇴행적 감상성은 잃어버린 원시(미지)의 땅을 향한 모험과 자유에 대한 열망을 배태한다. 제3세계로 떠나는 패키지여행이 단적인 사례다. 도시 주변의 자연보다 명백히 외부로 규정된 자연, 즉 미지의 제3세계로 규정된 후진적이며 이국적이고 모험으로 가득 찬 자연을 정복하려는 강력한 남성상은 이 유년기의 향수에 덧씌워져, 유년을 남성다움의 신화로 채색시키는 상품 미학의 전형적인 식민화 양태를 띠게 된다. 이는 4대강 살리기 사업으로 현재 진행 중이다.

톨킨의 『반지의 제왕』 역시 이런 근대사회의 퇴행적 감상성과 낭만성을 곳곳에 노정한다. 그의 소설은 프로도와 반지 원정대의 모험과 탐색의 여행기에 다름 아니며, 미지의 곳으로 떠나는 남성 영웅들의 형제애적인 세계이다. 이런 형제애적인 모험담을 위해서는 선악의 세계가

---

[13] 반다나 시바 · 마리아 미스, 『에코 페미니즘』(손덕수 · 이난아 옮김, 창작과비평, 2000).

명확하게 양분되어야 한다. 선하고 악한 것은 이미 출발에서부터 예정된 것이다. 선한 것은 모험을 떠나는 남성 영웅들이며, 악한 것은 그들에게 아직 알려지지 않은 원시의 장소와 사물들이다. 『반지의 제왕』은 어린이 동화의 전형적 유형이라고 할 만한 버려진 아이, 임의의 여행, 뜻밖의 불행, 행복한 결말 등을 반복한다. 그러나 형식은 같아도 그 내용은 상당히 다르다.

프로도는 버려진 아이이기 이전에 주어진 사명을 완수해야 할 어린 영웅이다. 집을 떠났다가 귀환하는 폐쇄적이고 순환적인 모험의 여정에서, 그의 출발은 악의 퇴치라는 분명한 목표와 지향성을 보인다. 잭과 알라딘의 무조건적인 떠남과 우연한 행운에 비해, 프로도는 선악의 가치 코드들을 내화하고 이 코드의 반경 안에서 사고하고 움직인다. 따라서 목표 지향적이고 가치 내재적인 반지 원정대의 도전과 모험은 유년에 대한 향수를 최대한 자극하는 동시에 서구적 가치의 우월성과 절대성을 재확인시킨다. 악이 외부 세계에 견고하게 자리 잡고 있는 한, 가치에 대한 의심과 회의란 있을 수 없다. 다만 그 가치를 실현하는 데 따르는 곤란과 역경만 있을 뿐이다.

프로도를 포함한 반지 원정대의 불변하는 서구적 가치는 '중간계 Middle Earth'에서 가장 극명하게 드러난다. 중간계는 수많은 모방과 아류를 낳은 진원지로 널리 알려져 있다. 여러 평자들에게 찬사를 받기도 했거니와, 톨킨 자신도 생명을 불어넣는 요정의 솜씨가 필요하다고 자부한 공간이다. 톨킨의 중간계에 쏟아진 찬사들 가운데 특히 다양한 생물종과 지형들은 극찬을 받은 부분이다. 호빗, 난쟁이족, 요정, 말하는 나무, 아름다운 광산, 빛나는 산, 휘돌아 가는 강과 평원 등은 전혀 낯설지 않은 대자연의 일부로서 오래도록 독자들의 마음을 사로잡는다. 호빗, 난쟁이족, 요정, 인간은 모두 선조들의 영광된 과거를 간직하며,

각자 그들만의 고유한 가계와 내력을 엮어 간다. 이 속에 존재하는 사물들 역시 "당신의 가슴속 보석을 열어, 새장의 새처럼 잠겨 있던 모든 것을 날아오르게 하는 (중략) 당신이 소유하고 알고 있던 모든 것이 위험하고 강력한 것이며, 실제로는 묶여 있는 것이 아니라 자유롭고 야생의 상태로 있는 것이라는"[14] 점을 일깨워 주기에 충분하다. 이처럼 아름다운 자연의 이미지가 중간계를 목가적인 풍경으로 만든다는 사실은 그 누구도 부정할 수 없다.

이 심미적 공간의 핵심은 조화와 절제이다. 모든 것은 깔끔하게 정돈되어 있으며, 조화롭지 않은 것은 어디에도 없다. 돌 하나, 풀 하나에서도 세심한 손길이 느껴진다. 조화롭고 균형 잡힌 형상은 곧 잘 꾸며진 정원의 모습 그것이다. 평화로운 엘론드(요정)의 저택에서 '아침은 매번 밝고 상쾌하며, 저녁은 서늘하고 맑다.' 엘론드의 평화로운 저택에 비해, '시커멓고 검푸른 반점으로 얼룩지고 엷은 색을 띠고 번들거리는 복부 아래쪽으로부터 악취가 퍼져 나오는' 모르굴의 끈적끈적한 액체성은 길들여지지 않은 야생의 추악함을 그대로 반사한다. 길들여지지 않은 암흑과 미지의 땅은 아름답지 않다. 아니 그것은 추악한 동물성으로 넘쳐난다. 승화되지 않은 야생은 공포와 파괴의 대상일 뿐이며, 반지 원정대는 이 추악한 야생을 인간화시키고 나서야 비로소 모험과 도전을 종결짓는다. 불길하고 음산한 어둠은 인간의 손길로 재편되어야 하는 것이다. 어둠과 빛의 이분법은 선과 악으로 정형화되고, 조화와 절제의 고전 미학 아래서 선은 더욱 빛을 발한다.

---

[14] C. N. Manlove, "On the Nature of Fantasy"에서 맨러브는 소유가 아닌 존재에 톨킨이 예민한 촉수를 내밀고 있다고 본다. 절대 반지가 소유에 대한 욕망이라면, 각 사물은 나름의 존재 의미로 반짝인다.

인간화된 자연과 인공화된 정원은 승화되지 않은 과잉된 물질성을 모두 제거한 이후에 조성되는 식민주의 미학의 한 소산이다. 식민주의의 동력은 강한 남성상으로 정화된 것들만, 일탈의 충동을 거세한 것들만을 동경과 열망의 대상으로 허락한다. 마녀들을 처형한 후 자상한 어머니를 이상화하는 것과 불온한 리비도적 욕망을 걸러 낸 유년기의 애틋함은 일맥상통한다. 때문에 환상에서 자주 등장하는 (에덴) 정원의 관조적 미학은 어머니와 아이의 과잉된 물질성인 '비체abjection'(크리스테바Julia Kristeva의 용어를 빌리자면 흐물흐물한 액체성)를 억압하고, 폐쇄된 서구 식민주의자의 기원起原 서사를 강박적으로 되풀이한다.

에덴 정원의 '상실된' 유토피아는 양육하는 어머니의 단일성, 충만성, '허여성許與性'만을 합법화하고, 이브는 이것의 전도된 텅 빈 스크린으로 부정과 배척의 대상이 되는 것이다. 이브의 과잉된 성욕과 같은 물질성은 에덴 정원의 순수함과 정숙함을 훼손시킨 타락과 오염의 주범으로 낙인찍힌다. 에덴 정원의 원형적 어머니가 이상화되면 될수록 이브의 육체가 불결하고 죄악시될 것은 자명하다. 톨킨의 『반지의 제왕』은 이런 순수와 유혹, 거부와 매혹의 두 가지 이미지를 가동시키며 어머니와 야만인의 육체를 바라보는 참을 수 없는 혐오의 시선을 견지한다. 신성하게 정화된 육체(요정 갈라드리엘의 연약하면서 순결한 육체와 눈물의 정화된 이미지)만이 중간계에서 살아남으며, 유색과 여성(유색 식민지인의 대체물인 오크와 바다 괴물, 이브의 형상인 동굴의 괴물 실롭)의 감각적 육체성은 절대 반지의 손아귀에서 놀아나는 야만의 불결한 흔적들로 처단되고 만다.[15]

<hr>

[15] 로즈마리 잭슨, 『환상성』(서강여성문학연구회 옮김, 문학동네, 2001)을 참고해도 좋을 것이다. 빅토리아 시대의 환상물이 지닌 반동성을 잭슨만큼 신랄하게 비판한 논자는

비단 『반지의 제왕』만은 아니다. 일본 만화 「원령 공주」는 파괴된 것에 대한 동경과 갈망이 빚어내는 이 시대의 음울한 자화상을 더욱 극적으로 보여 준다. 19세기 일본 제국에 의해 식민화된 아이누 부족[16]은 원시 자연의 순진무구한 표상으로 재'발견'되고, 아이누 부족의 소년과 늑대 소녀는 유년의 향수와 결합되어 유토피아적 희망과 꿈의 대리 충족물로 형상화된다. 길들여지지 않은 일탈과 거부의 충동이 사회적 균형과 위계질서의 정립을 위해 희생되고, 그 자리에는 불순물이 제거된 인간화된 자연과 유년의 향수만이 남는다. 사슴신의 그로테스크한 물질성이 넘쳐나는 마지막 장면과 사슴신의 오염된 육체가 결국 아이누 소년과 늑대 소녀와의 순수함으로 정화되는 결말은 피할 수 없는 역사의 한 단면이자 숙명으로 관객들에게 제시되고, 그때 관객들은 사라져 간 것들에 대한 회고적 취향과 과거의 텅 빈 공허함을 스펙터클한 이미지로 채우고 소비한다. 상품화의 주술이 이미지 뒤의 현실을 가리고 그것이 진실인 양 위장되는, 그래서 아이누 부족과 사슴신의 내적 식민화가 기호와 이미지로 부활하는 소비사회의 동력이 절정에 도달하는 순간이다. 이제 마법의 환상은 모든 곳에서 일렁거린다. 상품의 주술과

지금까지 보지 못했다.

16 여기에는 약간의 설명이 필요할 듯하다. 아이누는 원래 일본 영토가 아니었다. 19세기 일본이 근대 국민국가로 바뀌면서 일본의 영토 확장에 따라 일본에 부속된 원주민이다. 아이누 부족의 합병은 토착민을 열등한 식민지인으로 격하하는 동시에, 아시아적 이상과 가치가 재발견된 시기에는 고귀한 야만인으로 승격시키는 이중의 과정을 겪는다. 가령 아시아는 영적이고, 평화를 사랑하며, 보편적이고, 자연 친화적이라는 것이다. 이 아시아적 이상을 간직하고 있는 표상으로서 아이누 부족과 같은 일본 식민주의에 짓밟히고 파괴된 부족이 새롭게 각광받는다. 그러나 이때의 아이누 부족은 이미 아이누 부족이 아니다. 그들은 아시아적 이상과 가치를 매개하는 이데올로기적 표상이자, 먼 과거를 동경하는 복고적 취향의 키치일 따름이다.

매혹으로 환상이 환상을 잉태하고 번식하여 세상을 집어삼키는 판타지 공장과 세계의 도래가 말이다.

환상의 저항성과 보수성

이 글을 쓰기 전에 미루어 두었던 대중 환상물을 밤을 새워 가며 읽었다. 읽다 보니 너무 재미있어서 시간 가는 줄 몰랐다. 이영도의 『드래곤 라자』와 전민희의 『룬의 아이들』은 서사적 완성도의 측면에서 결코 뒤떨어지지 않은 치밀한 구성력을 보여 주었다. 웃음과 눈물의 카타르시스와 이국적이고 신비로운 마법의 2차 세계는 불가능한 것과의 상상적 유희와 쾌락을 마음껏 선사한다. 그러니 『드래곤 라자』와 『룬의 아이들』이 복합 멀티미디어 산업의 유용한 콘텐츠로서 게임, 애니메이션, 라디오방송 프로그램으로 제작·유포되는 것이 조금도 이상하지 않다. 이러한 대중 환상물들이 현재의 문화산업 전반의 환경 변화를 주도하며 우후죽순처럼 등장하는 이유가 바로 여기에 있다. 대중 환상물은 출판 시장의 협소한 공간에 머무르지 않는다. 인터넷 게시판에서 책, 게임, 애니메이션의 영역을 넘나들며 소비의 윤택함과 풍부함을 몸소 실천하고 제공하기에 바쁘다.

대중 환상물의 탐식은 근대 환상의 생성과 갱신에 이미 내재된 것이다. 미지의 사물과 장소에 이름을 부여하고 그것을 알맞은 장소에 배치·분류하는 '식민주의의 동력'은 물질적 안락함을 향유하며 동시에 자신이 파괴한 것을 동경하고 열망하는 신화를 낳는다. 이 신화가 환상과 결부되었을 때 환상의 혁명적 파괴력은 사라지고 앙상한 유희만이 환상의 전부가 된다. 유희는 아무 열매도 맺지 않는다. 그것은 사물의 조합으로 게임의 규칙을 새로 만들거나 바꾸는 데 열중한다. 때문에 현재 유행하는 대중 환상물은 톨킨의 키치 미학을 변형한 정체불명의 키치들이다. 하긴 키치 자체가 다양한 영역에서 차용한 유산들을 재조립하여 상품화하는 것인 만큼, 이영도의 『드래곤 라자』가 톨킨의 『반지의 제왕』을 흉내 내고 가공했다고 해서 비난할 수는 없다. 그는 다만 현재의 상품 미학에 충실하게 호빗, 마법사, 요정 등의 진지함에 가벼운 농담을 날렸을 뿐이다.

차라리 이영도 식의 가벼움이 이 시대에 정직한 것일지도 모른다. 현실 안에서 견고한 현실을 뒤흔들고 교란함으로써 현실의 부조리와 모순에 대면하기보다, 목가적 풍경으로 식민주의의 배타적 우월성과 독점권을 교묘하게 강화하는 톨킨류의 환상이 오히려 더 위악적일 수 있다. 구원의 섣부른 전도사보다는 떠버리 장사꾼에게 진정 자본의 축복이 있으리라는 것도 이 시대의 역설이라면 역설이다.

스캔들과 반공국가주의

2010년 1월 7일 초판 1쇄 발행

지은이 공임순

펴낸이 노경인

종이 화인페이퍼

인쇄 백왕인쇄

공급·반품 문화유통북스

펴낸곳 도서출판 앨피

주소 : ㈜121-842 서울시 마포구 서교동 478-22 벨메송 302호

　　　전화 335-0525, 팩스 0505-115-0525

　　　전자우편 nomio22@hanmail.net

　　　등록 2004년 11월 23일 제313-2004-272

ISBN 978-89-92151-29-0